聲 韻 學

上 冊

陳 新 雄 著

文 史 哲 學 集 成
文史哲出版社印行

國家圖書館出版品預行編目資料

聲韻學 / 陳新雄著. -- 修訂再版. -- 臺北市：文
史哲, 民 96.09
　　冊：　公分. -- （文史哲學集成；531, 532）
　　參考書目：面
　　ISBN 978-957-549-733-0（上冊：平裝）. --
ISBN 978-957-549-734-7（下冊：平裝）

　1. 漢語　2. 聲韻學

802.4　　　　　　　　　　　　　　96016762

文　史　哲　學　集　成　㋾

聲　韻　學（全二冊）

著　　　者：陳　　　新　　　雄
出　版　者：文　史　哲　出　版　社
　　　　　　http://www.lapen.com.tw
　　　　　　E-mail: lapen@ms74.hinet.net
登記證字號：行政院新聞局版臺業字五三三七號
發　行　人：彭　　　正　　　雄
發　行　所：文　史　哲　出　版　社
印　刷　者：文　史　哲　出　版　社
　　　　　　臺北市羅斯福路一段七十二巷四號
　　　　　　郵政劃撥帳號：一六一八○一七五
　　　　　　電話 886-2-23511028・傳真 886-2-23965656

上冊平裝定價新臺幣四八○元

中華民國九十四年（2005）九月初版
中華民國九十六年（2007）九月修訂再版

自　序

　　民國四十四年(1955)春，余就讀於臺灣省立臺北建國中學高中，於臺港各報閱讀當時考試院副院長羅家倫先生〈簡體字之提倡甚爲必要〉一文，當時高中生對五四運動提倡者胡適手下健將羅家倫、傅斯年，均視爲偶像。故羅氏此文一出，余閱讀之後，心中亦以爲然。不數日，於報刊上閱讀潘重規先生一篇〈論羅家倫所提倡之簡體字〉，潘先生此文中，令我記憶最深者，則爲羅文以「迁」爲「遷」之古文，見於《說文》。潘先生以爲「遷」之古文，《說文》作「拪」，不是「迁」字，因而質疑羅氏所謂《說文》，爲何種版本之《說文》，請羅氏告知。余閱讀之後，心想潘重規眞不知天高地厚，羅先生必定會指點迷津，深加教訓。因此懷抱潘重規被教訓之快感，期待羅先生大文早日發表，孰知等待數日，羅先生影響全無。而卻有讀者不斷投書，期待羅先生對潘重規之質疑，早日答復。未料羅先生竟說：「我有說話的自由，我也有不說話的自由。」如此一來，我心目中之偶像乃徹底破碎矣。

　　因而轉請當時國文老師李福祥先生，探詢潘重規先生師學淵源與學術造詣。李師謂「潘重規爲黃侃女婿，黃侃乃國學大師章炳麟之大弟子，於語言文字之所謂小學，造詣最深。」李師並對我言，如果欲學習中文，臺灣師範大學不失爲一所理想大學，而潘重規正是師範大學國文系主任。當我將福祥師之言，徵詢先君意見時，先君謂科技不行，尙可外求，文化與文學乃我立國精神，乃不可求之外人者，極爲贊成我投考師範大學，因此乃以師

大國文系爲我第一志願，結果如願以償，以極高分 1 考取師大國
文系第一名，因而有機會從當時一流學者如潘重規、林尹、高
明、許世瑛、牟宗三、程發軔、汪經昌等知名學者學習。

　　進入大學後，潘先生爲迎母遠走星洲，於是轉介我向林尹景
伊教授學習。大學四年中，影響我最深遠之老師，亦爲林尹教
授，林先生教我大一國文、大二詩選、大三學庸、大四訓詁與中
國哲學史等課程。我與林先生投緣，乃從大一開始，先生教大一
國文，每授完一課，必令背誦，我能背誦，又會吟讀，深得先生
讚賞。猶憶大二上詩選時，先生友朋於府中相聚，每召我吟誦杜
工部〈秋興〉八首，曹子建〈贈白馬王彪〉，甚至於〈古詩十九
首〉等。先生以我能背書，以爲乃可造之才。爲奠定治學之基
礎，乃贈我《廣韻》一册，並題識相勉云：「中華民國四十六
年，歲次丁酉三月廿五日即夏正二月廿四日持贈新雄，願新雄其
善讀之。」余謹受教，於是退而循師指示，披尋《廣韻》，逐韻
逐字，析其聲韻，勒其部居，初明義例，興趣盎然，習之漸久，
艱難時見，而志亦稍怠惰，師每察其情，必諄諄告誡，再三激
勵。每謂「出乎其類，拔乎其萃。」又謂「吃得苦中苦，方爲人
上人。」並爲剖析疑滯，必令盡釋而後已，因能終始其事，未曾
中道而廢，及今思之，設非吾師苦心孤詣，誨之不倦，又曷克臻
此者乎！語云：「莫把金針度與人。」先師常將金針度與我，此
一薪火相傳之精神，可以告慰於吾師者，我亦將金針度與吾門下
弟子，故今臺灣各大學教聲韻學之教師中，我門下弟子，已佔泰
半，皆吾師無私精神之感召也。

　　大四時，景伊師教我訓詁學，談及聲韻與訓詁之關係，乃對

1　我以總分 364 分被錄取，當年滿分爲 500 分，乙組狀元爲 382 分，
　　甲組狀元爲 364 分，丙組狀元爲 365 分。

余言，謂季剛先生有一《聲經韻緯求古音表》，以聲爲經，以韻爲緯，按其聲母與各類韻母之開合洪細，分別塡入表中，即可知何韻爲古本韻，何韻爲今變韻？表雖帶來臺灣，但一時不知置於何處，乃令新雄按此意重新設計一表。余遵師意，以一週時間，不眠不休，終於設計一表，並將《廣韻》二百六韻分別塡入其中，古本韻今變韻分別犂然。先師見後，大爲欣喜，認爲較黃君原表尤爲精要，故立刻令印刷廠印刷備用，今臺灣學生書局《廣韻聲韻類歸類習作表》即此表也。由於我能設計此表，吾師認爲我聲韻學已有相當基礎，故余大學甫一卒業，即介紹我前往東吳大學中文系任聲韻學，當時東吳大學中文系主任爲七十歲左右之洪陸東教授，不日，即雙手顫巍巍捧講師聘書致聘，其時余年二十有四，令人十分感動，而亦永以爲榮也。

　　大學時另一位影響我極爲深遠之老師，乃許世瑛師，許師字詩英，與董同龢先生皆王力先生之傳人，許師大三時教我聲韻學，因爲我有景伊師先奠立《廣韻》之基礎，故學習聲韻學，乃能駕輕就熟，不以爲難。許師以董同龢《中國語音史》導窺瑞典漢學家高本漢《中國音韻學研究》及其他諸著，我亦興味盎然，樂此不疲。其時臺灣聲韻學書籍亟少，師以其珍藏數十年王力先生民國二十五年出版之《中國聲韻學》相假，令我得浸潤於了一先生學術殿堂中，瞭解西方學者治中國聲韻學之成績與方法，使我在章黃學術基礎上，接受西方學術之薰陶，而不致於坐井觀天，夜郎自大，在治學過程中，應特別表示銘感者也。

　　大學卒業，順利考入研究所，由碩士而博士，經七載之鑽研，完成博士論文《古音學發微》，並蒙教育部聘請九位考試委員口試通過，因而榮獲國家文學博士學位。自此以後，歷受國立臺灣師範大學、國立政治大學、中國文化大學、輔仁大學、東吳

大學、高雄師範大學、國立中山大學、香港浸會大學、香港中文大學、北京清華大學諸大學之聘，講授聲韻學或廣韻研究與古音研究。數十年來，採用課本為景伊師《中國聲韻學通論》、拙著《音略證補》、《等韻述要》三書，余門下諸生傳授聲韻學時亦然。門人每向余言，三書攜帶為難，諸生學習不便，盼余撰一冊完整之《聲韻學》，以利教學。余始終未敢答應者，內心實不欲余書取代景伊師舊著也。然太炎先生嘗曰：「前修未密，後出轉精。」今景伊師歸道山已逾二十載，余退休以來，亦已四年，今歲七十，門人為舉辦壽宴、出版祝壽論文集為慶。 余嘗有〈七十自賦調寄江神子〉詞云：

> 讀書長記草玄亭。碧空晴。好揚聲。七十從心，論學理尤明。尚有千秋功未了，談逸戲，沒閒情。 蕙蘭欣喜已成群。歲寒身。白頭新。桃李成陰，到處見爭春。今夕壽堂才濟濟，皆昔日，叩鐘人。

本書之作，即所謂千秋之功也。景伊詩英二師地下有知，亦將含笑於九泉者乎！是為序。

中華民國九十三年四月八日夏正甲申閏二月十九日陳新雄序
於和平東路鍥不舍齋

聲　韻　學

上　冊

目　錄

聲　韻　學

贛州陳新雄伯元學

第一編　緒　論

第一章　聲韻學之名稱

　　聲韻學是我國傳統的一門學問，民國以前把它跟文字學、訓詁學合稱爲小學，所謂小學就是研究中國文字的字形、字音、字義的學問。[1] 研究字形的，我們稱它爲文字學，研究字義的，我

1　《說文解字・敘》云：「周禮八歲入小學，保氏教國子先以六書。」段注：「《大戴禮・保傳篇》曰：『古者八歲而出就外舍，學小藝焉，履小節焉。束髮而就大學，學大藝焉，履大節焉。』盧景宣注曰：『小學謂虎門師保之學也，大學王宮之東者，束髮謂成童。《白虎通》曰："八歲入小學，十五入大學"是也。』……玉裁按：《食貨志》曰：『八歲入小學，學六甲、五方、書計之事。』《白虎通》曰：『八歲毀齒，始有識知，入學學書計。』許亦曰：『周禮八歲入小學。』皆是泛言教法。」又云：「周禮保氏教國子六藝，五曰六書。國子者公卿大夫之子弟，師氏教之，保氏養之，而世子亦齒焉。六書者，文字聲音義理之總匯也，有指事、象形、形聲、會意，而字形盡於此矣。字各有音，而聲音盡於此矣。有轉注、假借而字義盡於此矣。異字同義曰轉注，異義同字曰假借，有轉注而百字可一義也，有假借而一字可數義也。字形字音之書若大史籀箸大篆十五篇，殆其一肈乎！字義之書，若《爾雅》其最著者也。趙宋以後言六書者匈襟陋隘，不知轉注、假借所以包括訓詁之全，謂六書爲倉頡造字六法，說轉注多不可通。戴先生曰：『指事、象形、形聲、會意四者，字之體也。轉注、假借二者，字之用也。』聖人復起，不易斯言矣。」

們稱它為訓詁學，研究字音的，我們現在叫它做聲韻學。但是我們要知道，聲韻學雖然是研究字音的，可是它並不等於發音學，因為它還要照顧我們漢族語言各個時期的語音系統，跟它們的歷史演變的規律，我們中國的文化有悠久的歷史，這是大家所熟知的。實際上中國的語言，特別是漢族的語言，比我們的文化還要悠久些。現代的漢族語言，不論它是那種方言，無論是語音、語法、詞彙各部門，都是從古代漢語逐漸發展出來的，只是分化的時間有些比較早，有些比較晚，有些保留較古的形式，有些呈現較晚的形式，這樣就形成了方言的參差。假如我們用現代的國語讀唐詩，就常常會發現有些詩的韻腳不和諧了，平仄也不協調了。例如：杜甫的〈蕭八明府實處覓桃栽〉詩：

　　奉乞桃栽一百根。春前為送浣花村。

　　河陽縣裏雖無數，濯錦江邊未滿園。

　　這首詩的韻腳「根」ㄍㄣ、「村」ㄘㄨㄣ、「園」ㄩㄢ三字，「根」、「村」都收音於ㄣ，讀起來還覺和諧，但「園」字收音於ㄢ，就很不對頭了。這樣不對頭，為什麼還可以在一起押韻呢？這就需要聲韻學的知識來解答了。

　　又如：杜牧〈夜泊秦淮〉詩：

　　煙籠寒水月籠沙。夜泊秦淮近酒家。

　　商女不知亡國恨，隔江猶唱後庭花。

　　第三句的格律應該是「平仄仄平平仄仄」，可是國語讀「國」作ㄍㄨㄛ，陽平聲，如果把它算作平聲，就不合律了，國字原來是入字，是仄聲，所以杜牧原詩的格律音響是非常和諧的。這都是因為唐代那個時候的讀音，發展到現代，已經起了很多變化的緣故。

　　假使我們讀《詩經》，讀到像〈關雎〉：

　　參差荇菜，左右采之；窈窕淑女，琴瑟友之。

　　這一類的詩，讀起來不押韻的地方就更多一些，因為《詩經》的時代離開我們時間上更為長久，所以語音的差距也就更大了。

　　古人很早就發現了這種現象，他們從不同的角度去分析這些語音變化的現象，解釋它們變化的原因，尋找它們變化的規律。這樣就逐漸建立起來聲韻學這門科學。傳統的聲韻學包括「今音學」、「等韻學」、「古音學」三個部門。大致說起來，今音學所研究的是中古時期，特別是，隋唐兩宋時的語音系統，尤其是《切韻》《廣韻》等韻書所代表的音系；等韻學是分析漢語發音原理跟方法的一門學問，相當於現代的發音學。古音學所研究的是上古時期，特別是先秦時代的音韻系統。在每一個部門裏，歷代的音韻學家都下了不少功夫，獲得很大的成績。但是過去的學者沒有現代語言科學的訓練，在分析音素跟詮釋名詞上，往往弄得非常玄妙，使初學的人越看越糊塗。民國以後，我國學者吸收了西方語言學的方法，對聲韻學的研究取得了新的成就，大大地超越前人。但是他們寫的一些闡明聲韻學的著作，往往著重結果，而忽略了方法，有的又太嫌專門了些，文字也太深奧，初學的人還是不大容易懂，往往望洋興歎，甚至於一講到聲韻學就感到恐懼，以為讀天書。其實聲韻學並不是這麼可怕，也是很容易懂的。

　　　為使讀者更容易瞭解起見，我先把聲、韻、音三字的含義加以解說，《尚書・舜典》云：「詩言志，歌永言，聲依永，律和聲，八音克諧，無相奪倫。」是聲音二字見於典籍之始，此後之人，亦多言聲音，無有言韻者。韻字始見於晉陸機〈文賦〉：「收百世之闕文，採千載之遺韻。」故魏李登著書，尚名《聲類》，晉呂靜仿之，則名《韻集》。此韻字出於晉代之顯證。徐

鉉《說文新附》：「韻、和也。從音，員聲。裴光遠云：『古與均同，未知其審。』」《文選・成公綏・嘯賦》：「音均不恒，曲無定制。」李善注：「均古韻字。」並引《鶡冠子》曰：「五聲不同均，然其可喜一也。」此蓋裴說之所本，由此可知，古人之所謂均者，亦即晉以後之所謂韻也。

　　古人於聲、韻、音三字不大區別，《說文》就以音釋聲，以聲釋音。[2] 此後之人，更無標準，把聲當作音的有之，把音當作韻的也有，把聲當作韻的仍不少。就以聲韻學的名稱來說，有人稱爲音韻學，有人稱爲聲音學，有人稱作韻學，也有人稱作音學，現在我們稱作聲韻學。凡此諸類，雖然有是有非，所以名目如此之多的原因，就是因爲聲韻音三者之名稱混淆莫辨的緣故。要講聲韻學，首先就得把聲韻音三者之名稱瞭解清楚。現據蘄春黃季剛（侃）先生《聲韻通例》將三者之通例，列舉於下：

　　㈠音、凡聲與韻相合爲音。

　　㈡韻、凡音歸本於喉謂之韻。

　　㈢聲、凡音所從發謂之聲。有聲無韻，不能成音。

　　據上通例，可得一表如下：

音	聲
	韻

　　由此觀之，聲韻音三者之界域，判然分明。故本篇以聲韻學命名，亦以音之原素，由聲與韻相結合而成是也。亦有稱音學者，如黃季剛先生《音略》是也。蓋分之則爲聲韻，合之則爲音也。

2　《說文》云：「聲、音也。從耳，殸聲。殸籀文磬。」又云：「音、聲也。生於心有節於外謂之音，宮商角徵羽聲，絲竹金石匏土革木音也。從言含一。」

第二章　聲韻學之效用

　　我們研究聲韻學的目的，主要是爲了讀懂古書，以便全面的掌握瞭解中國文化。我國文字的構造，雖然是形符，但我國文字的運用，則依然是音符。從我國文字構造的六書來說，諧聲一類，十居八九。轉注跟假借，也都是由於聲韻的關係而滋生。這原因是文字由語言而來，語言靠音而表達。因此用文字記錄語言的時候，有許多文字還沒有構造出來，只好借用音義相近的字暫時替代，這就是許慎所說的「本無其字，依聲託事」的假借了。也有些文字雖然早就構造好了，可是紀錄語言的人，還不知道，或者記憶不清，於是也只好隨便用一個同音的字，暫時替代，那就成了「本有其字，依聲託事。」也就是所謂同音通假了。中國方言十分分歧，原先本來是一個音，由於方言的差異，各地方的人又根據自己的方言，造出不同的字來。字雖然是兩個，意義卻是一樣，在文字統一以後，我們要加以溝通，就用得上「建類一首，同意相受」的轉注了。無論諧聲、假借、轉注，沒有一樣不是以音爲用的。但是一般人最感痛苦的，這些音常有古今南北的差異，憑甚麼方法才能確切地明瞭那些字是同音？那些字是不同音呢？這絕不是憑猜測想像所能解決的，也不是憑一時一地的方言可以擬議的。必須有聲韻上基礎的知識，知道音變的規律，才可以運用自如，確切掌握。所以要減少閱讀古書的困難，明白文字訓詁的條例，不懂得聲韻學是沒有辦法的。

　　我國典籍蘊藏深奧的義旨，用字遣辭的慣例，很多跟現代人不一樣了。又經過幾千年來傳抄誤刻，免不了有許多失眞的地

方。我們要整理這批文化遺產，自然首先得校正剔除它的錯誤。我們憑甚麼才能做得到呢？高郵王念孫的〈讀淮南子雜誌後序〉說得好。他說：

> 若入韻之字，或有訛脫，或經妄改，則其韻遂亡。

> 故有因字誤而失其韻者，〈原道篇〉：「中能得之，則外能牧之。」牧與得為韻，高注：「牧、養也。」各本牧誤作收，注文又誤作不養也，則既失其義而又失其韻矣。〈俶眞篇〉：「茫茫沆沆，是謂大治。」沆、胡朗反。高注：「茫讀王莽之莽，沆讀水出沆沆白之沆。」茫茫、沆沆，疊韻也。各本作茫茫沈沈，則非疊韻矣。〈兵略篇〉：「天化育而無形象，地生長而無計量，渾渾沆沆，孰知其藏。」渾渾沆沆，雙聲也。且沆與象量藏為韻，各本作渾渾沉沉，則既非雙聲而又失其韻矣。〈天文篇〉：「秋分雷藏，蟄蟲北鄉。」藏古藏字，與鄉為韻。各本藏誤作戒，則既失其義而又失其韻矣。〈覽冥篇〉：「臥倨倨，興盱盱。」盱即盱字。高注：「盱盱然視，無智巧貌也。」盱盱與倨倨為韻，各本盱盱作眄眄，則既失其義而又失其韻矣。〈齊俗篇〉：「夫明鏡便於照形，其於以承食，不如竹算。」承讀為烝，謂烝飯也。算、博計反，竹算所以蔽甑底也。算與蛺為韻，各本承誤作函，算誤作篁，又脫竹字，則既失其義而又失其韻矣。〈道應篇〉：「西窮窅冥之黨，東關鴻濛之光。」關讀曰貫，鴻濛之光，謂日光也。東方為日所出，故旦東貫鴻濛之光，光與鄉為韻，藏本關誤作開，各本光字又誤作先，則既失其義而又失其韻矣。「於是乃去其瞉而載之朮，解其劍而帶之笏。」高注：「朮、鷸鳥冠也。知天文者冠鷸。」朮

即鷫之借字，與笏爲韻。各本扰誤作木，注文鷫字又誤作鷩，則既失其義而又失其韻矣。〈詮言篇〉：「動有章則詞，行有迹則議。」詞謂相譏詞也，詞與議爲韻，隸書詞字或作詞，因誤而爲詞，則既失其義而又失其韻矣。「大寒地坼水凝，火弗爲衰其熱；大暑爍石流金，火弗爲益其烈。」熱與烈爲韻，各本熱暑二字互誤，則既失其義而又失其韻矣。〈兵略篇〉：「是謂至旍，窈窈冥冥，孰知其情。」旍即旌旗之旌，旌與精古字通，至旌者，至精也。旌與冥情爲韻，各本旍誤爲於，則既失其義而又失其韻矣。〈説山篇〉：「髡屯犂牛，既科以橢。」橢、他果反，與羈犧河爲韻。高注云：「科無角，橢無尾。」俗從牛作牸牰，又誤而爲桛牰，則失其韻矣。

有因字脱而失其韻者。〈原道篇〉：「故矢不若繳，繳不若網，網不若無形之像。」網與像爲韻，各本繳下脱去四字，則既失其義而又失其韻矣。〈兵略篇〉：「同欲相趨，同惡相助。」同欲同惡，相對爲文，欲趨爲韻，惡助爲韻，各本同欲下脱相趨二字，相助上脱同惡二字，則既失其義而又失其韻矣。

有因字倒而失其韻者。〈原道篇〉：「游微霧，騖忽怳。」怳與往景上爲韻，各本作怳忽，則失其韻矣。「蟠委錯紾，與萬物終始。」始與右爲韻，各本作始終，則失其韻矣。〈俶眞篇〉：「馳於外方，休乎内宇。」宇與野圉雨父女爲韻，各本作宇内，則失其韻矣。〈天文篇〉：「閉關梁，決罰刑。」刑與城爲韻，各本作刑罰，則失其韻矣。〈精神篇〉：「視珍寶珠玉猶礫石也。」石與客魄爲韻，各本作石礫，則失其韻矣。〈兵略篇〉：「不可制

迫也，不可量度也。」度與迫爲韻，各本作度量，則失其韻矣。〈人閒篇〉：「蠹啄剖柱梁，蟲蛀走牛羊。」梁與羊爲韻，各本作梁柱，則失其韻矣。

有因句倒而失其韻者。〈脩務篇〉：「契生於卵，啓生於石。」石與射爲韻，各本啓生於石，在契生於卵之上，則失其韻矣。

有句倒而移注文者。〈本經篇〉：「直道夷險，接徑歷遠。」遠與垣連山連爲韻。高注云：「道之阨者，正直之，夷、平也，接、疾也，徑、行也。」傳寫者以直道二句上下互易，則失其韻而後人又互易注文以從之。《文選・謝惠連・秋懷詩・注》引《淮南》亦如此，則唐時本已誤矣。

有錯簡而失其韻者。〈説山篇〉：「山有猛獸，林木爲之不斬，園有螫蟲，藜藿爲之不采，故國有賢臣，折衝千里。」此言國有賢臣，則敵國不敢加兵，亦如山之有猛獸，園之有螫蟲也。各本「故國有賢臣」二句，錯簡在下文「形勞則神亂」之下，與此相隔甚遠，而脈絡遂不可尋。且里與采爲韻，錯簡在後，則失其韻矣。

有改字而失其韻者。〈原道篇〉：「四時爲馬，陰陽爲驂。」高注：「驂、御也。」驂與俱區驟爲韻，後人依《文子》改驂爲御，則失其韻矣。〈天文篇〉：「正月指寅，十一月指子，一歲而币，終而復始。」指寅者，顓頊麻所起也，至丑而一币，指子者，殷麻所起也，至亥而一币。故指寅、指子，皆一歲而币，且子與始爲韻，後人改十一月指子，爲十二月指丑，則既失其義而又失其韻矣。〈精神篇〉：「靜則與陰合德，動則與陽同波。」波與化

爲韻，後人依〈原道篇〉改爲「靜則與陰俱閉，動則與陽俱開。」則失其韻矣。〈氾論篇〉：「其德生而不殺，予而不奪。」殺與奪爲韻，後人改殺爲辱，則既失其義而又失其韻矣。「聖人乃作，爲之築土構木，以爲室屋。」此二句以木屋爲韻，下三句以宇雨暑爲韻，後人多聞宮室，寡聞室屋，而改室屋爲宮室，則失其韻矣。〈詮言篇〉：「故不爲好，不避醜，遵天之道。不爲始，不專己，循天之理。」好醜道爲韻，始己理爲韻。後人依《文子》改好爲善，則失其韻矣。〈泰族篇〉：「四海之內，一心同歸背貪鄙而向仁義。」義與和隨靡爲韻，後人改仁義爲義理，則失其韻矣。

有改字以合韻而實非韻者。〈道應篇〉：「攝女知，正女度，神將來舍，德將爲若美，而道將爲女居，惷乎若新生之犢，而無求其故。」此以度舍居故爲韻，後人不知舍字之入韻，而改「德將爲」三字爲「德將來附」，以與度爲韻，則下文「若美」二字，文不成義矣。且古音度在御部，附在候部，附與度非韻也。

有改字以合韻而反失其韻者。〈說林篇〉：「無鄉之社，易爲肉黍，無國之稷，易爲求福。」社黍爲韻，稷福爲韻，後人不識古音，乃改肉黍爲黍肉，以與福爲韻，而不知福字古讀若偪，不與肉爲韻也。「槁竹有火，弗鑽不難，土中有水，弗掘不出。」難與然同，此以水火爲隔句韻，而鑽與難，掘與出則句中各自爲韻，後人不達而改弗掘不出爲弗掘無泉，以與難爲韻，則反失其韻矣。

有改字而失其韻又改注文者。〈精神篇〉：「五味亂口，使口屬爽。」高注：「屬爽、病傷滋味也。」此是訓

屬爲病，爽爲傷，爽字古讀若霜，與明聰揚爲韻。後人不知而改屬爽爲爽傷，又改注文之屬爽爲爽病，甚矣，其謬也。〈說林篇〉：「繡以爲裳則宜，以爲冠則譏。」高注：「譏，人譏非之也。」宜譏二字古音皆在歌部，後人不知，遂改議爲譏，以與宜爲韻，並改高注。而不知宜字古讀若俄，不與譏爲韻也。

　　有改字而失其韻又刪注文者。〈要略〉曰：「一群生之短脩，同九夷之風采。」高注：「風、俗也，采、事也。」采與理始爲韻，後人改風采爲風氣，並刪去注文，則既失其義而又失其韻矣。

　　有加字而失其韻者。〈泰族篇〉：「至治寬裕，故下不賊，至中復素，故民無匿。」賊、害也，言政寬則不爲民害也，匿讀爲慝，謂民無姦慝也，匿與賊爲韻，後人於賊上加相字，匿下加情字，則既失其義而又失其韻矣。

　　有句讀誤而又加字以失其韻者。〈要略〉曰：「精神者所以原本人之所由生，而曉寤其形骸九竅，取象於天句，合同其血氣句，與雷霆風雨句，比類其喜怒句，與晝宵寒暑句。」與者如也。言血氣之相從，如雷霆風雨；喜怒之相反，如晝宵寒暑也，暑與雨怒爲韻，後人不知與之訓爲如，而讀與雷霆風雨比類爲句，遂於與晝宵寒暑下，加並明二字以對之，則既失其句而又失其韻矣。

　　有既誤且脫而失其韻者。〈泰族篇〉：「神農之初作琴也，以歸神杜淫，反其天心，及其衰也，流而不反，淫而好色，至於亡國。」淫心爲韻，色國爲韻。各本作「神農之初作琴也，以歸神，及其淫也，反其天心。」錯謬不成文理，又脫去「及其衰也」以下十六字，則既失其義而

又失其韻矣。

有既誤且倒而失其韻者。〈泰族篇〉：「天地所包，陰陽所嘔，雨露所濡，以生萬殊，翡翠瑇瑁，瑤碧玉珠，文彩明朗，潤澤若濡，摩而不玩，久而不渝。」嘔濡殊珠濡渝爲韻，藏本「雨露所濡，以生萬殊。」誤作「雨露所以濡生萬物。」「瑤碧玉珠」又誤「翡翠瑇瑁」之上，則既失其句而又失其韻矣。

有既誤且改而失其韻者。〈覽冥篇〉：「田無立禾，路無薠莎，金積折廉，璧襲無嬴。」嬴、璧文也。與禾莎爲韻，薠莎誤爲莎薠，後人又改嬴爲理，則失其韻矣。〈道應篇〉：「此其下無地而上無天，聽焉無聞，視焉則眴。」眴讀曰眩，與天爲韻。藏本則眴誤作無眴，朱本又改眴爲矚，則既失其義而又失其韻矣。

有既誤而又加字以失其韻者。〈説林篇〉：「予溺者金玉，不若尋常之縲。」縲讀若墨，索也。縲與佩富爲韻，縲誤爲纏，後人又於纏下加索字，則既失其義而又失其韻矣。

有既脱而又加字以失其韻者。〈説山篇〉：「詹公之釣，得千歲之鯉。」鯉與止喜爲韻。千歲之鯉上脱得字，則文不成義，後人不解其故，而於千歲之鯉下，加不能避三字，則失其韻矣。〈脩務篇〉：「蘇援世事，分別白黑。」黑與福則爲韻，分下脱別字，遂不成句，後人又於黑下加利害爲句，則既失其句又失其韻矣。

以上六十四事，略舉其端以見例，其餘則遽數之不能終也。

王念孫僅僅根據韻腳來校勘古書的錯誤，就得到校讐凡例十

八條，如果不懂得聲韻學，又怎麼能夠探求本源，校正錯誤呢！所以說我們要整理古籍，承繼民族遺產，也需要聲韻學作爲工具。

我們現在研究聲韻學，除了讀古書以外，還有一個重要的目標，就是要瞭解漢語的歷史，尋找出漢語語音的內部發展規律，以及確立國語讀音的標準。我們要瞭解某種語言的現狀，只有從歷史上去研究，才能更清楚。聲韻學是漢語史上一個重要部門，我們想要更好瞭解和掌握現代漢語的語音系統，就必須要學習聲韻學。因爲聲韻學能夠告訴我們：現代漢語語音的各種現象，是怎麼樣從古代漢語的語音系統發展出來的。比方「吸汲泣、接節絜、貼鐵帖、割閣葛」一類的字，現代南方許多方言讀起來跟國語都很不一樣，使得操這類方言的人，學習國語的時候，遭遇到許多困難。假如我們能從歷史上的發展來看，曉得了這些字怎樣從古代發展到現代的，明白了它們的演變規律，那就容易學習了。確立國語讀音的標準，也只有從歷史上找出根源，纔能得到滿意的答案。例如：「危險」的「危」跟「微風」的「微」，國語目前有陰平ㄨㄟ和陽平ㄨㄟˊ兩種讀音，「波浪」的「波」有不送氣的ㄅㄛ跟送氣的ㄆㄛ兩種讀法，到底那一種讀音合於標準呢？不能僅憑主觀和個人的習慣來決定，因爲你說這種讀音是對的，他說那種讀音是對的，誰也沒有法子說服別人。如果我們能夠根據語音發展規律，指出「危」字《廣韻》屬平聲支韻，聲母爲疑母，是一個次濁聲母，《廣韻》平聲字次濁聲母讀成國語應以讀陽平爲常，同理，「微」字屬《廣韻》平聲微韻，聲母是微母，也是次濁聲母，也以讀陽平爲常，則「危」「微」二字讀陽平ㄨㄟˊ是對的；又如「波」字，聲母爲幫母，幫母演變成今國語，以讀不送氣雙脣塞聲爲常，則今讀ㄅㄛ才是正確的。這樣子說

明，才足以令人信服，也才容易解決問題。所以能夠掌握語音發展的規律，也是要借重聲韻學這門學科的。

　　研究文學聲韻學也是一大助手，劉勰的《文心雕龍・聲律篇》說：「異音相從謂之和，同聲相應謂之韻。」所謂異音相從，就是不同聲母的字迭相運用，這樣的詩句或文詞誦讀起來，才不會有佶屈聱牙的艱澀。例如：我們讀杜甫的〈春望〉詩：

　　　國破山河在，城春草木深。感時花濺淚，恨別鳥驚心。

　　　烽火連三月，家書抵萬金。白頭搔更短，渾欲不勝簪。

　　「國破山河在」一句的聲母是：見、滂、疏、匣、從。

　　「城春草木深」一句的聲母是：禪、穿、清、明、審。

　　「感時花濺淚」一句的聲母是：見、禪、曉、精、來。

　　「恨別鳥驚心」一句的聲母是：匣、幫、泥、見、心。

　　「烽火連三月」一句的聲母是：敷、曉、來、心、疑。

　　「家書抵萬金」一句的聲母是：見、審、端、微、見。

　　「白頭搔更短」一句的聲母是：並、定、心、見、端。

　　「渾欲不勝簪」一句的聲母是：匣、喻、幫、審、莊。

　　每一句幾乎都是五個不同的聲母，縱然像「家書抵萬金」一句，有兩個見母出現，也是一頭一尾，隔得很遠，所以是異音相從，故誦讀起來非常和協。

　　如果不是異音相從，而是同音相從，那就會佶屈聱牙很不和協。蘇軾有一首〈戲題武昌王居士詩〉，就是故意全首詩完全用雙聲字，唸起來十分不順口，所以又叫口吃詩。茲錄於下：

　　　　江干高居堅關扃。犍耕躬稼角挂經。篙竿繫舸菰茭隔，笳鼓過軍雞狗驚。解襟顧景各箕踞，擊劍賡歌幾舉觥。荊笄供膾愧攪聒，乾鍋更戛甘瓜羹。

　　我們試著吟讀看看，是不是十分不順口，這就是因為同音相

從，故而不和協了。至於說到同聲相應，那是說相同韻母的字互相呼應，例如杜甫的〈春望〉詩，每兩句一韻，以深、心、金、簪這幾個同韻母的字相呼應。這樣韻文讀起來才會覺得珠圓玉潤，鏗鏘悅耳。我國文學自齊梁以後，注重聲律，文尙駢麗，詩變律體，平仄低昂，變化多端。然其音節，不外乎同聲相應的重疊，與異音相從的錯綜，然後間以雙聲疊韻，協以對偶呼應，造成我國文學特有的格律。到了宋詞元曲，律度更嚴，辨聲則判陰陽，協韻則究開閉。凡此種種，如果沒有聲韻學的基礎，那是很難得其要竅的，所以說聲韻學也是研究文學的必要工具。難怪陸法言在〈切韻序〉裏說：「凡有文藻，即須明聲韻」了。

第三章　研究聲韻學之方法

　　聲韻之學並非玄奧而不可測，但若不得其法，往往旁皇歧路，不知所歸，窮日累年，勞神苦思，雖至皓首，仍大惑不解。因而以爲神祕可思議者有之，而穿鑿附會者亦有之。於是妄立名目，侈言是非，遂使後之學者，益迷惑而無所適從，此聲韻之學，所以闇而不章，故今欲明聲韻之學，首先在明研治之方法。現將研究方法，開示於下：

【一】審明音理

　　聲韻之學旣是研究字音之學，它就須研究人類口齒所發之聲音，推廣到文字上來。所以聲韻學是偏重口耳相傳，因此首先要能辨別聲韻，分析音素。因爲聲韻學旣是研究人類口齒所發的聲音爲宗旨，就必須能夠辨識各種音素的發音方法。在輔音上要明白清濁發送收的異同，脣、齒、舌、牙、喉的區別；在元音上要辨別高低前後洪細開合的差異，進而瞭解各種音素接合的條件，以及彼此影響的變化。能如此就具備初步的基礎了。

【二】知道變遷

　　時間有古今的差異，地方有南北的不同，不知古今南北的區別，這猶如《莊子》所云「得一察焉以自好者」，乃一曲之士，終不足以明大道之人。凡事皆然，而治聲韻之學爲尤甚，故陸法言之著《切韻》，首論南北是非，古今通塞，爲其最大原則。《切韻》一書，所以爲今日治聲韻學之圭臬者，亦以此故。[1] 蓋

1　按陸法言原本《切韻》今雖殘缺不全，惟有殘本出現。然唐王仁昫《刊謬補缺切韻》，宋陳彭年奉敕撰的《廣韻》猶存，故可藉這些現存的書，以考見《切韻》之系統。

時代嬗變，音亦隨之。所以我們要瞭解它演變的條件，變遷的路線，絕不可膠固不化，引一時一地之音作爲研究聲韻學的基礎，以爲不可輕易。如果持此觀念以究聲韻學，則無疑是閉戶造車，出必不合於轍，固可斷言。故段玉裁《六書音韻表》論音隨時代變遷之說云：

> 今人概曰古韻不同今韻而已，唐虞而下，隋唐而上，其中變更正多，概曰古不同今，尚皮傅之說也。音韻之不同，必論其世，約而言之，唐虞夏商周秦漢初爲一時，漢武後洎漢末爲一時，魏晉宋齊梁陳隋爲一時。古人之文具在，凡音轉、音變、四聲，其遷移之時代，皆可尋究。

此言古韻之有變遷，誠爲的論。然隋唐以後，亦無日不在嬗變之中，因時代之遞代，方言之變異，即今韻亦可分爲數期。此學者不可不察也。[2]

【三】尋求旁證

聲韻之學既然是推求漢語語音歷史演變的規律，可是古人的語音，既無法久留人間，又無留音之物，把古人的聲音保存下來，那麼我們尋究之道，就只有旁求證據。這可從古籍文字、漢語方言、域外譯音及同語族語各方面尋求證據。我們分別舉例稍加說明。

❶古籍文字：古籍文字除了《詩經》及其他古籍中有韻之文，可作爲歸納韻部之主要資料外。例如《詩經・國風・關雎》四章：

> 參差荇菜，左右采之。窈窕淑女，琴瑟友之。

2　案治聲韻學者，隋唐以前，總稱之曰古韻，隋唐以後，總稱之曰今韻。

於是儘管我們現在讀釆友的聲音差得很遠，但《詩經》既然押韻，就可知道在古必然同部，或者是相近的韻部。其他若經籍異文，對我們研究聲韻也有很大的幫助，例如：《詩經・邶風、谷風》：「凡民有喪，匍匐救之。」《禮記・檀弓》引此文作「扶服」，可證古無輕脣音。又如《書・禹貢》：「大野既豬。」《史記・夏本紀》引作「既都」可證古無舌上音等都是。

❷漢語方言：例如《廣韻》入聲有-p、-t、-k 三種塞聲韻尾，仍可從閩、粵方言中得到證實。古無輕脣音與舌上音也可從閩、粵方言中得到支持。

❸域外譯音：汪榮寶〈歌戈魚虞模古讀考〉一文嘗舉華梵對勘為例，證明唐宋以前歌戈韻字多讀a音，如佛陀之為 Buddha，以陀譯 a 是也；又謂魏晉以上凡魚虞模韻字亦讀 a 音，如以浮圖對譯 Buddha 是也。

❹同語族語：李方桂先生《上古音研究》根據「八」藏語為 brgyad，「百」藏語為 brgya，「馬」緬語為 mrang 等對音關係，定上古音二等字為有-r-介音是也。

【四】勤於習作：

學習聲韻學最重要者在熟練每一個漢字的聲韻母，包括中古與上古，這無法用死背死記的方法。語言就像數學一樣，學了一個原理原則以後，就要作很多習題來熟練它一樣。例如我們要知道《廣韻》的反切上字屬於什麼聲紐，最好的辦法，就是習作。下面這個表格，就是我們熟悉《廣韻》反切上字的方法。今舉一東韻為例：

韻紐	切語	聲紐	韻紐	切語	聲紐
東	德紅	端	豐	敷隆 [3]	敷
同	徒紅	定	充	昌終	穿
中	陟弓	知	隆	力中	來
蟲	直弓	澄	空	苦紅	溪
終	職戎	照	公	古紅	見
仲	敕中	徹	蒙	莫紅	明
崇	鋤弓	床	籠	盧紅	來
嵩	息弓	心	洪	戶公	匣
戎	如融	日	叢	徂公	從
弓	居戎	見	翁	烏紅	影
融	以戎	喻	恩	倉紅	清
雄	羽弓	為	通	他紅	透
瞢	莫中	明	蔑	子紅	精
穹	去宮	溪	蓬	薄紅	並
窮	渠弓	群	烘	呼東	曉
馮	房戎	奉	峨	五東	疑
風	方戎	非	稄	蘇公	心

　　練習之步驟，先從《廣韻》中抄好韻紐（即每韻中○下面的第一個字），切語，把二百零六韻的韻紐與切語統統抄好以後，就可翻到本書附錄「《廣韻》切語上字表」查出每一切語的反切上字之聲紐。把全部二百六韻的反切上字都查完了，就自然熟悉了，此為不易法門，希勿以其簡易而忽之。

　　熟悉了反切上字，就要熟悉反切下字的韻類開合與等第了。

3　按《廣韻》豐敷空切誤，今據《切韻》殘卷第二種正作敷隆切。

我們也列一個表，然後再說明其練習方法。表中是《聲類新編》
中的影紐字。

紐韻[4]	切語	韻目開合等第	紐韻	切語	韻目開合等第
影	於丙	梗開三	崴	乙乖[5]	皆合二
翁	烏紅	東開一	隈	烏恢	灰合一
邕	於容	鍾合三	哀	烏開	咍開一
胦	握江	江開二	因	於眞	眞開三
逶	於爲	支合三	礥	於巾	眞開三
漪	於離	支開三	贇	於倫	諄合三
伊	於脂	脂開三	熅	於云	文合三
醫	於其	之開三	殷	於斤	欣開三
威	於非	微合三	鴛	於袁	元合三
依	於希	微開三	蔫	謁言	元開三
於	央居	魚開三	溫	烏渾	魂合一
紆	憶俱	虞合三	恩	烏痕	痕開一
烏	哀都	模合一	安	烏寒	寒開一
鷖	烏奚	齊開四	剜	一丸	桓合一
娃	烏攜	齊合四	彎	烏關	刪合二
蛙	烏媧	佳合二	黰	烏閑	山開二
娃	於佳	佳開二	嬛	委鰥	山合二
挨	乙諧	皆開二	煙	烏前	先開四
淵	烏玄	先合四	幽	於虯	幽開三

4　《廣韻》以韻爲經，韻中領紐字，我們稱韻紐；《聲類新編》以紐
爲經，紐內領韻字，我們稱紐韻。特此說明。
5　崴乙皆切誤，今據《切韻殘卷》第三種正作乙乖切。

紐韻	切語	韻目開合等第	紐韻	切語	韻目開合等第
焉	於乾	仙開三	愔	挹淫	侵開三
嫣	於權	仙合三	音	於金	侵開三
幺	於堯	蕭開四	諳	烏含	覃開一
要	於霄	宵開三	淹	央炎	鹽開三
妖	於喬	宵開三	厭	一鹽	鹽開三
坳	於交	肴開二	猶	乙咸	咸開二
鏖	於刀	豪開一	醃	於嚴	嚴開三
阿	烏何	歌開一	蓊	烏孔	董開一
倭	烏禾	戈合一	擁	於隴	腫合三
胞	於靴	戈合三	慃	烏項	講開二
鴉	於加	麻開二	委	於詭	紙合三
窊	烏瓜	麻合二	倚	於綺	紙開三
央	於良	陽開三	欹	於几	旨開三
汪	烏光	唐合一	譩	於擬	止開三
鴦	烏郎	唐開一	扆	於豈	尾開三
霙	於驚	庚開三	磈	於鬼	尾合三
嬰	烏莖	耕開二	掫	於許	語開三
泓	烏宏	耕合二	傴	於武	麌合三
嬰	於盈	清開三	隖	安古	姥合一
縈	於營	清合三	吟	烏弟	薺開四
膺	於陵	蒸開三	矮	烏蟹	蟹開二
憂	於求	尤開三	挨	於駭	駭開二
謳	烏侯	侯開一	猥	烏賄	賄合一
欸	於改	海開一	廮	於郢	靜開三
惲	於粉	吻合三	濴	烏迥	迥合四

紐韻	切語	韻目開合等第	紐韻	切語	韻目開合等第
隱	於謹	隱開三	嶼	烟涬	迥開四
偃	於幰	阮開三	懮	於柳	有開三
婉	於阮	阮合三	歐	烏后	厚開一
穩	烏本	混合一	黝	於糾	黝開三
綰	烏板[6]	潸合二	飲	於錦	寑開三
蝘	於殄	銑開四	唵	烏感	感開一
嫣	於蹇	獮開三	揞	烏敢	敢開一
杳	烏皎	篠開四	黶	於琰	琰開三
夭	於兆	小開三	奄	衣儉	琰開三
闄	於小	小開三	掩	於广	儼開三
拗	於絞	巧二	黯	乙減	豏開二
襖	烏晧	晧開一	甕	烏貢	送開一
椏	烏可	哿開一	雍	於用	用合三
媠	烏果	果合一	倚	於義	寘開三
啞	烏下	馬開二	餧	於僞	寘合三
鞅	於兩	養開三	恚	於避	寘合三
枉	紆往	養合三	懿	乙冀	至開三
块	烏朗	蕩開一	意	於記	志開三
漮	烏晃	蕩合一	尉	於胃	未合三
瞥	烏猛	梗開二	衣	於旣	未開三
飫	依倨	御開三	晏	烏澗	諫開二
汙	烏路	暮合一	綰	烏患	諫合二
翳	於計	霽開四	宴	於甸	霰開四

6　按綰爲潸合二，板爲潸開二，綰烏板切乃借板爲切也。

紐韻	切語	韻目開合等第	紐韻	切語	韻目開合等第
瘞	於罽	祭開三	狷	烏縣	霰合四
藹	於蓋	泰開一	堰	於扇	線開三
懀	烏外	泰合一	竅	烏叫	嘯開四
譮	烏懈	卦開二	要	於笑	笑開三
噫	烏界	怪開二	靿	於教	效開二
懀	烏快	夬合二	奧	烏到	號開一
喝	於犗	夬開二	侉	安賀	箇開一
隑	烏繢	隊合一	涴	烏臥	過合一
愛	烏代	代開一	亞	衣嫁	禡開二
穢	於廢	廢合三	窊	烏吳	禡合二
印	於刃	震開三	快	於亮	漾開三
醖	於問	問合三	盎	烏浪	宕開一
憖	於靳	焮開三	汪	烏浪[7]	宕合一
怨	於願	願合三	映	於敬	映開三
堰	於建	願開三	濔	於孟	映開二
搵	烏困	慁合一	彋	烏橫	映合二
憗	烏恨	恨開一	褮	驚迸	諍開二
按	烏旰	翰開一	鑋	烏定	徑開四
惋	烏貫	換合一	幼	伊謬	幼開三
蔭	於禁	沁開三	咽	乙鎋	鎋開二
暗	烏紺	勘開一	抉	於決	屑合四
厭	於豔	豔開三	噎	烏結	屑開四
俺	於驗	豔開三	噦	乙劣	薛合三

---

7 汪烏浪切，浪開口一等字，據汪字平聲烏光切，光為合口字，去聲借用浪字，蓋其偶疏也。

紐韻	切語	韻目開合等第	紐韻	切語	韻目開合等第
念	於念	㮇開四	妜	於悅	薛合三
𪓐	於陷	陷開二	悁	於列	薛開三
黯	音黯去聲	陷開二	約	於略	藥開三
俺	於劍	釅開三	嬳	憂縛	藥合三
屋	烏谷	屋開一	惡	烏各	鐸開一
郁	於六	屋開三	雘	烏郭	鐸合一
沃	烏酷	沃合一	啞	烏格	陌開二
渥	於角	覺開二	𧟌	乙白	陌開二
一	於悉	質開三	攫	一虢	陌合二
乙	於筆	質開三	厄	於革	麥開二
鬱	紆物	物合三	益	伊昔	昔開三
噦	於月	月合三	憶	於力	職開三
謁	於歇	月開三	殕	愛黑	德開一
膃	烏沒	沒合一	揖	伊入	緝開三
遏	烏葛	曷開一	邑	於汲	緝開三
斡	烏括	末合一	姶	烏合	合開一
婠	烏八 [8]	黠合二	唈	烏荅	合開一
軋	烏黠	黠開二	鰪	安盍	盍開一
腌	於輒	葉開三	鴨	烏甲	狎開二
魘	於葉	葉開三	殗	於業	業開三
浥	烏洽	洽開二			

---

[8]　婠烏八切，此以脣音開口字切合口字也。按婠合口字，八脣音開口字也。

　　以上切語根據《聲類新編》卷一喉音影母錄入，根據紐韻的切語下字，查本篇〈今本廣韻切語下字表〉，說明其韻目與開合等第。經過這樣作了一遍作業，《廣韻》切語中常用的切語下字，大多數都能識別其韻目與開合等第了。

　　另外尚有《詩經》韻腳歸部，也必須作練習，若三百五篇《詩經》韻腳古韻分部熟悉了，其他的漢字也就差不多了。練習的方法，就是取一本《詩經》，就其韻腳而歸納其古韻部。如果能將《詩經》抄錄一遍，再作練習，則效用更大，我常常鼓勵學生如此練習。茲舉《詩經・國風・周南》十一篇詩爲例，說明練習方法如下：

國風・周南・關雎

○關關雎鳩（21 幽）。在河之洲（21 幽）。窈窕淑女，君子好逑（21 幽）。

○參差荇菜，左右流（21 幽）之。窈窕淑女，寤寐求（21 幽）之。

○求之不得（25 職）。寤寐思服（25 職）。悠哉悠哉，輾轉反側（25 職）。

○參差荇菜，左右采（24 之）之。窈窕淑女，琴瑟友（24 之）之。

○參差荇菜，左右芼（19 宵）之。窈窕淑女，鐘鼓樂（20 藥）之。

國風・周南・葛覃

○葛之覃兮，施于中谷（17 屋）。維葉萋萋（4 脂）。

黃鳥于飛，集于灌木（17 屋）。其鳴喈喈（4 脂）。

○葛之覃兮，施于中谷（17 屋）。維葉莫莫（14 鐸）。是刈是濩（14 鐸）。爲絺爲綌（14 鐸）。服之無斁（14 鐸）。

○言告師氏，言告言歸（7 微）。薄污我私，薄澣我衣（7 微）。害澣害否（24 之）。歸寧父母（24 之）。

國風・周南・卷耳

○采采卷耳，不盈頃筐（15　陽）。嗟我懷人，寘彼周行（15　陽）。

○陟彼崔嵬（7　微）。我馬虺隤（7　微）。我姑酌彼金罍（7　微）。維以不永懷（7　微）

○陟彼高岡（15　陽）。我馬玄黃（15　陽）。我姑酌彼兕觥（15　陽）。維以不永傷（15　陽）。

○陟彼砠（13　魚）矣。我馬瘏（13　魚）矣。我僕痡（13　魚）矣。云何吁（13　魚）矣。

國風・周南・樛木

○南有樛木，葛藟纍（7　微）之。樂只君子，福履綏（7　微）之。

○南有樛木，葛藟荒（15　陽）之。樂只君子，福履將（15　陽）之。

○南有樛木，葛藟縈（12　耕）之。樂只君子，福履成（12　耕）之。

國風・周南・螽斯

○螽斯羽，詵詵（9　諄）兮。宜爾子孫，振振（9　諄）兮。

○螽斯羽，薨薨（26　蒸）兮。宜爾子孫，繩繩（26　蒸）兮。

○螽斯羽，揖揖（27　緝）兮。宜爾子孫，蟄蟄（27　緝）兮。

國風・周南・桃夭

○桃之夭夭，灼灼其華（13　魚）。之子于歸，宜其室家（13　魚）。

○桃之夭夭，有蕡其實（5　質）。之子于歸，宜其家室（5　質）。

○桃之夭夭，其葉蓁蓁（6　眞）。之子于歸，宜其家人（6　眞）。

國風・周南・兔罝

○肅肅兔罝（13　魚）。椓之丁丁（12　耕）。赳赳武夫（13　魚）。公侯干城（12　耕）。

○肅肅兔罝（13　魚）。施于中逵（21　幽）。赳赳武夫（13　魚）。公侯好仇（21　幽）。

○肅肅兔罝（13　魚）。施于中林（28　侵）。赳赳武夫（13

魚）。公侯腹心（28 侵）。

國風・周南・芣苢

○采采芣苢，薄言采（24 之）之。采采芣苢，薄言有（24 之）之。

○采采芣苢，薄言掇（2 月）之。采采芣苢，薄言捋（2 月）之。

○采采芣苢，薄言袺（5 質）之。采采芣苢，薄言襭（5 質）之。

國風・周南・漢廣

○南有喬木，不可休（21 幽）息。漢有游女，不可求（21 幽）
思。漢之廣（15 陽）矣。不可泳（15 陽）思。江之永（15
陽）矣。不可方（15 陽）思。

○翹翹錯薪，言刈其楚（13 魚）。之子于歸，言秣其馬（13
魚）。漢之廣（15 陽）矣。不可泳（15 陽）思。江之永（15
陽）矣。不可方（15 陽）思。

○翹翹錯薪，言刈其蔞（16 侯）。之子于歸，言秣其駒（16
侯）。漢之廣（15陽）矣。不可泳（15陽）思。江之永（陽）
矣。不可方（陽）思。

國風・周南・汝墳

○遵彼汝墳，代其條枚（7 微）。未見君子，惄如調飢（4 脂）。

○遵彼汝墳，伐其條肄（5 質）。既見君子，不我遐棄（5 質）。

○魴魚赬尾（7 微）。王室如燬（7 微）。雖則如燬（7 微）。
父母孔邇（4 脂）。

國風・周南・麟之趾

○麟之趾（24 之）。振振公子（24 之）。于嗟麟兮。

○麟之定（12 耕）。振振公姓（12 耕）。于嗟麟兮。

○麟之角（17 屋）。振振公族（17 屋）。于嗟麟兮。

　　練習之法，先歸納韻腳，然後根據書後附錄〈古韻三十二部
諧聲表〉，查其韻字諧聲偏旁，屬於何部，即於韻腳下塡其部

目。久之自能一一熟悉無訛。

【五】統一名詞

　　本節先師林景伊（尹）先生《中國聲韻學通論》稱之爲「正名」，羅常培氏《漢語音韻學導論》則稱之爲「袪妄」。二人皆有所依據與理由，然亦不無主觀之意見存在，所以今正名爲統一名詞。因爲中國聲韻學上所有名稱，未嘗有過正確標準，學者各自爲說，加以好立異矜奇之故，於是有同名而異實，或異名而同實，眞是不勝枚舉。以「聲」字而言，有指聲母者，有指聲調者。以「陰聲」、「陽聲」二名而言，有指聲調之高低升降者，如國語以第一聲爲陰平聲，以第二聲爲陽平聲之類是，有指收音之帶鼻音與不帶鼻音而言者，如戴震、孔廣森所謂陰聲、陽聲是，此皆同名而異實者。至言及聲母發音之方法，方以智分成「初發聲」、「送氣聲」、「忍收聲」三種，江永、江有誥、陳澧因之，簡稱爲「發聲」、「送氣」、「收聲」，錢大昕亦分三類，惟將「發聲」改稱「出聲」。洪榜《四聲韻和表》又分爲「發聲」、「送聲」、「內收聲」、「外收聲」四類，勞乃宣《等韻一得》改名爲「戞」、「透」、「轢」、「捈」四類。邵氏作舟更劃分爲「戞」、「透」、「拂」、「轢」、「揉」五類，驟視之，似毫不相干，實在名稱雖異，其實則同，此所謂異名同實。甚至有些學者，喜歡比傅，以眩博異。於是講平仄則以鐘鼓木石爲喻[9]，論清濁則以天地陰陽爲說[10]，這是掉弄虛玄。

9　江永《音學辨微・一辨平仄》云：「平聲爲陽，仄聲爲陰，平聲音長，仄聲音短，平聲音空，仄聲音實，平聲如擊鐘鼓，仄聲如擊土木石，音之至易辨者也。」廣文書局《音韻學叢書本》第 4 頁。

10　江永《音學辨微・五辨清濁》云：「清濁本於陰陽，一說清爲陽，濁爲陰，一說清爲陰而濁爲陽。陰字影母爲清，陽字喻母爲濁也。」廣文書局《音韻學叢書本》第 12 頁。

又有辨聲則喉牙互淆[11]，析韻乃以縱橫爲別[12]，這是含混莫辨。更有些人，談五音則牽合五行五臟[13]，論字母則比附河圖洛書[14]，這是穿鑿附會。依反切可知史前語音[15]，囿見聞而訾西方音學[16]，這是武斷自是。今之統一名詞，其妄者袪之，其名異實同者一之，其名同實異者析之。

綜上五法，聲韻之能事畢矣。

11　《玉篇》末附〈五音聲論〉以何（匣）、我（疑）、剛（見）、鄂（疑）、謌（見）、可（溪）、康（溪）、各（見）爲喉聲；以更（見）、硬（疑）、牙（疑）、格（見）、行（匣）、幸（匣）、亨（曉）、客（溪）爲牙聲，其混淆可見。

12　章炳麟《國故論衡・二十三部音準》云：「古支部異脂之者，其聲與之爲縱橫，之縱而支橫也。」

13　羅常培《漢語音韻學導論》引劉鑑《切韻指南》總括五行分配例云：「見等牙肝角木東，舌心徵火喻南風。北方腎水羽脣下，西面商金肺齒中。喉案土宮脾戊己，西南兼管日來同。後進未明先哲意，軒轅格式爲君明。」又引〈訂五臟鎦銖之例〉云：「四斤四兩屬牙肝。心重十二兩舌間。脣腎一斤零一兩，三斤三兩肺中編。二斤十四喉脾類，六兩半心徵半連。口肺脾肺腎俱全。」羅氏云：「牽強附會，不知所云。」

14　江永《音學辨微・十二論圖書爲聲音之源》云：「人之所以能言者，肺居心上，火交交而舌能掉也，而河圖洛書已具此理。河圖一六水居北，二七火居南，三八木居東，四九金居西，五十土居中，五行之正位也。洛書與河圖三同而二異，四九金居南，二七火居西，是爲金乘火位，火入金鄉，故心肺交而能言。河圖五十五點，洛書四十五點，合之得百，半之五十，是爲大衍之數，而聲音亦應之，故圖書者聲音之源也。」廣文書局《音韻學叢書本》第 29 頁。

15　潘尊行〈由反切推測史前中國語言說〉載《新月》第二卷第二號。

16　馬宗霍《音韻學通論・自序》云：「晚世西學東浸，二三時彥，震彼言文之合契，懼我情志之互乖，遂乃製爲音符，強教國人。」泰順書局六十一年三月版。

第四章　聲韻與文字之關係

　　語言不憑虛而起，文字附語言而作，故有聲音而後有語言，有語言而後有文字，此天下不易之理也。是以研討文字之源，探求語言之變，以及窮究訓詁之道，皆非明聲韻莫由。蓋字體屢遷，語言萬變，至於人類口齒所能發之聲音，則大抵相同，故文字語言之變化無定，於是訓詁以其窮，訓詁亦與聲音相表裏者也。訓詁亦有時而異，而人類口齒所能發之聲音則有定，今以有定之聲音，而推求無定之文字語言，譬若網在綱，有條不亂，必事半而功倍矣。

　　文字構造主要原則：曰形、曰音、曰義，而音實爲媒介之具，非音不足以知形，非音不足以明義，形義既明，而音又不能長留於紙墨之間。然冥冥之中，仍主持之者，誠以文字不能離音而獨立也。許慎《說文解字・敘》曰：「《周禮》八歲入小學，保氏教國子先以六書：一曰指事，指事者，視而可識，察而見意，上下是也。二曰象形，象形者，畫成其物，隨體詰詘，日月是也。三曰形聲，形聲者，以事爲名，取譬相成，江河是也。四曰會意，會意者，比類合誼，以見指撝，武信是也。五曰轉注，轉注者，建類一首，同意相受，考老是也。六曰假借，假借者，本無其字，依聲託事，令長是也。」夫以六書而言，形聲者，一則形符，一則聲符，半以喻義，半以譬聲，其於聲韻關係之密切，顯然可知。轉注者因語言聲韻之轉變，或雙聲，或疊韻，循其聲韻而別造字，於是互相注釋。故不明聲韻之學決不能解。假借者，本無其字，依聲託事，故聲韻之相同，或相近者，多相假

借，而古籍假借之字，幾十居八九，欲究其意，亦非明聲韻學不可。至於指事、象形、會意三者，雖偏重於形義，然亦不能離聲韻而自立。蓋文字所以延長語言，語言藉聲音以傳播。故字必有音，音必有源，追究其源，或象形、象聲，或表德、表業，所立雖殊，而依聲則一。日之言實也，月之言缺也，此象形也。雀取節足之音，鵲取錯錯之聲，此象聲也。馬之爲言武也，吏之爲言治人者也，此表業也。[1] 由上觀之，聲韻與文字之關係，既如此密切，今欲推求文字構造之源，語言變遷之理，以及訓詁之道，不明聲韻，豈可得乎！此聲韻之學，所以爲研究文字語言之管鑰也。

1　章炳麟《國故論衡・語言緣起說》云：「語言不憑虛起，呼馬而馬，呼牛而牛，此必非恣意妄稱也。諸語言皆有根，先徵之有形之物，則可覩矣。何以言雀，謂其音即足也，何以言鵲，謂其音錯錯也，何以言雅，謂其音亞亞也，何以言雁，謂其音岸岸也，何以言駕鵝，謂其音加我也，何以言鶻鵃，謂其音磔格鉤輈也，此皆以音爲表者也。何以言馬，馬者武也(古音馬武同在魚部)，何以言牛，牛者事也(古音牛事同在之部)，何以言羊，羊者祥也，何以言狗，狗者叩也，何以言人，人者仁也，何以言鬼，鬼者歸也，何以言神，神者引出萬物者也，何以言祇，祇者提出萬物者也，此皆以德爲表者也，要之，以音爲表，惟鳥爲衆，以德爲表，則萬物大抵皆是。乃至天之言顚，地之言底，山之言宣，水之言準(水在脂部，準在諄部，同類對轉)，火之言毀(古音火毀同在脂部)，土之言吐，金之言禁，風之言氾，有形者大抵皆爾，以印度勝論之說儀之，實德業三，各不相離，人云馬云，是其實也，仁云武云，是其德也，金云火云，是其實也，禁云毀云，是其業也，一實之名，必與其德若，與其業相麗，故物名必有由起，雖然大古草昧之世，其言語惟以表實，而德業之名爲後起(青黃赤白堅奰昏殤甘苦之名，則當在實先，但其字皆非獨體，此不可解。)故牛馬名最先，事武之語，乃由牛馬孳乳以生，世稍文，則德業之語早成，而後施名於實，故先有引語，始稱引出萬物者曰神，先有提語，始稱提出萬物者曰祇。此則假借也。」

第五章　韻書之起源

　　韻書之作，始於魏李登《聲類》，封演《聞見記》曰：「魏有李登者，撰《聲類》十卷，凡一萬一千五百二十字，以五聲命字。」晉呂靜繼之，而作《韻集》。自茲以後，厥流益廣。周彥倫《四聲切韻》，夏侯詠《韻略》，陽休之韻《韻略》，周思言《音韻》，李季節《音譜》，杜臺卿《韻略》，皆其尤著者也。然皆散佚無存，不可詳考，今可考者，惟隋陸法言《切韻》最早。

　　陸法言《切韻·敘》曰：

　　　　昔開皇初，有儀同劉臻等八人，同詣法言門宿。夜永酒闌，論及音韻，以今聲調，既自有別，諸家取捨，亦復不同。吳楚則時傷輕淺，燕趙則多傷重濁，秦隴則去聲爲入，梁益則平聲似去。又支（章移切）脂（旨夷切）魚（語居切）虞（遇俱切），共爲一韻；先（蘇前切）仙（相然切）尤（于求切）侯（胡溝切），俱論是切。欲廣文路，自可清濁皆通；若賞知音，即須輕重有異。呂靜《韻集》、夏侯該《韻略》、陽休之《韻略》、周思言《音韻》、李季節《音譜》、杜臺卿《韻略》等，各有乖互，江東取韻，與河北復殊。因論南北是非，古今通塞，欲更捃選精切，除削疏緩，蕭（該）、顏（之推）多所決定。魏著作（淵）謂法言曰：「向來論難，疑處悉盡，何不隨口記之，我輩數人，定則定矣。」法言即燭下握筆，略記綱紀。博問英辯，殆得精華。於是更涉餘學，兼從薄

宦，十數年間，不遑修集，今反初服，私訓諸弟子，凡有
文藻，即須明聲韻。屏居山野，交游阻絕，疑惑之所，質
問無從。亡者則生死路殊，空懷可作之歎；存者則貴賤禮
隔，以報絕交之旨。遂取諸家音韻，古今字書，以前所記
者定之，爲《切韻》五卷。剖析毫釐，分別黍累，何煩泣
玉，未得縣金，藏之名山，昔怪馬遷之言大，持以蓋醬，
今歎揚雄之口吃。非是小子專輒，乃述群賢遺意；寧敢施
行人世，直欲不出户庭。于時歲次辛酉，大隋仁壽元年。

　　陸氏自序，自謂論南北是非，古今通塞，故《切韻》一書，
實所以明古音、今音之沿革也。其書雖亡，然唐孫愐撰《唐
韻》，宋陳彭年等撰《廣韻》，丁度等撰《集韻》，皆依據其舊
目，《唐韻》雖亦亡佚，而《廣韻》《集韻》則流行人間，故法
言舊目，猶可得考。今之治聲學者，莫不以《廣韻》爲階梯，是
則法言之功也。

第六章　歷代字音之變遷

　　聲韻隨時代變遷，前已闡說，故段氏玉裁，析古音爲三期，餘杭章君又分今音爲二期，錢君玄同《文字學・音篇》則自周秦以迄現代之音分爲六期，茲將錢君之說，錄之於下：

　　古今字音，變遷甚多，就可考者言之，可分爲六期，茲用世界通曆（俗稱西曆），表明每期之起迄，而附注帝王之朝名于下，以便參考。（紀年之用處，在能比較年代之先後長短，中華自來用帝王紀年，于比較上全無用處，等於無紀年。今欲表明每期之起迄，惟有用世界通曆之一法。）

　　第一期　紀元前十一世紀—前三世紀（周秦）
　　第二期　前二世紀—二世紀（兩漢）
　　第三期　三世紀—六世紀（魏晉南北朝）
　　第四期　七世紀—十三世紀（隋唐宋）
　　第五期　十四世紀—十九世紀（元明清）
　　第六期　二十世紀初年（現代）[1]

　　以上所述各期之起迄，非有精密之畫分，但略示界限而已。茲將各期不同之點略述于左：

　　第一期　此期之音，習慣上稱爲「古音」。以無韻書之故，自來皆不能詳言其眞相。近三百年來，治古音者輩出，據《詩經》、《楚辭》、諸子、秦碑用韻之處，及《說文解字》，參校考訂，而後此期之音，乃炳焉大明。原來古者諧聲字之音韻，必

1　按第六期今應改作二十世紀—二十一世紀初年（現代）。

與聲母相同，聲母在某韻，從其聲者皆與之同韻。此期字形，尙用籀篆，體正聲顯，而文中用韻之界甚嚴。欲明此期音韻之大概，可參考段玉裁之《六書音均表》，嚴可均之《說文聲類》諸書。[2]

第二期　此期承第一期而漸變，篆籀省爲隸草，則字體淆亂，諧聲字之聲，漸漸不可審知。而韻書未作，字音無標準，故任情變易，用韻甚寬，今觀漢人所作韻文，猶可知其大概。

第三期　此爲韻書之初期，周秦以聲母爲標準之法，至此期已完全不適用。而字音任情變易，則妨礙甚多，故韻書興焉。作韻書者，逐字記音，記以反切，此與今之希望國音統一者，命意相似。 此期韻書（即《聲類》《韻集》諸書），今無存者，不知其分韻分紐，與後來之《廣韻》異同如何，今據以考見此期字音之反切者，惟陸德明之《經典釋文》而已。

第四期　此爲韻書全盛之期，《切韻》、《唐韻》、《廣韻》、《集韻》四書，爲此期最有價值之韻書。今《切韻》、《唐韻》雖亡，而《廣韻》《集韻》具在，《廣韻》一書，兼賅古今南北之音。 凡平仄、清濁、洪細、陰陽諸端，分別甚細，今日欲研究古音，當以《廣韻》爲階梯，欲製定國音，亦當以《廣韻》爲重要參考物。

第五期　《廣韻》（《集韻》大致相同）之音，兼賅古今南北，以之審音，則信美矣。然紐韻繁多，事實上斷非一人所能盡

2　按當增補下列諸書，夏炘《詩古音二十二部集說》廣文書局《音韻學叢書本》。羅常培・周祖謨《漢魏晉南北朝韻部演變研究》北京科學出版社 1958 年 11 月出版。王力《漢語音韻》中華書局香港分局 1984 年 3 月重印版。李方桂《上古音研究》商務印書館 1998 年 5 月北京第 3 次印刷版。陳新雄《古音研究》五南圖書出版有限公司民國 89 年 11 月出版。

讀。故在應用方面，不能不有他種韻書。此期文學以北曲爲主，
於是有以北曲爲主之韻書發生，如元周德清之《中原音韻》，及
《菉斐軒詞林韻釋》之類。彼時惟用古代死語所作之詩，尙沿唐
宋之舊韻。至用當時活語所作之曲，即用《中原音韻》一派之新
韻，其始雖限於方隅，然其潛伏之勢力甚大，明初之《洪武正
韻》即本於此。明清文人學士所作韻文，多喜排斥《正韻》，仍
守唐宋用韻之舊。然唐宋舊韻，雖時時爭持於紙上，而實則節節
失敗於口中。此六百年來之普通口音，即《中原音韻》、《洪武
正韻》等韻書之音。其故因此期南北混一，交通頻繁，集五方之
人而共處一堂，彼此談話，必各犧牲其方音之不能通應者，而操
彼此可以共喩之普通音。此普通音之條件有二：㈠全國多數人能
發之音。㈡韻紐最簡少之音。多數則普及易，簡少則學習易也。
就南北中三部之中，而擇取合於上列二條件之普通音，實爲直
隸、山東、山西、河南、陝西、甘肅及江蘇、安徽北部之音，因
此類之音，紐韻最爲簡少，而其所佔之區域，則甚爲廣大也。
（此類之音，泛稱可曰「北音」。）由此而發生一種普通語言，
即俗稱「官話」是也。「官話」之名，甚不雅馴。或即以此爲京
話，尤非其實。實則此種語言，爲六百年來一種不成文之國語。
　　第六期　　近二十年以來，國人感於中華字音之無一定之標
準，爲教育前途之大障礙。於是有王照之《官話字母》，勞乃宣
之《簡字譜》等發生，欲以音標之形式，代替舊日之反切，其用
意甚美，惜其以京兆一隅之音，爲全國之標準音，而所作音標，
又不甚美觀，未能通行。民國二年（通曆 1913 年）教育部開讀
音統一會，徵集各省代表，審定國音，遂製成「注音字母」三十
九文，音讀沿第五期之趨勢，以所謂「北音」者爲準。自此以
後，中華字音將脫離韻書時代，而進入音標時代矣。（案注音字

母於民國七年十一月二十三日，由教育部公布，十九年四月二十九日國民政府令改爲注音符號。）

　　以上所述，此六期又可括爲三期，即第一第二合爲一期，以第二期包括於第一期之中，此期之音，以聲母爲準。第三第四合爲一期，以第三期包括於第四期之中，此期之音，以韻書爲準。第五第六合爲一期，以第五期包括於第六期之中，此期之音，以音標爲準。

第二編　廣　韻

第一章　廣韻之聲母

第一節　聲之名稱

凡氣息自氣管流出，經發音器官之節制，或破裂而出，或摩擦而出，或經由鼻腔泄出，形成形氣相軋而成聲者，謂之輔音。自其作爲一字之首音而言，則稱之爲聲母（initial consonants）。[1]

聲韻學上聲母異名甚衆，從其形氣相軋之音所從出而言，則謂之聲，發音相同之字則謂之雙聲，類聚雙聲之字，取一字以爲標目，則謂之聲目。釋書譯梵文發音之字母爲體文，故言聲韻學者亦喜稱之，大唐舍利迻譯梵書，創字母三十，後守溫增益爲三十六字母，故後世相沿稱聲類之標目者爲字母，亦簡稱爲母。清陳澧據《廣韻》以考《切韻》，系聯《廣韻》反切上下字，因有聲類、韻類之稱，此後之人亦喜以稱聲母爲聲類。餘杭章太炎先生因〈唐韻序〉中有「又紐其脣、齒、喉、舌、牙部，仵而次

---

[1] （ consonant:a class of speech characterized by constriction accompanied by some measure of friction, or closure followed by release,at one or more points in the breath channel; a generic term for plosives, fricatives,nasals, laterals, trills or flaps,glottal catches or stops, as well as the first （ glide ） element of a rising diphthong （ [p]、[g]、[n]、[s]、[l]、[r]、[w]。） — Glossary of Linguistic Terminology — By Mario Pei ）

之」之語，因名類聚雙聲之字爲紐，取一字以爲標目，因稱之爲某紐。以紐爲類聚雙聲之字，故亦稱爲聲紐。

第二節　聲目之緣起

聲目之創蓋起於釋氏之依仿印度文字，呂介孺《同文鐸》云：「大唐舍利創字母三十，後溫守座盆以孃、床、幫、滂、微、奉六母，是爲三十六母。」王應麟《玉海》、鄭樵《通志·藝文略》，均載有守溫《三十六字母圖》一卷。據今敦煌出土手寫經卷判斷，守溫殆爲唐末沙門，又因守溫殘卷載有「南梁漢比丘守溫述」字樣，羅莘田君因疑南梁爲郡名，其說應屬可信。

《一切經音義》載〈大般涅槃經文字品〉，有字音十四字：「裒」a「阿」ā「壹」i「伊」ī「塢」u「烏」ū「理」l、「釐」l̄；「翳」e、「藹」ai；「汙」o、「奧」au；「菴」am、「惡」ah。

比聲二十五字：

舌根聲：「迦」ka、「呿」kha、「伽」ga、「暅」gha、「俄」ŋa。

舌齒聲：「遮」ca、「車」cha、「闍」ja、「膳」jha、「若」ña。

上齶聲：「吒」ṭa、「咃」ṭha、「茶」ḍa、「咤」ḍha、「拏」ṇa。

舌頭聲；「多」ta、「他」tha、「陀」da、「馱」dha、「那」na。

脣吻聲：「波」pa、「頗」pha、「婆」ba、「婆去」bha、「摩」ma。

超聲八字：

「虵」ya、「邏」ra、「羅」la、「縛」va、「奢」ɕa、「沙」ṣa、「娑」sa、「呵」ha。[2]

錢大昕《十駕齋養新錄》云：「涅槃所載『比音』二十五字，與今傳『見』『溪』『群』『疑』之譜，小異而大同。前所列『字音』十四字，即『影』『喻』『來』諸母。」陳澧因取與三十六字母對音，茲將陳氏所對之音，列表於下：

涅 槃	比 聲	守 溫	字 母
舌根聲	迦	牙音	見
	呿		溪
	伽		群
	𠿒		
	俄		疑
舌齒聲	遮	正齒音	照
	車		穿
	闍		禪（床）[3]
	膳		
	若	半齒	日

---

2 按梵文超聲共九字，除上述八超聲外，尚有一茶字，爲二合輔音 ks。周法高〈佛教東傳對中國音韻學之影響〉一文云：「梵文字母的翻譯是需要區別長短音的。唐玄應《一切經音義》（唐貞觀末年約西元六四九年撰）卷二大般涅槃經文字品音義說：字音十四字：（a）〔哀〕烏可反、（ā）〔阿〕；（i）〔壹〕、（ī）〔伊〕；（u）〔塢〕烏古反、（ū）〔烏〕；（l）〔理〕、（l̄）〔釐〕力之反；（e）〔黳〕烏奚反、（ai）〔藹〕；（o）〔汙〕、（au）〔奧〕烏故反（法高案：飛烏信行涅槃音義引：『應師作汙奧，上烏故反。』可知烏故反是替汙字作音）。此十四字以爲音，一聲之中，皆兩兩字同，長短爲異，皆前聲短，後聲長。〔菴惡〕此二字

涅　　槃　　比　　聲		守　　溫　　字　　母	
上齶聲	吒	舌上音	知
	咃		徹
	茶		澄
	咤		
	拏		娘
舌頭聲	多	舌頭音	端
	他		透
	陀		定
	馱		
	那		泥
脣吻聲	波	重脣音	幫
	頗		滂
	婆		並
	婆重		
	摩		明

是前惡阿兩字之餘音，若不餘音，則不盡一切字，故復取二字以窮文字也。（法高按：括弧中羅馬字母係新加，後準此）。義淨南海歸內法傳（武周天授元年至如意元年六九零——六九二）說：『腳』等二十五字並下八字（法高按：此指 ka,kha,ga,gha,na 等字母）總有三十三字，名初章；皆須上聲讀之，不可看其字而為平去入也。‥‥‥‥十二聲者，謂是（kɑ）〔腳〕，（kā）〔迦〕上短下長；（ki）〔枳〕，（kī）〔雞〕姜移反，上短下長；（ku）〔矩〕，（kū）〔俱〕上短下長；（ke）〔雞〕，（kɑi）〔計〕上長下短；（ko）〔孤〕，（kɑu）〔告〕上長下短；（kɑm）〔甘〕，（kɑh）〔箇〕兩聲俱短，用力出氣呼，佉等十二字並效此。皆可兩兩相隨呼之，仍須二字之中，看子註而取長短也

3　涅槃舌齒聲「闍」「膳」二字，實即守溫「床」母，陳氏配「禪」母，誤也。

　　上表取守溫字母與涅槃比聲對音者列之，至於涅槃字音十四字，即元音也。根據陳振寰《韻學源流注評》所釋，比聲即毗聲，即輔音，毗、輔助之意。超聲指半元音與二合輔音[4]。今觀涅槃比聲與守溫字母之對音，二者之間有同有異，可見三十六字母所據者乃我中華之音，非據梵音也，其次第與涅槃同者，則其依倣涅槃，情勢顯然也。

4　半元音與二合輔音何以稱爲超聲，陳氏則未道其詳。根據我的學生莊淑慧在〈大般涅槃經文字品中字音、比聲、超聲研究〉一文中的研究，引鳩摩羅什《通韻》說：「超指超聲，爲梵言五五毗聲以外之聲母，謂之後九超聲。‧‧‧然非漢語之所有，非嫻悉梵音者，難以曉喻。」莊淑慧說：「鳩摩羅什認爲比聲、超聲的差別就在比聲是中國有的音，而超聲則是中國所沒有的音，他把“超”解釋爲“超過”“超出”的意思。」莊淑慧又引法寶《涅槃疏》的解說云：「音韻倫次曰毗聲，非倫次者名爲超聲。」莊淑慧說：「（法寶）認爲比聲與超聲的差異在於字母的安排，音韻有倫次與否。可見他並不像鳩摩羅什一樣把“超”解釋爲“超出”，而認爲超的意思爲“特出”、“脫離”，因此，超聲就是一群沒有“秩序”感的字母，而所謂秩序感乃是針對比聲的“有倫次”而言的。上面兩種說法那一種比較可信呢？我們檢視所有的比聲和超聲，發現玄應將二十五個比聲歸爲：
1.舌根聲（五字）
2.舌齒聲（五字）
3.上顎聲（五字）
4.舌頭聲（五字）
5.脣吻聲（五字）
共爲五類，各五字，而超聲則無法歸爲一類。再觀察超聲中八音是否都是中國所缺少的，發現像“羅”（la）、“奢”（ça）、“娑”（sa）、“呵”（ha）等音也是中國已有的音。從這兩個角度來看，法寶“非倫次者名爲超聲”的看法應該是比較可信的。」

第三節　三十字母與三十六字母

今所傳三十六字母，相沿謂守溫所創。然呂介孺《同文鐸》謂：「大唐舍利創字母三十，後溫守座益以『娘』、『床』、『幫』、『滂』、『微』、『奉』六母，是爲三十六母。」是則三十六字母之前，固有三十字母爲其先導也。三十字母之說，亡佚已久，昔人罕有言者，清末敦煌石室發現守溫韻學殘卷，標題已失，首署「南梁漢比丘守溫述」八字。其中所載字母，數只三十，茲依其排列，照錄于下：

唇　　音　不，芳，並，明。

舌　　音　端，透，定，泥。是舌頭音。

　　　　　知，徹，澄，日。是舌上音。

牙　　音　見君，溪，群，來，疑等字是也。

齒　　音　精，清，從。是齒頭音。

　　　　　審，穿，禪，照。是正齒音。

喉　　音　心，邪，曉。是喉中音清；

　　　　　匣，喻，影。亦是喉中音濁。

以上三十字母，較今所傳三十六字母，少「幫」「滂」「奉」「微」「床」「娘」六字，適符呂介孺《同文鐸》之說。此蓋唐舍利所創，而守溫據以修改增益之本也。故其所載「不」「芳」標目，及以「心」「邪」屬喉，以「日」屬舌上，以「來」屬牙，以「影」爲濁之類，皆與今所傳守溫字母配列相參差。（本師林先生曰：此殘卷因署有「南梁漢比丘守溫述」八字之故。羅莘田君因謂「此三十字母乃守溫所訂，今所傳三十六字母，則爲宋人所增改，而仍託諸守溫者。」竊謂若依羅氏之說，

則有可疑者三：一、此殘卷無有標題，雖署守溫述，不知其標題究何所指。況述者有述而不作之意，安知其非述前人所創之字母？二、因守溫自有所增改，或先述前人之作，再以己意定之，而殘卷適佚其己之所定，存其述前人之作，亦未可知。三、與今所傳三十六字母較之，其所少六字母，適符呂介孺之說，則呂氏之說亦未必不可信。故今據呂說，以此三十字母，爲唐舍利所創而守溫據以修改之本也。）今所傳三十六字母凡分「牙音」「舌頭音」「舌上音」「重脣音」「輕脣音」「齒頭音」「正齒音」「喉音」「半舌音」「半齒音」十類。茲列表於下：

牙 音	見	溪	羣	疑	
舌頭音	端	透	定	泥	
舌上音	知	徹	澄	娘	
重脣音	幫	滂	並	明	
輕脣音	非	敷	奉	微	
齒頭音	精	清	從	心	邪
正齒音	照	穿	床	審	禪
喉 音	影	曉	匣	喩	
半舌音	來				
半齒音	日				

第四節　陳澧系聯《廣韻》切語上字之條例

陳澧《切韻考·條例》：

「切語之法，以二字爲一字之音，上字與所切之字雙聲，下字與所切之字疊韻，上字定其清濁，下字定其平上去入。上字定

清濁而不論平上去入，如東德紅切、同徒紅切，東、德皆清，同、徒皆濁也；然同、徒皆平可也，東平、德入亦可也。下字定平上去入而不論清濁，如東德紅切、同徒紅切、中陟弓切、蟲直弓切，東紅、同紅、中弓、蟲弓皆平也。然同紅皆濁、中弓皆清可也。東清紅濁、蟲濁弓清亦可也。東、同、中、蟲四字在一東韻之首，此四字切語已盡備切語之法，其體例精約如此，蓋陸氏之舊也。今考切語之法，皆由此明之。」

〔一〕基本條例：

　　「切語上字與所切之字爲雙聲，則切語上字同用者、互用者、遞用者聲必同類也。同用者如多都宗切、當都郎切，同用都字也；互用者如當都郎切、都當孤切，都、當二字互用也；遞用者如多都宗切、都當孤切，多字用都字，都字用當字也。今據此系聯之爲切語上字四十類。」

〔二〕分析條例：

　　「《廣韻》同音之字不分兩切語，此必陸氏之舊也。其兩切語下字同類者，則上字必不同類，如紅戶公切、烘呼東切，公東韻同類，則戶、呼聲不同類，今分析切語上字不同類者，據此定之也。」

〔三〕補充條例：

　　「切語上字既系聯爲同類矣。然有實同類而不能系聯者，以其切語上字兩兩互用故也。如多、得、都、當四字，聲本同類，多得何切、得多則切、都當孤切、當都郎切，多與得、都與當兩兩互用，遂不能四字系聯矣。今考《廣韻》一字兩音者，互注切

語，其同一音之兩切語上二字聲必同類。如一東『涷、德紅切，又都貢切。』一送『涷、多貢切。』都貢、多貢同一音，則都、多二字實同一類也。」

　　按陳氏基本條例與分析條例，就一切正規切語而論，應屬精約。其基本條例與分析條例之不同者，一屬積極性意義，以系聯不同之切語上字；一屬消極性意義，以防止系聯發生錯誤。至其補充條例，若未互注切語，則其法窮。余所撰〈陳澧系聯切語上字補充條例補例〉，即所以補充陳氏補充條例之不足也。

　　陳澧系聯切語上字補充條例補例：

　　「今考《廣韻》平、上、去、入四聲相承之韻，不但韻相承，韻中字音亦多相承，相承之音，其切語上字聲必同類。如平聲十一模：『都、當孤切』，上聲十姥：『覩、當古切』，去聲十一暮：『妒、當故切』。都、覩、妒為相承之音，其切語上字聲皆同類，故於切語上字因兩兩互用而不能系聯者，可據此定之也。如平聲一東：『東、德紅切』，上聲一董：『董、多動切』，去聲一送：『涷、多貢切』，入聲一屋：『穀、丁木切』。東、董、涷、穀為相承之音，則切語上字德、多、丁聲必同類也。『丁、當經切』，『當、都郎切』，是則德、多與都、當四字聲亦同類也。」

第五節　廣韻四十一聲紐

　　陳澧《切韻考》卷二所考四十聲類，藉補充條例而系聯者，計有多、居、康、於、倉、呼、滂、盧、才及文十類，其文類宜依其基本條例分為明、微二類，與邊、方；滂、敷；蒲、房之分二類者同，則陳氏純依補充條例而系聯者僅九類耳。此九類切語

上字，若以補例系聯之，亦可達相同之效果。茲依陳氏《切韻考》之次序，一一舉證於後：

●多〔得何〕得德〔多則〕丁〔當經〕都〔當孤〕當〔都郎〕多〔都宗〕七字聲同一類。丁以下四字與上三字切語不系聯，實同一類。今考《廣韻》平、上、去、入四聲相承之音，除〈補例〉所舉東、董、涷、穀四字之切語上字足證其聲同類外，復考《廣韻》諸韻，尚得下列諸證。

⑴上平聲二十五寒：「單、都寒切」，上聲二十三旱：「亶、多旱切」，去聲二十八翰：「旦、得按切」，入聲十二曷：「怛、當割切」。單、亶、旦、怛為四聲相承之音，則其切語上字都、多、得、當聲同類也。

⑵上平聲二十六桓：「端、多官切」，上聲二十四緩：「短、都管切」，去聲二十九換：「鍛、丁貫切」，入聲十三末：「掇、丁括切」。端、短、鍛、掇為四聲相承之音，則其切語上字多、都、丁聲同類也。

⑶下平聲一先：「顛、都年切」，上聲二十七銑：「典、多殄切」，去聲三十二霰：「殿、都甸切」，入聲十六屑：「窒、丁結切」。顛、典、殿、窒為相承之音，則其切語上字都、多、丁聲同類也。

⑷下平三蕭：「貂、都聊切」，上聲二十九篠：「鳥、都了切」，去聲三十四嘯：「弔、多嘯切」。貂、鳥、弔為相承之音，則其上字都、多聲同類也。

⑸下平聲七歌：「多、得何切」，上聲三十三哿：「嚲、丁可切」，去聲三十八箇：「跢、丁佐切」。多、嚲、跢為相承之音，則其上字得、丁聲同類也。

⑹下平聲十一唐：「當、都郎切」，上聲三十七蕩：「黨、

多朗切」，去聲四十二宕：「當、丁浪切」。當、黨、當爲相承之音，則其上字都、多、丁聲同類也。

　　(7)下平聲十七登：「登、都滕切」，上聲四十三等：「等、多肯切」，去聲四十八嶝：「嶝、都鄧切」，入聲二十五德：「德、多則切」。登、等、嶝、德爲相承之音，則其上字都、多聲同類也。

　　●居〔九魚〕九〔舉有〕俱〔舉朱〕舉〔居許〕規〔居隋〕吉〔居質〕紀〔居里〕几〔居履〕古〔公戶〕公〔古紅〕過〔古臥〕各〔古落〕格〔古伯〕兼〔古甜〕姑〔古胡〕佳〔古奚〕詭〔過委〕古以下九字與上八字不系聯，實同一類。

　　(1)今考《廣韻》上平聲五支：「嬀、居爲切」，上聲四紙：「詭、過委切」，去聲五寘：「媯、詭僞切」。嬀、詭、媯爲相承之音，則其切語上字居、過、詭聲同類也。

　　(2)下平聲二十五添：「兼、古甜切」，上聲五十一忝：「孂、兼玷切」，去聲五十六㮇：「趝、紀念切」，入聲三十怗：「頰、古協切」。兼、孂、趝、頰爲相承之音，則其上字古、兼、紀聲同類也。

　　●康〔苦岡〕枯〔苦胡〕牽〔苦堅〕空〔苦紅〕謙〔苦兼〕口〔苦后〕楷〔苦駭〕客〔苦格〕恪〔苦各〕苦〔康杜〕去〔丘據〕丘〔去鳩〕墟袪〔去魚〕詰〔去吉〕窺〔去隨〕羌〔去羊〕欽〔去金〕傾〔去營〕起〔墟里〕綺〔墟彼〕豈〔袪狶〕區驅〔豈俱〕去以下十四字，與上十字不系聯，實同一類。

　　(1)上平聲二十七刪：「馯、丘姦切」，入聲十四黠：「𪗾、恪八切」。馯、𪗾爲相承之音，則其切語上字丘、恪聲同類也。

　　(2)上平聲二十八山：「慳、苦閑切」，上聲二十六產：「齦、起限切」，入聲十五鎋：「䕼、枯鎋切」。慳、齦、䕼爲

相承之音，則其切語上字苦、起、枯聲同類也。

⑶下平十一唐：「骯、苦光切」，上聲三十七蕩：「慷、丘晃切」，去聲四十二宕：「曠、苦謗切」，入聲十九鐸：「廓、苦郭切」。骯、慷、曠、廓爲相承之音，則其切語上字苦、丘聲同類也。

⑷上聲四十一迥：「謦、去挺切」，去聲四十六徑：「罄、苦定切」，入聲二十三錫：「燩、苦擊切」。謦、罄、燩爲相承之音，則其切語上字去、苦聲同類也。

⑸下平聲二十七銜：「嵌、口銜切」，上聲五十四檻：「顜、丘檻切」。嵌、顜爲相承之音，則其切語上字口、丘聲同類也。

●於〔央居〕央〔於良〕憶〔於力〕伊〔於脂〕依衣〔於希〕憂〔於求〕一〔於悉〕乙〔於筆〕握〔於角〕謁〔於歇〕紆〔憶俱〕挹〔伊入〕烏〔哀都〕哀〔烏開〕安〔烏寒〕煙〔烏前〕鷖〔烏奚〕愛〔烏代〕烏以下六字與上十三字不系聯，實同一類。

⑴上平聲四江：「胦、握江切」，上聲三講：「慃、烏項切」，入聲四覺：「渥、於角切」。胦、慃、渥爲四聲相承之音，則其切語上字烏、於聲同類也。

⑵上平聲十二齊：「鷖、烏奚切」，上聲十一薺：「吟、烏弟切」，去聲十二霽；「翳、於計切」。鷖、吟、翳爲相承之音，則其切語上字烏、於聲同類也。

⑶上平十三佳：「娃、於佳切」，上聲十二蟹：「矮、烏蟹切」，去聲十五卦；「隘、烏懈切」。娃、矮、隘爲相承之音，則其切語上字於烏聲同類也。

⑷上平十四皆：「挨、乙諧切」，上聲十三駭：「挨、於駭

切」，去聲十六怪：「噫、烏界切」。俟、挨、噫爲相承之音，則其切語上字乙、於、烏聲必同類也。

(5)上平十六咍：「哀、烏開切」，上聲十五海：「欸、於改切」，去聲十九代：「愛、烏代切」。哀、欸、愛爲相承之音，則其切語上字烏、於聲同類也。

(6)上平二十六桓：「剜、一丸切」，上聲二十四緩：「椀、烏管切」，去聲二十九換：「惋、烏貫切」，入聲十三末：「斡、烏括切」。剜、椀、惋、斡爲相承之音，則其切語上字一、烏聲必同類也。

(7)上平二十八山：「黰、烏閑切」，入聲十五轄：「鷃、乙轄切」。黰、鷃爲相承之音，則其切語上字烏、乙聲同類也。

(8)下平一先開口：「煙、烏前切」，合口：「淵、烏玄切」，上聲二十七銑開口：「蝘、於殄切」，去聲三十二霰開口：「宴、於甸切」，合口：「䏏、烏縣切」，入聲十六屑開口「噎、烏結切」，合口：「抉、於決切」。開口類煙、蝘、宴、噎爲相承之音，則其切語上字烏、於聲同類也；合口類淵、䏏、抉爲相承之音，其切語上字烏、於亦必聲同類也。

(9)下平三蕭：「么、於堯切」，上聲二十九篠：「杳、烏皎切」，去聲三十四嘯：「窔、烏叫切」。么、杳、窔爲相承之音，則其切語上字於、烏聲同類也。

(10)下平六豪：「熝、於刀切」，上聲三十二皓：「襖、烏皓切」，去聲三十七號：「奧、烏到切」。熝、襖、奧爲相承之音，則其切語上字於、烏聲同類也。

(11)下平九麻：「鴉、於加切」，上聲三十五馬：「啞、烏下切」，去聲四十禡：「亞、衣嫁切」。鴉、啞、亞爲相承之音，則其切語上字於、烏、衣聲必同類也。

⑿上聲三十八梗開口：「瞥、烏猛切」，去聲四十三映開口：「瀴、於孟切」，合口：「浤、烏橫切」，入聲二十陌開口：「啞、烏格切」，合口：「擭、一虢切」。開口類瞥、瀴、啞爲相承之音，則其切語上字烏、於聲同類也。合口類浤、擭爲相承之音，則其切語上字烏、一聲同類也。

⒀下平十三耕：「甖、烏莖切」，去聲四十四諍：「褮、鷖迸切」，入聲二十一麥：「戹、於革切」。甖、褮、戹爲相承之音，其切語上字烏、鷖、於聲必同類也。

⒁下平二十六咸：「猲、乙咸切」，上聲五十三豏：「黯、乙減切」，去聲五十八陷：「韽、於陷切」，入聲三十一洽：「䫡、烏洽切」。猲、黯、韽、䫡爲相承之音，則其切語上字乙、於、烏聲必同類也。

⒂上聲五十四檻：「黤、於檻切」，入聲三十二狎：「鴨、烏甲切」。黤、鴨爲相承之音，其切語上字於、烏聲必同類也。

●倉蒼〔七岡〕親〔七人〕遷〔七然〕取〔七庾〕七〔親吉〕青〔倉經〕采〔倉宰〕醋〔倉故〕麤麁〔倉胡〕千〔蒼先〕此〔雌氏〕雌〔此移〕此雌二字與上十二字不系聯，實同一類。

⑴上平聲五支：「雌、此移切」，上聲四紙：「此、雌氏切」，去聲五寘：「刺、七賜切」。雌、此、刺爲相承之音，則其切語上字此、雌、七聲同類也。

⑵上平聲二十三魂：「村、此尊切」，上聲二十一混：「忖、倉本切」，去聲二十六慁：「寸、倉困切」，入聲十一沒：「猝、倉沒切」。村、忖、寸、猝爲相承之音，則其切語上字此、倉聲同類也。

⑶下平二仙：「詮、此緣切」，去聲二十三線：「絟、七絹切」，入聲十七薛：「膬、七絕切」。詮、絟、膬爲相承之音，

則其切語上字此、七聲同類也。

●呼〔荒烏〕荒〔呼光〕虎〔呼古〕馨〔呼刑〕火〔呼果〕海〔呼改〕呵〔虎何〕香〔許良〕朽〔許久〕羲〔許羈〕休〔許尤〕況〔許訪〕許〔虛呂〕興〔虛陵〕喜〔虛里〕虛〔朽居〕香以下九字與上七字不系聯，實同一類。

　　⑴上平六脂：「惟、許維切」，上聲五旨：「瞲、火癸切」，去聲六至：「貕、許位切」。惟、瞲、貕為相承之音，則其切語上字許、火聲同類也。

　　⑵上聲二十三魂：「昏、呼昆切」，上聲二十一混：「總、虛本切」，去聲二十六慁：「惛、呼困切」入聲十一沒：「忽、呼骨切」。昏、總、惛、忽為相承之音，則其切語上字呼、虛聲同類也。

　　⑶上平二十五寒：「頇、許干切」，上聲二十三旱：「罕、呼旱切」，去聲二十八翰：「漢、呼旰切」，入聲十二曷：「顕、許葛切」。頇、罕、漢、顕為相承之音，則其切語上字許、呼聲同類也。

　　⑷下平一先：「鋗、火玄切」，去聲三十二霰：「絢、許縣切」，入聲十六屑：「血、呼決切」。鋗、絢、血為相承之音，則其切語上字火、許、呼聲同類也。

　　⑸下平三蕭：「膮、許么切」，上聲二十九篠：「鐃、馨皛切」，去聲三十四嘯：「歊、火弔切」。膮、鐃、歊為相承之音，則其切語上字許、馨、火聲同類也。

　　⑹下平五肴：「虓、許交切」，去聲三十六效：「孝、呼教切」，虓、孝為相承之音，則其切語上字許、呼聲同類也。

　　⑺下平七歌：「訶、虎何切」，上聲三十二哿：「欳、虛我切」，去聲三十八箇：「呵、呼箇切」。訶、欳、呵為相承之

音，則其切語上字虎、虛、呼聲必同類也。

(8)下平九麻：「煆、許加切」，上聲三十五馬：「嗎、許下切」，去聲四十禡：「嚇、呼訝切」。煆、嗎、嚇爲相承之音，則其切上字許、呼聲必同類也。

(9)下平十一唐：「荒、呼光切」，上聲三十七蕩：「慌、呼晃切」，去聲四十二宕：「荒、呼浪切」，入聲十九鐸：「霍、虛郭切」。荒、慌、荒、霍爲相承之音，則其切語上字呼、虛聲必同類也。

(10)下平十二庚：「脝、許庚切」，去聲四十三映：「諍、許更切」，入聲二十陌：「赫、呼格切」。脝、諍、赫爲相承之音，則其切語上字許、呼聲同類也。

(11)下平十四清：「詗、火營切」，去聲四十五勁：「敻、休正切」，入聲二十二昔：「瞁、許役切」。詗、敻、瞁爲相承之音，則其切語上字火、休、許聲必同類也。

(12)下平十五青：「馨、呼刑切」，入聲二十三錫：「赦、許激切」。馨、赦爲相承之音，則其切語上字呼、許聲必同類也。

(13)下平二十五添：「馦、許兼切」，入聲三十怗：「弽、呼牒切」。馦、弽爲相承之音，則其切語上字許、呼聲同類也。

(14)下平二十六咸：「㪗、許咸切」，上聲五十三豏：「闞、火斬切」入聲三十一洽：「鮯、呼洽切」。㪗、闞、鮯爲相承之音，則其切語上字許、火、呼聲同類也。

(15)上聲五十四檻：「㺒、荒檻切」，去聲五十九鑑：「傲、許鑑切」入聲三十狎：「呷、呼甲切」。㺒、傲，呷爲相承之音，則其切語上字荒、許、呼聲必同類也。

●滂〔普郎〕普〔滂古〕匹〔譬吉〕譬〔匹賜〕匹、譬二字與滂、普二字不系聯，實同一類。

⑴下平聲十一唐：「滂、普郎切」，上聲三十七蕩：「髈、匹朗切」，入聲十九鐸：「膊、匹各切」。滂、髈、膊爲相承之音，則其切語上字普、匹聲同類也。

⑵下平十五青：「竮、普丁切」，上聲四十一迥：「頩、匹迥切」，入聲二十三錫：「霹、普擊切」，竮、頩、霹爲相承之音，則其切語上字普、匹聲同類也。

⑶下平十七登：「漰、普朋切」，上聲四十三等：「倗、普等切」，入聲二十五德：「覆、匹北切」。漰、倗、覆爲相承之音，則其切語上字普、匹聲必同類也。

⑷上聲四十五厚：「剖、普后切」，去聲五十候：「仆、匹候切」。剖、仆爲相承之音，則其切語上字普、匹聲必同類也。

●盧〔落胡〕來〔落哀〕落洛〔盧各〕勒〔盧則〕力〔林直〕林〔力尋〕呂〔力舉〕良〔呂張〕離〔呂支〕里〔良士〕郎〔魯當〕魯〔郎古〕練〔郎甸〕力以下六字與盧五字不系聯，郎魯練三字與上十一字又不系聯，實皆同一類。

⑴今考《廣韻》上平聲十一模：「盧、落胡切」，上聲十姥：「魯、郎古切」，去聲十一暮：「路、洛故切」。盧、魯、路爲平上去相承之音，則其切語上字落、郎、洛聲必同類也。是郎魯練三字與盧落洛等字聲本同類也。

⑵上平聲十二齊：「黎、郎奚切」，上聲十一薺：「禮、盧啓切」，去聲十二霽：「麗、郎計切」。黎、禮、麗爲相承之音，則其切語上字郎、盧聲同類也。

⑶上平聲十五灰：「雷、魯回切」，上聲十四賄：「磥、落猥切」，去聲十八隊：「纇、盧對切」。雷、磥、纇爲相承之音，則其切語上字魯、落、盧聲必同類也。

⑷上平聲二十五寒：「蘭、落干切」，上聲二十三旱：

「嬾、落旱切」，去聲二十八翰：「爛、郎旰切」，入聲十三末：「剌、盧達切」。蘭、嬾、爛、剌爲平上去入四聲相承之音，則其切語上字落、郎、盧聲同類也。

(5)上平聲二十六桓：「欒、落官切」，上聲二十四緩：「卵、盧管切」，去聲二十九換：「亂、郎段切」，入聲十三末：「捋、郎括切」。欒、卵、亂、捋爲相承之音，則其切語上字落、盧、郎聲必同類也。

(6)下平聲一先韻：「蓮、落賢切」，去聲三十二霰：「練、郎甸切」，入聲十六屑：「戾、練結切」。蓮、練、戾爲相承之音，則其切語上字落、郎、練聲必同類也。

(7)下平聲六豪：「勞、魯刀切」，上聲三十六皓：「老、盧皓切」，去聲三十七號：「嫪、郎到切」。勞、老、嫪爲相承之音，則其切語上字魯、盧、郎聲必同類也。

(8)下平聲七歌韻：「羅、魯何切」，上聲三十三哿：「砢、來可切」，去聲三十八箇：「邏、郎佐切」。羅、砢、邏爲相承之音，則其切語上字魯、來、郎聲同類也。

(9)下平聲八戈：「騾、落戈切」，上聲三十四果：「裸、郎果切」，去聲三十九過：「摞、魯過切」。騾、裸、摞爲相承之音，則其切語上字落、郎、魯聲同類也。

(10)下平十一唐：「郎、魯當切」，上聲三十七蕩：「朗、盧黨切」，去聲四十二宕：「浪、來宕切」，入聲十九鐸：「落、盧各切」。郎、朗、浪、落爲相承之音，則其切語上字魯、盧、來聲必同類也。

(11)下平十七登：「楞、魯登切」，去聲四十八嶝：「倰、魯鄧切」，入聲二十五德：「勒、盧則切」。楞、倰、勒爲相承之音，則其切語上字魯、盧聲必同類也。

⑿下平聲十九侯：「樓、落侯切」，上聲四十五厚：「塿、郎斗切」，去聲五十候：「陋、盧候切」。樓、塿、陋爲相承之音，則其切語上字落、郎、盧聲必同類也。

⒀下平聲二十二覃：「婪、盧含切」，上聲四十八感：「壈、盧感切」，去聲五十三勘：「顄、郎紺切」，入聲二十七合：「拉、盧合切」。婪、壈、顄、拉爲相承之音，則其切語上字盧、郎聲同類也。

⒁下平聲二十三談：「藍、魯甘切」，上聲四十九敢：「覽、盧敢切」，去聲五十四闞：「濫、盧瞰切」，入聲二十八盍：「臘、盧盍切」。藍、覽、濫、臘爲相承之音，則其切語上字魯、盧聲同類也。

以上十四證，皆足證明盧、來、賴、落、洛、勒六字與郎、魯、練三字聲同類也。至於力、林、呂、良、離、里六字與盧、郎、等九字同聲之證，則見於下列二證。

⒂今考《廣韻》上平聲一東韻：「籠、盧紅切」，上聲一董韻：「曨、力董切」，去聲一送韻：「弄、盧貢切」，入聲一屋韻：「祿、盧谷切」。籠、曨、弄、祿爲平上去入相承之音，則其切語上字盧、力聲同類也。盧與郎前十四證已明其聲同類，力旣與盧同類，自亦與郎同類矣。

⒃下平聲十五青：「靈、郎丁切」·上聲四十迥：「笭、力鼎切」，去聲四十六徑：「零、郎定切」，入聲二十三錫：「靂、郎擊切」。靈、笭、零、靂爲平上去入相承之音，則其切語上字郎、力聲同類也。

●才〔昨哉〕徂〔昨胡〕在〔昨宰〕前〔昨先〕藏〔昨郎〕昨酢〔在各〕疾〔秦悉〕秦〔匠鄰〕匠〔疾亮〕慈〔疾之〕自〔疾二〕情〔疾盈〕漸〔慈染〕疾以下七字與上七字不系聯，實

同一類。

　　⑴今考《廣韻》上聲九麌韻：「聚、慈庾切」，去聲十遇：「娶、才句切」。聚、娶爲上去相承之音，則其切語上字慈、才聲同類也。

　　⑵上平聲十八諄：「鷷、昨旬切」，入聲六術韻：「崒、慈卹切」。鷷、崒爲相承之音，則其切語上字昨、慈聲同類也。

　　⑶下平聲二仙韻：開口「錢、昨先切」、合口「全、疾緣切」，上聲二十八獮：開口「踐、慈演切」、合口「雋、徂兗切」，去聲三十三線：開口「賤、才線切」，入聲十七薛：合口「絕、情雪切」。開口類錢、踐、賤爲相承之音，則其切語上字昨、慈、才聲同類也；合口類全、雋、絕爲相承之音，則其切語上字疾、徂、情聲亦同類也。

　　⑷下平九麻韻：「查、才邪切」，去聲四十禡：「褯、慈夜切」。查、褯爲相承之音，其切語上字才、慈聲同類也。

　　⑸下平聲十陽韻：「牆、在良切」，去聲四十漾：「匠、疾亮切」，入聲十八藥：「皭、在爵切」。牆、匠、皭爲相承之音，其切語上字在、疾聲同類也。

　　⑹下平十八尤：「酋、自秋切」，上聲四十四有韻：「湫、在九切」，去聲四十九宥：「就、疾僦切」。酋、湫、就爲相承之音，則其切語上字自、在、疾聲必同類也。

　　⑺下平聲二十一侵：「梣、昨淫切」，上聲四十七寑：「蕈、慈荏切」，入聲二十六緝：「集、秦入切」。梣、蕈、集爲相承之音，其切語上字昨、慈、秦聲必同類也。

　　⑻下平聲二十四鹽：「潛、昨鹽切」，上聲五十琰：「漸、慈染切」，去聲五十五豔：「潛、慈豔切」，入聲二十九葉：「捷、疾葉切」。潛、漸、潛、捷爲相承之音，則其切語上字

昨、慈、疾聲同類也。

(9)去聲五十六㮇:「暫、漸念切」,入聲三十怗:「蘸、在協切」。暫、蘸為相承之音,則其切語上字漸、在聲同類也。

根據以上系聯結果《廣韻》聲類當分為四十一類。茲錄其四十一聲類之切語上字於後,並列表以明之。

聲 類	反 切 上 字
影	於央憶伊衣依憂一乙握謁紆挹烏哀安烟鷖愛委
喻	余餘予夷以羊弋翼與營移悅
為	于羽雨雲云王韋永有遠為洧筠蓮
曉	呼荒虎馨火海呵香朽羲休況許興喜虛花
匣	胡乎侯戶下黃何獲懷
見	居九俱舉規吉紀几古公過各格兼姑佳詭乖
溪	康枯牽空謙口楷客恪苦去丘墟祛詰窺羌欽傾起綺豈區驅曲可乞棄弃卿
群	渠強求巨具臼衢其奇暨跪近狂
疑	疑魚牛語宜擬危五玉俄吾研遇虞愚
端	多德得丁都當多
透	他託土吐通天台湯
定	徒同特度杜唐堂田陀地
泥	奴乃諾內嬭妳那
來	來盧賴洛落勒力林呂良離里郎魯練縷連
知	知張豬徵中追陟卓竹珍
徹	抽癡楮褚丑恥敕
澄	除場池治持遲遲佇柱丈直宅墜馳
娘	尼拏女穠
日	如汝儒人而仍兒耳

聲　類	反　　　　　切　　　　　上　　　　　字
照	之止章征諸煮支職正旨占脂
穿	昌尺赤充處叱春姝
神	神乘食實
審	書舒傷商施失矢試式識賞詩釋始
禪	時殊嘗常蜀市植殖寔署臣是氏視成
精	將子資即則借茲醉姊遵祖臧作髅
清	倉蒼親遷取七青采醋麁麤千此雌
從	才徂在前藏昨酢疾秦匠慈自情漸
心	蘇素速桑相悉思司斯私雖辛息須胥先寫
邪	徐祥詳辭辝辞似旬寺夕隨
莊	莊爭阻鄒簪側仄
初	初楚創瘡測叉廁芻
床	床鋤鉏豺崱士仕崇查俟助雛
疏	疏山沙砂生色數所史
幫	邊布補伯百北博巴卑鄙幷必彼兵筆陂畀晡
滂	滂普匹譬披丕
並	蒲步裴薄白傍部平皮便毗弼婢簿捕
明	莫慕模謨摸母明彌眉綿靡美
非	方封分府甫
敷	敷孚妃撫芳峰拂
奉	房防縛附符苻扶馮浮父
微	巫無亡武文望

第六節　廣韻聲類諸説述評

自陳澧與黃侃定《廣韻》聲類爲四十與四十一類以來，與其相異者，仍有多家，茲一一介紹於後，並論其得失：

〔一〕張暄三十三類説：

張氏《求進步齋音論・三十六字母與四十聲類》云：

暄嘗通考《廣韻》一字兩音之互注切語，知陳氏所分之四十聲類，尚大有可合者在，聲類四十，尚非切語之本眞。茲舉所得之證于下：

語韻	褚（丑呂切又張呂切）	本韻	褚（丁呂切）
線韻	傳（直戀切又丁戀切）	本韻	傳（知戀切）
陽韻	長（直良切又丁丈切）	養韻	長（知丈切）
候韻	噣（都豆切又丁救切）	宥韻	噣（陟救切）
祭韻	綴（陟衛切又丁劣切）	薛韻	綴（陟劣切）

準上五條，知陳氏所分爲端知兩類者，《切韻》反切本同一類，特以當都二字互用，竹陟張三字互用，故不能兩相系聯耳。又唐人寫本《唐韻》存于今者，尚有去聲之一部及入聲。褚長二字在平上二聲，爲殘本《唐韻》所無。其互注之切語爲《切韻》原文，抑爲後人所加，已不可考；傳噣綴三字，其互注切語與唐人寫本同，可知爲《切韻》之舊。

魚韻	涂（直魚切又直胡切）	模韻	涂（同都切）

胡字在模韻

覺韻	掉（女角切又杖弔切）	嘯韻	掉（徒弔切）

準上二條，知陳氏所分之澄定二類，特以徒同二字互用，直

除二字互用，故不能兩相系聯耳。

虞韻	獳（人朱切又女侯切）	侯韻	獳（奴鉤切）
宵韻	橈（如招切又女教切）	效韻	橈（奴教切）
黠韻	肭（女滑切又女骨切）	沒韻	肭（內骨切）

　　準上三條，知陳氏所分之泥娘二類，特以奴乃二字互用，女尼二字互用，故不能系聯耳。

董韻	菶（蒲蠓切又方孔切）	本韻	菶（邊孔切）
廢韻	茷（符廢切又方大切）	泰韻	茷（博蓋切）
諄韻	砏（普巾切又布巾切）	眞韻	砏（府巾切）

眞諄二韻雜亂異常，砏當在眞而入諄，餘誤者甚多。

| 先韻 | 蝙（布玄切又北泫切） | 銑韻 | 蝙（方典切） |

泫字在銑韻胡畎切

| 仙韻 | 萹（芳連切又補殄切） | 銑韻 | 萹（方典切） |

殄字在銑韻徒典切

庚韻	榜（薄庚切又甫孟切）	映韻	榜（北孟切）
覺韻	爆（蒲角切又甫沃切）	沃韻	爆（博沃切）
支韻	鞞（府移切又脯鼎切）	迥韻	鞞（補鼎切）

上聲虞韻脯方矩切

　　準上八條，知陳氏所分之幫非二類實同一類，以博補二字互用，方府二字互用，遂不能二字兩相系聯耳。

齊韻	紕（邊兮切又芳脂切）	脂韻	紕（匹夷切）
吻韻	忿（敷粉切又敷問切）	問韻	忿（匹問切）
尤韻	秠（匹尤切又芳鄙切）	旨韻	秠（匹鄙切）
尤韻	胚（匹尤切又普回切）	灰韻	胚（芳杯切）
德韻	踣（蒲北切又孚豆切）	候韻	踣（匹候切）

豆在候韻田候切

薛韻　　瞥（芳滅切又芳結切）　　屑韻　　瞥（普篾切）
瞥唐寫本作覽義同

隊韻　　妃（滂佩切又匹非切）　　微韻　　妃（芳非切）

準上七條，知陳氏所分之滂敷二類本同一類，特以匹瞥滂普
四字互用，敷芳二字又互用，故不能兩相系聯耳。

東韻　　馮（薄紅切又步留切）　　幽韻馮（皮彪切）

先韻　　輧（部田切又房丁切）　　青韻　　輧（薄經切）

準上二條，知陳氏所分之並奉二類本同一類，特以薄傍步三
字互用，符防二字互用，故不能兩相系聯耳。

知徹澄古歸端透定，非敷奉微古歸幫滂並明，爲錢宮詹所證
明，娘古歸泥，爲章太炎先生所證明，皆已成不磨之論。今知徹
澄三類之反切，旣與端透定三類同用，非敷奉三類之反切，亦與
幫滂並三類同用，是陸氏作《切韻》時，舌上、舌頭、重脣、輕
脣尚未分也。《廣韻》每卷之末，有新添類隔今更音和切數字，
其文皆屬舌上舌頭重脣輕脣，由此可知陸氏作《切韻》時，舌上
與舌頭，重輕與輕脣尚無區別，故互用作切。後世聲音發展，昔
之讀舌頭者，今分半入舌上，昔之讀重脣者，今別出爲輕脣，于
是覺《廣韻》舊切不符所讀，又未明古讀今讀有殊，遂臆號謂類
隔，而改爲音和，此亦一證也。

統觀以上諸證，知四十聲類之非敷奉，實與幫滂並合一，知
澄娘實與端定泥合一，徹透雖無反切系聯之證，然以旁證察之，
亦可斷其必相合爲一，總其餘實得三十有三。

張氏三十三類乃併輕脣於重脣，舌上於舌頭，故較四十一類
少八類。雖云據陳氏變例系聯，然透、徹二類縱依變例亦難以系
聯，故不得不據錢氏大昕舌音類隔之說不可信一文而合併之。其
意蓋謂聲類之演變，乃以類相從，當端、定、泥與知、澄、娘尚

未分離之際，則透與徹亦不可能單獨分離也。所言雖亦有道理，然陳澧於此數紐，所以不據變例而使之合併者，亦未嘗非無見。蓋隋唐之際，方音中於此數紐有不能區別者，亦有能區別者。《廣韻》又音中所重出之切語，多依據各地方言音而甄錄之者，自不能僅據某一地方言之併，而置他處方言之別而不顧，從其別者，略其同者，自以分別爲是。根據羅常培〈知徹澄娘音値考〉一文之研究，從六世紀至十一世紀（592-1035）期間，知、徹、澄、娘曾經讀過 ṭ、ṭh、ḍ、ṇ 之音，亦以知徹澄娘對譯 ṭ、ṭh、ḍ、ṇ，與端透定泥對譯 t、th、d、n 者不同，則可知隋唐方音中知徹澄娘實與端透定泥有別，何況其後三十字母與三十六字母端知兩系，皆各自獨立。雖其時代稍晚，然亦必淵源有自，而非突然分化者也。等韻圖中較早之韻圖，如《韻鏡》《七音略》舌音有舌頭、舌上之別，脣音有重脣、輕脣之殊，則其分別，自非突變。元刊本《玉篇》所載〈切字要法〉所列雙聲三十類，即以亭田、陳纏對舉，可知舌頭與舌上不同類，〈切字要法〉或以爲魏晉間產物，雖未必可信，然當不致晚於三十字母與三十六字母，應屬可信。綜上所論，若吾人承認《切韻》之性質爲論古今之通塞，存南北之是非，則舌頭舌上，重脣輕脣仍以分別爲是。最少在《廣韻》一書中所反映之實況，確係如此。張氏之併，未爲得也。

〔二〕羅常培二十八類説：

羅氏撰〈切韻探賾〉一文，據《切韻殘卷》王仁昫《刊謬補缺切韻》、《唐韻殘卷》並參照《經典釋文》、《玉篇》反切，比較諸書切語，以爲《切韻》無舌上、輕脣八組，即于、神、莊、初、山五紐亦不應分立。其舌上、輕脣之併於舌頭、重脣之說，與張暄之說全同，前論張暄三十三類說，已加駁正，此不俱

論。其他各說，評述於後：

⑴脂韻《切韻》遺以隹反，又于季反；至韻遺以醉反，又以隹反，于季、以醉同音，故于喻聲同類。

按：關於于喻是否當系聯成為一類之問題，張暄《求進步齋音論》嘗論及之，其言甚辨，茲錄於次。張氏云：

脂韻　羡（以脂切又羊箭切）　　線韻　羡（于線切）

據此則于喻似相系聯，然考唐寫本《唐韻》，線韻羡字作予線切；予在喻類。使唐寫本之予字為真，則喻于二類，實不系聯。《廣韻》反切，凡同音字皆歸一紐，其分為二者，非韻有異，即聲不同。故一聲類在但具一等之韻中，止宜有一紐，在俱二等之韻中，止宜有二。雖具有二等三等之韻，然則同一等中亦止宜有一紐。今考《廣韻》各韻，虞、尤、止、麌、有、遇、宥皆但具一等，而切分喻于兩紐，東屋二韻雖皆具二等，其一等為古本韻，喻于皆今聲類，非古本韻所宜有，二韻皆具喻于二紐，是一等而有二紐也。支、脂、仙、紙、旨、寘、至、祭、線諸韻之第二等，鹽、緝、葉之第一等，皆于一等中而具于喻二紐，可知喻于二類，法言實分而不合，若謂此二類皆後人所誤改，非陸氏之本真，則唐寫本所有各韻，凡上所曾舉者，其具二類悉同今本，陸本固然，殆無可疑。若云本止一類，法言疏漏，誤為二紐，則一二韻四五韻至矣。今具二類于一等者，多至二十有一。法言縱或疏漏，當不至若是其甚也。且線韻羡下各字為唐寫本所有者，《玉篇》皆以喻字作切，無用于類字者，可知《廣韻》線韻羡下于線切，本當從唐寫本作予線切，于予二字實形同誤者。

張氏所說，實與陳澧分析條例相似，其兩切語下字同類者，上字必不同類。以東韻為例，雄切羽弓，融切以戎，弓戎韻同類，則于喻聲非一類矣。以屋韻為例，囿切于六，育切余六，其

韻同類，則聲之于類與喻類不同矣。

（2）支韻示巨支切又時至切，至韻示神至切，時至神至同音，故禪神同類。

按神禪二類，《廣韻》各韻中，同在一韻類中出現者雖較少，然亦非絕然不見者也。燭韻贖神蜀切、蜀市玉切；紙韻舓神舓切、是承紙切；至韻示神至切、嗜常利切；語韻紓神與切、野承與切；眞韻神食鄰切、辰植鄰切；諄韻脣食倫切、純常倫切；仙韻船食川切、遄市緣切；薛韻舌食列切、折常列切；麻韻蛇食遮切、闍視遮切；昔韻麝食亦切、石常隻切；蒸韻繩食陵切、承署陵切；證韻乘實證切、丞常證切；職韻食乘力切、寔常職切；寢韻甚食荏切、甚常枕切。以是觀之，絕不可謂神禪同類也，否則若神與辰、繩與承之類，其音何以別乎！

（3）震韻振章刃切又之人切，眞韻振側鄰切，之人側鄰同音，故照莊聲同類；又號韻灶《切韻》側到切，《廣韻》則到切，故精莊聲同類。是故羅氏以莊紐半入於照，半入於精也。則《切韻》《廣韻》無莊紐矣。

按《廣韻》陽韻將子良切，章諸良切，莊側羊切，則精照莊三紐非可合併也。考眞韻振與眞同音，《廣韻》側鄰切，然p3695，切三，全王皆作職鄰切，《廣韻》作側者蓋偶誤也。號韻灶字，《廣韻》、s6176、全王、《唐韻》皆則到切，惟王二作側到反耳。蓋莊母古讀同精母，王二作側到切者，或保留較早之切語形式、或一時之字誤；然號爲一等韻，其絕無莊系字明矣。以是論之，羅氏之說，不可從也。

（4）灰韻推他回切，又昌佳切；脂韻推叉佳切，故初穿同類。

按《廣韻》屋韻俶昌六切，珿初六切；支韻吹昌垂切，衰楚危切；至韻出尺類切，齛楚愧切；之韻蚩赤之切，輜楚持切；止

韻齒昌里切，刹初紀切；志韻熾昌志切，廁初吏切；則穿初聲非同類也。考脂韻推字，p3696、切三、切二、王二、全王皆作尺佳切，《廣韻》作叉佳切者，蓋形似之誤也。再考本韻從佳得聲之字，如錐職追切，誰視佳切皆屬照系，無有讀莊系者，則推當爲尺佳切亦可明矣。

⑸《切韻》支韻鵻山垂反，《玉篇》革部鵻思危切，故疏心聲同類。

按《廣韻》屋韻肅息逐切，縮所六切；支韻眭息爲切，鵻山垂切；脂韻私息夷切，師疏夷切；綏息遺切，衰所追切；至韻邃雖遂切，帥所類切；止韻枲胥里切，史疏士切；志韻笥相吏切，駛疏吏切；語韻諝私呂切，所疏舉切；御韻絮息據切，疏所去切。則心疏聲非同類也。考疏母古讀同心母，《玉篇》鵻作思危切者，蓋保留較古之切語形式，是羅氏此說亦不足信矣。羅氏後亦覺此說之無據，故亦改從張暄氏三十三類之說矣。

〔三〕高本漢、白滌洲、黃淬伯四十七類說：

（一）高本漢說：

高本漢在《中國音韻學研究》一書中，利用《康熙字典》所存切語，選其最常用者三千一百餘字，參照《等韻切音指南》各等字排列法，其劃分聲類之特點，在於將 j 化（Yodise）聲母專屬三等，其餘一二四等爲單純聲母。高氏以等之系聯法，先將此三千一百餘字反切一套一套歸納其類別，然後再據韻表分爲四等，於是找出三等字反切上字與一二四等顯然有別，因而區分爲兩類，乃將「見、溪、疑、曉、影、喻、照、穿、狀、審、來、非、敷、並、明」十五母，其一二四等字反切上字分爲單純聲母，三等字反切上字分爲 j 化聲母，共得三十類，再加只具一二

四等之單純聲母「匣、泥、端、透、定、精、清、從、心、邪」
十母，以及只具三等 j 化之聲母「郡、知、徹、澄、娘、禪、
日」七母，共得四十七類。茲錄其四十七類於下，並附擬聲值。

　　見：單純〔k〕：一二四等：古公工（沽）佳（革）過。

　　　　j化〔kj〕：三等：居舉九吉紀俱。

　　溪：單純〔k‘〕：一二四等：苦康口空（肯）（闊）客。

　　　　j化〔k‘j〕：三等：去丘豈區祛詰墟。

　　郡：j化〔g‘j〕：三等：渠巨其求衢（彊）（共）。

　　疑：單純〔ŋ〕：一二四等：五（午）吾。

　　　　j化〔ŋj〕：三等：魚語愚牛宜危虞（儀）。

　　曉：單純〔x〕：一二四等：呼荒呵火。

　　　　j化〔xj〕：三等：許虛朽香況。

　　匣：單純〔ɣ〕：一二四等：胡戶侯乎黃候下何（瑚）。

　　影：單純〔ʔ〕：一二四等：烏於（哀都切）哀一屋伊。

　　　　j化〔ʔj〕：三等：於（央居切）央（英）。

　　喻：單純〔o〕：四等：以羊與余餘弋營夷（楊）。

　　　　j化〔j〕：三等：于王羽雨云永有洧雲（禹）。

　　知：j化〔ţ〕：二三等：竹陟知張中。

　　徹：j化〔ţ‘〕：二三等：丑敕恥。

　　澄：j化〔ḍ‘〕：二三等：直丈宅場持遲治除馳柱。

　　照：單純〔tʂ〕：二等：側阻莊。

　　　　j化〔tɕ〕：三等：之職章諸止旨脂征正支煮。

　　穿：單純〔tʂ‘〕：二等：初楚測創。

　　　　j化〔tɕ‘〕：三等：昌尺赤處（齒）。

　　狀：單純〔dʐ‘〕：二等：士鉏鋤仕床雛。

　　　　j化〔dʑ‘〕：三等：食神乘。

審：單純〔ʂ〕：二等：所疏束色山數沙。

　　j 化〔ɕ〕：三等：式失書舒識賞商施始傷詩。

禪：j 化〔ʑ〕：三等：市常是時承植署臣氏殖殊（上）（丞）。

日：j 化〔nʑ〕：三等：而如人汝仍兒耳（爾）。

泥：單純〔n〕：一二四等：奴乃那諾。

娘：j 化〔nj〕：二三等：女尼。

來：單純〔l〕：一二四等：盧郎魯落洛來（靈）。

　　j 化〔lj〕：三等：力呂良里離林（龍）。

端：單純〔t〕：一四等：都當多丁冬得德。

透：單純〔t‘〕：一四等：他託吐土湯（它）天。

定：單純〔d‘〕：一四等：徒同度唐田杜陀（大）（動）（待）特堂。

精：單純〔ts〕：一四等：則子作借茲（祚）（佐）即將資（咨）。

清：單純〔ts‘〕：一四等：倉七麤此千蒼采親雌（淺）。

從：單純〔dz‘〕：一四等：昨徂在藏（胙）疾才秦慈匠情前。

心：單純〔s〕：一四等：蘇桑素息先思（損）私悉斯辛司寫須（錫）。

邪：單純〔z〕：四等：似徐詳祥辭旬夕。

非：單純〔p〕：一二四等：博補北布伯晡。

　　j 化〔pj〕：三等：方府甫必卑兵筆陂并鄙分（比）。

敷：單純〔p‘〕：一二四等：普滂匹譬。

　　j 化〔p‘j〕：三等：敷芳撫妃丕。

並：單純〔b‘〕：一二四等：薄蒲步傍裴旁部。

　　j 化〔bʻj〕：三等：符房扶防附皮毗平縛婢（苻）（父）。

　　明：單純〔m〕：一二四等：莫慕母模謨。

　　j 化〔mj〕：三等：武亡無文彌眉巫靡美望（密）。

　　高氏之分類，實際上乃將三等韻分出另爲一類，其他各等合成一類。所得結果爲韻圖分等之現象，非《廣韻》聲類之實況，且如東韻雄羽弓切，融以戎切，弓戎韻同類，如果 j 化現象視韻母而定，若羽爲 j 化，則以不得視作單純。所以喻母分作兩類，並非由於 j 化與否，只是反切上字本不相同。至於精清從心邪五母高氏以爲單純聲母，然鍾韻邕於容切，胸許容切，恭九容切，銎曲恭切，蛩渠容切，顒魚容切，縱即容切，樅七恭切，從疾容切，蜙息恭切，松祥容切。此數字韻母皆同，若於許九曲渠魚爲 j 化聲母之反切上字，則即七疾息祥五字無由說是單純聲母，特別是邪母字，韻圖雖置四等，然《廣韻》無論何韻，只要有邪母存在，皆與同韻喉牙音高氏以爲 j 化者無從區分，可見高氏所謂 j 化與單純分界亦非截然，故其分類仍足存疑，未可以爲確然無誤也。

　　(二) 白滌洲説：

　　白滌洲氏〈廣韻聲紐韻類之統計〉一文，以統計法亦得四十七類，其統計之方法，乃將《廣韻》一書所用之反切上字，依全書出現之次數，一一細數，視何類字出現次數多，何類字出現次數少，再參考前人所用之方法，斟酌分析，遂得四十七類，其計算每一反切上字出現之方法，乃將反切某字與相拼切之字音，盡抄錄於卡片上，如「古」字，由「古紅切公」、「古冬切攻」、「古雙切江」、……直抄至「古狎切甲」，如此將反切上字四百餘盡錄於卡片，然後一一計數，故得一統計數目。白氏計算反切上字

出現之方法，抄錄之後，更依陳氏《切韻考·外篇》將所切之字，註明呼等，然後分別計算總數，一一列表。茲舉其見母字爲例：

反切上字	反切	呼等				缺等	共計
		1	2	3	4		
古	公戶	60	49		23	4	136
公	古紅	2	1		3		6
兼	古甜				1		1
各	古落	1					1
格	古伯		1				1
姑	古胡				1		1
佳	古膎		1				1
乖	古懷					1	1
規	居隋				1		1
吉	居質				1		1
居	九魚			62	15	2	79
舉	居許			7			7
九	舉有			5		1	6
俱	舉朱			3		1	4
紀	居理			2	1		3
几	居履			2			2
詭	過委			1			1
過	古臥	1					1

　　據上表，白氏以爲見母可分二類，「古」以下十字爲一類，切一二四等字，可稱爲「古」母，「居」以下八字爲一類，專切

三等字，可稱爲「居」母。「乖」字《切韻考》不錄，只一「乖
買切芽」，據《韻鏡》芽係二等，反切上字又與古母一系系聯，
故定爲古母一系，「規」「吉」反切上字雖屬居母，但只各切一
個四等字；「詭」「過」反切上字雖屬古母，但只各切一個三等
字。故以「規」「吉」屬古母，「詭」「過」屬居母。

白氏據此種方法，共得四十七類如下：

古（見甲）	苦（溪甲）		五（疑甲）	
居（見乙）	去（溪乙）	群	魚（疑乙）	
端	透	定	泥	
知	徹	澄	娘	
博（幫甲）	普（滂甲）	蒲（並甲）	莫（明甲）	
方（幫乙）	芳（滂乙）	符（並乙）	武（明乙）	
精	清	從	心	邪
側（照甲）	初（穿甲）	士（床甲）	所（審甲）	
之（照乙）	昌（穿乙）	食（床乙）	式（審乙）	禪
烏（影甲）	以（喻甲）	呼（曉甲）	匣	
於（影乙）	于（喻乙）	許（曉乙）		
盧（來甲）	日			
力（來乙）				

白氏雖用統計法而得四十七類，實際上仍是參照韻圖之等
列，可說是聲母在等列上分配之現象，尚難謂《廣韻》聲母之確
實類別也。且如所云「規」「吉」二字，規《廣韻》「居隋
切」，吉《廣韻》「居質切」，顯然屬居母，而白氏以爲各切一
四等字，故以規吉屬之古母。然三十三線絹吉掾切，絹原爲三等
韻，韻圖列四等者，純爲寄等借位之問題，觀掾仍列三等可知，
則白氏於其持以統計之韻圖，排列結構，猶有未審，而以爲所得

結果，確爲四十七類，孰能信之？殆見高本漢氏有四十七類之說，爲迎合其說，遂另標統計之名，以蒙混世人，殊無可取。

（三）黃淬伯說：

黃氏〈討論切韻的韻部與聲紐〉一文，以爲《切韻》中一字兩音之互注切語，與正切不屬於同一語系，因此陳氏據變例以系聯切語上字之方法，黃氏以爲絕不可用，主張純粹依據正例而系聯之。正例不能系聯者從其分。於是亦得四十七類，茲據其〈慧琳一切經音義反切考〉所附《切韻》聲類，錄其四十七類於後：

見古：古（公戶）公（古紅）過（古臥）各（古落）格（古伯）兼（古甜）姑（古胡）佳（古膎）詭（過委）

見居：居（九魚）九（舉有）俱（舉朱）舉（居許）規（居隋）吉（居質）紀（居里）几（居履）

溪苦：苦（康杜）康（苦岡）枯（苦胡）牽（苦堅）空（苦紅）謙（苦兼）口（苦后）楷（苦駭）客（苦格）

溪丘：丘（去鳩）去（丘據）墟袪（去魚）詰（去吉）窺（去隨）羌（去羊）欽（去金）傾（去營）起（墟里）

郡：渠（強魚）強（巨良）求（巨鳩）巨（其呂）具（其遇）臼（其九）衢（其俱）其（渠之）奇（渠羈）暨（具冀）

疑吾：吾（五乎）研（五堅）五（疑古）俄（五何）

疑魚：魚（語居）疑（語其）牛（語求）語（魚巨）宜（魚羈）擬（魚紀）危（魚爲）玉（魚欲）遇（牛具）虞愚（遇俱）

曉呼：呼（荒烏）荒（呼光）虎（呼古）馨（呼刑）火（呼果）海（呼改）呵（虎何）

曉許：許（虛呂）興（虛陵）喜（虛里）虛（朽居）香（許良）朽（許久）羲（許羈）休（許尤）況（許訪）

匣：胡乎（戶吳）侯（戶鉤）下（胡雅）黃（胡光）何（胡

歌）

影烏：烏（哀都）哀（烏開）安（烏寒）煙（烏前）鷺愛（烏代）

影於：於（央居）央（於良）憶（於力）伊（於脂）依衣（於希）憂（於求）一（於悉）乙（於筆）握（於角）謁（於歇）紆（憶俱）挹（於入）

于：于（羽俱）羽雨（王矩）云雲（王分）王（雨方）韋（雨非）永（于憬）有（云久）遠（雲阮）榮（永兵）爲（蓮支）洧（榮美）筠（爲贇）

喻：余餘予（以諸）夷（以脂）以（羊己）羊（與章）弋翼（與職）與（余呂）營（余傾）移（弋支）悅（弋雪）

知：張（陟良）知（陟離）豬（陟魚）徵（陟陵）中（陟弓）追（陟佳）卓（陟角）竹（張六）

徹：抽（丑鳩）癡（丑之）楮（丑呂）丑（敕久）恥（敕里）敕（恥力）

澄：除（直魚）場（直良）池（直離）治持（直之）遲（直尼）佇（直呂）柱（直主）丈（直兩）直（除力）宅（場伯）

照：之（止而）止（諸市）章（諸良）征（諸盈）諸（章魚）煮（章與）支（章移）職（之翼）正（之盛）旨（職雉）占（職廉）脂（旨移）

穿：昌（尺良）尺（昌石）充（昌終）處（昌與）叱（昌栗）春（昌脣）

乘：乘（食陵）神（食鄰）食（乘力）實（神質）

禪：時（市之）殊（市朱）常嘗（市羊）蜀（市玉）市（時止）植殖寔（常職）署（常恕）臣（植鄰）承（署陵）是氏（承紙）視（承矢）成（是征）

審：書舒（傷魚）傷商（式陽）施（式支）失（式質）矢（式視）試（式吏）式識（賞職）賞（書兩）詩（書之）釋（施隻）始（詩止）

日：如（人諸）汝（人渚）儒（人朱）人（如鄰）而（如之）仍（如乘）兒（汝移）耳（而止）

莊：莊（側羊）爭（側莖）阻（側呂）鄒（側鳩）簪（側吟）側仄（阻力）

楚：楚（創舉）初（楚居）創瘡（初良）測（初力）叉（初牙）廁（初吏）芻（測隅）

床：鋤鉏（士魚）床（士莊）豺（士皆）崱（士力）士仕（鉏里）崇（鋤弓）查（鉏加）雛（仕于）俟（床史）助（床據）

疏：疏疎（所菹）山（所間）沙（所加）生（所庚）色（所力）數（所矩）所（疏舉）史（疏士）

端：多（得何）得德（多則）丁（當經）都（當孤）當（都郎）冬（都宗）

透：他（託何）託（他谷）土吐（他魯）通（他紅）台（土來）湯（吐郎）

定：徒（同都）同（徒紅）特（徒得）度（徒故）杜（徒古）唐堂（徒郎）田（徒年）陀（徒何）地（徒四）

泥：奴（乃都）乃（奴亥）諾（奴各）內（奴對）嬭（奴禮）那（諾何）

娘：尼（女夷）拏（女加）女（尼呂）

來魯：魯（郎古）郎（魯當）練（郎甸）盧（落胡）來（落哀）賴（落蓋）落洛（盧各）勒（盧則）

來力：力（林直）林（力尋）呂（力舉）良（呂張）離（呂

支）里（良士）

　　精：將（即良）子（即里）資（即夷）即（子力）則（子
德）借（子夜）茲（子之）醉（將遂）姊（將几）遵（將倫）祖
（則古）臧（則郎）作（則落）

　　清：倉蒼（七岡）親（七人）遷（七然）取（七庾）七（親
吉）青（倉經）采（倉宰）醋（倉故）麤麁（倉胡）千（蒼先）
此（雌氏）雌（此移）

　　從：才（昨哉）徂（昨胡）在（昨宰）前（昨先）藏（昨
郎）昨酢（在各）疾（秦悉）秦（匠鄰）慈（疾之）自（疾二）
情（疾盈）漸（慈染）

　　心：蘇（素姑）素（桑故）速（桑谷）桑（息郎）相（息
良）悉（息七）思司（息茲）斯（息移）私（息夷）雖（息遺）
辛（息鄰）胥（相居）先（蘇前）寫（息姐）

　　邪：徐（似魚）祥詳（似羊）辭辤（似茲）似（詳里）旬
（詳遵）寺（詳吏）夕（詳易）隨（旬爲）

　　幫邊：邊（布玄）布（博故）補（博古）伯百（博陌）北
（博墨）博（補各）巴（伯加）

　　幫方：方（府良）封（府容）分（府文）府甫（方矩）彼
（甫委）兵（甫明）陂（彼爲）鄙（方美）筆（鄙密）卑（府
移）并（府盈）必（卑吉）畀（必至）

　　滂滂：滂（普郎）普（滂古）匹（譬吉）譬（匹賜）

　　滂敷：敷孚（芳無）妃（芳非）撫（芳武）芳（敷方）峰
（敷容）拂（敷勿）披（敷羈）丕（敷悲）

　　並蒲：蒲（薄胡）步（薄故）裴（薄回）白（傍陌）傍（步
光）部（蒲口）

　　並房：房防（符方）縛（符钁）附（符遇）符苻扶（防無）

馮（房戎）浮（縛謀）父（扶雨）平（符兵）皮（符羈）便（房連）毗（房脂）弼（房密）婢（便俾）

　　明莫：莫（慕各）慕（莫故）模謨摸（莫胡）母（莫厚）

　　明武：武（文甫）文（無分）無巫（武夫）亡（巫放）美（無鄙）靡（文彼）明（武兵）彌（武移）眉（武悲）綿（武延）

　　黃氏雖謂此四十七類，純由正例系聯而得，然覈之事實，實有未符，茲略舉數證於後：

　　1.吾類與魚類據反切可系聯爲一類，黃氏分作二類，此不當分者也。

　　2.都類與多類不系聯，而黃氏併爲端類，此不當併者也。

　　3.來母依反切當分作魯、盧、力三類，黃氏僅分魯、力二類，此分析之未盡者也。

　　4.七類與倉類不系聯，而黃氏併爲清類，此不當併者也。

　　5.昨類與疾類不系聯，而黃氏併爲從類，此不當併者也。

　　6.普類與匹類不系聯，而黃氏併爲一類，此不當併者也。

　　以上數證，足見黃氏分合之際，皆進退失據，自亂其例，既非盡依《廣韻》切語上字系聯之結果，亦非當時語音實有之現象，其所以得此四十七類者，仍參酌韻圖等列，兼及音之洪細，絕非《廣韻》聲類之眞象也。

〔四〕曾運乾、陸志韋、周祖謨五十一類説：

（一）曾運乾説：

　　曾氏〈切韻五聲五十一紐考〉一文，以爲陳澧之四十類，照、穿、床、審、喻各分二類，《廣韻》切語絕不相混，陳氏分爲十類，既得之矣。明微二母，陳氏囿於方音而併合之，非《切

韻》本例然也。至於喉音之影，牙音之見、溪、曉、疑，舌音之
來，齒音之精、清、從、心凡十母，依《切韻》聲音之例，皆應
各分二母者也。其所持理由如下：

　　「蓋聲音之理，音侈者聲鴻，音弇者聲細，《廣韻》切語侈
音例爲鴻聲，弇音例爲細聲，反之，鴻聲例用侈音，細聲例用弇
音，此其例即見於法言〈自序〉云，支（章移切）脂（旨夷切）
魚（語居切）虞（遇俱切）共爲一韻，先（蘇前切）仙（相然
切）尤（于求切）侯（胡溝切）俱論是切，上四字移夷居俱明韻
（即切語下一字音學也。）之易於淆惑者，下四字蘇相于胡（古
聲及《切韻》匣于爲類隔）明切（即切語上一字聲學也）之易于
淆惑者，故支脂魚虞皆舉音和雙聲以明分別韻部之意，先仙尤侯
皆舉類隔雙聲以明分別紐類之意，如先蘇前切，蘇相不能互易
者，先爲眞韻之侈音，蘇在模韻亦侈音也。例音侈者聲鴻，故先
爲蘇前切也。仙相然切，相蘇不能互易者，仙爲寒韻之弇音，相
在陽韻亦弇音也。例音弇者聲細，故仙爲相然切也。又如尤于求
切，于胡不能互易者，尤爲蕭韻之弇音，于在虞韻亦弇音也，例
音弇者聲細，故尤于求切也。侯胡溝切，胡于不能互易者，侯爲
虞韻之侈音，胡在模韻亦侈音也，例音侈者聲鴻，故侯胡溝切
也。是故法言切語之法，以上字定聲之鴻細，而音之弇侈寓焉，
以下字定音之弇侈，而聲之鴻細亦寓焉。見切語上字其聲鴻者，
知其下字必爲侈音，其聲細者，知其下字必爲弇音矣。見切語下
字其音侈者，知其上字必爲鴻聲，其音弇者，知其上字必爲細聲
矣。試以一東部首東同中蟲四字證之，東同中蟲皆類隔雙聲，此
與先仙尤侯一例，東德紅切，同徒紅切，德徒鴻聲也，亦侈音
也；紅侈音也，鴻聲也。故曰音侈者聲鴻，聲鴻者音侈。中陟弓
切，蟲直弓切，陟直細聲也，亦弇音也；弓弇音也，亦細聲也，

故曰音侈者聲細，聲細者音侈。四字同在一韻，不獨德陟、徒直不能互易，即紅弓亦不能互易，此即陸生重輕有異之大例，東塾舉此四字以明清濁及平上去入，而不知聲音之侈弇鴻細即寓其中，故其所分聲類，不循條理，囿於方音，拘於系聯，於明微之應分者合之，影等十母之應分者亦各仍其舊而不分，殆猶未明陸生之大法也。今輒依切語音侈聲鴻，音弇聲細之例，各分重輕二紐，陳氏原四十聲類，加入微、影二、見二、溪二、曉二、疑二、來二、精二、清二、從二、心二十一母，故四十類爲五十一紐也。」曾氏據此而分切語上字爲五十一類，實則五十一類者，特就四十七類之基礎，再析齒頭音之精清從心四母各爲二類而已。茲將曾氏論齒音之分二類者錄之於後：

　　精一（鴻聲侈音）則（子德切，德韻侈音而用細聲，亦類隔切。又子字通用一二等。）臧（則郎切唐）祖（則古切姥）作（則落切鐸）共四字遞用相聯系（江氏《切韻表》亦分爲一等。）

　　精二（細聲弇音）子（即里切止）即（子力切職）借（子夜切禡韻二）茲（子之切之）資（即夷切脂）將（即良切陽）醉（將遂切至）姊（將几切旨）遵（將倫切諄）共九字子即互用諸字遞用相聯系（江氏《切韻表》亦分爲四等。）

　　清一（鴻聲侈音）倉蒼（七岡切唐韻侈音而用細聲，亦類隔切，又七字通用一二等。）采（倉宰切海）醋（倉故切暮）麤麁（倉胡切模）千（倉先切先）青（倉經切青）共八字遞用相聯系（江氏《切韻表》亦分一等，惟千字隸四等誤。）

　　清二（細聲弇音）七（親吉切質）親（七人切眞）取（七庾切麌）遷（七然切仙）此（雌氏切紙）雌（此移切支）共六字，上四字親七互用，下二字此雌互用不聯系，依音弇聲細例求之，知爲一類。（江氏《四聲切韻表》亦分爲四等。）

從一（鴻聲侈音）在（昨宰切海）昨酢（在各切鐸）才（昨哉切咍）徂（昨胡切模）前（昨先切先）藏（昨郎切唐）共七字，在昨互用相聯系（江氏《四聲表》亦分爲一等，唯前字誤隸四等。）

從二（細聲弇音）秦（匠鄰切眞）匠（疾亮切漾）疾（秦悉切質）自（疾二切至）情（疾盈切清）慈（疾之切之）漸（慈染切琰）共七字，秦匠疾互用相聯系（江氏《切韻表》亦定爲四等。）

心一（鴻聲侈音）桑（息郎切唐韻，侈音用細聲，類隔切也，不通用於二等。）速（桑谷切屋）素（桑故切暮）蘇（素姑切模）先（蘇前切先）共五字遞用相聯系（《四聲表》亦分爲一等，唯先字誤隸四等。）

心二（細聲弇音）息（相即切職）相（息良切陽）悉（息七切質）思司（息茲切之）斯（息移切支）私（息夷切脂）雖（息遺切脂）辛（息鄰切眞）寫（息姐切馬二）須（相兪切虞）胥（相居切魚）共十二字，相息互用相聯系（《四聲表》亦爲四等。）

曾氏所謂一二等者，實兼該四等字言之，其所謂細聲，則純就三等字言之，此已與一般聲韻學家以一二等爲洪音，三四等爲細音之說不合，且縱從其說，就《廣韻》之切語及其所舉之例言之，亦多有鴻細雜用之現象，曾氏遂謂凡用細聲切侈音者皆爲類隔，如所舉則子德切，倉七郎切是也。然《廣韻》切語中尙有以鴻聲切弇音者，如趨千仲切，錢昨仙切，緅先立切等是，曾氏則置而不言，以此言之，則所謂鴻聲切侈音，細聲切弇音之例，於《廣韻》書中尙難定其界畫，其說殆難成立，雖五十一類之說，屢爲人所稱引，實仍不能無疑也。

(二)陸志韋說：

陸氏〈證廣韻五十一聲類〉一文，亦主五十一類之說。陸氏云：

「五十一類之說，非謂唐代聲母實有 51 之數也，今本《廣韻》切語上字之互相系聯者，實爲五十一組耳。」

陸氏聲母之分類與韻類有極密切之關係，陸氏將韻類分爲三一九類，然後將五十一聲類與三一九韻類列爲一表，五十一聲類之排列，以在陳書中發現之次第爲先後，首「多」，次「都」，終「食」（各以一類中最多數之字爲類名），直列三一九韻類，首「東」系，終「凡」系。此表造成後，先計算（甲）每一聲類發現於若干韻類，例如「多」15，「都」70，「陟」79，……。（乙）每次發現與其他聲類何者相逢，何者不相逢。亦列爲一表。例如：

```
    81  丑    |  0   10   53   54
              |  多   都   陟   之……
```

此表大旨謂：「丑」類發現於 81 韻類，與「多」類相逢於同一韻類者 0 次，與「都」類相逢者 10 次，與「陟」類相逢者 53 次，與「之」類相逢者 54 次，餘類推。凡兩類之和協衝突，視其相逢之次數，可得其大概。陸氏用此法將《廣韻》聲類分爲兩大群，一群之內，各類協和，兩群之間，此群之任何一類，與彼群之任何一類，大致相衝突或無關係。所分兩大群聲類如後：

甲群：A 組　之、昌、食、式、時、而、此、疾、徐、以凡 10
　　　　　　（照三、穿三、床三、審三、禪、日、清四、從四、邪、喻四）

　　　 B 組　側、初、士、所、陟、丑、直、女、力凡 9
　　　　　　（照二、穿二、床二、審二、知、徹、澄、娘、來

三）

C組　方、芳、符、武、于凡5

（非、敷、奉、微、喻三）

D組　居、去、渠、許凡4

（見三、溪三、群、曉三）

以上甲群 ABCD 四組共 28 類，皆相和協，然此 28 類之可顯然分爲四組或五組則無疑義。與甲群任何一組，任何一類大致相反者爲乙群。

乙群：E組　多、都、他、徒、奴、盧、郎、昨凡8

（端、端、透、定、泥、來一、來一、從一）

F組　博、普、蒲、莫凡4

（幫、滂、並、明）

G組　古、苦、呼、胡、烏凡5

（見一、溪一、曉一、匣一、影一）

甲群 28 類，乙群 17 類，共得 45 類。其餘無從歸類者爲「五、匹、子、七、蘇、於」等六類。

「五」類可視類中各字與甲群或乙群在同一韻類中相逢之情形決定，凡一字於某一韻類與甲群同現者，於其他韻類亦必與甲群同現，而不與乙群同現，但可偶或錯誤耳。「五」類發現於 163 韻類，共 164 次。

與	0	0	0	0	0	0	40	14	10	4	2	1	1	1
甲														
同														
用														
↑														
字	五	吾	研	疑	擬	俄	魚	語	牛	宜	虞	遇	愚	危

```
↓ |                    |                          |
與 |                    |                          |
乙 |                    |                          |
同 |                    |                          |
用 | 82 4  2  1 1  1 | 0   0   0   0 0 0 0 |
```

　　陳澧系聯上述各字爲一類者，實以《廣韻》「疑語其切」「擬魚紀切」之偶疏也。今分「五」類爲乙群 G 組，「魚」類爲甲群 D 組。

　　「於」類亦可依各字與甲乙兩群相逢之勢而分析之，「於」哀都切又央居切，孰爲哀都？孰爲央居？凡與「於」字系聯之字，其切上字當作「哀」乎？當作「央」乎？凡爲「哀」者，其字當與乙群相逢，凡爲「央」者，則不得而知矣。今以「烏」「於」二類連同分析之，「烏」亦「哀都切」也。二類共發現於 221 韻類，計 227 次。

```
與 | 0 0 0 0 0 0 | 21 0 0 | 8 9 3 2 2 2 1 1 1 1 1 1 |
甲 |             |        |                          |
同 |             |        |                          |
用 |             |        |                          |
↑ |             |        |                          |
     烏安哀煙驚愛 | 乙一握委 | 於伊衣央紆依憶挹謁憂 |
字 |             |        |                          |
↓ |             |        |                          |
與 |             |        |                          |
乙 |             |        |                          |
同 |             |        |                          |
用 | 82 3 1 1 1 1 | 6 2 1 1 | 2 1 0 1 0 0 0 0 0 0 |
```

「烏」……「愛」六字爲烏類，無一次與甲群同用者，「於」字與乙群同用者21次，與甲群同用者89次，「央」字顯係甲群之字。今故以「於21乙8一3握1委1」歸入「烏哀都切」之類。餘「於89伊3……憂1」爲「於央居切」之類，此即烏類與於類也。「烏」類必屬於乙群 G 組，「於」類必屬於甲群 D 組。

「蘇」類發現於 130 韻類，共 131 次。

```
與 | 0 1 0 0 0 | 30 10 6 5 3 2 1 1 1 1 1 1 |
甲 |           |                            |
同 |           |                            |
用 |           |                            |
↑  |           |                            |
字   蘇先桑素速 | 息相私思斯胥雖率須寫悉司        |
   |           |                            |
↓  |           |                            |
與 |           |                            |
乙 |           |                            |
同 |           |                            |
用 | 4 11 2 5 4 1 | 10 2 2 0 0 0 0 0 0 0 0 0 |
```

然則「蘇」類明爲二類之混合，「蘇先」等 5 字爲一類，「息相」等12字爲一類，此即「蘇」類與「息」即宋人所謂「心一」與「心四」也。「心四」屬甲群 A 組，「心一」屬乙群 E 組。

「七」類發現於 107 韻類，共 110 次。

```
與 | 1 2 0 0 0 0 0 | 4 3 2 1 1 1 |
甲 |               |             |
```

同												
用												
↑												
字	倉	千	蒼	麤	采	鹿	青	七	親	醋	取	遷
↓												
與												
乙												
同												
用	22	8	3	2	2	1	1	19	0	0	0	0

「子」類發現於 133 韻類，共 134 次。

與	0	0	0	0	0	0	1	38	16	6	3	2	2	1
甲														
同														
用														
↑														
字	作	則	祖	臧	借	坐	茲	子	即	將	資	姊	遵	醉
↓														
與														
乙														
同														
用	23	12	5	4	1	1	1	23	0	1	0	1	0	0

　　「七」字與甲群相逢 43 次，與乙群相逢 19 次，則「七親」等 5 字可作一類，而「倉千」等 7 字另作一類。

　　「子」字與甲群相逢者 38 次，與乙群相逢者 23 次，故亦可以「子即」等 7 字爲一類，「作則」等五字爲一類。總而言之，「子」「七」「此」「疾」「息」「徐」同爲甲群 A 組。宋人

之精清從心邪四等是也，「作」「倉」「昨」「蘇」同爲乙群E組，宋人之精清從心一等也。

「匹」類發於 33 韻類。

```
與 | 16   1
甲 |
同 |
用 |
↑ |
字 | 匹 譬
↓ |
與 |
乙 |
同 |
用 | 16   0
```

「匹」類與「普」類又音相通者《廣韻》凡 6 見，與「芳」類相通者 11 見，「匹」類自當與「芳」類同類，始合於唐人乙群不羼入甲群之例。今爲愼重見，暫不合併。

凡兩類同組而永不相逢，是同類也，歸納爲五十一類。兩類同組者，謂兩類與組內其他各類關係相同，而與任何一類之關係亦大致相同也，內外關係相同，而彼此又不相逢，則不假思索，可知其爲同類也。

按陸氏統計法之出發點即存有嚴重缺點，《廣韻》切語上字共四百餘字，陳澧依其同用、互用、遞用之關係而系聯爲五十一類。陸氏既認爲系聯不系聯具有偶然之因素，則進行統計時，即應將此四百餘字平列，逐字計算其在《廣韻》中各出現若干次，彼此相逢之情形若何？係「超乎機率之所得」，抑「遠不及機率

所得」？最後按是否超乎機率而加以分類，如此始合於邏輯。然陸氏不此之圖，竟從陳氏五十一組出發，初始即將陳氏以系聯條例系聯之「古」「公」等十字出現次數相加，作爲「古」類出現次數，將「苦」「口」等十一字出現次數相加，作爲「苦」類出現之次數。……然後計算「古」「苦」，「古」「呼」……「苦」「呼」相逢若干次，以爲統計結果充分表明「古」爲一類，「苦」爲一類。……實則「古」與「公」，「苦」與「口」是否同類？正有待統計法之證明，而陸氏所用統計法，未顯出任何徵象，即斷然視作同類，並謂此乃統計法證明明確爲同類，是何等荒誕不稽！

　　蓋統計法之致命缺點，數字太小，統計即無所施其計。四百餘切語上字，大多數字僅出現一次或二次，陸氏於「此」類之出現五次，「多」類之出現十五次，尚視作例外，若逕自四百餘字切語上字出發，則此種例外將達數以百計，陸氏自知出現數以百計之例外，則所用之統計法將無法取信於人，故不得不以此爲掩飾之手段。

　　且陸氏用統計法所統計之數字，亦無法顯示出切語上字分組之界限。陸氏云：「爲數相彷彿者，雖未必即爲同屬；就爲數相逕庭者，似當爲異屬也。」然「之、昌、食、式、時、而、此、疾、徐、以」諸類彼此相逢在 83 － 41 之間，「側、初、士、所、陟、丑、直、女、力」相逢在 56 － 26 之間，「方、芳、符、武、于」相逢在 57 － 41 之間，「居、去、渠、許」在 38 － 27 之間。其數字之差距並非懸殊，且彼此尚有交錯出入處，並不能截然分開。陸氏卻分之爲Ａ、Ｂ、Ｃ、Ｄ四組，並云：「各組之內，兩兩相逢，以Ａ組之各數爲最大，Ｂ、Ｃ組次之，Ｄ組最小。」然 Ａ 組中之「此」「疾」與表上之「子」類彼此相逢

亦在 57 — 41 之間，跟 C 組全同，B 組中之「陟、丑、直、女、
力」彼此相逢在 47 — 40 之間，較 C 組爲小，何以未將「此、
疾」與「子」類併入 C 組，卻將「陟、丑、直、女、力」自 B
組分出，自成一組，置於 C 組之後？且其 A、B、C、D 四組之
分界，與聲韻學上之分類亦不全同。陸氏之分組，實純據切語上
字之洪細以分類，而非據統計法所得之類別。尤有進者，陸氏用
所謂統計法分析之結果，僅得四十五類，其餘各組則採用排比法
以濟其窮。然而系聯若有錯誤，排比法亦無從得出正確結果。其
中「茲」字與甲乙兩群相逢各一次，究應歸於何類？於是陸氏根
據「茲」字切語上字爲「子」，又據「子」類與甲群關係大於乙
群，乃將「茲」字劃歸「子、即」之類。又如「匹」「譬」二字
之「匹」字組，雖與「普芳」之關係均爲 63，排比結果，「匹」
字與甲乙兩群之關係均爲 16，然「譬」字卻與甲群發生一次關
係，而與乙群無關係，依其處理「茲」字歸類之原則，「匹」既
只與甲群發關係之「譬」字出切，自應劃歸甲群。然陸氏卻謂
「『匹』類自當與『芳』爲同類，乃合乎唐人乙群不屬入甲群之
例，今爲審愼起見，暫不合併。」正因陸氏將「匹」字組之分類
保留，故所得結果爲五十二類，而非五十一類，結果竟文不對題。

　　陸氏之統計法，實以系聯法爲出發點，中間排除部分例外，
再通過排比法，終於又沿用系聯法，迂迴曲折，煞費心機，始勉
強符合預期之結論。其實乃陸氏心中原有 51 類之主見，於是遂
有意將數字分析，使之大體接近 51 聲類，實非統計法眞有此妙
用，而得出如此之結果。

　　抑又有言，中國聲韻學昔日爲人蒙上一層陰陽五行之外衣，
致令人視爲天書，望而生畏。民國以來之學者，又每以西洋學術
玩弄之，使人莫測高深，同使聲韻學陷入玄境，不敢問津。今日

吾人研究聲韻學，應使之成爲一坦易之學科，發揮其文字訓詁上真正之功效，則一切新舊魔障均應祛除，陸氏所用統計魔術，亦不能例外。

（三）周祖謨說：

周祖謨〈陳澧切韻考辨誤〉之論《廣韻》聲類，亦主曾氏之說，以爲依反切上字之分組，當爲五十一，以音位論，則爲三十六。茲錄其五十一聲類之目於后，並附其所擬聲值。

幫一 p	滂一 p'	並一 b'	明一 m			
幫二 pj	滂二 p'j	並二 b'j	明二 mj			
端 t	透 t'	定 d'	泥 n			來一 l
知 t̂	徹 t̂'	澄 d̂'	娘 nj	日 ńz		來二 lj
精一 ts	清一 ts'	從一 dz'	心一 s			
精二 ts(i)	清二 ts'(i)	從二 dz'(i)	心二 s(i)	邪 z(i)		
照二 tṣ	穿二 tṣ'	床二 dẓ'	審二 ṣ			
照三 tś(i)	穿三 tś'(i)	床三 dź'(i)	審三 ś(i)	禪 ź(i)		
見一 k	溪一 k'		疑一 ng			
見二 kj	溪二 k'j	群 g'j	疑二 ngj			
喻 j						
曉一 x						
曉二 xj						
匣一 ɣ						
匣二 ɣj						
影一 ʔ						
影二 ʔj						

周氏並謂精一精二之分，亦惟唐時精於音韻者始能道之，隋唐以前之爲反音者未必明辨若是。陸氏之書皆本於前代舊音，惟

捃選精切，摘削疏緩而已，又未必一一改作也。《廣韻》之音切自《切韻》一系韻書而來，參錯之處，亦不能免。然《廣韻》中影母一二兩類相亂者固多，主四十七類之說既判別為二，於精清從心則以為不可，殊為拘泥。精一精二之分，亦猶古之與居，呼之與許耳。精一用以切洪音字，精二用以切細音字（邪母為細音）。界畫分明，區以別矣。精一精二之有類隔切，亦猶端知、幫非之各有類隔切也。學者可以不必因其通而昧其分矣。

按周氏既謂隋唐以前之為反音者尚未必明辨其分，陸氏《切韻》於前代舊音又未必一一改作，則精一精二之分，非《廣韻》聲類實有之類別，乃純由後接韻母洪細之殊可知矣。再者從音位觀點，聲母是否可以合併成一音位，除互補原則外，仍須觀其實際讀音是否不同，以作為是否合併之標準。例如端知兩系，無論從來源或互補言，皆可合併為一音位，然今周氏亦不合併者，以知系字，確與端系不同音也。準此而言，三十六字母已併于於喻，則于母與匣母音讀已殊，自難謂為同一音位也。非系三十六字母亦已獨立，則亦不能再併於幫系矣。照周氏處理端知兩系之原則言，則《廣韻》聲類就音位論，當為四十一，而非三十六明矣。

〔五〕姜亮夫四十八類說：

姜氏《瀛涯敦煌韻輯・論部六》根據s2071卷之切語上字三百五十八字，據陳澧《切韻考》同用、互用、遞用之原則，系聯之得四十八系，即呼香（曉）胡（匣）於烏（影）余（喻）于（于）居古（見）康去（溪）渠（群）魚五（疑）多丁（端）他（透）徒（定）奴（泥）盧力（來）如（日）知（知）褚（徹）池（澄）尼（娘）之（照）昌（穿）神（神）書（審）時（禪）莊（莊）初（初）鋤（床）山（山）將（精）倉（清）才（從）

蘇（心）徐（斜）補（邦）滂（滂）蒲（並）文模（明）方（非）
敷（敷）房（奉）是也。

　　按此四十八類並無新奇之處，除與四十七類全同外，復將端
母分為多丁二類，故為四十八也。然多丁二類，《廣韻》切語只
偶不系聯耳，無論從何種角度以觀，皆不當分者也。陳氏雖以變
例併為一類，此能不拘泥處。戴震嘗云：「審音本一類，而古人
之文偶有相涉，有不相涉，不得舍其相涉者而以不相涉為斷，審
音非一類，而古人之文偶有相涉，始可以五方之音不同，斷其為
合韻。」多丁二類，無論何處方音，皆無異讀，則審音本一類，
故不得舍其相涉者而以不相涉為斷，陳氏據變例合併，蓋其義也。

〔六〕李榮三十六類說：

　　李氏《切韻音系》一文，根據陳澧基本條例同用、互用、遞
用原則，系聯全本王仁昫《刊謬補缺切韻》反切上字，若遇有實
同類而不能系聯時，則視切語上字出現之機會為互補抑對立，再
參考韻圖之排列，若為互補，則併為一類，若相衝突，則予分
類，因此得三十六類。茲錄於後，並附所擬音值。

幫 p	滂 p‘	並 b‘	明 m	
端 t	透 t‘	定 d‘	泥 n	來 l
知 t̂	徹 t̂‘	澄 d̂‘		
精 ts	清 ts‘	從 dz‘	心 s	邪 z
莊 tṣ	初 tṣ‘	崇 dẓ‘	生 ṣ	俟 ẓ
章 tś	昌 tś‘	船 dź‘	書 ś　常 ź　日 ń	
見 k	溪 k‘	群 g‘	疑 ŋ　曉 x　匣 ɣ	
影 ʔ	喻 ○			

以上三十六類，其異于四十一類者，併輕脣於重脣，併娘入

泥，爲併于匣。全王漦俟淄反，俟漦史反，二字切語互用，韻圖置於禪母下二等，因據以別出俟母。併輕脣於重脣，在《切韻》或當如此，在《廣韻》則當分開。董同龢云：「反切方芳符武四類，旣分入重脣與輕脣兩系，重脣音與輕脣音就可以在三等韻並存，他們已是非分不可的兩系聲母了。」至於娘併入泥，周法高《論切韻音》嘗云：「有人把泥紐和娘紐合併，擬作n，而把日紐擬作 n_e，和知 t_e、徹 t_e'、澄 d_e 相配。在音韻結構的分配方面最不合理的了。因爲端、透、定、泥諸紐，只出現在一等韻和四等韻，知、徹、澄、娘諸紐只出現在二等韻和三等韻，日紐只出現在三等韻。」于母併入匣母，在上古音系或當如此，中古音系則未必然，蓋匣母上聲字今國語變去聲，于母則保持讀上聲不變，與喻母相同，可見匣于在中古自應有別，故後來演變不同。至於俟母別出，僅有"俟漦"二字，亦甚可疑。姜亮夫云：「俟漦二字與上（指鋤助士）不系聯，止韻俟在士字鋤里切下，則俟不當再爲床紐，而之韻漦字俟之切，當入床紐，決無疑問，則俟字必屬士紐，不當獨爲一紐。然諸唐人韻書如p2011，柏林藏行書本皆士俟分之，而俟又皆漦史切，故宮王仁昫本更作鋤使切，則其誤蓋自唐人始矣。（徐鍇《篆韻譜》作床史，亦次鋤里切之下，則李舟亦同矣。）以意度之，漦史一切，當爲俟字又切，唐人韻書，固有紐首不加圖志者，遂誤爲正切，然其事必起甚早，故唐人韻書無不襲其誤者矣。《切韻考》刪棄此字，是也。」董同龢亦云：「俟與士《廣韻》反切本來可以系聯，平聲之韻漦俟之切，又上聲止韻俟床史切，床屬士類，所以素來講中古音的人，都把漦俟兩字歸入崇母之內。……陳澧《切韻考》引徐鍇說文反切，證明士與俟是一個音，也有見地，不過那應當是中古後期的變化了。」《廣韻》之成書已在徐鍇之後，其聲母系統自應

屬中古後期，所以俟母盡可併入床母，無庸再加區別。

〔七〕王力三十六類說：

王氏《漢語音韻》論及《切韻》的聲母系統時，嘗謂：

「從《廣韻》的反切上字歸納，可以得出《切韻》時代的聲母 36 個，拿守溫三十六字母來比較，則是：

*1.*應併者四個：非併于幫、敷併于滂、奉併于並、微併于明。

*2.*應分者四個：照、穿、床、審各分爲二。

*3.*應分而又併者一個：喩分爲二，其中之一併入匣母。」

綜上所述，《切韻》的聲母如下表：

牙　音：見〔k〕溪〔k‘〕群〔g‘〕疑〔ŋ〕

舌頭音：端〔t〕透〔t‘〕定〔d‘〕泥〔n〕

舌上音：知〔t〕徹〔t‘〕澄〔d'〕娘〔n̢〕

脣　音：幫（非）〔p〕滂（敷）〔p‘〕並（奉）

　　　　〔b‘〕明（微）〔m〕

齒頭音：精〔ts〕清〔ts‘〕從〔dz‘〕心〔s〕邪〔z〕

正齒音：莊〔tʃ〕初〔tʃ‘〕床〔dʒ‘〕山〔ʃ〕

　　　　照〔tɕ〕　穿〔tɕ‘〕　神〔dʑ‘〕

　　　　審〔ɕ〕　禪〔ʑ〕

喉　音：影〔ʔ〕　曉〔x〕　匣（喩三）〔ɣ〕

　　　　余（喩四）〔j〕

半舌音：來〔l〕

半齒音：日〔ȵ〕

王氏三十六異于李榮者，未分俟母，娘母獨立，此二者以《廣韻》切語言，皆較李氏爲勝。輕脣之併入重脣，《切韻》反

切確是難分，然唐末語音不可謂無輕重之別也，否則三十六字母何須多別輕脣一目哉！喻三入匣其理相同，前已論之，此不贅說。

〔八〕周法高三十七類說：

周氏論《切韻音》主張《切韻》聲母當為三十七類，其排列如后：

脣　音（labials）：幫 p　滂 pʻ　並 b　明 m

舌頭音（dentals）：端 t　透 tʻ　定 d　泥 n

　　　　　　來 l（來為半舌音 lateral）

舌上音（supradental stops）：知 ṭ　徹 ṭʻ　澄 ḍ　娘 ṇ

齒頭音（apical siblants）：精 ts　清 tsʻ　從 dz　心 s　邪 z

正齒音二等（supradental siblants）：照（莊）tṣ

　穿（初）tṣʻ　床（崇）dẓ　審（生）ṣ

正齒音三等（palatal siblants）：照（章）tɕ　穿（昌）tɕʻ

　床（船）dʑ　日 ṇ　審（書）ɕ　禪 ʑ　（日為半齒音）

牙　音（velars）｛曉匣舊隸喉音｝：見 k　溪 kʻ　群 gʻ

　疑 ŋ　曉 x　匣 ɣ

喉　音（gutturals）：影 ʔ　喻（云）j　喻（以）○

周氏之分類，大致與王力相近，其云母自匣母分出，較王氏為合理。以此而論《切韻》聲母，應無可疵議者矣。

〔九〕邵榮芬三十七類說：

邵氏《切韻研究》以為《切韻》聲母應為三十七類類，茲表列於下：

幫　組：幫 p　滂 pʻ　並 b　明 m

端　組：端 t　透 tʻ　定 d　泥 n

知　組：知 t̠　徹 t̠ʻ　澄 d̠　娘 n̠ʻ

來　組：　　　　　　　　　來 l

精　組：精 ts　清 tsʻ　從 dz　心 s　邪 z

莊　組：莊 tʃ　初 tʃʻ　崇 dʒ　生 ʃ　俟 ʃʒ

章　組：章 tɕ　昌 tɕʻ　常 dʑ　書 ɕ　船 ʑ

日　組：　　　　　　　　　日 nʑ

見　組：見 k　溪 kʻ　群 g　疑 ŋ　曉 x　匣 ɣ　影 ʔ　以〇

邵氏此三十七類與周法高氏不同者，于併入匣，分出俟母。故數目雖同，而分合有異，于併入匣，是否得當，前已申論，此不贅言。俟母之應獨立，邵氏以爲有下列幾點理由：

1.《切三》：“漦、俟之反”，“俟、漦史反”；《王三》：“漦、俟淄反”，“俟、漦史反”。兩書“漦、俟”兩小韻都自相系聯。而且“漦”都和“茬”小韻對立，“俟”都和“士”小韻對立。《廣韻》：“漦、俟甾切”，“俟、床史切”，似乎和崇母系聯成一類，但“漦”和“茬”小韻對立，“俟”和“士”小韻對立，和《切韻》仍然相同，說明《廣韻》這兩個小韻也並沒有和崇母合併。

2.《通志七音略》、《切韻指掌圖》、《四聲等子》都把“漦”和“俟”放在禪母二等的地位。《韻鏡》沒有“漦”字，但“俟”字也是放在禪母二等的地位。

3. 現代方言“俟”和“士”往往不同聲母，比如廣州話“士”讀〔ʃi〕，而“俟”讀〔tʃi〕。

因爲這些理由都是相當有力的，頗能支持俟母獨立之說。但邵氏也提出，在《切韻》同時或前後的一些反切材料裏，竟找不到十分可靠的旁證。如果以慧琳《一切經音義》的反切爲起點

（公元 788 – 810）往上查考，《切韻》系韻書以外各家俟母的音切可以分成三類。一類是俟母字不和其他聲母字系聯；二類是俟母字用崇母字注音或作切；三類是俟母字用崇母以外的其它聲母字注音或作切。

而其第二類之材料中，包含顧野王《玉篇》、陸德明《經典釋文》、曹憲《博雅音》、玄應《一切經音義》、公孫羅《文選音決》、張參《五經文字》慧琳《一切經音義》等書。都把“俟”母讀同崇母，表明這些方言在“俟”母上和《切韻》是同類型的。只不過它們已經經歷了俟母作為正齒擦音二等而獨立的階段，達到了“崇”、“俟”合併的時期罷了。

然則“俟”母是否就可依邵氏之說而讓其獨立？在音韻史上，也許“俟”母存在過，正因為字數太少，所以很快地被其他的聲母吸收去了。尤其是《切韻》前後的材料，像《經典釋文》《一切經音義》等大部頭的書，都無“俟”母獨立的痕跡，如果“俟”母仍然存在，實在可疑。《廣韻》時代既然較晚，而其切語又可與床母系聯，則俟母無獨立之實，尤可推知者矣。

那末最後討論輕脣四紐，在《廣韻》中應否獨立？自守溫三十六字母已來既立輕脣之目，則輕脣四母聲值自當與重脣四母有別，否則三十六字母不應別出輕脣之目。先師潘石禪先生〈韻學碎金〉一文，嘗見列寧格勒東方院所藏黑水城資料，其中一小冊編列黑水城資料第二八二號，標題為「解釋謌義壹畚」。其中有歌訣數句云：「幫非互用稍難明，為侷諸師兩重輕，符今教處事無傾，前三韻上分幫體，後一音中立奉行。」下釋義曰：「是非……母中字，在於後一韻中所收，於平聲五十九韻，并上去入聲共有二百七韻，在於二百七韻內分三十三輕韻，故曰後一音也。」此處所謂二百七韻內分三十三輕韻，最值吾人重視。細察

《廣韻》輕脣四母出現之韻，正爲三十三韻，列目如下：

東		送	屋
鍾	腫	用	燭
微	尾	未	
虞	麌	遇	
文	吻	問	物
元	阮	願	月
陽	養	漾	藥
尤	有	宥	
凡	范	梵	乏
		廢	

　　是則此歌訣所據韻書毫無疑問已可分辨輕脣四母。石師云：「此小册子出於黑水城遺址，殆亦宋代西夏契丹流行於北方之作，作者闡釋門法歌訣，故曰解釋歌義，其中折衷諸說，多從智公，故曰：『因君揩決參差後』，假令智公爲智光，則其作序時爲遼聖宗統和十五年，即宋太宗至道三年（西元九九七年），殘唐五代旣訖，至此不過三十餘年。今觀解釋歌義所述，知智公指玄論之圖所本《切韻》，平聲韻爲五十九，全部爲二百零七韻，宋修《廣韻》爲二百零六韻，平聲僅五十七韻，知智公所本爲唐人增修之《切韻》。案巴黎藏伯 2014 號卷子三十仙後，有三十一宣，末署『大唐刊謬補缺切韻一卷』，知唐修《切韻》有增加宣韻之本。又夏竦《古文四聲韻》齊第十二之後有栘第十三，增一部；下平先第一、仙第二之後有宣第三，是唐修《切韻》平聲或有五十九韻之本。巴黎藏伯 2012 號《守溫韻學殘卷》『定四等重輕』，蓋即據唐修《切韻》而定，智公爲五代宋初人，其時代亦與守溫頗近，故皆用唐修《切韻》爲作圖之本，然則等韻之

興，淵源甚遠，必出於宋代以前也。」無論何種韻圖，皆能區分
輕重脣，而其淵源既出自宋以前，苟如石師所言本之於唐修《切
韻》二零七韻之本，則輕脣別出，唐代已然。《廣韻》未有不能
分者矣。是則從音位觀點，加上實際語音之差別，《廣韻》聲類
當於周法高氏三十七類之外，另分出輕脣四母，庶幾符合實情而
無所遺漏者矣。

　　且從全國各大方言觀之，輕脣重脣皆界限分明，今據《漢語
方言字匯》所錄各方言輕脣重脣各舉數列於下：

方言	輕		脣			重		脣		
	發	佛	敷	煩	風	八	撥	鋪	盤	蓬
北平	₌fa	₌fo	₌fu	₌fan	₌fəŋ	₌pa	₌po	₌p'u	₌p'an	₌p'əŋ
濟南	₌fa	₌fə	₌fu	₌fa	₌fəŋ	₌pa	₌pə	₌p'u	₌p'ã	₌p'əĩ
西安	₌fa	₌fo	₌fu	₌fa	₌fəŋ	₌pa	₌po	₌p'u	₌p'ã	₌p'əŋ
太原	faɔ	fəɔ	₌fu	₌fæ	₌fəŋ	paʔɔ	paʔɔ	p'əʔɔ p'aɔ	₌p'æ	₌p'əŋ
漢口	₌fa	₌fu	₌fu	₌fan	₌foŋ	₌pa	₌po	₌p'u	₌p'an	₌p'oŋ
成都	₌fa	₌fu	₌fu	₌fan	₌foŋ	₌pa	₌po	₌p'u	₌p'an	₌p'oŋ
揚州	faɔ	fəɔ	₌fu	₌fɛ	₌fəuŋ	paʔɔ	poʔɔ	p'oʔɔ	₌p'uõ	₌p'ɔuŋ
蘇州	faɔ	vɤɔ	₌fu	₌vE	₌foŋ	poʔɔ	pɤʔɔ	p'oʔɔ	₌bɸ	₌boŋ
溫州	xoɔ	vai₂	₌fu	₌va	₌xoŋ	po₂	pɸɔ	₌pəy	₌bɸ	₌boŋ
長沙	faɔ	fuɔ	₌fu	₌fan	₌xoŋ	pa	poɔ	₌p'u	₌põ	₌boŋ
雙峰	₌xua	₌xəu	₌xəu	₌ɣua	₌xaŋ ₌xɛŋ	₌pa	p'iɛ₌	₌pu	biɛ₌	₌p'aŋ ₌p'ən
南昌	ɸuatɔ	ɸutɔ	₌ɸu	ɸuanᵒ	₌ɸuŋ	patɔ	potɔ	₌p'u	₌p'ɔn	₌p'uŋ
梅縣	fatɔ	futɔ	₌fu	₌fan	₌fuŋ	patɔ	patɔ	₌p'u	₌p'an	₌p'uŋ

方言	輕脣					重脣				
	發	佛	敷	煩	風	八	撥	鋪	盤	蓬
廣州	$fat_\circ$	$fat_\circ$	$_{,}fu$	$_{,}fa{:}n$	$_{,}fuŋ$	$pa{:}t_\circ$	$put_\circ$	$_{,}p{'}ou$	$_{,}p{'}un$	$_{,}p{'}uŋ$
廈門	$huat_\circ$ $puʔ_\circ$ $hut_\circ$ $hut_\circ$	$pit_\circ$ $put_\circ$	$_{,}hu$	$_{,}huan$	$_{,}hoŋ$	$\underline{pat_\circ}$ $\underline{pueʔ_\circ}$	$puat_\circ$	$_{,}p{'}ɔ$	$_{,}p{'}uan$ $_{,}puã$	$_{,}p{'}oŋ$ $_{,}p{'}aŋ$
潮州	$huek_\circ$	$huk_\circ$	$_{,}hu$	$_{,}hueŋ$	$_{,}huaŋ$	$poiʔ_\circ$	$puek_\circ$	$_{,}p{'}ou$	$_{,}puã$	$_{,}p{'}oŋ$
福州	$xua_\circ$	$xuʔ_\circ$	$_{,}xu$	$_{,}xuaŋ$	$_{,}xuŋ$	$paiʔ_\circ$	$puaʔ_\circ$	$_{,}p{'}uo$	$_{,}puaŋ$	$_{,}p{'}uŋ$

　　從上表可知，輕重脣之區別，各大方言中，皆極爲顯著，則輕脣音之由來有自，吾人以爲《廣韻》有輕脣音非、敷、奉、微四紐，絕非誇大之言也。

第七節　輔音分析

〔一〕發音器官：

　　1.人類發音之原動力，爲呼吸之氣流，故人類發音之第一類器官爲呼吸器官。

　　2.聲音之產生，乃由於物體之震動，人類發音之顫動體爲喉頭之聲帶，聲帶之震動發音，與胡琴之弦，笙之簧，笛之膜相若，皆由於其震動而發出聲音。人類之聲帶乃使氣流樂音化之器官，爲人類發音之第二類器官。

　　3.口腔、鼻腔、咽頭爲人類發音之共鳴器，亦爲節制氣流，

發音器官圖

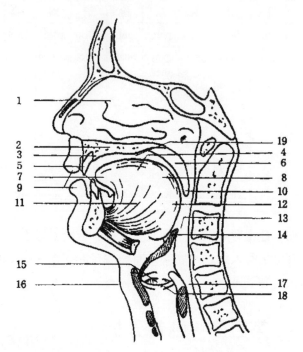

(1)鼻腔（Nasal cavity）   (2)硬顎（Hard palate）
(3)上齒齦（Teeth-ridge）   (4)舌面前（Front of tongue）
(5)齒（Teeth）   (6)軟顎（Soft palate）
(7)舌尖（Blade of tongue）   (8)舌面後（Back of tongue）
(9)脣（Lips）   (10)小舌（Uvula）
(11)舌（Tongue）   (12)舌根（Root of tongue）
(13)咽喉（Pharyngal cavity or pharynx） (14)會厭軟骨（Epiglottis）
(15)氣管（Wind-pipe）   (16)喉嚨（Larynx）
(17)食道（Food passage）   (18)聲門（Position of vocal chords）
(19)口腔（Mouth）

（圖選自文史哲出版社陳新雄《音略證補》29 頁。）

調節聲音，形成各種音素之重要器官，爲人類發音之第三類器官。本篇所指發音器官，亦指此部份器官而言。前頁是此一部分之發音器官圖。

以上各類器官，有可以移動位置者，稱爲活動器官；其活動性小，或者根本不能移動者．稱爲靜止器官。以各種活動性器官與各種靜止性器官互相接觸，以節制呼出之氣流，乃構成種種不同之輔音，此爲發音之最基本原理。

〔二〕輔音性質：

輔音之特徵有三：⑴氣流通路有阻礙。⑵氣流較強。⑶發音器官不發生阻礙部分不緊張。構成輔音最顯著之因素，即爲氣流在口腔中所遭遇之阻礙。　故凡氣流自氣管呼出時，經過發音器官（Organ of speech）之節制（Articulation），或破裂而出，或摩擦而出，或由鼻孔洩出，形成形氣相軋而成聲者，即謂之輔音（Consonant）。

〔三〕輔音種類：

輔音可依其發音方法與發音部位之不同，而分成不同之種類，茲依其發音方法，與發音部位，分別敘述於後：

*1.*按發音方法（Manner of aticulation）可分爲六類：

⑴塞聲（Stops or Plosives）：

口腔某處一時完全閉塞，氣流須待張開之後始能流出，如此形成者，謂之塞聲。亦稱破裂聲或爆發聲。

⑵鼻聲（Nasals）：

口腔某處閉塞時，如果通往鼻腔之路尙未阻塞，氣流自鼻腔外出，如此形成者，謂之鼻聲。

(3)顫聲（Rulled or trilled consonant）：

氣流通過口腔時，口腔中富有彈性之部分器官，發生顫動，故氣流通過時，即在斷續之狀態中，如此形成者，即謂之顫聲。我國無此音，故初學者發音較為困難，練習此音，可先發 təda gəda 連續發出，繼則抽去ə，而軟化 a，使成 tra、gra，久之，自然成此音。

(4)邊聲（Laterals）：

當口腔某處，僅中間或者一邊遭受阻塞，氣流從兩邊或者一旁流出，如此形成者，謂之邊聲。

(5)擦聲（Fricatives）：

口腔某處因器官之移動，致使通道狹窄，氣流自該處擠出，與器官發生摩擦，如此形成者，謂之擦聲。

(6)塞擦聲（Affricates）：

塞聲阻塞解除較慢，在阻塞解除之前，此塞聲變作同部位之擦聲，即前半為塞聲，後半為擦聲，如此形成者，謂之塞擦聲。亦謂之破裂摩擦聲。

凡輔音之構成，可分"成阻""持阻""除阻"三步驟。僅於除阻時有聲音可聞者，謂之暫聲（Momentary consonant）。自成阻時即有聲音可聞，且可使之延長者，謂之久聲（Continuant consonant）。暫聲有"作勢"與"發聲"二級，成阻與除阻為"作勢"，除阻時為"發聲"。久聲則無此區別，以上六類輔音中，塞聲為"暫聲"，餘為"久聲"。

2.按發音部位（Place of articulation）可分為五大類：

(1)脣聲（Labials）：

凡以下脣之動作而構成者，謂之脣聲。

①雙脣聲（Bilabials）：

下脣動向上脣者稱之。

②脣齒聲（Labio-dentals）：

下脣動向上齒者稱之。

⑵舌尖聲（Dentals）：

凡以舌尖之動作而構成者，總名舌尖聲，亦謂之齒聲。

①齒間聲（Inter-dentals）：

舌間動向上齒尖端者稱之。即舌尖夾於上下牙齒之間者。

②舌尖前聲（Dentals）：

舌尖動向上齒內面者稱之。又或稱齒後聲。

③舌尖中聲（Alveolars）：

舌尖動向上齒齦者稱之。又或謂之齦聲。

④舌尖後聲（Supradentals）：

舌尖動向硬顎者稱之。或謂之上齒聲，亦爲捲舌聲（Retroflex）。

⑶舌面聲（Palatals）：

凡以舌面之動作而構成者，謂之舌面聲。

①舌尖面混合聲（Palato-alveolars）：

舌尖與舌面混合部分，同時動向齒齦與硬顎之間者稱之。亦稱混合舌葉聲（Apico-dorsals），又稱齦顎聲。

②舌面前聲（Prepalatals or Alveolo-palatals）：

舌面前動向硬顎者稱之。

③舌面中聲（Palatals）：

舌面後動向硬顎者稱之。

④舌根聲（Velars）：

凡以舌根之動作而構成者，總名舌根聲。

①軟顎聲（Velars）：

　　以舌根動向軟顎者稱之，亦通名舌根聲。

②小舌聲（Uvulars）：

　　以舌根動向小舌者稱之。

(5)喉聲（Glottals）：

　　凡由聲帶之緊張以節制氣流而成者，稱之為喉聲。

聲門及喉肌的作用橫斷面圖

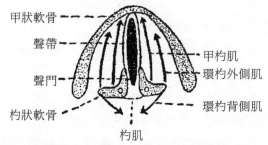

（圖選自科學羅常培、王均《普通語音學綱要》48 頁。）

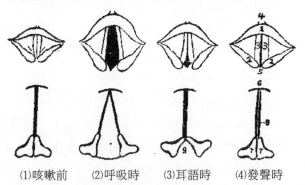

(1)咳嗽前　(2)呼吸時　(3)耳語時　(4)發聲時

上圖表示聲帶的狀況

（上圖表示喉頭鏡中所見喉的入口的一部份，下圖表示甲狀軟骨與枃狀軟骨之間聲帶開合的情況）。以下是上圖器官及其功

用的說明。

　　1.會厭　2.會厭破裂　3.聲帶　4.前聯合　5.後聯合

　　6.甲狀軟骨　7.杓狀軟骨　8.音聲門　9.氣聲門

　　(1)咳嗽前，聲門緊閉，暫時氣息完全不通，忽然急劇地衝出氣來，就發出破裂聲音，最劇烈的就是咳嗽。

　　(2)呼吸時，因環杓背側肌的作用，使杓狀軟骨往外推，聲門就張開。一般地聲門略呈三角形，深呼吸或喘氣時差不多就擴大成菱形。

　　(3)耳語時，因甲杓肌的作用，使聲門的前半關閉，而後半相接近。這時，氣流由聲帶的後部，氣聲門的間隙中出來，接觸到聲帶的邊緣發出細緻的音響，就是耳語。

　　(4)發聲時，發聲音時因杓肌的作用，使音聲門和氣聲門一齊關閉，氣流通過聲門時得從聲帶當中擠出來，因而使聲帶顫動，這時發生的聲音是清晰響亮的，和前面所發唏噓的氣息，細微的耳語完全不同。聲帶緊而短的時候發高音，鬆而長的時候發低音，作爲人類交際工具的語言，主要得靠這種樂音化的聲音。聲門也可以突然閉塞，由於閉塞而突然破開，於是就生了聲門閉塞音或喉塞音。

　　破裂軟骨可以在環狀軟骨的環背上滑溜、旋轉、抽動。

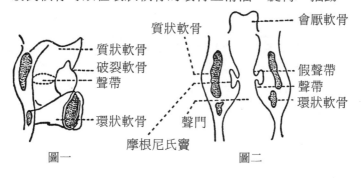

圖一　　　　　　　　　　　　圖二

圖三　休息時　軟骨垂直　　圖四　抽動時　前部閉合　　圖五　抽動時　前部大開
（圖選自邵華文化服務社出版高名凱《普通語言學》142頁）

㈠呼吸時，聲門大開，氣流自由通過，故無聲音。

㈡發元音或有聲輔音時，破裂軟骨向中移合，聲門緊閉，聲帶均勻振動，而發出樂音。

㈢發無聲吐氣音時，聲門略開略閉，前部閉合，後部離開，前部聲帶緊接接觸，聲門微開，空氣從中通過，與聲帶邊緣摩擦成聲。

㈣發有聲吐氣音時，破裂軟骨而發生均勻振動，後部留有空隙，使空氣通過，摩擦成聲。

㈤喉塞音是聲門突然閉塞，或由閉塞而突然張開，於是即產生喉塞音。

〔四〕十音今釋：

傳統聲韻學上名詞，必須與今科學上之語音學名詞，取得聯系，則對過去學術上之名詞，才不會有難懂之虞。茲以三十六字母之十音為例，試以今之語音學名詞重加詮釋之如下：

  *1.*喉　音：今語音學上之喉聲是也。

  *2.*牙　音：今之舌根聲是也。

  *3.*舌頭音：舌尖中塞聲與鼻聲是也。

  *4.*舌上音：舌面前塞聲與鼻聲是也。

  *5.*齒頭音：舌尖前塞擦聲與擦聲是也。

6.正齒音：

(1)近于舌上者：舌面前塞擦聲與擦聲是也。

(2)近于齒頭者：舌尖面混合塞擦聲與擦聲是也。

7.重脣音：即雙脣聲是也。

8.輕脣音：即脣齒聲是也。

9.半舌音：即舌尖中邊聲是也。

10.半齒音：即舌面前鼻塞擦聲（Nasal-affricate）是也。

第八節　四十一聲紐之清濁及發送收

〔一〕清濁：

先師林景伊先生《中國聲韻學通論》云：「"清""濁"之別，蓋因發聲之用力輕重不同者也。發聲時用力輕而氣上升者謂之"清"，用力重而氣下沈者謂之"濁"。故在語音學（Phonetics）上，"濁聲"謂之"帶音"（Voiced），"清聲"謂之"不帶音"（Voiceless）。"帶音"者，發聲時聲帶受摩擦而震動也。"不帶音"者，發聲時氣流直上不觸使聲帶震動也。」先師此言，乃據江永之說，蓋前人於中國聲韻學上之名詞，所下之定義，每依其感覺而定。本來清濁與發生時用力之輕重並無關係，但在人之感覺上則有關係，例如國語"ㄕ""ㄖ"二音，前者為"清"，後者為"濁"，因為"ㄕ"只有舌尖與硬顎處一層節制，而"ㄖ"則除此層節制外，尚須加上聲帶之節制，在感覺上就顯得"ㄖ"要費力得多，所以就認為用力重；而"ㄕ"就感覺用力輕得多了。事實上"清""濁"只是聲帶震動與否的問題，發聲時，聲帶震動者謂之"濁聲"；發生時，聲帶不震動者謂之

"清聲"。其理至易明瞭，昔人不明發音原理，乃有以天地爲釋者，亦有以陰陽爲釋者，例如：江永《音學辨微》云：

「清濁本於陰陽，一說清爲陽，濁爲陰，天清而地濁也；一說清爲陰，而濁爲陽，陰字影母爲清，陽字喻母爲濁也。當以前說爲正。陰字清、陽字濁，互爲其根耳。三十六母，十八清，十八濁，陰陽適均，其有最清、最濁、次清、次濁、又次清、又次濁者，呼之有輕重也。」

江永此言並沒有錯，而江氏本人實亦能區別清濁之人，而對清濁之解釋，卻令人墜入五里霧中，茫然不知其所謂。主要原因就是把與清濁毫無關係之天地陰陽牽扯進來，致生許多迷惑。而有以爲清濁即陰陽，陰陽即清濁之誤解。案《隋書‧潘徽傳》云：「李登《聲類》，呂靜《韻集》，始判清濁，纔分宮羽。」孫愐〈唐韻序‧後論〉云：「切韻者，本乎四聲，引字調音，各自有清濁。」是則清濁之說，國人辨之已久。顧以諸家取名分歧，義界未明，故學者乃多含混莫辨耳。羅常培《漢語音韻學導論》以語音學學理所作解釋，最爲瞭然，今參考其說，稍作修正，並爲之解釋如下：

「今據《韻鏡》分類，參酌諸家異名，定爲全清（Unaspirated surd）、次清（Aspirated surd）、全濁（Sonant）、次濁（Liquid）四類。若以語音學術語釋之，則全清者，即不送氣不帶音之塞聲及塞擦聲是也。次清者，即送氣不帶音之塞聲、塞擦聲及不帶音之擦聲是也。全濁者，即送氣帶音之塞聲、塞擦聲及帶音之擦聲是也。次濁者，即帶音之鼻聲邊聲及以元音起頭之無聲母（喻）是也。」

今參考羅氏所定清濁異名表，爲之訂正於下：

	本篇定名	全清	次清		全濁	次濁
	本篇分類	幫端精見 非知照影	滂透清溪 敷徹穿曉	心 審	並定群從邪 奉從床匣禪	明泥疑來 微娘喻日
各	韻鏡	清	次清	清	濁	清濁
	夢溪筆談	清	次清	清	濁	不清不濁
家	韻會	清	次清	清	濁	次濁
異	切韻指南	純清	次清	純清	全濁	半清半濁[1]
名	李元音切譜	純清	次清	純清	純濁	次濁
及	四聲等子及切韻指掌圖	全清	次清	全清	全　濁　半清半濁	不清不濁
分	音學辨微	最清	次清	又次清	最　濁　又次濁	次濁　濁
	等韻切音指南	○	◉	◐	●	◑　◐
類	字母韻要法	○	◉	◐ ◑	●	●◐◑　○ ◑◐●　◐

〔二〕發送收：

前代聲韻學家，言及聲母發聲之方法，除清濁外，尚有發、

---

1 〈新編經史正音切韻指南・辨清濁〉云：端見純清與此知。精隨照影及幫非。次清十字審心曉，穿透滂敷清徹溪。全濁群邪澄並匣，從禪定奉與床齊。半清半濁微娘喻，疑日明來共八泥。

送、收之名，發送收之別，始見於明方以智《通雅》，方氏分之爲“初發聲”、“送氣聲”、“忍收聲”三類。其後江永《音學辨微・辨七音》亦從其說，而簡稱爲“發聲”“送氣”與“收聲”。江氏云：

「見爲發聲，溪群爲送氣，疑爲單收，舌頭、舌上、重脣、輕脣亦如之，皆以四字分三類；精爲發聲，清從爲送氣，心邪爲別起別收，正齒亦如之，此以五字分三類；曉匣喉之重而淺，影喻喉之輕而深，此以四字分兩類。」

陳澧《切韻考・外篇》云：

「方氏《通雅》云：『于波梵摩得發送收三聲，故定發送爲橫三。』‧‧澧案發送收之分別最善，發聲者，不用力而出者也，送氣者，用力而出者也，收聲者，其氣收斂者也。心邪當謂之雙收，江氏謂之別起別收，未當也。影喻當爲發聲，曉匣當爲送氣而無收聲也。」

按江氏之說，深有問題，何謂別起別收，旣絕無解說，讓人莫測高深，而陳氏之所解說，亦令人深感疑惑，蓋旣以心邪爲雙收，又以曉匣爲送氣，然心邪與曉匣在發音方法上並無二致，若曉匣爲送氣，則心邪無由說爲雙收，若心邪爲雙收，則曉匣無由說爲送氣也。是則江陳二家之說皆猶有可參，非可以爲定論也。錢大昕名之爲出送收，洪榜《四聲韻和表》又分爲“發聲”“送聲”“外收聲”“內收聲”四類，勞乃宣《等韻一得》則改爲“戛”“透”“轢”“捺”四類，而邵作舟又分爲“戛”“透”“拂”“轢”“揉”五類。然各類之發聲狀態若何？各家旣欠明確之解說，陳澧之說過於簡單，很難得一正確之概念。勞乃宣《等韻一得》云：

「音之生，由于氣，喉音出于喉，無所附麗，自發聲以至收

聲，始終如一，直而不曲，純而不雜，故獨爲一音，無戛、透、轢、捺之別。鼻舌齒脣諸音，皆與氣相遇而成，氣之遇于鼻舌齒脣也，作戛擊之勢而得音者，謂之"戛"類，作透出之勢而得音者，謂之"透"類，作轢過之勢而得音者，謂之"轢"類，作按捺之勢而得音者，謂之"捺"類。戛稍重，透最重，轢稍輕，捺最輕。嘗仿《管子》聽五音之說以狀之曰：『戛音如劍戟相撞，透音如彈丸穿壁而過，轢音如輕車曳柴行於道，捺音如蜻蜓點水，一即而仍離。此統擬四類之狀也。』」

羅常培曰：

「陳說失之簡單，勞説失之抽象，學者殊未能一覽而析。若繹其內容，詳加勘究，則諸家所分，與今之塞聲、塞擦聲、擦聲、邊聲、鼻聲五類性質並同，惟分類稍有參差。其中尤以邵氏所分最爲精密。特定名有玄察之異，故函義有顯晦之殊耳。」

茲表列異名，以資參證。

語音學名詞	不送氣塞聲塞擦聲	送氣塞聲與塞擦聲	摩擦聲	邊　聲	鼻　聲
邵作舟說	戛　類	透　類	拂　類	轢　類	揉　類
勞乃宣說	戛　類	透　類	轢	類	捺　類
洪榜說	發　聲	送　聲	外　收　聲		內收聲
江　永 江有誥說 陳　澧	發　聲	送	氣	收	聲
錢大昕說	出　聲	送	氣	收	聲
方以智說	初發聲	送　氣　聲	忍　收　聲		

塞聲與塞擦聲在阻塞解除之後，由於氣流向外流出之力量有

強有弱，如果弱，此塞聲或塞擦聲，立即可與後接之音素相連接；如果強，則需經過一段氣流向外流出之過程，始能與後接之音相連接，此種情形，謂之送氣。前者謂之不送氣。塞聲與塞擦聲皆可由於氣流流出之強弱，分爲送氣與不送氣兩類。其他各類，則無此區分。

第九節　音標説明

研究聲韻學，必得有一套語言學的符號，今人所用者則爲國際語音學會所訂之國際音標，說明一個音標，一定要將其發音部位及發音方法加以標明。茲說明於下：

[p]清不送氣雙脣塞聲。

[pʻ]清送氣雙脣塞聲。

[b]濁不送氣雙脣塞聲。

[bʻ]濁送氣雙脣塞聲。

[t]清不送氣舌尖中塞聲。

[tʻ]清送氣舌尖中塞聲。

[d]濁不送氣舌尖中塞聲。

[dʻ]濁送氣舌尖中塞聲。

[ʈ]清不送氣舌尖後塞聲。

[ʈʻ]清送氣舌尖後塞聲。

[ɖ]濁不送氣舌尖後塞聲。

[ɖʻ]濁送氣舌尖後塞聲。

[t]清不送氣舌面前塞聲。

[tʻ]清送氣舌面前塞聲。

[d]濁不送氣舌面前塞聲。

[dʲ']濁送氣舌面前舌聲。

[c]清不送氣舌面中塞聲。

[c']清送氣舌面中塞聲。

[ɟ]濁不送氣舌面中塞聲。

[ɟ']濁送氣舌面中塞聲。

[k]清不送氣舌根塞聲。

[k']清送氣舌根塞聲。

[g]濁不送氣舌根塞聲。

[g']濁送氣舌根塞聲。

[q]清不送氣小舌塞聲。

[q']清送氣小舌塞聲。

[G]濁不送氣小舌塞聲。

[G']濁送氣小舌塞聲。

[ʔ]清不送氣喉塞聲。

[ʔh]清送氣喉塞聲。

[pf]清不送氣脣齒塞擦聲。

[pf']清送氣脣齒塞擦聲。

[bv]濁不送氣脣齒塞擦聲。

[bv']濁送氣脣齒塞擦聲。

[tθ]清不送氣齒間塞擦聲。

[tθ']清送氣齒間塞擦聲。

[dð]濁不送氣齒間塞擦聲。

[dð']濁送氣齒間塞擦聲。

[ts]清不送氣舌尖前塞擦聲。

[ts']清送氣舌尖前塞擦聲。

[dz]濁不送氣舌尖前塞擦聲。

[dzʻ]濁送氣舌尖前塞擦聲。

[tʂ]清不送氣舌尖後（捲舌）塞擦聲。

[tʂʻ]清送氣舌尖後（捲舌）塞擦聲。

[dʐ]濁不送氣舌尖後（捲舌）塞擦聲。

[dʐʻ］濁送氣舌尖後（捲舌）塞擦聲。

[tʃ]清不送氣舌尖面混合塞擦聲。

[tʃʻ]清送氣舌尖面混合塞擦聲。

[dʒ]濁不送氣舌尖面混合塞擦聲。

[dʒʻ］濁送氣舌尖面混合塞擦聲。

[tɕ]清不送氣舌面前塞擦聲。

[tɕʻ]清送氣舌面前塞擦聲。

[dʑ]濁不送氣舌面前塞擦聲。

[dʑʻ]濁送氣舌面前塞擦聲。

[m]（濁）雙脣鼻聲。

[ɱ]（濁）脣齒鼻聲。

[n]（濁）舌尖中鼻聲。

[ɳ]（濁）舌尖後（捲舌）鼻聲。

[ȵ]（濁）舌面前鼻聲。

[ɲ]（濁）舌面中鼻聲。

[ŋ]（濁）舌根鼻聲。

[N]（濁）小舌鼻聲。

[l]（濁）舌尖中邊聲。

[ɭ]（濁）舌尖後邊聲。

[ʎ]（濁）舌面中邊聲。

[ɫ]（濁）舌根邊聲。

[r]（濁）舌尖顫聲。

［R］（濁）小舌顫聲。

［ɸ］清雙脣擦聲。

［β］濁雙脣擦聲。

［f］清脣齒擦聲。

［v］濁脣齒擦聲。

［θ］清齒間擦聲。

［ð］濁齒間擦聲。

［s］清舌尖前擦聲。

［z］濁舌尖前擦聲。

［ʂ］清舌尖後（捲舌）擦聲。

［ʐ］濁舌尖後（捲舌）擦聲。

［ʃ］清舌尖面混合擦聲。

［ʒ］濁舌尖面混合擦聲。

［ɕ］清舌面前擦聲。

［ʑ］濁舌面前擦聲。

［ç］清舌面中擦聲。

［j］濁舌面中擦聲。

［x］清舌根擦聲。

［ɣ］濁舌根擦聲。

［χ］清小舌擦聲。

［ʁ］濁小舌擦聲。

［h］清喉擦聲。

［ɦ］濁喉擦聲。

國際音標輔音表

部位	方式	塞聲				塞擦聲				鼻聲	顫聲	邊聲		擦聲	
		不送氣		送氣		不送氣		送氣							
		清	濁	清	濁	清	濁	清	濁			清	濁	清	濁
唇聲	雙唇	p	b	p'	b'					m	Ψ			Φ	β
	唇齒					pf	bv	pf'	bv'	ɱ				f	v
舌尖聲	齒					tθ	dð	tθ'	dð'					θ	ð
	齦	t	d	t'	d'	ts	dz	ts'	dz'	n	r	ļ	l	s	z
	顎	ʈ	ɖ	ʈ'	ɖ'	tʂ	dʐ	tʂ'	dʐ'	ɳ			ɭ	ʂ	ʐ
舌尖面聲	齦顎					tʃ	dʒ	tʃ'	dʒ'					ʃ	ʒ
舌面聲	前顎	t	ɖ	t'	ɖ'	tɕ	dʑ	tɕ'	dʑ'	ɳ				ɕ	ʑ
	中顎	c	ɟ	c'	ɟ'					ɲ	ɣ		ʎ	ç	j
舌根聲	軟顎	k	g	k'	g'					ŋ			ɫ	x	ɣ
	小舌	q	G	q'	G'					N	R			χ	ʁ
喉聲	聲門	ʔ		ʔh										h	ɦ

第十節　廣韻四十一紐音讀

　　《廣韻》聲紐依音位論，當爲四十一，此應可肯定，至於四十一聲紐之音值，本篇根據高本漢(Bernhard Karlgren)《中國聲韻學大綱》(Compendium of phonetics in ancient and archaic Chinese)一書所擬，並參考其他各家意見。以㈠《廣韻》切語與韻圖，㈡域外漢字譯音，㈢國內現代方音等材料，擬成四十一紐聲值如下[2]：

重脣音：幫〔p〕　滂〔p'〕　並〔b'〕　明〔m〕
（bilabials）

輕脣音：非〔pf〕　敷〔pf'〕　奉〔bv'〕　微〔ɱ〕
（labio-dentals）

舌頭音：端〔t〕　透〔t'〕　定〔d'〕　泥〔n〕
（alveolars）

舌上音：知〔ʈ〕　徹〔ʈ'〕　澄〔ɖ'〕　娘〔ɳ〕
（prepalatal stops and nasal）

齒頭音：精〔ts〕　清〔ts'〕　從〔dz'〕　心〔s〕　邪〔z〕
（dentals）

正齒音：莊〔ʧ〕　初〔ʧ'〕　床〔ʤ'〕　疏〔ʃ〕
（apico-dorsals）

舌齒間音：照〔tɕ〕　穿〔tɕ'〕　神〔dʑ'〕　審〔ɕ〕　禪〔ʑ〕
（prepalatal affricatives and fricatives）

牙　音：見〔k〕　溪〔k'〕　群〔g'〕　疑〔ŋ〕　曉〔x〕　匣〔ɣ〕
（velars）

2　詳細擬測過程，請參見拙著《廣韻研究》，臺灣學生書局二〇〇四年十一月初版。

喉　音：影〔ʔ〕　喻〔0〕　爲〔j〕
（gutturals）
半舌音：來〔l〕
（alveolar lateral）
半齒音：日〔nʑ〕
（prepalatal nasal affricative）

第十一節　《廣韻》四十一聲紐之正聲變聲

《切韻指掌圖》言及三十六字母之通轉，有類隔二十六字圖，爲談及古聲正變之最早資料。

茲先錄其二十六字母圖於後：

發　音　部　位	聲	母	名	稱
脣　　　　重	幫	滂	並	明
脣　　　　輕	非	敷	奉	微
舌　　　　頭	端	透	定	泥
舌　　　　上	知	徹	澄	娘
齒　　　　頭	精	清	從	心　　邪
正　　　　齒	照	穿	床	審　　禪

類隔之說，昔人多未能明，即《切韻指掌圖》，亦僅知同爲舌音，同爲脣音，或同爲齒音，雖聲類相隔，如舌頭之與舌上，重脣之與輕脣，齒頭之與正齒，皆可相互爲切；至其所以如此通用之故，則尙不能明。自錢大昕《養新錄》著〈古無輕脣音〉及〈舌音類隔之說不可信〉二文以後，始知以今人語音讀之，輕脣與重脣、舌頭與舌上，雖各不相同，求之古聲，則脣音無輕重之

別，舌音無舌頭舌上之分，故所謂類隔者，乃古今聲音變遷之不同。今析《廣韻》聲類爲四十一，已可究隋唐以前發聲之概況。然四十一聲類，亦有正有變，正爲本有之聲，變則由正而生。知乎此者，始可以審古今之音，辨方言之變。故依黃季剛先生之說，列正聲變聲表于次，黃先說有未確者，則據後出諸家之說修正之。

發音部位	正　　聲	變　　聲	説　　　　明
喉	影		
	曉		
	匣	爲群	輕重相變
牙	見		
	溪		
	疑		
舌	端	知照	
	透	徹穿審	
	定	澄神禪喩邪	輕重相變
	泥	娘日	
	來		
齒	精	莊	
	清	初	
	從	床	輕重相變
	心	疏	
脣	幫	非	
	滂	敷	
	並	奉	輕重相變
	明	微	

至其詳細之演變，則如下述：

〔一〕喉音：

*ʔ-→　影ʔ-

*x-→　曉 x-

*ɣ-→＋非 i 韻母→　匣 ɣ-

*ɣ-→+i 韻母→群 gʻ

*ɣj-→+i 韻母→為 j-

〔二〕牙音：

*k-、*kʻ、*ŋ-→見 k-、溪 kʻ、疑 ŋ-

*gr-→喻 0-

*grj-→邪 z-

〔三〕舌音：

*t-→一、四等→　端 t-

*t-→二、三等→　知 t̪-

*tj-→照 tɕ-

*tʻ—→一、四等→透 tʻ-

*tʻ-—→二、三等→徹 t̪ʻ-

*tʻj-→穿 tɕʻ-

*dʻ-→一、四等→定 dʻ-

*dʻ-—→二、三等→澄 d̪ʻ-

*dʻj-→神 dzʻ

*stʻj-→　審 ɕ-

*sdʻj-→　禪 z̪-

*n-→一、四等→　泥 n-

*n-→二、三等→　娘 n̪-

*nj-→日 nz̪-

*l-→來 l-

*r-→喻 0-

*rj-→邪 z-

〔四〕齒音：

*ts-→一、四等→　精 ts-

*ts-→二、三等→　莊 tʃ-

*tsj-→精 tsj-

*ts'-→一、四等→　清 ts'-

*ts'-→二、三等→　初 tʃ'-

*ts'j-→清 ts'j-

*dz'-→一、四等→　從 dz'-

*dz'-→二、三等→　床 dʒ'-

*dz'j-→從 dz'j-

*s-→一、四等→ 心 s-

*s-→二、三等→ 疏ʃ-

*sj-→心 s-

〔五〕脣音：

*p-、*p'-、*b'-、*m-→一、二、四等三開→幫 p-、滂 p'-、
並 b'-、明 m-

*p-、*p'-、*b'-、*m- → 三等合口 → 非 pf-、敷 pf'-、
奉 bv'-、微ɱ-

*hm-→開口→明 m-

*hm-→合口→曉 x-

第十二節　廣韻四十一聲紐之國語讀音

　　《廣韻》聲母一共四十一個，現在按著喉、牙、舌、齒、脣之序，分別說明其音讀於後，並於每一聲母下酌舉例字，以資參證。

喉音：

【影】讀無聲母〔0〕：烏哀紆央。

【喻】讀無聲母〔0〕：余與以羊。

【爲】讀無聲母〔0〕：云有于王。

牙音：

【見】洪音讀ㄍ〔k〕：古公高岡。

　　　細音讀ㄐ〔tɕ〕：舉君居姜。

【溪】洪音讀ㄎ〔k‘〕：客苦枯康。

　　　細音讀ㄑ〔tɕ‘〕：去丘起羌。

【群】平聲洪音讀ㄎ〔k‘〕：逵狂。

　　　細音讀ㄑ〔tɕ‘〕：求強。

　　　仄聲洪音讀ㄍ〔k〕：跪櫃。

　　　細音讀ㄐ〔tɕ〕：巨彊。

【疑】大部分讀無聲母〔0〕：吾宜語昂。

　　　少部分開口細音字讀ㄋ〔n〕：擬逆牛凝。

【曉】洪音讀ㄏ〔x〕：火海呼荒。

　　　細音讀ㄒ〔ɕ〕：休喜許香。

【匣】洪音讀ㄏ〔x〕：胡侯何黃。

　　　細音讀ㄒ〔ɕ〕：下賢玄降。

舌音：

舌頭音：

【端】讀ㄉ〔t〕：都得多當。

【透】讀ㄊ〔t‘〕：託他吐湯。

【定】平聲讀ㄊ〔t‘〕：徒田同堂。

　　　　仄聲讀ㄉ〔t〕：杜地導宕。

【泥】讀ㄋ〔n〕：奴乃內囊。

舌上音；

【知】大部分讀ㄓ〔tʂ〕：陟中豬張。

　　　少部分梗攝入聲二等字讀ㄗ〔ts〕：斮。

【徹】讀ㄔ〔tʂ‘〕：癡丑坼倀。

【澄】平聲讀ㄔ〔tʂ‘〕：除持懲場。

　　　仄聲大部分讀ㄓ〔tʂ〕：直箸治丈。

　　　少部分梗攝入聲二等字讀ㄗ〔ts〕：擇澤。

【娘】讀ㄋ〔n〕：女尼拿娘。

半舌音：

【來】讀ㄌ〔l〕：盧樓落郎。

齒音：

齒頭音：

【精】洪音讀ㄗ〔ts〕：茲祖遭臧。

　　　細音讀ㄐ〔tɕ〕：即借精將。

【清】洪音讀ㄘ〔ts‘〕：此雌醋倉。

　　　細音讀ㄑ〔tɕ‘〕：千遷取鏘。

【從】平聲洪音讀ㄘ〔ts‘〕：從才徂藏。

　　　細音讀ㄑ〔tɕ‘〕：前秦齊牆。

　　　仄聲洪音讀ㄗ〔ts〕：自在皂藏。

　　　細音讀ㄐ〔tɕ〕：薺漸就匠。

【心】洪音讀ㄙ〔s〕：蘇思損桑。

　　細音讀ㄒ〔ɕ〕：先息新相。

【邪】平聲洪音讀ㄘ〔tsʻ〕：辭詞。（僅限於止攝開口三等
　　字）

　　也讀ㄑ〔tɕʻ〕；囚。（僅限於流攝開口三等字）

　　其他洪音讀ㄙ〔s〕：隨俗。細音讀ㄒ〔ɕ〕：徐詳。

正齒音：

【照】讀ㄓ〔tʂ〕：煮支照章。

【穿】讀ㄔ〔tʂʻ〕：充吹春昌。

【神】平聲讀ㄔ〔tʂʻ〕：乘船。

　　又讀ㄕ〔ʂ〕：神繩。

　　仄聲讀ㄕ〔ʂ〕：食實。

【審】讀ㄕ〔ʂ〕：詩書識商。

【禪】平聲讀ㄔ〔tʂʻ〕：臣成承常。

　　又讀ㄕ〔ʂ〕：時殊。

　　仄聲讀ㄓ〔tʂ〕：殖埴。

　　又讀ㄕ〔ʂ〕：是市。

【莊】大部分讀ㄓ〔tʂ〕：輜齋爭莊。

　　深攝及梗、曾、通三攝入聲讀ㄗ〔ts〕：簪責仄。

【初】大部分讀ㄔ〔tʂʻ〕：差釵楚瘡。

　　深攝及梗、曾、通三攝入聲讀ㄘ〔tsʻ〕：參策測。

【床】平聲大部分讀ㄔ〔tʂʻ〕：崇豺查床。

　　深攝讀ㄘ〔tsʻ〕：岑涔。

　　仄聲大部分讀ㄓ〔tʂ〕：乍棧助狀。

　　又讀ㄕ〔ʂ〕：士事。

　　少數讀ㄗ〔ts〕：驟。

又讀ㄙ〔s〕：俟。

【疏】大部分讀ㄕ〔ʂ〕：沙生山霜。

　　　深攝及梗、曾、通三攝入聲讀ㄙ〔s〕：森色縮澀。

半齒音：

【日】大部分讀ㄖ〔ʐ〕：人若儒穰。

　　　止攝開口讀〔0〕：爾兒二耳。

脣音：

重脣音：

【幫】讀ㄅ〔p〕：布伯巴邦。

【滂】讀ㄆ〔p‘〕：普匹披旁。

【並】平聲讀ㄆ〔p‘〕：平皮蒲旁。

　　　仄聲讀ㄅ〔p〕：步便並傍。

【明】讀ㄇ〔m〕：眉美莫忙。

輕脣音：

【非】讀ㄈ〔f〕：風飛甫方。

【敷】讀ㄈ〔f〕：豐妃拂芳。

【奉】讀ㄈ〔f〕：馮肥符房。

【微】讀無聲母〔0〕：文物無亡。

　　根據上面的分析，我們可以歸納下面的結果，現在分別敘述於後：

（一）國語零聲母〔0〕的來源：

　　所謂零聲母，是指以元音起頭的字，因為沒有輔音起頭，所以叫做零聲母，通常我們以〔0〕這個符號來代表它。零聲母可以分為四種情況：i韻頭或全韻是i，叫做i類零聲母。y韻頭或全韻是y的，叫做y類零聲母。u韻頭或全韻是u的，叫做u類零聲母。a沒有韻頭而主要元音以a、o、ə、e、ɤ、ʌ起頭的，叫

做a類零聲母。i、y兩類零聲母有一個共同的情況,他們都是從影、喻、爲、疑四母變過來的。u類零聲母則除上述四母之外,又多了一個微母的來源。至於a類零聲母,大部分都只有影、疑兩類聲母來源,少數止攝開口字,它的韻母是ɚ的,則全是日母變來的。

　　茲將國語零聲母的來源表列於下:

　　影 i、u、y、a

　　喻 i、y

　　爲 i、y

　　疑 i、u、y、a

　　日 ɚ

　　微 u

　　以等的觀點來看,i、y兩類都是三等字,不過後來二等開口字的牙、喉音也變成了 i 類零聲母。u 類是合口一二等及合口三等字。a 類是開口一等,至於ɚ類只限於止攝三等開口字。從聲母與等的配合關係也可以看出它們的來源,喻爲兩母只出現三等韻,所以只在 i、y 兩類出現。開口屬 i 類,合口屬 y 類。不過有部分合口三等字出現了少部分 u 類頭而已。影喻兩母一二三四等俱全,所以四類同時出現。日母只出現三等韻,在止攝變成無聲母,故只在ɚ韻出現。微母只出現合口三等韻所以只有 u 類。

　　(二)國語〔p〕、〔p'〕、〔m〕、〔f〕的來源:

　　ㄅ〔p〕的來源:

　　〔p〕的來源只有兩類,一是幫母字,一是並母仄聲字。幫母是全清聲母,在平聲裡一定唸第一聲;並母是全濁聲母,古代的上聲字如果聲母是並母,國語一定讀第四聲,不讀第三聲。因此我們可以說凡是ㄅ〔p〕起頭的字,國語讀第一聲或第三聲的,

一定是《廣韻》的幫母字。茲列表說明於後：

其來源如下：

幫母。p-

並母仄聲。p-

ㄆ〔p‘〕的來源：

〔p‘〕的來源也只有兩類，一是滂母，一是並母平聲。滂母是次清聲母，在平聲裡一定唸第一聲；並母是全濁聲母，在平聲裡一定唸第二聲。根據這點，我們可以說，凡是以ㄆ〔p‘〕起頭的字，國語讀第一聲、第三聲、第四聲的，一定是《廣韻》的滂母字；讀第二聲的，一定是《廣韻》的並母字。

其來源如下：

滂母。p‘-

並母平聲。p‘-

ㄇ〔m〕的來源：

〔m〕只有明母來源。

ㄈ〔f〕的來源：

〔f〕的來源有三，非母、敷母跟奉母。奉母是全濁聲母，古代的平聲字，如果屬奉母，現在一定讀第二聲，古代的上聲字，如果屬奉母，現在一定讀第四聲。根據這個原則，我們可以說，凡是以ㄈ〔f〕起頭的字如果國語讀第一聲或第三聲，一定不是奉母而是非、敷兩母之一，如果讀第二聲，那末一定是奉母無疑了。若是第四聲呢？則三個聲母都有可能。表列其來源於下：

非母。f-

敷母。f-

奉母。f-

(三)國語〔t〕、〔t'〕、〔n〕、〔l〕的來源：

ㄉ〔t〕的來源：

〔t〕的來源有二：一是端母，一是定母仄聲，端是全清聲母，古代的平聲字，如果屬端母，國語唸第一聲；定母是全濁聲母，古代的上聲字，如果是定母，國語唸第四聲，因此可說，凡國語唸第一聲或第三聲的，一定是端母字，只有第四聲的字，端、定兩母才會混雜。表列其來源於下：

端母。t-

定母仄聲。t-

ㄊ〔t'〕的來源：

〔t'〕的來源有二：一是透母，二是定母平聲，透是次清聲母，古代平聲字，如屬透母，國語讀第一聲；定是全濁聲母，古代的平聲字，如屬定母，國語讀第二聲。由此可知，凡是讀〔t'〕的字，國語的第一聲，第三聲，第四聲都是透母字，第二聲則是定母字。表其來源於下：

透母。t'-

定母平聲。t'-

ㄋ〔n〕的來源：

〔n〕的來源有三：泥、娘二母全部，疑母部分開口細音字。表列其來源於後：

泥母。n-

娘母。n-

疑母。n-齊韻開口、止韻、陌韻開口三等、屑韻開口、薛韻開口、尤韻、蒸韻開口、藥韻開口。

ㄌ〔l〕的來源：

〔l〕的來源只有來母。

(四)國語〔k〕、〔kʻ〕、〔x〕的來源：

《〔k〕的來源：

〔k〕的來源有二：一是見母洪音，一是群母仄聲洪音。這裡所謂洪細，指現代國語的洪細而言。見母是全清聲母，古代平聲字，現代國語讀第一聲；群母是全濁聲母，古代的上聲，現代國語讀第四聲。所以，若以《〔k〕起頭的字，讀第一聲跟第三聲，一定是見母。以等韻來說，凡一等及二等的合口字，古代如屬見母的，現在一定是讀〔k〕的。三四等有少數見母與群母字，例外的也讀〔k〕。像通開三的弓、恭，止合三的規、龜、歸、櫃、跪，蟹合四的桂都是的。表列其來源於下：

見母洪音。K-

群母仄聲洪音。K-

ㄎ〔kʻ〕的來源：

〔kʻ〕的來源有二：一是溪母洪音，一是群母平聲洪音。溪母是全清聲母，古代平聲字，如果屬溪母，國語讀第一聲；如果屬群母，則讀第二聲。所以只要以ㄎ〔kʻ〕起頭的字，如果讀第一聲、第三聲、第四聲，一定是溪母字，如果讀第二聲，當然就非群莫屬了。表其來源於下：

溪母洪音。kʻ-

群母平聲洪音。kʻ-

ㄏ〔x〕的來源：

〔x〕的來源有二：一是曉母的洪音，一是匣母的洪音。曉母是清聲母，國語照例把平聲讀成第一聲；匣母是濁聲母，平聲讀第二聲，上聲讀成第四聲。因此可說，凡ㄏ〔x〕起頭的字，讀第二聲的，一定是匣母；讀第一聲與第三聲的一定是曉母。惟第四聲曉匣二母才有混淆的可能。表之于下：

曉母洪音。X-

匣母洪音。X-

(五)國語〔tɕ〕、〔tɕʻ〕、〔ɕ〕的來源：

ㄐ〔tɕ〕的來源：

〔tɕ〕的來源有四：見母細音、群母仄聲細音、精母細音、從母仄聲細音。見、精兩母是全清聲母，平聲字國語讀第一聲；群、從兩母是全濁聲母，古代的上聲字，國語讀第四聲。因此，凡是以ㄐ〔tɕ〕起頭的字，如果是第一聲跟第三聲，一定就是見、精兩母之一了。表其來源如下：

見母細音。tɕ-

群母仄聲細音。tɕ-

精母細音。tɕ-

從母仄聲細音。tɕ-

ㄑ〔tɕʻ〕的來源：

〔tɕʻ〕的來源有五：溪母細音、群母平聲細音、清母細音、從母平聲細音、邪母平聲細音（邪母只限於流攝三等字）。溪、清兩母是次清聲母，平聲字國語讀第一聲；群、從、邪都是全濁聲母，平聲字國語讀第二聲。因此，凡以ㄑ〔tɕʻ〕起頭的字，如果是第一聲、第三聲、第四聲。那一定是溪、清兩母之一了。如果是第二聲，就一定是群、從、邪三母之一了。表其來源於後：

溪母細音。tɕʻ-

群母平聲細音。tɕʻ-

清母細音。tɕʻ-

從母平聲細音。tɕʻ-

邪母平聲流攝三等細音。tɕʻ-

ㄒ〔ɕ〕的來源：

〔ɕ〕的來源有四：曉、匣、心、邪的細音，曉、心是清聲母，平聲字國語讀第一聲；匣、邪是全濁聲母，平聲字國語讀第二聲，上聲字國語讀第四聲。因此，凡是以ㄒ〔ɕ〕起頭的字，如果第一聲、第三聲，一定是曉、心二母之一了。如果是第二聲，必定是匣、邪二紐之一了。表其來源於後：

　　曉母細音。ɕ-

　　匣母細音。ɕ-

　　心母細音。ɕ-

　　邪母細音。ɕ-

　　（六）國語〔tʂ〕、〔tʂʻ〕、〔ʂ〕、〔ʐ〕的來源：

　ㄓ〔tʂ〕的來源：

　　〔tʂ〕的來源有六：知母、澄母仄聲、莊母、床母仄聲、照母、禪母仄聲。知、莊、照三母是全清聲母，平聲字國語讀第一聲；澄、床、禪三母是全濁聲母，古上聲字國語讀第四聲。所以，凡是以ㄓ〔tʂ〕起頭的字，如果讀第一聲與第三聲，一定是知、莊、照三母之一了。表其來源於下：

　　知母。tʂ-

　　澄母仄聲。tʂ-

　　莊母。tʂ-

　　床母仄聲。tʂ-

　　照母。tʂ-

　　禪母仄聲。tʂ-

　ㄔ〔tʂʻ〕的來源：

　　〔tʂʻ〕的來源有七：徹母、澄母平聲、初母、床母平聲、穿母、神母平聲、禪母平聲。徹、初、穿、屬次清聲母，平聲字國語讀第一聲；澄、床、神、禪四母皆屬全濁聲母，古代平聲字，

國語讀第二聲。因此，只要是ㄔ〔tʂ‘〕起頭的字，凡讀第一聲、第三聲、第四聲的字，一定是徹、初、穿三母之一；讀第二聲的字，一定是澄、床、神、禪四母之一了。茲表其來源於後：

徹母。tʂ‘-

澄母平聲。tʂ‘-

初母。tʂ‘-

床母平聲。tʂ‘-

穿母。tʂ‘-

神母平聲。tʂ‘-

禪母平聲。tʂ‘-

ㄕ〔ʂ〕的來源：

〔ʂ〕的來源有五：床母仄聲、疏母、神母、審母、及禪母。疏、審是清聲母，古代平聲字，國語讀第一聲；床、神、禪三母都是全濁聲母，古代的平聲字，國語讀第二聲，上聲字國語讀四聲。由此可知，凡是以ㄕ〔ʂ〕起頭的字，凡讀第一聲跟第三聲的，一定是疏、審二母之一；讀第二聲的則是神、禪二母之一了，因為床母的平聲字讀ㄔ〔tʂ‘〕不讀ㄕ〔ʂ〕，惟有國語第四聲的字，才會五紐混雜，難尋條理。茲表其來源於後：

床母仄聲。ʂ-

疏母。ʂ-

神母。ʂ-

審母。ʂ-

禪母。ʂ-

ㄖ〔ʐ〕的來源：

〔ʐ〕的來源只有一個，就是日母。《廣韻》的日母字，除了止攝三等字讀成無聲母〔0〕外，其他各韻，全部都讀ㄖ

〔z〕。

（七）國語〔ts〕、〔ts'〕、〔s〕的來源：

ㄗ〔ts〕的來源：

　　〔ts〕的來源有六：知母與澄母的梗攝入聲二等字，精母的洪音，從母仄聲洪音，莊母深攝字及梗、曾、通三攝的入聲字，床母梗、曾、通三攝的入聲字。知澄二母只限梗攝入聲二等字讀〔ts〕，爲數甚少，可視作例外，毋庸討論。現在只剩下四母要說明一下，精、莊是全清聲母，平聲字國語讀第一聲；從、床兩母是全濁聲母，古代的上聲字，國語讀第四聲。所以只要以ㄗ〔ts〕起頭的字，國語讀第一聲或第三聲的，一定是精、莊二母之一了。茲表列其來源於後：

　　　　知母梗攝入聲二等字。ts-

　　　　澄母梗攝入聲二等字。ts-

　　　　精母洪音。ts-

　　　　從母仄聲洪音。ts-

　　　　莊母深攝字及梗、曾、通三攝入聲字。ts-

　　　　床母梗、曾、通三攝入聲字。ts-

ㄘ〔ts'〕的來源：

　　〔ts'〕的來源有六：徹母梗攝入聲二等字，清母洪音，從母平聲洪音，邪母平聲洪音，初母深攝及梗、曾、通三攝入聲字，床母深攝平聲。徹母字只有梗攝入聲二等字讀〔ts'〕，影響不大，視作例外，無庸討論。清、初兩母，是次清聲母，《廣韻》平聲字，國語讀第一聲；從、邪、床三母是全濁聲母，平聲字國語讀第二聲。所以，只要是ㄘ〔ts'〕起頭的字，國語讀第一聲的，深攝及梗、曾、通三攝入聲是初母，其他是清母。國語讀第二聲的，深攝是床母，其他是從母，而邪母讀〔ts'〕只限於止攝

之韻字，所以也很容易分別了。表列其來源於下：

　　徹母梗攝入聲二等字。ts‘-

　　清母洪音。ts‘-

　　從母平聲洪音。ts‘-

　　邪母平聲之韻字。ts‘-

　　初母深攝及梗、曾、通三攝入聲字。ts‘-

　　床母深攝平聲字。ts‘-

　　ㄙ〔s〕的來源：

　　〔s〕的來源有四：心母洪音、邪母洪音、疏母深攝及梗、曾、通三攝入聲字，床母止攝仄聲字。心疏二母是清聲母，平聲字國語讀第一聲；床、邪二母是全濁聲母，平聲字國語讀第二聲，上聲字國語讀第四聲。所以，只要ㄙ〔s〕起頭的字，如果讀第一聲與第三聲的話，在深攝及梗、曾、通三攝入聲字，便是疏母，其他屬心母。如果讀第二聲，便是邪母字了。表列來源於後：

　　心母洪音。s-

　　邪母洪音。s-

　　疏母深攝及梗、曾、通三攝入聲字。s-

　　床母止攝仄聲字。s-

　　既知國語聲母的來源，我們再從今國語音讀上溯《廣韻》的聲母，則是由委溯源。下面舉例說明，如何從國語的讀音，去辨識《廣韻》的聲韻調。因爲從《廣韻》演變成國音，聲韻調三方面是相互影響，相互制約的，一方面，聲母的分化，在發音方法上，主要是以聲調爲條件的；在發音部位上，主要是韻母爲條件的。另外一方面，韻母的分化，是拿聲母的發音部位做條件的。而聲調的分化，是以聲母的發音方法爲條件的。有了以上的了

解，再加上前面所說的《廣韻》與國語聲、韻、調各方面的對應關係，則我們很容易根據國語的讀音，推斷出《廣韻》的聲母來了，甚至於上古音的聲母，也可以推斷出來的。當然知道的條件越多，所推斷出來的，也就越正確了。

【例一】

如國語"恩"讀ㄣ〔ən˥〕，是個無聲母〔0〕，國語無聲母一共有影、喻、爲、疑、日、微六母來源，但"恩"讀第一聲，《廣韻》平聲的清聲母才讀第一聲，以上六母，只有影母才是清聲母，其他五類都是濁聲母，所以"恩"一定是《廣韻》的影母，《廣韻》的影母，上古音只有一個影母的來源，所以上古音聲母也是影母。

【例二】

如國語"昂"讀ㄤˊ〔aŋˊ〕，也是個無聲母。但是"昂"讀第二聲，一定是平聲的濁聲母來源，因此，絕不可能爲影母。"昂"讀〔aŋˊ〕，屬 a 類韻頭，故絕不是爲、喻、微三母，因爲此三母的讀音，不是有 i 的韻頭，就是有 u 的韻頭。也不會是日母，因爲日母讀無聲母時，韻頭是ㄦ，現在剩下來的只有一個"疑"母了。那它就非"疑"母莫屬了。

【例三】

如國語"退"讀ㄊㄨㄟˋ〔tʻuei˥˩〕，國語聲母〔tʻ〕有兩個來源，定母平聲，以及透母，今讀第四聲，絕不會是定母，所以一定是"透"母了。

【例四】

如國語"酸"讀ㄙㄨㄢ〔suan˥〕，國語聲母〔s〕的來源有四：心母洪音、邪母洪音、床母止攝字、疏母深攝及梗、曾、通三攝入聲字。"酸"讀第一聲，所以一定是平聲清聲母的字，

床、邪二母都是濁聲，因此不可能是床母與邪母了。深攝是開口，當讀〔sən˧〕，今既不爾，則不是深攝字；"酸"讀〔suan˧〕，有鼻音韻尾，所以不會是入聲字，因此疏母也不可能，剩下來的就只有"心"母了。

【例五】

如國語"權"讀ㄑㄩㄢˊ〔tɕ'yan˩〕，〔tɕ'〕母有五個來源：溪母細音、群母平聲細音、清母細音、從母平聲細音、邪母平聲細音。"權"讀第二聲，一定是平聲濁聲母變來的，溪、清兩母是清聲母，所以不可能是溪、清。邪母只在流攝三等讀〔tɕ'〕，而流攝三等韻母當爲〔iou〕，故亦不可能是邪，剩下的只有群、從兩母了。以國語的音讀上推《廣韻》的聲母，只能推到這裡爲止了。前面說過，知道的條件越多，分析得也就越清楚了。學過文字學的人，大概都知道，形聲字如從同一諧聲偏旁得聲，它們聲母的發音部位是相同的。"權"與"觀、灌、罐、歡"等字諧聲偏旁相同，而"觀、歡"等字的聲母是ㄍ〔k〕、ㄏ〔x〕，群，從兩母，那一個聲母與ㄍ〔k〕、ㄏ〔x〕有關聯呢？那自然是群母了。

第二章　廣韻之韻類

第一節　韻之名稱

　　我國以往每將字音劃分爲頭、頸、腹、尾、神五部分。例如國語 "顛" 這個字，音值爲〔tian˥〕。其聲母〔t〕爲頭，介音〔i〕爲頸，主要元音〔a〕爲腹，韻尾〔n〕爲尾，聲調〔˥〕爲神。如下圖所示：

頭	頸	腹	尾	神
t	i	a	n	˥

　　根據我們前面所說的，音是聲加韻而成的，那末除了作爲頭的 "聲母" 部份，剩下來的頸、腹、尾、神部分的〔ian˥〕，就是我們所說的韻（final）了[1]。

　　關於韻的名稱，自古相傳，有不同的名目，現在逐一說明於後：

　　1.韻：音歸本於喉謂之韻。

　　2.疊韻：古稱收音相同者，謂之疊韻。

　　3.韻目：類聚疊韻之字，取一字以爲標目，是爲韻目。如《廣韻》二百零六韻之以東、冬、鍾、江等標目是。

---

[1]　The position of the last sound, or morpheme, or syllable of a word; it is customary, however, to describe a vowel as in final position if it is the last vowel in the word, even if it is the followed by one or more consonants. Mario Pei--Glossary of Linguistic Terminology.

4.韻類：陳澧《切韻考》據《廣韻》切語下字分析各韻，其一韻之中，或兼備開、合、洪、細者，則依其開、合、洪、細之類而分之。名之曰韻類。

5.韻攝：《韻鏡》與《通志・七音略》合韻母相同或相近的數韻爲一類，列圖四十三，是爲韻攝之始，然其時尙無"韻攝"之名，迨《四聲等子》始以通、江、止、遇、蟹、臻、山、效、果、假、宕、梗、曾、流、深、咸十六字分爲十六攝，韻攝之名，實始於此。

6.韻母：每一字音，除去聲母部分，即爲韻母。每一韻母，又可分成韻頭、韻腹、韻尾等部分。茲以"顛"字的韻母〔ian〕爲例來表示韻母的各個部分。

韻　頭	韻　腹	韻　尾
I	a	n

韻母可以缺韻頭或韻尾，也可以韻頭與韻尾俱缺，但韻腹則決不可少。

7.母音：近人譯西語（vowel）一詞爲母音。母音可以單獨成爲一個韻母，也可以與其他母音合成爲一個韻母，還可以與輔音合在一起而成爲一個韻母。像國語"安"字之韻母〔an〕，即爲元音加輔音韻尾所構成。

8.元音：母音今人多稱爲元音。

第二節　《切韻》及《廣韻》之韻目

陸法言《切韻》，亡佚已久，宋陳彭年等重修《廣韻》，因前附陸法言《切韻・序》故歷代相傳，以爲《廣韻》二百六韻，

即陸法言《切韻》之舊目。然敦煌《切韻》殘卷發現後，始知其韻目與今行《廣韻》頗有出入。蓋《廣韻》實據陸氏舊目，而加以增訂，並非陸氏原書，即有二百六韻之多也。持《切韻》殘卷與《廣韻》相較，其相異者，有下列數端。

【一】屬於韻部之數目者：

平聲上	《廣韻》二十八韻	《切韻》二十六韻
平聲下	《廣韻》二十九韻	《切韻》二十八韻
上　聲	《廣韻》五十五韻	《切韻》五十一韻
去　聲	《廣韻》六十韻	《切韻》五十六韻
入　聲	《廣韻》三十四韻	《切韻》三十二韻
總　計	《廣韻》二百零六韻	《切韻》一百九十三韻

《廣韻》比《切韻》總數多出十三韻。

【二】屬於韻部之分合者：

平 聲		上 聲		去 聲		入 聲	
切韻	廣韻	切韻	廣韻	切韻	廣韻	切韻	廣韻
眞	眞	軫	軫	震	震	質	質
	諄		準		稕		術
寒	寒	旱	旱	翰	翰	末	曷
	桓		緩		換		末
歌	歌	哿	哿	箇	箇		
	戈		果		過		
		琰	琰	梵	釅		
			儼		梵		

【三】屬於韻部之次第者：

（一）平聲下次第不同者，凡有蒸、登、覃、談四韻。

《廣韻》下平十六蒸、十七登相次，列在十五青之後，十八

尤之前。《切韻》則爲二十三蒸、二十四登相次，列在二十二添
之後，二十五咸之前。

　　《廣韻》下平二十二覃、二十三談相次，列在二十一侵之
後，二十四鹽之前。《切韻》則爲九覃、十談相次，列在八麻之
後，十一陽之前。

　　(二)上聲次第不同者，凡有拯、等、感、敢四韻。

　　《廣韻》上聲四十二拯、四十三等相次，列在四十一迥之
後，四十四有之前。《切韻》則四十七拯、四十八等相次，列在
四十六忝之後，四十九豏之前。

　　《廣韻》上聲四十八感、四十九敢相次，列在四十七寑之
後，五十琰之前。

　　《切韻》則三十三感、三十四敢相次，列在三十二馬之後，
三十五養之前。

　　(三)去聲次第不同者，以平上二聲準之，當有證、
　　　嶝、勘、闞四韻。

　　《廣韻》去聲四十七證、四十八嶝相次，列在四十六徑之
後，四十九宥之前。以平上二聲準之，《切韻》應爲五十二證、
五十三嶝相次，列在五十一添之後，五十四陷之前。

　　《廣韻》去聲五十三勘、五十四闞相次，列在五十二沁之
後，五十五豔之前。以平上二聲準之，《切韻》應爲三十八勘、
三十九闞相次，列在三十七禡之後，四十漾之前。

　　(四)入聲次第不同者，幾超過半數，今並列之，以便
　　　比較。

　　《廣韻》一屋　二沃　三燭　四覺　五質　六術　七櫛　八
物　九迄　十月　十一沒　十二曷　十三末　十四黠　十五鎋
十六屑　十七薛　十八藥　十九鐸　二十陌　二十一麥　二十二

昔　二十三錫　二十四職　二十五德　二十六緝　二十七合　二十八盍　二十九葉　三十怗　三十一洽　三十二狎　三十三業　三十四乏　《切韻》一屋　二沃　三燭　四覺　五質　六物　七櫛　八迄　九月　十沒　十一末　十二黠　十三鎋　十四屑　十五薛　十六錫　十七昔　十八麥　十九陌　二十合　二十一盍　二十二洽　二十三狎　二十四葉　二十五怗　二十六緝　二十八鐸　二十九職　三十德　三十一業　三十二乏

第三節　四聲及《廣韻》韻目相配表

漢以前無平、上、去、入四聲之名。至齊、梁間始興起四聲之名。《南齊書・陸厥傳》曰：「永明（齊武帝年號）末，盛爲文章，吳興沈約、陳郡謝朓、瑯琊王融，以氣類相推轂。汝南周顒，善識聲韻。約等文皆用宮商，以平上去入爲四聲，以此制韻，不可增減，世呼爲永明體。」《梁書・沈約傳》曰：「約撰《四聲譜》，以爲在昔詞人，累千載而不寤；而獨得胸襟，窮其妙旨，自謂入神之作。高祖雅不好焉，嘗問周捨曰：『何謂四聲？』捨曰：『天子聖哲是也。』然帝竟不遵用。」梁武帝之所以不遵用者，以未明其故也。日僧空海《文鏡秘府論・四聲論》載：「梁王蕭衍不知四聲，嘗從容謂中領軍朱異曰：『何者名爲四聲？』異答曰：『天子萬福，即是四聲。』衍謂異：『天子壽考，豈不是四聲也。』以蕭主博洽通識，而竟不能辨之。時人咸美朱異之能言，歎蕭主不悟，故知心有通塞，不可以一概論也。」封演《聞見記》曰：「周顒好爲體語，因此切字皆有紐，紐有平、上、去、入之異，永明中，沈約文詞精拔，盛解音律，遂撰《四聲譜》；時王融、劉繪、范雲之徒，慕而扇之，由是遠

近文學，轉相祖述，而聲韻之道大行。」顧炎武《音論》曰：「今考江左之文，自梁天監以前，多以去入二聲同用，以後則若有界限，絕不相通；是知四聲之論，起於永明，而定於梁陳之間也。」閻若璩《古文尚書疏證》曰：「韻興於漢建安及齊梁間，韻之變凡有二，前此止論五音，後方有四聲。不然，有韻即有四聲，自梁天監上泝建安，且三百有餘載矣，何武帝尚問周捨以何謂四聲載！」蘄春黃季剛先生以為：四聲者，蓋因收音時留聲長短而別也。古惟有「平」「入」二聲，以為留音長短之大限。迨後讀「平聲」少短而為「上」，讀「入聲」稍緩而為「去」。於是「平」「上」「去」「入」四者，因音調之不同，遂為聲韻學上之重要名稱矣。

《廣韻》二百六韻，平聲五十七韻，上聲五十五韻，去聲六十韻，入聲三十四韻。茲取其四聲相承者，配列於下，以明留音長短之異。

平聲上	上聲	去聲	入聲
一東	一董	一送	一屋
二冬	（湩）附於腫	二宋	二沃
三鍾	二腫	三用	三燭
四江	三講	四絳	四覺
五支	四紙	五寘	
六脂	五旨	六至	
七之	六止	七志	
八微	七尾	八未	
九魚	八語	九御	
十虞	九麌	十遇	
十一模	十姥	十一暮	

十二齊	十一薺	十二霽	
		十三祭	
		十四泰	
十三佳	十二蟹	十五卦	
十四皆	十三駭	十六怪	
		十七夬	
十五灰	十四賄	十八隊	
十六咍	十五海	十九代	
		二十廢	
十七眞	十六軫	二十一震	五質
十八諄	十七準	二十二稕	六術
十九臻	（籐）附於隱	（齔）附於上聲隱	七櫛
二十文	十八吻	二十三問	八物
二十一欣	十九隱	二十四焮	九迄
二十二元	二十阮	二十五願	十月
二十三魂	二十一混	二十六慁	十一沒
二十四痕	二十二很	二十七恨	（麧）附於沒
二十五寒	二十三旱	二十八翰	十二曷
二十六桓	二十四緩	二十九換	十三末
二十七刪	二十五潸	三十諫	十四黠
二十八山	二十六產	三十一襇	十五鎋

平聲下

一先	二十七銑	三十二霰	十六屑
二仙	二十八獮	三十三線	十七薛
三蕭	二十九篠	三十四嘯	
四宵	三十小	三十五笑	

五肴	三十一巧	三十六效	
六豪	三十二皓	三十七號	
七歌	三十三哿	三十八箇	
八戈	三十四果	三十九過	
九麻	三十五馬	四十禡	
十陽	三十六養	四十一漾	十八藥
十一唐	三十七蕩	四十二宕	十九鐸
十二庚	三十八梗	四十三映	二十陌
十三耕	三十九耿	四十四諍	二十一麥
十四清	四十靜	四十五勁	二十二昔
十五青	四十一迥	四十六徑	二十三錫
十六蒸	四十二拯	四十七證	二十四職
十七登	四十三等	四十八嶝	二十五德
十八尤	四十四有	四十九宥	
十九侯	四十五厚	五十候	
二十幽	四十六黝	五十一幼	
二十一侵	四十七寢	五十二沁	二十六緝
二十二覃	四十八感	五十三勘	二十七合
二十三談	四十九敢	五十四闞	二十八盍
二十四鹽	五十琰	五十五豔	二十九葉
二十五添	五十一忝	五十六㮇	三十怗
二十六咸	五十二豏	五十七陷	三十一洽
二十七銜	五十三檻	五十八鑑	三十二狎
二十八嚴	五十四儼	五十九釅	三十三業
二十九凡	五十五范	六十梵	三十四乏

以上所列韻目，平聲有五十七韻，而上聲僅五十五韻者，以

"冬"韻之上聲，止有"湩（都鶄切）鶄膿（莫湩切）"三字，附於"鍾"韻上聲"腫"韻中。"臻"韻之上聲，止有"簃亲（仄謹切）齓（初謹切）"三字，附於"欣"韻上聲之"隱"韻中，故少二韻，實在亦五十七韻也。去聲六十韻者，多"祭""泰""夬""廢"四韻，而"臻"韻去聲僅有"齓"字，附在上聲"隱"韻故也。

今若併平上去三聲言之，則平聲五十七，加去聲之四韻，爲六十一韻。

《廣韻》之入聲，專附陽聲，此六十一韻之中，陽聲凡三十五韻，而入聲僅三十四韻者，以"痕"韻之入聲，止有"麧秅齕紇淈（下沒切）"五字，附於"魂"韻入聲之"沒"韻中也。

《廣韻》平、上、去、入四聲與國語一、二、三、四聲，亦存在對應關係，茲分別說明於下：

平聲：平聲字根據《廣韻》聲母之清濁，區分爲第一聲與第二聲兩類，如爲清聲母，則讀第一聲，如爲濁聲母，則讀第二聲。

平聲清聲母讀第一聲者如：東、通、公、空、煎、仙、千、天、張、商。

平聲濁聲母讀第二聲者如：同、窮、從、容、移、期、良、常、行、靈。

上聲：如果是全濁聲母則讀第四聲，是次濁聲母及清聲母則讀第三聲。

上聲清聲及次濁聲母讀第三聲者如：董、孔、勇、美、耳、呂。

上聲全濁聲母讀第四聲者如：皀、敘、杜、部、蟹、罪、在、腎。

去聲：《廣韻》去聲字國語一律讀第四聲。如：送、貢、弄、洞、夢、避、寄、刺、易、至、利、寐、自、四、二、氣。

入聲：入聲字變入國語聲調，對應上較爲複雜，如果聲母屬次濁，則一定讀第四聲；如果聲母屬全濁，以讀第二聲爲多，間亦有讀第四聲者；清聲母最無條理，一、二、三、四聲皆有，但就總數說來，仍可以全清、次清作爲分化之條件，全清聲母以讀第二聲者爲最多；次清聲母則以讀第四聲者爲多。因此凡清聲母讀第一聲及第三聲者，可視作例外。茲舉例於下：

入聲次濁讀第四聲：如木、錄、目、褥、嶽、搦、日、栗、律、物、月。

入聲全濁讀第二聲：如疾、直、極、獨、濁、宅、白、薄、鐸、合、匣。

入聲全清讀第二聲：如吉、得、竹、足、格、革、閣、覺、拔、答、札。

入聲次清讀第四聲：如塞、闖、適、黑、赤、速、促、客、錯、撻、妾。

根據以上之分析，可以歸納出國語四個聲調之《廣韻》聲調來源。

【一】國語第一聲來自平聲清聲母。

【二】國語第二聲來自平聲濁聲母；入聲全清聲母與全濁聲母。

【三】國語第三聲來自上聲清聲母與次濁聲母。

【四】國語第四聲來自去聲，上聲之全濁，入聲之次濁與次清聲母。

下面再列出一些辨別入聲字之條例，對於辨識入聲，自有幫助：

1. 凡ㄅ〔p〕、ㄉ〔t〕、ㄍ〔k〕、ㄐ〔tɕ〕、ㄓ〔tʂ〕、ㄗ〔ts〕六母讀第二聲時，皆古入聲字。例如：

ㄅ〔p〕：拔跋白帛薄荸別蹩脖柏舶伯百勃渤博駁。

ㄉ〔t〕：答達得德笛敵嫡覿翟跌迭疊碟蝶牒獨讀牘瀆毒奪鐸掇。

ㄍ〔k〕：格閣蛤胳革隔葛國虢。

ㄐ〔tɕ〕：及級極吉急擊棘即瘠疾集籍夾裌嚼潔結劫杰傑竭節捷截局菊掬鞠橘決訣掘角厥概蹶腳钁覺爵絕。

ㄓ〔tʂ〕：扎札紮鍘宅擇翟著折摺哲蜇軸竹妯竺燭築逐酌濁鐲琢濯拙直值殖質執侄職。

ㄗ〔ts〕：雜鑿則擇責賊足卒族昨作。

2. 凡ㄉ〔t〕、ㄊ〔t'〕、ㄌ〔l〕、ㄗ〔ts〕、ㄘ〔ts'〕、ㄙ〔s〕等六母跟韻母ㄜ〔ɤ〕拼合時，不論國語讀何聲調，皆古入聲字。例如：

ㄉㄜˊ〔tɤˊ〕：得德。

ㄊㄜˋ〔t'ɤˋ〕：特忒慝螣。

ㄌㄜˋ〔lɤˋ〕：勒肋泐樂垃圾。

ㄗㄜˊ〔tsɤˊ〕：則擇澤責嘖賾簀笮迮窄昨賊仄昃。

ㄘㄜˋ〔ts'ɤˋ〕：側測廁惻策筴冊。

ㄙㄜˋ〔sɤˋ〕：瑟色塞嗇穡濇澀圾。

3. 凡ㄎ〔k'〕、ㄓ〔tʂ〕、ㄔ〔tʂ'〕、ㄕ〔ʂ〕、ㄖ〔ʐ〕五母與韻母ㄨㄛ〔uo〕拼合時，不論國語讀何聲調，皆古入聲字。例如：

ㄎㄨㄛ〔k'uo〕：闊括廓鞹擴。

ㄓㄨㄛ〔tʂuo〕：桌捉涿著酌灼濁鐲琢諑啄濯擢卓焯倬踔拙茁斮斫斲鷟浞梲。

ㄔㄨㄛ〔tṣʻuo〕：戳綽歠啜輟醊惙齪婼。

ㄕㄨㄛ〔ṣuo〕：說勺芍妁朔搠槊箾爍鑠碩率蟀。

ㄖㄨㄛ〔ẓuo〕：若婼箬篛弱爇蒻。

4. 凡ㄅ〔p〕、ㄆ〔pʻ〕、ㄇ〔m〕、ㄉ〔t〕、ㄊ〔tʻ〕、ㄋ〔n〕、ㄌ〔l〕七母與韻母一ㄝ〔ie〕拼合時，無論國語讀何聲調，皆古入聲字。惟有「爹」ㄉㄧㄝ˥〕字例外。例如：

ㄅㄧㄝ〔pie〕：鱉憋別蹩癟彆。

ㄆㄧㄝ〔pʻie〕：撇瞥。

ㄇㄧㄝ〔mie〕：滅蔑篾蠛蠛。

ㄉㄧㄝ〔tie〕：碟蝶喋堞蹀牒諜鰈跌迭瓞昳垤耋絰咥褶疊。

ㄊㄧㄝ〔tie〕：帖貼怗鐵餮。

ㄋㄧㄝ〔nie〕：捏陧聶躡鑷臬闑鎳涅孽蘖齧囁。

ㄌㄧㄝ〔lie〕：列冽烈洌獵躐鬣劣。

5. 凡ㄉ〔t〕、ㄍ〔k〕、ㄏ〔x〕、ㄗ〔ts〕、ㄙ〔s〕五母與韻母ㄟ〔ei〕拼合時，不論國語讀何聲調，皆古入聲字。例如：

ㄉㄟ〔tei〕：得。

ㄍㄟ〔kei〕：給。

ㄏㄟ〔xei〕：黑嘿。

ㄗㄟ〔tsei〕：賊。

ㄙㄟ〔sei〕：塞。

6. 凡聲母ㄈ〔f〕與韻母ㄚ〔a〕ㄛ〔o〕拼合時，不論國語讀何聲調，皆古入聲字。例如：

ㄈㄚ〔fa〕：法發伐砝乏筏閥罰髮。

ㄈㄛ〔fo〕：佛縛。

7. 凡讀ㄩㄝ〔ye〕韻母的字，皆古入聲字。惟「嗟」ㄐㄩㄝ〔tɕye〕、「瘸」ㄑㄩㄝ〔tɕʻye〕、「靴」ㄒㄩㄝ〔ɕye〕三字例

外。例如：

ㄩㄝ〔ye〕：曰約噦月刖玥悅閱鉞越樾樂藥耀曜躍龠籥鑰淪爝襽礿粵岳嶽鸑軏。

ㄋㄩㄝ〔nye〕：虐瘧謔。

ㄌㄩㄝ〔eye〕：略掠。

ㄐㄩㄝ〔tɕye〕：噘撅決抉訣玦倔掘崛桷角劂蕨厥橛蹶玃噱臄譎鐍珏孓腳覺爵嚼爝絕蕝矍攫躩屩。

ㄑㄩㄝ〔tɕ'ye〕：缺闕卻怯確榷愨慤埆闋鵲雀碏。

ㄒㄩㄝ〔ɕye〕：薛穴學雪血削。

8.凡一字有兩讀，讀音爲開尾韻，語音讀ㄧ〔i〕或ㄨ〔u〕韻尾的，皆古入聲字。例如：

讀音爲ㄜ〔ɤ〕，語音爲ㄞ〔ai〕：色册摘宅翟窄擇塞。

讀音爲ㄛ〔o〕，語音爲ㄞ〔ai〕：白柏伯麥陌脈。

讀音爲ㄛ〔o〕，語音爲ㄟ〔ei〕：北沒。

讀音爲ㄛ〔o〕，語音爲ㄠ〔au〕：薄剝。

讀音爲ㄨㄛ〔uo〕，語音爲ㄠ〔au〕：烙落酪著杓鑿。

讀音爲ㄨ〔u〕，語音爲ㄡ〔ou〕：肉粥軸舳妯熟。

讀音爲ㄨ〔u〕，語音爲ㄧㄡ〔iou〕：六陸衄。

讀音爲ㄩㄝ〔ye〕，語音爲ㄧㄠ〔iau〕：藥瘧鑰嚼覺腳角削學。

第四節　陰聲、陽聲與入聲

從韻尾觀點，可將《廣韻》二百零六韻，分成三類不同之韻母。凡開口無尾，或收音於〔-i〕、〔-u〕韻尾者，概括說來，即以元音收尾者，稱爲陰聲韻。《廣韻》中屬於陰聲韻而開口無

尾者計有：支、脂、之、魚、虞、模、歌、戈、麻等九韻。（舉
平以賅上去，後仿此。）收〔-i〕韻尾者計有：微、齊、佳、
皆、灰、咍及去聲祭、泰、夬、廢（此爲無平上相配者）十韻。
收〔-u〕韻尾者計有：蕭、宵、肴、豪、尤、侯、幽七韻。總共
二十六韻。

　　《廣韻》中以鼻音收尾者稱爲陽聲韻。陽聲之收鼻音，共有
三種：一曰舌根鼻音〔-ŋ〕：計有東、冬、鍾、江、陽、唐、
庚、耕、清、青、蒸、登十二韻。二曰舌尖鼻音〔-n〕：計有
眞、諄、臻、文、欣、元、魂、痕、寒、桓、刪、山、先、仙十
四韻。三曰雙脣鼻音〔-m〕：計有有侵、覃、談、鹽、添、咸、
銜、嚴、凡九韻。

　　《廣韻》中以塞聲收尾者稱爲入聲韻。入聲之收塞聲，亦有
三種：一曰舌根塞聲〔-k〕：計有屋、沃、燭、覺、藥、鐸、
陌、麥、昔、錫、職、德十二韻。二曰舌尖塞聲〔-t〕：計有
質、術、櫛、物、迄、月、沒、（麧）、曷、末、黠、鎋、屑、
薛十三韻。三曰雙脣塞聲〔-p〕：計有緝、合、盍、葉、怗、
洽、狎、業、乏九韻。“陰聲”“陽聲”，古人韻部雖分析甚
嚴，然未嘗顯言其分別之故，亦無名稱以表明之，名稱之立，實
萌芽於戴東原。戴東原〈與段若膺論韻書〉云：「有入者，如氣
之陽，如物之雄，如衣之表；無入者，如氣之陰，如物之雌，如
衣之裏。」其弟子孔廣森因據其說，定如氣之陽、物之雄、衣之
表者爲“陽聲”，如氣之陰、物之雌、衣之裏者爲“陰聲”。陰
聲、陽聲之名乃告正式確立。《廣韻》以入聲專配陽聲，明顧炎
武《音論》中〈近代入聲之誤〉一文，歷考古籍音讀，除侵、覃
以下九韻之入聲外，餘悉反韻書之說，以配陰聲。顧氏曰：「韻
書之序，平聲一東、二冬，入聲一屋、二沃，若將以屋承東，以

沃承冬者，久仍其誤而莫察也。屋之平聲爲烏，故〈小戎〉以韻驅、羣，（《詩・秦風・小戎》首章：『小戎俴收。五楘梁輈。／游環脅驅。陰靷鋈續。文茵暢轂。駕我騏羣。言念君子，溫其如玉。在其板屋。亂我心曲。』）不協於東、董、送可知也；沃之平聲爲夭，故〈揚之水〉以韻鑿、襮、樂，（《詩・唐風・揚之水》首章：『揚之水，白石鑿鑿。素衣朱襮。從子于沃。旣見君子，云何不樂。』）不協於冬、腫、宋可知也。“術”轉去而音“遂”，故〈月令〉有“審端徑術”之文，“曷”轉去而音“害”，故《孟子》有“時日害喪”之引，“質”爲“傳質爲臣”之質，“覺”爲“尙寐無覺”之覺，“沒”音“妹”也，見於子產之書，“燭”音“主”也，著於孝武之紀，此皆載之經傳，章章著明者。……是以審音之士，談及入聲，便茫然不解，而以意爲之，遂不勝其舛互者矣。

　　夫平之讀去，中中、將將、行行、興興；上之讀去，語語、弟弟、好好、有有；而人不疑之者，一音之自爲流轉也。去之讀入，宿宿、出出、惡惡、易易，而人疑之者，宿宥而宿屋，出至而出術，惡暮而惡鐸，易寘而易昔，後之爲韻者，以屋承東，以術承諄，以鐸承唐，以昔承淸，若呂之代嬴，黃之易芊，而其統系遂不可復尋矣。……故歌戈麻三韻舊無入聲，侵覃以下九韻，舊有入聲，今因之，餘則反之。」

　　顧氏此說，誠爲卓識，然謂韻書所配爲誤，是又知其一而未知其二也。蓋入聲者，介于陰陽之間，凡陽聲收-ŋ者，其相配之入聲收音於-k，陽聲收-n者，其相配之入聲收音於-t，陽聲收-m者，其相配之入聲收音於-p。在發音部位上與陽聲相同，故頗類於陽聲；但音至短促，且塞聲又是一唯閉聲，只作勢而不發聲，故又頗類於陰聲。故曰介于陰陽之間也。因其介于陰陽之間，故

與陰聲陽聲皆可通轉，江愼修數韻同入，戴東原陰陽同入之說，皆此理也。

第五節　等呼

音之洪細謂之等，脣之開合謂之呼，二者合稱則爲等呼。按音之歸本於喉，本有開口、合口二等，開合又各有洪細二等，是以有四等之稱。“開口洪音”爲“開口呼”，簡稱曰“開”，以其收音之時，開口而呼之也。“開口細音”曰“齊齒呼”，簡稱曰“齊”以其收音之時，齊齒而呼之也。“合口洪音”爲“合口呼”，簡稱曰“合”，以其收音之時，合口而呼之也。“合口細音”曰“撮口呼”，簡稱曰“撮”，以其收音之時，撮脣而呼之也。

開合之異，實因韻母收音脣勢之異，故分辨亦極易。潘耒《類音》曰：「初出於喉，平舌舒脣，謂之“開口”，舉舌對齒，聲在舌齶之間，謂之“齊齒”，斂脣而蓄之，聲滿頤輔之間，謂之“合口”，蹙脣而成聲，謂之“撮口”。」錢玄同先生《文字學音篇》曰：「今人用羅馬字表中華音，于“開口呼”之字，但用子音母音字母拼切，“齊”“合”“撮”三呼，則用 i、u、y 三母，介于子音母音之間，以肖其發音口齒之狀，與潘氏之說，適相符合。試以“寒”“桓”“先”韻中影紐字言之。則“安”爲開，拼作 an。“煙”爲齊，拼作 ian。“灣”爲合，拼作 uan。“淵”爲撮，拼作 yan。此其理至易明瞭，無待煩言者也。」茲列圖以明之。

聲勢		方法	簡稱	例字	羅馬字表音	介音	附註
開口	洪音	開口呼之	開	安	an		無任何介音
	細音	齊齒呼之	齊	煙	ian	i	
合口	洪音	合口呼之	合	灣	uan	u	
	細音	撮脣呼之	撮	淵	yan	y	

　　據上表所列，等呼之說，實至淺易。宋以後等韻學家，取韻書之字，依三十六字母之次第而爲之圖，開合各分四等，後人遂有一等洪大，二等次大，三四皆細，而四尤細之說。此說出自江永，但國人始終未有能解說而使人理解者。直至瑞典高本漢，始謂一二等無-i-介音，故其音洪，但一等之元音較後較低，二等之元音較前較淺，故一等洪大，二等次大。三四等有-i-介音，故爲細音，但三等之元音較後較低，四等之元音較前較高，故同爲細音，而四等尤細。雖持之有故，言之有理，但仍不易爲學者所掌握。惟蘄春黃季剛先生曰：「分等者大概以“本韻”之“洪”爲一等，“變韻”之洪爲二等，“本韻”之“細”爲四等，“變韻”之“細”爲三等。」然後等韻之分等之繽紛糾轕，始有友紀。

第六節　陳澧系聯《廣韻》切語下字之條例

〔一〕基本條例：

　　切語下字與所切之字爲疊韻，則切語下字同用者、互用者、

遞用者韻必同類也。同用者如東德紅切、公古紅切，同用紅字
也；互用者如公古紅切、紅戶公切，紅公二字互用也；遞用者如
東德紅切、紅戶公切，東字用紅字，紅字用公字也。今據此系聯
爲每韻一類、二類、三類、四類，編而爲表橫列之。

〔二〕分析條例：

　　上字同類者，下字必不同類，如公古紅切、弓居戎切，古居
聲同類，則紅戎韻不同類，今分析每韻二類、三類、四類者，據
此定之也。

〔三〕補充條例：

　　切語下字既系聯爲同類矣，然亦有實同類而不能系聯者，以
其切語下字兩兩互用故也。如朱、俱、無、夫四字，韻本同類，
朱章俱切、俱舉朱切、無武夫切、夫甫無切，朱與俱、無與夫兩
兩互用，遂不能四字系聯矣。今考平、上、去、入四韻相承者，
其每韻分類亦多相承，切語下字既不系聯而相承之韻又分類，乃
據以定其分類，否則雖不系聯，實同類耳。

　　以上三則條例，一如其系聯上字之條例皆頗爲實用，惟下字
補充條例"實同類而不能系聯"一語，在邏輯上有問題。故余有
有補充條例補例之作，以補其缺失。〈補例〉曰：

　　「今考《廣韻》四聲相承之韻，其每韻分類亦多相承，不但
分類相承，每類字音亦多相承。今切語下字因兩兩互用而不系
聯，若其相承之韻類相承之音，切語下字韻同類，則此互用之切
語下字韻亦必同類。如下平十虞韻朱、俱、無、夫四字，朱章俱
切、俱舉朱切、無武夫切、夫甫無切，朱與俱、無與夫兩兩互
用，遂不能四字系聯矣。今考朱、俱、無、夫相承之上聲爲九麌

韻主之庾切、矩俱雨切、武文甫切、甫方矩切。矩與甫、武切語
下字韻同類，則平聲朱與無、夫切語下字韻亦同類。今於切語下
字因兩兩互用而不系聯者，據此定之也。」

　　自敦煌《切韻》殘卷問世以來，後人彙集爲一篇者多種，計
有劉復《十韻彙編》，姜亮夫《瀛涯敦煌韻輯》，潘重規師《瀛
涯敦煌韻輯新編》，周祖謨《唐五代韻書集存》等多種。此類韻
書對吾人系聯今本《廣韻》反切下字，亦有相當助益。現在舉例
加以說明。

　　《廣韻》上平十六咍：「開、苦哀切」、「哀、烏開切」；
「裁（才）、昨哉（災）切」、「災、祖才切」。開與哀、哉與
才兩兩互用而不系聯。今考裁字，《切三》「昨來反」。我們知
道《切韻》《廣韻》是同音系之韻書，在此種情況下，吾人未有
任何證據說何種韻書切語正確，何本韻書切語不正確，那末，惟
有承認兩本韻書反切皆正確。如此則有利於系聯今本《廣韻》之
反切下字。

　　若吾人承認兩切語皆正確，那末，就可以利用數學上之等式
來決定此兩切語下字之關係。今將其演算如下：

　　因爲　　裁＝昨＋哉；　　裁＝昨＋來。

　　所以　　昨＋哉＝昨＋來

　　則：　　哉＝來

　　而來落哀切，哀、開本與哉、才兩兩互用而不系聯，今證明
哉、來同類，則哉、哀即可系聯。

　　茲再舉下平聲六豪韻爲例，豪韻「勞（牢）、魯刀切」、
「刀、都牢切」；「襃、博毛切」、「毛、莫袍切」、「袍、薄
襃切」，刀、牢與毛、袍、襃彼此互用而不系聯。今考《切三》
「蒿、呼高切」，而《廣韻》「蒿、呼毛切」。則其演算式當如

下：

　　因爲　蒿＝呼＋毛；　　蒿＝呼＋高。

　　所以　呼＋毛＝呼＋高

　　則：　毛＝高

　　《廣韻》「高、古勞（牢）切」，毛旣與高韻同類，自亦與勞（牢）韻同類。

　　故於《廣韻》切語下字有不系聯者，則可借助於《切韻》殘卷之切語以系聯之。

第七節　二百六韻分爲二百九十四韻類表

　　《廣韻》韻部所以有二百六韻之多者，其原因有四。一因四聲之異，二因陰陽之別，三因開合之不同，四因古今字音之變遷。其四聲之異，陰陽之別，及古今字音之變遷，幾已應分盡分。至于開合之不同，已分別者固多，而未分析者，亦尚有不少。陳澧《切韻考・內篇》據《廣韻》切語下字，析其韻類之開合，有一韻只一類者，有一韻而分二類、三類、四類者，凡平聲九十類，上聲八十類，去聲八十八類，入聲五十三類，共得三百十一類。錢玄同先生據黃侃先生脣音但有合口之說，因析脣音字皆爲合口呼，凡得三百三十九類。然陳氏之說，太拘拘於切語上下字，弊在瑣碎；錢氏之分類，亦求密太過。今重加考定，計平聲八十四韻類，上聲七十六韻類，去聲八十四韻類，入聲五十一韻類。四聲合計共二百九十五韻類。若上聲三十八梗韻打冷二字併入杏梗猛爲一類，不單獨成爲一類，則僅爲二百九十四韻類。與先師林景伊（尹）先生《中國聲韻學通論》所分二百九十四韻類數目全符，惟個別字之分類有異同耳。

今依《經史正音切韻指南》十六攝爲次，將《廣韻》二百九十四韻類，一一敘述於後，其有考釋，則附於各攝切語下字分類表之後：

〔一〕通攝：

上平一東[2]	上聲一董[3]	去聲一送[4]	入聲一屋[5]	開合等第[6]
(1)紅公東	動孔董蠓揔	弄貢送涷	谷祿木卜	開口一等
(2)弓宮戎融		衆鳳仲	六竹匊宿	開口三等
中終隆			逐菊	
上平二冬[7]	上聲[8]（湩）	去聲二宋[9]	入聲二沃	開合等第
多宗	湩鵬	統宋綜	酷沃毒篤	合口一等
上平三鍾	上聲二腫[10]	去聲三用	入聲三燭	開合等第

---

2 上平一東韻第一類切語下字紅公東，可以陳澧基本條例系聯；第二類切語下字，《廣韻》無隆字，豐各本《廣韻》均作「敷空切」，誤。今據《切三》正作「敷隆切」。可以基本條例系聯。

3 上聲一董只一類，能系聯。

4 去聲一送韻第一類可系聯，第二類「鳳、馮貢切」誤。鳳爲平聲馮、入聲伏相承之去聲音，當在第二類，《切韻考》列第一類誤。除馮貢一切外，皆能系聯。

5 入聲第一類「穀（谷）、古祿切」「祿、盧谷切」；「卜、博木切」「木、莫卜切」。兩兩互用而不系聯，今據〈補例〉系聯。

6 每一韻類之開合等第據《韻鏡》。

7 上平二冬可系聯。

8 《廣韻》二腫有「湩、都鵬切」「鵬、莫湩切」，《廣韻》「湩」下注云：「此是冬字上聲。」

9 去聲、入聲皆能系聯。後凡能系聯者只將切語下字列出，不再加注。

10 上聲腫韻「腫、之隴切」「隴、力踵（腫）切」；「拱、居悚切」「悚、息拱切」。兩兩互用而不系聯，據〈補例〉拱之平聲相承之音爲恭，隴之平聲相承之音爲龍，平聲恭龍韻同類，則上聲拱隴亦韻同類也。

容鍾封凶庸恭 隴踵奉冗悚拱勇冢[11]頌用　　　欲玉蜀錄曲足　　合口三等

〔二〕江攝：

上平四江	上聲三講	去聲四絳	入聲四覺	開合等第
雙江	項講慃	巷絳降	岳角覺	開口二等

〔三〕止攝：

上平五支[12]	上聲四紙[13]	去聲五寘[14]	開合等第

---

11 多之上聲潷鵼二字已入畫出本韻，歸入多之上聲（潷）矣。

12 按本韻「離、呂支切」「羸、力爲切」，則支、爲韻不同類，今「爲」字切語用「支」字，蓋其疏誤也。考本韻「爲、薳支切又王偽切」，去聲五寘「爲、于偽切又允危切」，《王二》「爲、榮偽反又榮危反」，《廣韻》「危、魚爲切」，根據《王二》又音則危、爲二字正互用爲類，不與支移同類也。

　　本韻「宜、魚羈切」「羈、居宜切」，羈、宜互用，自成一類，既不與支、移爲一類，亦不與危、垂爲一類，則本韻系聯結果而有三類，則與「支」韻性質不合，支韻居圖三、四等，其爲細音無疑，究其極端，不外二類。考上聲四紙韻「狔、女氏切」《集韻》「狔、乃倚切」，則倚、氏韻同類。倚相承之平聲音爲「漪、於離切」，氏相承之平聲爲「提、是支切」，上聲四紙「倚、於綺切，掎、居綺切，螘、魚倚切」掎之相承平聲爲「羈、居宜切」，螘之相承平聲爲「宜、魚羈切」，是則羈、宜當併入支、移爲一類也。

　　併羈、宜入支移一類，則出現『重紐』問題，關於重紐問題，不僅出現在支韻，還出現於脂、眞、諄、祭、仙、宵、侵、鹽諸韻，爲談反切系聯而不可避免者。向來諸家對『重紐』之解釋，亦不盡相同。約而舉之，共有四說：

　(A)董同龢〈廣韻重紐試釋〉，周法高〈廣韻重紐的研究〉，張琨夫婦〈古漢語韻母系統與切韻〉，納格爾〈陳澧切韻考對於切韻擬音的貢獻〉諸文都以元音的不同來解釋重紐的區別。自雅洪托夫、李方桂、王力以來，都認爲同一韻部應該具有同樣的元音。今在同一韻部之中，認爲有兩種不同的元音，還不是一種足以令人信服的辨法。

　(B)陸志韋〈三四等與所謂喻化〉，王靜如〈論開合口〉，李榮〈切

韻音系〉，龍宇純〈廣韻重紐音值試論〉，蒲立本〈古漢語之聲母系統〉，藤堂明保〈中國語音韻論〉皆以三、四等重紐之區別，在於介音的不同。筆者甚感懷疑的一點就是：從何判斷二者介音的差異，若非見韻圖按置於三等或四等，則又何從確定乎！我們正須知道它的區別，然後再把它擺到三等或四等去，現在看到韻圖在三等或四等，然後說它有甚麼樣的介音，這不是倒果爲因嗎？

(C)林英津〈廣韻重紐問題之檢討〉，周法高〈隋唐五代宋初重紐反切研究〉，李新魁〈漢語音韻學〉都主張是聲母的不同。其中以李新魁的說法最爲巧妙，筆者以爲應是所有以聲母作爲重紐的區別諸說中，最爲圓融的一篇文章。李氏除以方音爲證外，其最有力的論據，莫過說置於三等處的重紐字，它們的反切下字基本上只用喉、牙、脣音字，很少例外，所以它們的聲母是脣化聲母；置於四等處的重紐字的反切下字不單可用脣、牙、喉音字，而且也用舌、齒音字，所以其聲母非脣化聲母。但是我們要注意，置於三等的重紐字，只在脣、牙、喉下有字，而且自成一類，它不用脣、牙、喉音的字作它的反切下字，他用甚麼字作它的反切下字呢？何況還有例外呢？脂韻三等「逵、渠追切」，祭韻三等「劓、牛例切」，震韻三等「菣、去刃切」，獮韻三等「圈、渠篆切」，薛韻三等「噦、乙劣切」，小韻三等「殀、於兆切」，笑韻三等「廟、眉召切」，緝韻三等「邑、於汲切」，葉韻三等「腌、於輒切」，所用切語下字皆非脣、牙、喉音也，雖有些道理，但仍非十分完滿。

(D)章太炎先生《國故論衡‧音理論》論及重紐之區別云：「嬀、虧、奇、皮古在歌；規、闚、岐、陴古在支，魏、晉諸儒所作反語宜有不同，及《唐韻》悉隸支部，反語尚猶因其遺跡，斯其證驗最著者也。」董同龢〈廣韻重紐試釋〉一文，也主張古韻來源不同。董氏云：「就今日所知的上古音韻系看，他們中間已經有一些可以判別爲音韻來源的不同：例如眞韻的‘彬、砏’等字在上古屬“文部”（主要元音*ə），‘賓、繽’等字則屬眞部（主要元音*e）；支韻的‘嬀、虧’等字屬“歌部”（主要元音*a）‘規、闚’等字則屬“佳部”（主要元音*e）；質韻的‘乙、肸’等字屬微部（主要元音*ə），‘一、故’等字則屬“脂部”（主要元音爲*e）。」至於古韻部來源不同的切語，何以會同在一韻而成爲重紐？先師林景伊先生〈切韻韻類考正〉於論及此一問題時說：「虧、闚二音，《廣韻》《切殘》《刊謬本》皆相比次，是當時陸氏搜集諸家音切之時，蓋韻同而切語各異者，因並錄之，並相次以明其實同類，亦猶紀氏（容舒）《唐韻考》中（陟弓）、苰（陟宮）相次之例，

嬀、規；衹、奇；麊、陸；陴、皮疑亦同之。今各本之不相次，乃
後之增加者竄改而混亂也。」筆者曾在〈蘄春黃季剛先生古音學說
是否循環論證辨〉一文中，於重紐之現象亦有所探索，不敢謂爲精
當，謹提出以就正當世之音學大師與博雅君子。筆者云：「甚至於
三等韻重紐的現象，亦有胍絡可尋。這種現象就是支、脂、眞、諄、
祭、仙、宵、清諸韻部分脣、牙、喉音的三等字，伸入四等。董同
龢先生《中國語音史》認爲支、脂、眞、諄、祭、仙、宵諸韻的脣、
牙、喉音的字，實與三等有關係，而韻圖三等有空卻置入四等者，
乃因等韻的四個等的形式下，納入三等內的韻母，事實上還有一小
類型，就是支、脂諸韻的脣、牙、喉音字之排在四等位置的，這類
型與同轉排在三等的脣、牙、喉音字是元音鬆、緊的不同，三等的
元音鬆，四等的元音緊。周法高先生《廣韻重紐的研究》一文則以
爲元音高低的不同，在三等的元音較低，四等的元音較高。陸志韋
《古音說略》則以三等有〔ɪ〕介音，四等有〔i〕介音作爲區別。龍
宇純兄〈廣韻重紐音值試論——兼論幽韻及喻母音值〉一文則以爲
三等有〔j〕介音，四等有〔ji〕介音。近年李新魁《漢語音韻學》
則認爲重紐是聲母的不同，在三等的是脣化聲母，四等非脣化聲母。
雖各自成理，但誰都沒有辦法、對初學的人解說清楚，讓他們徹底
明白。我曾經試著用黃季剛先生古本音的理論，加以說明重紐現象，
因爲重紐的現象，通常都有兩類古韻來源。今以支韻重紐字爲例，
試加解說。支韻有兩類來源，一自其本部古本韻齊變來（參見黃君
正韻變韻表。本部古本韻、他部古本韻之名稱今所定，這是爲了區
別與稱說之方便。凡正韻變韻表中，正韻列於變韻之上方者，稱本
部古本韻，不在其上方者，稱他部古本韻。）這種變韻是屬於變韻
中有變聲的，即卑、坡、陴、彌一類字。韻圖之例，凡自本部古本
韻變來的，例置四等，所以置四等者，因爲自本部古本韻變來的字，
各類聲母都有，舌、齒音就在三等，脣、牙、喉音放置四等，因與
三等的舌、齒音有連系，不致誤會爲四等韻字。另一類來源則自他
部古本韻歌韻變來的，就是陂、鈹、皮、麋一類的字。韻圖之例，
從他部古本韻變來的字，例置三等。故陂、鈹、皮、麋置於三等，
而別於卑、坡、陴、彌之置於四等。當然有人會問，怎麼知道卑、
坡、陴、彌等字來自古本韻齊韻？而陂、鈹、皮、麋等字卻來自他
部古本韻歌戈韻？這可從《廣韻》的諧聲偏旁看出來。例如支韻從
卑得聲的字，在「府移切」音下有卑、鵯、椑、箄、裨、鞞、顊、
痺、渒、鎞、崥；「符支切」音下有陴、韇、焷、脾、舞、埤、
裨、蜱、蠯、鼙、鼙、榃、郫；從比得聲之字，在「匹支切」音下

有坡；「符支切」音下有觤、紕，從爾得聲的字，在「式支切」音下有䌥、䍤；「息移切」音下有壐；「武移切」音下有彌、䴟、壐、爾、瀰、籎、攡、瓔、甖、禰、瀰等字。而在齊韻，從卑得聲之字，「邊兮切」音下有睥、椑、牌、箄、觯；「部迷切」音下有鼙、鞞、椑、崥、瓵；「匹迷切」音下有剕、錍；從比得聲的字，「邊兮切」音下有䫴、蜱、茈、蓖、絼、篦、椑、狴、鎞、㹠；「部迷切」下有膍、笓；「匹迷切」下有磇、鷗、批、釽；從爾得聲的字，在齊韻上聲薺韻「奴禮切」下有禰、嬭、䦛、瀰、鬡、薾、鑈、檷、鞠；這在在顯示出支韻的卑、坡、陣、彌一類字確實是從齊韻變來的，觀其諧聲偏旁可知。段玉裁以爲凡同諧聲者古必同部。至於從皮得聲之字，在支韻「彼爲切」音下有陂、詖、鬢、鑒；「敷羈切」下有鈹、帔、鮍、披、畷、柀、狓、狓、旇、秛、䄀；「符羈切」下有皮、疲；從麻得聲之字，「靡爲切」下有糜、縻、䐻、糜、蘼、麋、廧、䴢；而在戈韻從皮得聲的字，「博禾切」下有波、紴、碆；「滂禾切」下有頗、坡、玻；「薄波切」下有婆、蔢、磻；從麻得聲的字，「莫婆切」下有摩、麾、麼、劘、魔、䃺、磨、劘、臁、瞴、饙。兩相對照，也很容易看出來，支韻的陂、鈹、皮、糜一類字是從古本韻戈韻變來的。或許有人說，古音學的分析，乃是清代顧炎武等人以後的產物，作韻圖的人恐怕未必具有這種古音知識。韻圖的作者，雖然未必有清代以後古韻分部的觀念，然其搜集文字區分韻類的工作中，對於這種成套出現的諧聲現象，未必就會熟視無睹，則於重紐字之出現，必須歸字以定位時，未嘗不可能予以有意識的分析。故我對於古音來源不同的重紐字，只要能夠系聯，那就不必認爲它們有其麼音理上的差異，把它看成同音就可以了。

13 上聲四紙韻「跪、去委切」「綺、墟彼切」去、墟聲同類，則彼、委韻不同類，彼字甫委切，切語用委字，乃其疏也。今考《全王》「彼、補靡反」，當據正。「狔、女氏切」，《集切》「狔、乃倚切」，則倚、氏韻同類。又本韻「俾、並弭（沔）切，沔、綿婢切，婢、便俾切。」三字互用，然《王二》「婢、避爾切」則爾、俾韻同類也。

14 去聲五寘「恚、於避切，餧、於僞切」上字聲同類，則下字避、僞韻不同類。「僞、危睡切」，避既與僞不同類，則亦與睡不同類。考本韻「諉、女恚切」，《王二》「女睡反」，則恚、睡韻同類，是與避韻不同類也，恚之切語用避字蓋其疏也。周祖謨〈陳澧切韻考辨誤〉云：「反切之法，上字主聲，下字主韻，而韻之開合皆從

⑴移支知離羈宜奇　氏紙舐此是豸侈爾　避義智寄賜豉企　開口三等
　　　　　　　　　　綺倚彼靡弭婢俾

⑵為規垂隨隋危吹　委詭累捶毀髓　　　睡偽瑞累恚　　　合口三等
上平六脂[15]　　　　上聲五旨[16]　　　　去聲六至[17]　　　開合等第

下字定之，惟自梁陳以迄隋唐，制音撰韻諸家，每以脣音之開口字切喉牙之合口字，似為慣例，如《經典釋文》軌、媿美反，宏、戶萌反，虢、寡白反；《敦煌本王仁昫切韻》卦、古賣反，呱、古罵反，化、霍霸反，《切三》《唐韻》蠖、乙白反，嚄、胡伯反是也。」恚於避切，亦以脣音開口字切喉牙音之合口字也。

15　⑴平聲六脂韻尸、式之切，之字誤，今據切三正作式脂切。
　　⑵平聲六脂韻眉、武悲切，悲、府眉切，兩兩互用而不系聯。上聲五旨韻美、無鄙切，鄙、方美切，亦兩兩互用不系聯。去聲六至韻郿（媚）、明祕切，祕、兵媚（郿）切，亦兩兩互用不系聯。脂、旨、至三韻列三等處之脣音字，絕不與其它切語下字系聯，似自成一類。陳澧《切韻考・韻類考》高本漢《中國音韻學研究》與董同龢《中國語音史》均將此類字併入合口一類，並無特別證據，亦與《韻鏡》置於內轉第六開為開口者不合。今考宋、元韻圖，《韻鏡》《七音略》《四聲等子》皆列開口圖中，惟《切韻指掌圖》列合口圖中，然《切韻指掌圖》不僅將脂韻此類脣音字列於合口圖中，即支韻之「陂、鈹、皮、糜（靡）」一類字，亦列入合口圖中，可見《切韻指掌圖》乃將止攝脣音字全列合口，對吾人之歸類，並無任何助益。惟《經史正音切韻指南》之將脂、旨、至三韻中「美、備」等字，與支韻之「陂、鈹、皮、糜」等字同列止攝內轉開口呼三等，則極具啓示性。在討論支韻的切語下字系聯時，我們曾證明支韻「陂、鈹、皮、糜」一類字當併入開口三等字一類，則從《經史正音切韻指南》的分類看來，我們把這類字併入開口三等，是比較合理的。
　　⑶脂韻帷、洧悲切；旨韻洧、榮美切皆以脣音開口字切喉、牙音合口字也。

16　⑴上聲旨韻几、居履切，履、力几切；視、承矢切，矢、式視切。兩兩互用而不系聯，今考履相承之平聲為梨、力脂切；矢相承之平聲為尸、式脂切，梨、尸韻同類，則履、矢韻亦同類也。
　　⑵五旨韻「壘、徂累切」誤，累在四紙韻，全王徂壘反是也，今據正。

17　⑴六至韻「悸、其季切」「季、居悸切」兩字互用，與它字絕不相

⑴夷脂飢肌私資尼悲眉	雉矢履几姊視鄙美	利至器二冀四自寐祕媚備	開口三等
⑵追隹遺維綏	洧軌癸水誄壘	愧醉遂位類萃季悸	合口三等
上平七之	上聲六止[18]	去聲七志	開合等第
而之其茲持甾	市止里理己士史紀擬	吏置記志	開口三等
上平八微	上聲七尾[19]	去聲八未[20]	開合等第

系聯。宋元韻圖《韻鏡》《七音略》《四聲等子》《切韻指掌圖》《經史正音切韻指南》皆列合口三等，則此二字之歸類，確宜加以考量。考本韻「侐、火季切」「瞲、香季切」二字同音，《韻鏡》《七音略》有「侐」無「瞲」，陳氏《切韻考・韻類考》錄「瞲」而遺「侐」，謂「侐」字又見二十四職，此增加字，其說非也。按上聲五旨韻有「瞲」字，注云：「恚視。火癸切，又火季切」，據上聲「瞲」字又音，顯然可知「瞲」與「侐」乃同音字，當合併。與「瞲、侐」相承之上聲音自然非「瞲、火癸切」莫屬矣。而「癸、居誄切」，則癸、誄（壘）韻同類也，如此可證相承之去聲「季、類」亦韻同類也。

⑵六至韻「位、于愧（媿）切」「媿、俱位切」；「醉、將遂切」「遂、徐醉切」。兩兩互用而不系聯，然相承之平聲「綏、息遺切」「龜、居追切」「遺、以追切」，平聲龜、綏韻同類，則可證相承去聲媿、邃亦韻同類，而「邃、雖遂切」則媿、遂亦韻同類也。

18 上聲止韻「止、諸市切」「市、時止切」；「士、鉏里切」「里、良士切」。兩兩互用而不系聯，今考市、里相承之平聲音爲七之「時、市之切」「釐、里之切」，時、釐韻同類，則相承之上聲音市、里亦韻同類也。

19 上聲七尾「尾、無匪切」「匪、府尾切」；「韙、于鬼切」「鬼、居偉切」。兩兩互用而不系聯。考本韻韙、匪、尾相承之平聲音爲「幃、雨非切」「非、甫微切」「微、無非切」，幃、非、微韻同類，則上聲韙、匪、尾韻亦同類也。

20 去聲八未「鬻、扶涕切」，涕在十二霽，字之誤也，王一、王二均作扶沸反，當據正。又本韻「胃、于貴切」「貴、居胃切」；「沸、方味切」「未（味）、無沸切」。兩兩互用而不系聯，考胃、未相承之平聲音爲八微「幃、雨非切」「微、無非切」幃、微韻同類，則胃未韻亦同類也。

希衣依	豈狶	豙旣	開口三等
非歸微韋	匪尾鬼偉	沸胃貴味未畏	合口三等

〔四〕遇攝：

上平九魚	上聲八語	去聲九御	開合等第
居魚諸余葅	巨舉呂與渚許	倨御慮恕署去據預助洳	開口三等
上平十虞 [21]	上聲九麌 [22]	去聲十遇	開合等第
俱朱于俞逾隅芻輸誅夫無	矩庾甫雨武主羽禹	具遇句戍注	合口三等
上平十一模	上聲十姥	去聲十一暮	開合等第
胡吳乎烏都孤姑吾	補魯古戶杜	故暮誤祚路	合口一等

〔五〕蟹攝：

上平十二齊	上聲十一薺	去聲十二霽	開合等第
(1)奚兮稽雞迷低	禮啓米弟	計詣戾	開口四等
(2)攜圭		桂惠	合口四等
(3)齂桵 [23]			開口三等

---

21 上平十虞「朱、章俱切」「俱、舉朱切」；「無、武夫切」「跗（夫）、甫無切」。兩互用而不相系聯，其系聯情形，詳見補例。

22 上聲九麌「庾、以主切」「主、之庾切」；「羽（雨）、王矩切」「矩、俱雨切」。兩兩互用而不系聯，今考主、矩相承之平聲爲十虞「朱、章俱切」「俱、舉朱切」。朱、俱韻同類，則主、矩韻亦同類也。

23 本韻「桵、成齂切」「齂、人兮切」，本可與開口四等一類系聯，董同龢先生《中國語音史・中古音系》章云：「《廣韻》咍、海兩韻有少數昌母以及以母字；齊韻又有禪母與日母字。這都是特殊的現象，因爲一等韻與四等韻照例不與這些聲母配。根據韻圖及等韻門法中的"寄韻憑切"與"日寄憑切"兩條，可知他們當是與祭韻相當的平上聲字，因字少分別寄入咍、海、齊三韻，而借用那幾韻的反切下字。寄入齊韻的"桵"等，或本《唐韻》自成一韻，《集

		去聲十三祭[24]	開合等第
		①例制祭罽憩袂獘蔽	開口三等
		②銳歲芮衛稅	合口三等
		去聲十四泰	開合等第
		①蓋帶太大艾貝	開口一等
		②外會最	合口一等
上平十三佳	上聲十二蟹[25]	去聲十五卦[26]	開合等第
⑴膎佳	買蟹	隘賣懈	開口二等
⑵蛙媧緺	（買）夥柺	（賣）卦	合口二等
上平十四皆[27]	上聲十三駭	去聲十六怪[28]	開合等第
⑴諧皆	楷駭	界拜介戒	開口二等
⑵懷乖淮		壞怪	合口二等
		去聲十七夬[29]	開合等第
		①夬話快邁	合口二等

韻》又入咍韻，都可供參考。」按董說是也，今從其說，將「栘、䕭」二字另立一類，爲開口三等，實爲祭韻相承之平聲字也。

24 按本韻有「𥩟、丘吠切」、「𥈭、呼吠切」，吠在二十一廢，且《王一》、《王二》、《唐韻》祭韻皆無此二字，蓋廢韻之增加字而誤入本韻者，本韻當刪，或併入廢韻。

⑵「劓、牛例切」、「藝、魚祭切」二字爲疑紐之重紐。

25 上聲柺、乖買切，此以脣音開口字切喉牙音合字也。

26 去聲卦、古賣切，此以脣音開口字切喉牙音合字也。

27 平聲崴、乙皆切，與挨、乙諧切同音，考此字《切三》作乙乖切，今據正。

28 去聲擽、博怪切，陳澧《切韻考》云：「拜、布戒切，張本、曹本及二徐皆博怪切，誤也。戒、古拜切，是拜戒韻同類。今從明本、顧本。」陳說是也，今從之。

29 本韻夬、古賣切，賣字在十五卦，《王二》《唐韻》均作古邁反，今據正。

		②喝犗	開口二等
上平十五灰	上聲十四賄	去聲十八隊 [30]	開合等第
恢回杯灰	罪賄猥	對昧佩內隊績妹輩	合口一等
上平十六咍 [31]	上聲十五海 [32]	去聲十九代 [33]	開合等第
來哀開哉才	改亥愷宰給乃在	耐代溉禨愛	開口一等
		去聲二十廢 [34]	開合等第
		①刈	開口三等
		②肺廢穢	合口三等

〔六〕臻攝：

上平十七眞 [35]　上聲十六軫 [36]　去聲二十一震 [37]　入聲五質 [38]　開合等第

30　去聲十八隊「對、都隊切」「隊、徒對切」；「佩、蒲昧切」「妹（昧）、莫佩切」。兩兩互用而不系聯，今考隊、佩相承之平聲音爲十五灰「頹、杜回切」「裴、薄回切」，頹、裴韻同類，則隊、佩韻亦同類也。

31　上平十六咍「開、苦哀切」「哀、烏開切」；「裁（才）、昨哉切」「哉、祖才切」。兩兩互用而不系聯，今考哉、哀相承之去聲音爲十九代「載、作代切」「愛、烏代切」，載、愛韻同類，則哉、哀亦韻同類也。

32　上聲十五海「茝、昌給切」「佁、夷在切」，乃與祭韻相配之上聲字寄於海韻，而借用海韻之切語下字者也。

33　去聲十九代「慨、苦蓋切」，蓋在十四泰，本韻無蓋字，《王二》苦愛切、《唐韻》苦禨（溉）切，今據正。

34　本韻「刈、魚肺切」此以脣音合口字切喉牙音開口字也。

35　十七眞「珍、陟鄰切」「鄰、力珍切」；「銀、語巾切」「巾、居銀切」。兩兩互用而不系聯。按巾、銀一類，《韻鏡》列於外轉十七開，考法國巴黎國家圖書館藏唐本文選音殘卷，「臻、側巾反」「詵、所巾反」「榛、仕巾切」，顯然可知，本韻巾、銀一類字，原是與臻韻相配之喉、牙、脣音也，故《韻鏡》隨臻韻植於十七轉開口，迨《切韻》眞、臻分韻，臻韻字因係莊系（照二）字，故晉升爲二等字，而巾、銀一類字因留置在眞韻，故保留爲開口三等字

⑴鄰珍眞人賓　忍軫引盡腎絼　刃晉振覲遴印　日質一七悉

　　　　　　　　　　　　　　　　　　　　　　　吉栗畢必叱　　　開口三等

⑵巾銀　　　　　敏　　　　　　　　　　　　　乙筆密　　　　開口三等

上平十八諄　　　上聲十七準　　去聲二十二稕 [39] 入聲六術　　開合等第

倫綸勻迍脣旬遵　尹準允殞　　　閏峻順　　　　聿郇律　　　　合口三等

上平十九臻　　　上聲（簃）[40] 去聲（齔）[41] 入聲七櫛　　開合等第

而不變。此類喉、牙、脣音字，韻圖置於三等，與同轉置於四等之喉、牙、脣音字，正好構成重紐。在系聯上雖無任何線索可資依據，但根據前文對支、脂諸韻重紐字之了解，則此類字與同轉韻圖置於四等處之字，非當時韻母之差異，乃古音來源之不同也。今表中分立者，純爲論說之方便也。

⑵十七眞有「囷、去倫切」「贇、於倫切」「麇、居筠切」「筠、爲贇切」四字當併入諄韻，而諄韻「趣、渠人切」「砏、普巾切」二字則當併入眞韻。

36　十六軫韻「殞、于敏切」，以脣音開口字切喉、牙音合字也。又本韻殞、窘渠殞切二字當併入準韻，愍字切語用殞字，乃其疏也。查愍字相承之平聲爲泯、武巾切，實與臻韻相配之喉、牙、脣音字，則愍亦當爲與臻韻上聲榛、齔相配之脣音字，非合口三等字也。《韻鏡》以愍入十七轉開口，窘入十八轉合口可證。然則《韻鏡》十七轉有殞字者，亦爲誤植。龍宇純兄《韻鏡校注》云：「《廣韻》軫韻殞、湏、磒、隕、賰、煇、莙等七字于敏切，合口，當入十八轉喻母三等，《七音略》十八轉有隕字是也。唯其十七轉湏字亦當刪去。」按龍說是也，殞當併入準韻，置於《韻鏡》十八轉合口喻母三等地位。又十八準韻「蝁、棄忍切」，「䰠、珍忍切」，「脪、興腎切」，「盠、鈕紾切」四字當併入本韻。

37　二十一震韻，「呁、九峻切」峻與浚同音，當併入稕韻。

38　入聲五質韻，「密、美畢切」，《切三》「美筆切」，當據正。「率、所律切」，律在六術，當併入術韻。又本韻乙、筆、密一類字，實與臻韻入聲櫛相配之脣、牙、喉音，公孫羅《文選音決》櫛音側乙反可證。據此則乙、筆、密亦猶巾銀一類，當爲開口三等字也。

39　去聲二十二稕，震韻「呁、九峻切」當移入本韻。

40　臻韻上聲有簃、茟仄謹切，齔、初謹切，因字少併入隱韻，並借用隱韻「謹」爲切語下字。

詵臻	榛亲	齔	瑟櫛	開口二等
上平二十文⁴²	上聲十八吻	去聲二十三問	入聲八物	開合等第
分云文	粉吻	運問	弗勿物	合口三等
上平二十一欣	上聲十九隱	去聲二十四焮	入聲九迄⁴³	開合等第
斤欣	謹隱	靳焮	訖迄乞	開口三等
上平二十三魂	上聲二十一混	去聲二十六慁	入聲十一沒	開合等第
昆渾奔尊魂	本忖損衮	困悶寸	勃骨忽沒	合口一等
上平二十四痕	上聲二十二很	去聲二十七恨	入聲（麧）	開合等第
恩痕根	墾很	艮恨	麧	開口一等

〔七〕山攝：

上平二十二元　上聲二十阮　　去聲二十五願⁴⁴入聲十月⁴⁵　　開合等第

41　臻韻去聲有櫬、瀙、嚫、齻、襯、儭、齔七字初覲切，因字少併入震韻；或謂僅有一齻字，因字少併入隱韻。兩說均有根據，前說據《韻鏡》十七轉齒音二等有櫬字；後說則據隱韻「齻、初謹切又初靳切」，初靳切當入焮韻，而焮韻無齒音字，則其屬臻韻去聲無疑，本應附於焮韻，而焮韻無此字，故謂附於隱韻也。兩說皆不可非之。

42　二十文「芬、府文切」與「分、府文切」同音，誤。《切三》「無云反」亦誤，陳澧《切韻考》據明本、顧本、正作「撫文切」是也，今從之。

43　入聲九迄「訖、居乙切」，乙字在五質，《切三》「居乞切」是也，今據正。

44　去聲二十五願「籛、芳万切」，《王二》作叉万切，今據正。本韻「健、渠建切」「圈、臼万切」渠、臼聲同類，則建、万韻不同類，建字切語用万字，乃其疏也。考建字相承之平聲爲「攓、居言切」，上聲爲「湕、居偃切」均爲開口三等，今據其相承爲平上聲字音改列於開口三等。

45　入聲十月「月、魚厥切」「厥、居月切」；「伐、房越切」「越、王伐切」。兩兩互用而不系聯，今考與月、伐相承之平聲音爲「元、愚袁切」「煩、附袁切」，元、煩韻同類，則月、伐則亦同類也。

(1)軒言	幰匽	建堰	歇謁竭訐	開口三等
(2)袁元煩	遠阮晚	怨願販万	厥越伐月發	合口三等

上平二十五寒[46]	上聲二十三旱	去聲二十八翰	入聲十二曷	開合等第
安寒干	笴旱但	旰旦按案贊	葛割達曷	開口一等

上平二十六桓	上聲二十四緩[47]	去聲二十九換[48]	入聲十三末[49]	開合等第
官丸端潘	管緩滿纂卵伴	玩筭貫亂換	撥活末括栝	合口一等
		段半漫喚		

---

46 平聲二十五寒「濡、乃官切」，今移入桓韻。

47 上聲二十四緩「攤、奴但反」，今移入旱韻。又緩韻「滿、莫旱切」「伴、蒲旱切」《五代切韻殘本》「滿、莫卵反」「伴、步卵反」，今據正。

48 去聲二十八翰「讚、祖贊切」，古逸叢書本作「徂贊切」是也，今據正。又去聲二十九換「半、博慢切」誤，慢在三十諫，《王一》《王二》《唐韻》均作「博漫切」是也，今據正。又本韻「換、胡玩切」「玩、五換切」；「縵（漫）、莫半切」「半、博漫切」。兩兩互用而不系聯，今考換相承之平聲音爲「桓、胡官切」，縵相承之平聲音爲「瞞、母官切」，桓、瞞韻同類，則換、縵韻亦同類也。

49 入聲十二曷「蔼、予割切」，按寒、桓；旱、緩；翰、換；曷、末八韻，脣音聲母皆出現於合口一等韻內，不出現於開口一等韻，且末韻明母下已有末字莫撥切，故此字亦非合口韻之遺留者，則予割一切，實有問題。陳澧從明本、顧本作予割切亦非。因爲一等韻內不出現喻母字。《王二》《唐韻》皆無，蓋增加字也。龍宇純兄《韻鏡校注》云：「《廣韻校勘記》云：『元泰定本作予割切，《玉篇》餘括切。』案曷聲之字例不讀脣音，《廣韻》予爲予之誤字，無可疑者，惟一等韻不得有喻母字，予、餘二字，亦不能決然無疑，然此當是後人據《廣韻》誤本所增。《七音略》無此字，又《集韻》字讀阿葛切，疑此字當讀如此。」按本韻影母已有「遏、烏葛切」，則《集韻》一音，亦爲重出，所謂據誤本所增者是也。十三末「末、莫撥切」「撥、北末切」；「括、古活切」「活、戶括切」。兩兩互用而不系聯，今考末相承之平聲音爲「瞞、母官切」，活相承之平聲音爲「桓、胡官切」，瞞、官韻同類，則末、活韻亦同類也。

上平聲二十七刪	上聲二十五潸[50]	去聲三十諫	入聲十四黠	開合等第
⑴姦顏班	板版	晏澗諫鴈	八拔黠	開口二等
⑵還關	綰鯇	患慣	滑	合口二等
上平聲二十八山[51]	上聲二十六產[52]	去聲三十一襇[53]	入聲十五鎋	開合等第
⑴閒閑山	簡限	莧襇	瞎轄鎋	開口二等
⑵頑鰥		（辨）幻	刮頒	合口二等

50　上聲二十五潸韻，「睆、戶板切」，「僩、下報切」，二字同音。《全王》「僩、胡板反」，「睆、戶板反」，二音相次，似亦同音，然考《韻鏡》外轉二十四合以睆、綰爲一類；外轉二十三開則以潸、僩爲一類。《廣韻》刪、潸、諫、黠四韻脣音字配列參差，最爲無定。茲分列於下：

平聲刪韻		上聲潸韻		去聲諫韻		入聲黠韻	
開口	合口	開口	合口	開口	合口	開口	合口
班布還		版布綰		○○○	○○○	八博拔	
攀普班		眅普板			襻普患	汃普八	
○○○		阪扶板		○○○	○○○	拔蒲八	
蠻莫還		矕武板		慢謨晏		傛莫八	

　　刪韻全在合口，潸、黠二韻全在開口，諫韻開合各一，《韻鏡》全在合口，高本漢以爲皆爲開口。（參見譯本《中國音韻學研究》四十二頁）此類脣音字宜列入開口，其列合口者，以脣音聲母俱有合口色彩故也。即班 pan → pʷan。平聲刪班、蠻二字切語下字用還字，乃以喉牙音之合口字切脣音開口字也；上聲潸韻「版、布綰切」，亦以喉牙音合口字切脣音開口字也。去聲三十諫韻「襻、普患切」，亦以喉牙音合口字，切脣音開口字也。入聲十四黠韻，「滑、戶八切」，周祖謨《廣韻校勘記》云：「滑爲合口字，此作戶八切，以開口字切合字也。」「婠、烏八切」亦然。又「出、五骨切」誤，《唐韻》五滑反是也，今據正。

51　上平二十八山韻，《切三》此韻有「頑、吳鰥切」一音，今據補。

52　上聲二十六產韻，周祖謨云：「產韻陳氏分剗、僝二類，按產初綰切，唐韻殘本並無，綰在潸韻，僝《萬象名義》音叉產反，《玉篇》又限反，是與剗爲同音字，今合併爲一類。」按《全王》僝與醆同音側限反，不別爲音，周說是也，當併爲一類。

53　去聲三十一襇韻，幻、胡辨切，此以脣音開口字切喉牙音合口字也。

下平聲一先[54]	上聲二十七銑	去聲三十二霰[55]	入聲十六屑	開合等第
⑴前先煙賢田年顛堅	典殄繭峴	佃甸練電麵	結屑蔑	開口四等
⑵玄涓	畎泫	縣絢	決穴	合口四等
下平聲二仙[56]	上聲二十八獮	去聲三十三線[57]	入聲十七薛[58]	開合等第

---

54 下平一先韻「先、蘇前切」，「前、昨先切」；「顛、都年切」，「年、奴顛切」。兩兩互用而不系聯，考先韻先、顛相承之上聲音為「銑、蘇典切」，「典、多殄切」，韻同一類，則先、顛韻亦同類也。

55 去聲三十二霰「縣、黃練切」練字誤，王二作「玄絢反」是也，今據正。

56 下平二仙韻「延、以然切」，「然、如延切」；「焉、於乾切」，「乾、渠焉切」。兩兩互用而不系聯，考本韻「嗎、許延切」，《五代刊本切韻》作「許乾反」，則延、乾韻同類也。又本韻「專、職緣切」，「沿（緣）、與專切」；「權、巨員切」，「員、王權切」，兩兩互用而不系聯，然本韻「嬽、於權切」，而《五代刊本切韻》作「嬽、於緣切」，則權、緣韻同類也。

57 去聲三十三線韻，「線、私箭切」，「箭、子賤切」，「賤、才線切」；「戰、之膳切」，「繕（膳）、時戰切」。兩兩互用而不系聯，今考本韻「偏、匹戰切」，《集韻》作「匹羨切」，則戰、羨韻同類也。又本韻「絹、吉掾切」，「掾、以絹切」；「眷（卷）、居倦切」，「倦、渠卷切」，兩兩互用而不系聯，但本韻「旋、辭戀切」，《王二》《唐韻》均作「辭選反」，則選、戀韻同類也。又本韻「遍、方見切」，見在三十二霰，《王二》《唐韻》俱無，蓋霰韻之增加字而誤入本韻者也。按本韻去聲「彥、魚變切」，其相承之上聲為「齴、魚蹇切」、入聲為「孽、魚列切」，皆為開口細音，則彥亦當入開口細音一類。脣音「變、彼眷切」、「卞、皮變切」，亦當為開口細音一類。變相承之平聲為「鞭、卑連切」、上聲為「辡、方免切」、入聲為「鷩、幷列切」皆屬開口細音，則變亦當屬開口細音也。變字切語下字用眷字，乃以喉牙音合口字切脣音開口也。「卞、皮變切」與「便、婢面切」為重紐，《韻鏡》以卞列三等，便列四等。

58 入聲十七薛韻「朅、丘謁切」謁字在十月，《切三》《王二》均作「去竭切」，《唐韻》「丘竭切」，今據正。又本韻「絕、情雪切」，「雪、相絕切」；「輟、陟劣切」；「劣、力輟切」，兩兩互用而不系聯，考本韻「爇、如劣切」，《切三》《王二》作「如雪切」，則劣、雪韻同類也。

然仙連延乾焉	淺演善展輦	箭膳戰扇賤線	列薛熱滅	開口三等
	蹇寋免辨	面碾變卞彥	別朅	
緣泉全專宣川	兗緬轉篆	掾睊絹倦卷	雪悅絕劣	合口三等
員權圓攣		戀釧囀	爇輟	

〔八〕效攝：

下平聲三蕭	上聲二十九篠	去聲三十四嘯	開合等第
彫聊蕭堯么	鳥了晶皎	弔嘯叫	開口四等
下平聲四宵[59]	上聲三十小[60]	去聲三十五笑[61]	開合等第
邀宵霄焦消遙	兆小少沼夭	妙少照笑廟肖	開口三等
招昭嬌喬鬵漉	矯表	召要	
下平聲五肴	上聲三十一巧	去聲三十六效	開合等第
茅肴交嘲	絞巧飽爪	教孝貌稍	開口二等
下平聲六豪[62]	上聲三十二皓	去聲三十七號	開合等第

59 下平四宵韻「宵（霄）、相邀切，要（邀）、於霄切」；「昭
（招）、止遙切，「遙、餘昭切」。兩兩互用而不系聯，今考本韻
相承之上聲「繚、力小切」，「小、私兆切」繚、小韻同類，則平
聲燎、宵韻亦同類也。「燎、力昭切」，「宵、相邀切」，則昭、
邀韻亦同類也。

60 上聲三十小韻「肇（兆）、治小切」「小、私兆切」；「沼、之少
切」「少、書沼切」兩兩互用而不系聯，今考兆、沼相承之平聲音
為四宵「晁、直遙切」，「昭、止遙切」晁、昭韻同類，則兆、沼
韻亦同類也。

61 去聲三十五笑韻「照、之少切」「少、失照切」；「笑、私妙切」
「妙、彌笑切」。照與少，笑與妙兩兩互用不系聯。今考平聲四宵
「超、敕宵切」、「宵、相邀切」，則超、宵韻同類。超、宵相承
之去聲音為笑韻「朓、丑召切」、「笑、私妙切」，超、宵韻既同
類，則朓、笑韻亦同類，笑既與朓同類，自亦與召同類，而「召、
直照切」，是笑、照韻亦同類矣。

62 下平聲六豪韻「刀、都牢切」，「勞（牢）、魯刀切」；「褒、博

刀勞牢遭曹毛袍褒 老浩皓早道抱　　到導報耗　　　開口一等

〔九〕果攝：

下平聲七歌	上聲三十三哿	去聲三十八箇	開合等第
俄何歌	我可	賀箇佐个邏	開口一等
下平聲八戈	上聲三十四果 [63]	去聲三十九過 [64]	開合等第
⑴禾戈波和婆	火果	臥過貨唾	合口一等
⑵迦伽			開口三等
⑶靴胆𦜝			合口三等

〔十〕假攝：

下平聲九麻	上聲三十五馬	去聲四十禡 [65]	開合等第
⑴霞加牙巴	下疋雅賈	駕訝嫁亞	開口二等
⑵花華瓜	瓦寡	化呆	合口二等
⑶遮車奢邪嗟賒	也者野冶姐	夜謝	開口三等

毛切」，「毛、莫袍切」，「袍、薄褒切」。刀、勞互用，褒、
毛、袍三字互用，遂不能系聯矣。今考勞、袍相承之上聲音爲三十
二皓「老、盧皓切」、「抱、薄皓切」老抱韻同類，則勞袍韻亦同
類矣。

63　上聲三十四果韻「爸、捕可切」「䂳、作可切」二音《切三》無，
　　蓋哿韻增加字誤入本韻，《切韻》哿、果不分。

64　去聲三十九過韻「䃟、七過切」，《韻鏡》列內轉二十七箇韻齒音
　　次清下，《全王》「七過反」，當據正，並併入箇韻。「侉、安賀
　　切」，本韻無賀字，賀字在三十八箇韻，《王一》「烏佐反」，與
　　「安賀切」音同，當併入箇韻。

65　去聲四十禡韻「化、呼霸切」、「𡎸、古罵切」皆以脣音開口字切
　　喉、牙音合口字也。《集韻》「化、呼跨切」可證。

〔十一〕宕攝：

下平聲十陽[66]	上聲三十六養	去聲四十一漾	入聲十八藥	開合等第
⑴章羊張良	兩奬丈掌養	亮讓様向	灼勺若藥約	開口三等

---

[66] 陳澧《切韻考》云：「十陽，王雨方切，此韻狂字巨王切，強字巨
良切，則王與良韻不同類，方字府良切，王旣與良韻不同類，則亦
與方韻不同類，王字切語用方字，此其疏也。」先師林景伊先生曰：
「王應以方爲切，云借方爲切者誤，方字切語用良字，乃其疏也。
方字相承之上聲爲昉字，《廣韻》分网切，《玉篇》分往切，正爲
合口三等，《廣韻》四聲相承，故可證方字切語用良字之疏也。」
考《廣韻》陽韻及其相承之上去入聲之脣音字，宋元韻圖之配列，
甚爲可疑。茲先錄諸韻切語於後，然後加以申論。

平聲陽韻	上聲養韻	去聲漾韻	入聲藥韻
方府良切	昉分网切	放甫妄切	○○○○
芳敷方切	髣妃兩切	訪敷亮切	薄孚縛切
房符芳切	○○○○	防符況切	縛符鑺切
亡武方切	网文兩切	妄巫放切	○○○○

除入聲藥韻𤖨、縛二字確與合口三等字一類系聯外，其平上去三聲
皆開口三等與合口三等兩類雜用，無截然之分界。宋元韻圖，《韻
鏡》、《七音略》、《四聲等子》、《經史正音切韻指南》皆列入
開口三等，惟《切韻指掌圖》列合口三等。若從多數言，似當列開
口三等。然此類脣音字，後世變輕脣，則《指掌圖》非無據也。周
祖謨氏〈萬象名義中原本玉篇音系〉一文，即以宕攝羊類脣音字屬
合口三等，擬音爲-iuang、-iuak。就脣音言，此類字應屬合口殆無疑
義。高本漢《中國聲韻學大綱》亦以筐、王、方、縛爲一類，擬音
爲-iwang、-iwak。據此以論，方字切語用良字蓋誤，林先生說是
也。上聲昉當據《玉篇》正作分往切，訪敷亮切，亮字亦疏。況《王
二》許放反，原本《玉篇》況詡詿反，皆爲合口三等一類，入聲列
合口三等無誤，四聲相承，平上去三聲亦當同列合口三等，其列開
口三等者誤也。周祖謨〈陳澧切韻考辨誤〉云：「陽韻脣音字方、
芳、房、亡，《韻鏡》、《七音略》、均爲開口，《切韻考》據反
切系聯亦爲開口，然現代方音等多讀輕脣 f（汕頭 hu，文水 xu），
可知古人當讀同合口一類也（脣音聲母於三等合口前變輕脣），等
韻圖及《切韻考》之列爲開口，其誤昭然可辨。」

陽莊			略爵雀瘧		
⑵方王	往昉	況放妄	縛钁籰	合口三等	

下平十一唐[67] 上聲三十七蕩 去聲四十二宕[68] 入聲十九鐸[69] 開合等第

⑴郎當岡剛旁 朗黨		浪宕謗	落各博	開口一等	
⑵光黃	晃廣	曠	郭穫	合口一等	

〔十二〕梗攝：

下平十二庚[70] 上聲三十八梗[71] 去聲四十三映[72] 入聲二十陌[73] 開合等第

---

67 下平十一唐「傍、步光切」此以喉牙音合口字切脣音開口字也。「幫、博旁切」亦當列開口一等。幫、傍雖不與郎、當系聯，但與幫相承之上聲音爲「榜、北朗切」，則榜、朗韻同類，則相承之平聲音幫、郎韻亦同類也。

68 去聲四十二宕「曠、苦謗切」，此以脣音開口字切喉牙音合口字也，「謗、補曠切」則以牙喉音合字切脣音開口字也。與謗相承之上聲榜，入聲博皆在開口一等可證。

69 入聲十九鐸韻，陳澧《切韻考》曰：「博補各切，此韻各字古落切，郭字古博切，則博與落韻不同類，即與各韻不同類，博字切語用各字，亦其疏也。」按博字切語用各字不誤，郭字切語用博字者，乃以脣音開口字切喉牙音之合字也。

70 下平十二庚韻「橫、戶盲切」，以脣音開口字切喉牙合口字也。又本韻「驚（京）、舉卿切」「卿、去京切」；「明、武兵切」「兵、甫明切」。兩兩互用而不系聯，然兵相承之上聲音爲丙，上聲三十八梗韻「影、於丙切」「警、居影切」，是丙與警、影韻同類，則平聲兵與驚嬰亦韻同類也。又本韻「榮、永兵切」，此以脣音開口字切喉牙音之合口字也。

71 上聲三十八梗韻「猛、莫幸切」誤，《切三》「莫杏切」，今據正。又本韻「礦、古猛切」，此以脣音開口字切喉牙音合字也。又「丙、兵永切」「皿、武永切」皆以喉牙音合口字切脣音開口字也。陳澧《切韻考》曰：「三十八梗，此韻末又有打字德冷切，冷字魯打切，二字切語互用，與此韻之字絕不聯屬，且其平去入三聲皆無字，又此二字皆已見四十一迥韻，此增加字也，今不錄。」龍宇純兄《韻鏡校注》「《切韻考》以爲增加字，然《切三》《全王》便已二字分切，《集韻》亦同，且打字以冷爲切下字，冷音魯打切，

⑴行庚盲	杏梗猛（打冷）	孟更	白格陌伯	開口二等
⑵橫	礦	蝗橫	虢	合口二等
⑶驚卿京兵明	影景丙	敬慶病命	逆劇戟郤	開口三等
⑷榮兄	永憬	詠		合口三等
下平聲十三耕[74]	上聲卅九耿	去聲四十四諍	入聲廿一麥[75]	開合等第
⑴莖耕萌	幸耿	迸諍爭	厄戹革核摘賾麥	開口二等
⑵宏			獲摑	合口二等
下平聲十四清	上聲四十靜	去聲四十五勁	入聲二十二昔[76]	開合等第
⑴情盈成征貞并	郢整靜井	正政鄭令姓盛	積昔益跡易 辟亦隻石炙	開口三等

以打爲切下字，二者自成一系，而今音打字聲母亦與德字聲母相
合。」故主張打字應補於《韻鏡》外轉三十三開梗韻舌音端母下。
此二字若照陳氏之說刪，則今音打、冷二字之音從何而來？若依龍
兄之意保留於梗韻，然二等韻又何以有端系字存在？且又與開口二
等處之杏、梗、猛等字絕不系聯，究應作何歸屬，實苦費思量。今
姑依《韻鏡》歸入開口二等，但此一聲韻學上之公案，今仍保留於
此，以待智者作更合理之解釋。

72 去聲四十三映韻「蝗、戶孟切」此以脣音開口字切喉牙音合口字也。
又本韻「慶、丘敬切」「敬、居慶切」；「命、眉病切」「病、皮
命切」。兩兩互用而不系聯，考本韻上聲相承之音警、丙韻同類，
則去聲敬、柄韻亦同類也，「柄、陂病切」，則敬、病韻亦同類
也。

73 入聲二十陌韻「馘、乙白切」「嚄、胡伯切」「虢、古伯切」「諕、
虎伯切」皆以脣音開口字切喉牙音合口字也。

74 下平十三耕韻「宏、戶萌切」，此以脣音開口字切喉牙音合字也。

75 入聲二十一麥韻「獲、胡麥切」「繣、呼麥切」皆以脣音開口字切
喉牙音合口字也。「麥、莫獲切」則以喉牙音合口字切脣音開口字
也。

76 入聲二十二昔韻「隻、之石切」「石、常隻切」；「積、資昔切」
「昔、思積切」，兩兩互用而不系聯，今考隻、積相承之平聲音爲
十四清「征、諸盈切」「精、子盈切」，征、精韻同類，則相承之
隻積亦同類也。又本韻「役、營隻切」以開口音切合音也。

(2)傾營	頃潁		役	合口三等
下平十五青	上聲四十一迥[77]	去聲四十六徑	入聲二十三錫	開合等第
(1)經靈丁刑	頂挺鼎醒泲酊	定佞徑	擊歷狄激	開口四等
(2)扃螢	迥潁		鶪闃昊	合口四等

〔十三〕曾攝：

下平十六蒸	上聲四十二拯[78]	去聲四十七證	入聲二十四職[79]	開合等第
仍陵膺冰蒸	拯庱	應證孕甑餕	①翼力直即	開口三等
乘矜兢升			職極側逼	
			②域洫	合口三等
下平十七登	上聲四十三等	去聲四十八嶝	入聲二十五德[80]	開合等第

77　上聲四十一迥韻，陳澧《切韻考》曰：「迥、戶潁切，張本戶頂切，與婞、胡頂切音同，明本、顧本、曹本戶頃切，頃字在四十靜，徐鉉戶穎切，穎字亦在四十靜，蓋潁字之誤也，今從而訂正之。徐鍇《篆韻譜》呼炯反，《篆韻譜》呼字皆胡字之誤，炯字則與潁同音。」陳說是也，今據正。又本韻脣音聲母字，除幫母字在開口四等外，其餘「頩、匹迥切」「並、蒲迥切」「茗、莫迥切」皆用合口四等迥爲切語下字，此皆以喉牙音合口字切脣音開口字也。今據其相承之平聲、去聲、入聲韻脣音聲母字皆在開口四等而訂正之。

78　上聲四十二拯韻「拯、無韻切」，按《切三》《王一》本韻惟有拯一字，注云：「無反語，取蒸之上聲。」則本韻惟有拯一字，其餘諸字皆增加字也。

79　入聲二十四職韻，「力、林直切」「直、除力切」；「弋（翼）、與職切」「職、之翼切」。力與直、弋與職兩兩互用而不系聯，今考弋、力相承之平聲音爲十六蒸「蠅、余陵切」「陵、力膺切」，蠅陵韻同類，則弋力韻亦同類也。又本韻「域、雨逼切」「洫、況逼切」皆以脣音開口字切喉牙音之合口字也。

80　入聲二十五德韻，「德、多則切」「則、子德切」；「北、博墨切」「墨、莫北切」，兩兩互用而不系聯。今考德北相承之平聲音爲十七登「登、都滕切」「崩、北滕切」，登、崩切語下字韻同類，則德北韻亦同類也。

⑴滕登增棱　肯等　　　　鄧亙餕贈　　則德得北　　開口一等
崩恒朋　　　　　　　　　　　　　　　墨勒黑
⑵肱弘　　　　　　　　　　　　　　　國或　　　　合口一等

〔十四〕流攝：

下平十八尤[81]	上聲四十四有	去聲四十九宥[82]開合等第
求由周秋流	久柳有九酉	救祐副就傲富　開口三等
鳩州尤謀浮	否婦	呪又溜
下平十九侯	上聲四十五厚	去聲五十候　　開合等第
鉤侯婁	口厚垢后斗苟	遘候豆奏漏　　開口一等
下平二十幽	上聲四十六黝	去聲五十一幼　開合等第
虯幽烋彪	糾黝	謬幼　　　　　開口三等

〔十五〕深攝：

下平二十一侵[83]　上聲四十七寑[84]　去聲五十二沁　入聲二十六緝　開合等第

---

81 下平十八尤韻，「鳩、居求切」「裘（求）、巨鳩切」；「謀、莫浮切」「浮、縛謀切」。鳩與裘、謀與浮兩兩互用而不系聯。今考鳩、浮相承之上聲音爲四十四有「久、舉有切」「婦、房久切」，久婦韻同類，則鳩浮韻亦同類也。

82 去聲四十九宥韻，「宥（祐）、于救切」「救、居祐切」；「傲、即就切」「就、疾傲切」。宥與救、傲與就兩兩互用而不系聯。今考救、就相承之上聲音爲四十四有「久（九）、舉有切」「湫、在九切」，久湫韻同類，則救就韻亦同類也。

83 下平聲二十一侵韻，「金（今）、居吟切」「吟、魚金切」；「林、力尋切」「尋、徐林切」；「斟（針）、職深切」「深、式針切」。金與吟互用，林與尋互用，斟與深又互用，彼此不系聯。今考金、林、斟相承之去聲音爲五十二沁「禁、居蔭切」「臨、良鴆切」「枕、之任切」，而「鴆、直禁切」「妊（任）、汝鴆切」禁、臨、枕韻旣同類，則金、林、斟韻亦同類也。

林尋深任針心　稔甚朕荏枕　鵀禁任蔭譖　入執立及　　　　開口三等
淫金吟今簪　　凜飲錦瘁　　　　　　　　急汲戢汁

〔十六〕咸攝：

下平聲	上聲	去聲	入聲	開合等第
下平聲廿二覃	上聲四十八感	去聲五十三勘	入聲廿七合	開合等第
含男南	禫感唵	紺暗	閤沓合荅	開口一等
下平聲廿三談	上聲四十九敢	去聲五十四闞	入聲廿八盍 [85]	開口等第
甘三酣談	覽敢	濫瞰蹔暫	臘盍榼	開口一等
下平聲廿四鹽	上聲五十琰 [86]	去聲五十五豔 [87]	入聲廿九葉	開合等第
廉鹽占炎淹	冉斂琰染漸　檢險奄俺	贍豔窆驗	涉葉攝輒接	開口三等
下平二十五添	上聲五十一忝	去聲五十六㮇	入聲三十怗	開合等第
兼甜	玷忝簟	念店	協頰愜牒	開口四等
下平廿六咸	上聲五十三豏	去聲五十八陷	入聲卅一洽	開合等第
讒咸	斬減鮝	韽陷賺	夾洽囚	開口二等

84　上聲四十七寑韻，「錦、居飲切」「飲、於錦切」；「荏、如甚切」「甚、常枕切」「枕、章荏切」。錦、飲互用，荏、甚、枕三字又互用，故不能系聯。今考錦、枕相承之去聲音之禁、枕，其韻同類（參見上注），則上聲錦與枕韻亦同類也。

85　入聲二十八盍韻，「䐑、都搕切」誤，古逸叢書本《廣韻》作都榼切是也，當據正。又本韻有「砝、居盍切」「譗、章盍切」二切，《切三》《王二》《唐韻》俱無，增加字也。又「嘁、倉雜切」，雜在二十七合，《王一》「倉臘反」是也，今據正。

86　上聲五十琰韻「琰、以冉切」「冉、而琰切」；「險、虛檢切」「檢、居奄切」「奄、衣儉切」「儉、巨險切」，彼此互用而不系聯。今考本韻「貶、方斂切」《王二》「彼檢反」，是斂、檢韻同類也。

87　去聲五十五豔韻，「豔、以贍切」「贍、時豔切」；「驗、魚窆切」「窆、方驗切」兩兩互用而不系聯，今考本韻「弇、於驗切」《集韻》「於贍切」，是驗、贍韻同類也。

下平廿七銜	上聲五十四檻	去聲五十九鑑	入聲卅二狎	開合等第
監銜	黤檻	懺鑒鑑	甲狎	開口二等
下平廿八嚴[88]	上聲五十二儼[89]	去聲五十七釅	入聲卅三業	開合等第
轍嚴	埯广	釅欠劍	怯業劫	開口三等
下平廿九凡	上聲五十五范	去聲六十梵	入聲卅四乏	開合等第
芝凡	錟范犯	泛梵	法乏	合口三等

第八節　陳澧系聯條例與《廣韻》切語不能完全符合之原因

　　【一】反切之原則，上字取聲，下字取韻，然上字之韻，與下字之聲，仍無可避免夾雜其間，而旣雜其間，則易導致錯誤，而有不合常軌之切語出現。如五支韻"爲、薳支切"，八戈韻"靴、許戈切"是也。

　　【二】陸法言《切韻》，原本即有所承，自唐迄宋，撰韻增字諸家，亦僅略有增訂，故《廣韻》不免存有時代較早之切語，

---

88 陳澧《切韻考》曰：「五十八鑑，此韻有黷字，音黯去聲，而無切語，不合通例。且黯去聲則當在五十七陷與五十二琰之黯字相承，不當在此韻矣。此字已見五十三檻，此增加字也，今不錄。」陳澧《切韻考》曰：「二十九凡，凡符咸切，此韻字少故借用二十六咸之咸字也，徐鍇符嚴反，亦借用二十八嚴之嚴字，徐鉉浮芝切，蓋以借用他韻字，不如用本韻字，故改之耳。然芝字隱僻，未必陸韻所有也。」
　　去聲六十梵韻有「劍、居欠切」、「欠、去劍切」、「俺、於劍切」當併入去聲五十七釅，與欠、釅、劍等字爲類。
89 按咸攝上聲五十二儼、五十三琰、五十四檻之次，當改爲五十二琰、五十三檻、五十四儼之次，四聲方能相應。去聲五十七釅、五十八陷、五十九鑑之次，當改爲五十七陷、五十八鑑、五十九釅之次，方能與平入相配合，四聲相配始井然有序。

頗與《切韻》中心時代實情不合。如去聲五十四鑑韻“暫、子鑑切”，去聲三十六效韻“罩、都教切”皆爲例外之切語。有此種例外切語存在，就系聯言，其大焉者，足以使不同之聲母或韻母互相得到系聯；小焉者，亦足使聲紐與韻類本不相同之字誤入某類。例如“靴、許戈切”，可使戈韻三類韻母誤合爲兩類；“罩、都教切”，足使本爲知母之罩字，被誤認爲端紐字。

【三】反切之造，本積累增改而成，非一時一地之人所造，其始原未注意系聯，則實同類因兩兩互用而不得系聯者，固勢所不免，又孰能定凡不能系聯者，皆不同類乎！例如“東、德紅切”“同、徒紅切”“公、古紅切”“紅、戶公切”，此四字切語下字固系聯矣。然切語下字只須與所切之字疊韻，則凡疊韻之字，均可作爲切語下字，如此則“東、德紅切”可改爲“東、德同切”，“同、徒紅切”可改爲“同、徒東切”，在音理上並無絲毫之不同。然如此一改，則東與同、紅與公兩兩互用而不能系聯矣。孰能定其爲不同類乎！

正因爲有如此等原因存在，故各家系聯《廣韻》切語下字時，因其主觀之取舍標準不一，故系聯之類別，乃有多有少，而彼此常難一致，此乃其根本之原因也。

第九節 元音分析

〔一〕元音之性質：

元音乃器官之移動，改變口腔之形狀，使口腔通道仍維持相當寬大之空間，氣流通過時，不受任何器官顯著之阻礙。故簡言之，元音乃未受口腔顯著阻礙之濁音。羅常培與王均合著《普通

語音學綱要》提出區分元音與輔音之三項標準，值得參考。茲錄於下：

(1)元音的氣流遇不到什麼阻礙，而輔音的氣流得克服它所遇到的不同形式的阻礙才能通過。

(2)發元音時發音器官是均衡地保持緊張的，而發輔音時，只有克服阻礙的那一會兒遇阻的那一部分是緊張的，其它的部分並不緊張。

(3)元音的氣流較弱，而輔音，特別是不帶音的輔音，氣流較強。

元音之性質，由口腔之形狀決定，口腔之形狀，則由舌頭與嘴脣之位置決定，因此元音分類之原則有三：(1)舌頭之高低：舌頭隆起部位之高低。(2)舌頭之位置：舌頭隆起部位之前後。前元音舌頭隆起部位向硬顎提升，後元音舌頭隆起部位向軟顎提升。(3)嘴脣之狀態：嘴脣之狀態可展可圓。

〔二〕元音之種類：

元音之不同，可以舌頭之部位，移動之高低，嘴脣之形狀，分成種種不同之元音。

（一）以舌位分：

（甲）舌面元音：

凡以舌面之部位移動所構成之元音，稱爲舌面元音。

1.舌面前元音：

凡由舌面前向硬顎提升而構成的元音，稱爲舌面前元音，亦簡稱爲前元音。

(1)低前元音：

舌面保持平時之高度，舌面前移，舌尖抵下齒背，此時發

音，即構成國語"安"字之元音，音標作〔a〕。

(2)高前元音：

舌面前移，舌尖抵下齒背，舌面前盡量向硬顎提升，以不產生摩擦爲度，此時發音，即構成國語"衣"字之元音，音標作〔i〕。

(3)半低前元音：

舌面前在〔a〕〔i〕之間，上升三分之一，此時發音，即構成寧波"三"字的元音。音標作〔ɛ〕。

(4)半高前元音：

舌面前在〔a〕〔i〕之間，上升三分之二，此時發音，即構成國語"月"字之元音。音標作〔e〕。

2.**舌面後元音：**

凡由舌面後向軟顎提升而構成的元音，稱爲舌面後元音，亦簡稱爲後元音。

(1)低後元音：

舌頭在平時的高度，盡量向後縮，舌面後盡量向下降，此時發音，即構成國語"熬"字的首音，音標作〔ɑ〕。

(2)高後元音：

舌頭向後縮，舌面後盡量向軟顎提升，以不產摩擦爲度。此時發音，即構成國語"烏"字的元音，音標作〔u〕。

(3)半低後元音：

舌面後在〔ɑ〕〔u〕之間，上升三分之一，此時發音，即構成英語 saw 之元音，音標作〔ɔ〕。

(4)半高後元音：

舌面後在〔ɑ〕〔u〕之間，上升三分之二，此時發音．即構成蘇州"沙"字的元音，音標作〔o〕。

以上八個元音，為練習一切元音的基礎，故英人瓊斯（D. Jones）稱之為"標準元音"（Cardinal vowels）。茲以圖標示之。

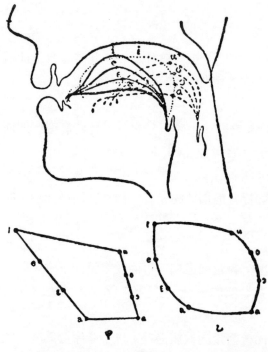

上圖是標準元音舌位圖，前元音與後元音在口腔中的位置。

下左圖是瓊斯標準元音舌位圖

下右圖魯塞爾《元音論》以 x 光所攝各元音舌頭頂點所連成的舌位圖

（圖選自科學出版社羅常培·王均《普通語音學綱要》64, 65 頁。）

*3.*舌面央元音：

舌面前的後部與舌面後的前部，混合在一起，稱為舌面央。凡以舌面央向硬顎提升而構成者，稱為舌面央元音亦稱為央元音，或稱混元音。

①低央元音：

舌面保持平時靜止時之位置，不前不後，不高不低。此時發音，即構成國語“啊”字之元音，音標作〔A〕。

②高央元音：

舌面央盡量向硬顎提升，即構成韓語「一」字之元音，音標作〔ɨ〕。

③中央元音：

舌面央在〔A〕〔ɨ〕之間，上升二分之一，即構成國語“來了”的“了”字之元音，音標作〔ə〕。

（乙）舌尖元音：

凡以舌尖之動作而構成者，總稱爲舌尖元音。

1. 舌尖前元音：

舌尖向前伸，靠近齒齦前部，讓舌尖跟齒齦中間通路稍稍放寬，使可剛好減去口部摩擦的程度，就構成國語“資”字的元音，音標作〔ɿ〕。

2. 舌尖後元音：

舌尖向後翹起，靠近齒齦後部與硬顎前部，讓氣流的通路，放寬到可以減去摩擦的程度，就構成國語“知”字的元音，音標作〔ʅ〕。

3. 捲舌元音：

舌頭位置較發央元音〔ə〕的位置，稍向前移，舌前向硬顎前部翹起，即構成國語“兒”字的元音，音標作〔ɚ〕。

（二）以脣狀分：

（甲）展脣元音：

舌面前元音〔ɛ〕至〔i〕，舌位愈高，嘴脣愈展，稱爲展脣元音，兩脣舒展成扁平形狀。

（乙）圓脣元音：

舌面後元音〔ɑ〕至〔u〕，舌位愈高，嘴脣愈圓，稱為圓脣元音，兩脣撮斂成圓形。

（丙）中性元音：

低元音〔a〕〔A〕〔ɑ〕等，發音時保持嘴脣自然狀態，稱為中性元音，嘴脣的形狀，不圓不展。

除中性元音外，每一展脣元音皆有一圓脣元音與之相配，每一圓脣元音亦有一展脣元音與之相配。

①與〔i〕相配之圓脣元音為〔y〕。如國語"於"字之元音。

②與〔e〕相配之圓脣元音為〔ø〕。如上海"干"字的元音。

③與〔ɛ〕相配之圓脣元音為〔Œ〕。如廣州"靴"字的元音。

④與〔u〕相配之展脣元音為〔ɯ〕。如如北平旗人"去"字的元音。

⑤與〔o〕相配之展脣元音為〔ɤ〕。如國語"俄"字的元音。

⑥與〔ɔ〕相配之展脣元音為〔Λ〕。如英語"up"的"u"音。

⑦與〔ɨ〕相配之圓脣元音為〔ʉ〕。如溫州"布"字的元音。

⑧與〔ɿ〕相配之圓脣元音為〔ʮ〕。如上海"豬"字的元音。

⑨與〔ʅ〕相配之圓脣元音為〔ʯ〕。如九江"豬"字的元音。

除上述元音之外，若再求精密，則在〔i〕〔e〕之間，可加

〔I〕，如英語 it 之"i"音。在〔e〕〔ɛ〕之間可加〔E〕，如蘇州"哀"字的元音。在〔ɛ〕〔a〕之間可加〔æ〕，如英語 at 之"a"音。在〔u〕〔o〕之間可加〔U〕，如英語"book"之"oo"音。在〔ɑ〕〔ɔ〕之間可加〔ɒ〕，如南京"大"字的元音。央元音在〔A〕之上，與〔æ〕〔ɒ〕平行處可加〔ɐ〕，如廣州"心"字的元音。在〔ə〕〔ɐ〕之間可加〔ɜ〕，相配之圓脣爲〔ɞ〕。在〔ə〕〔ɨ〕之間可加〔ɘ〕，如溫州"好"字的元音。相配之圓脣元音爲〔θ〕，如寧波"小"字的末一元音。茲以國際音標元音舌位圖表之於下：

國際音表元音舌位圖

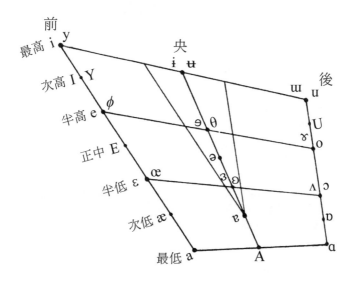

圖選自文史哲出版社陳新雄《音略證補》第 65 頁。

國際音標元音分類表：

舌面									舌尖					部位唇狀高低
後			央			前			後			前		
圓	中	展	圓	中	展	圓	中	展	圓	中	展	圓	展	
u		ɯ	ʉ		ɨ	y		i	ʮ		ɺ	ɥ	ɹ	高
U						Y		I						次高
o		ɤ	ɵ		ɘ	ø		e						半高
Ω				ə				E		ɚ				中
ɔ		ʌ	ɞ		ɜ	Œ		ɛ						半低
ɒ								æ						次低
	ɑ			A				a						低

(三)元音之結合：

　　兩個或兩個以上的元音結合成爲一個音節，稱爲複合元音。在瞭解複合元音之前，有必要先瞭解什麼是單元音。所謂單元音就是在某一個發音之過程內，舌頭之某一部份，固定在某一地位，嘴脣也保持某種狀態而不變，則所發之音稱爲單元音。像元音表裏的每一個元音，都是單元音。

　　⑴複合元音：

　　舌與脣自某一單元音開始，而移向另一單元音之情狀，即構成複合元音。例如國語"愛"〔ai〕，是由〔a〕移向〔i〕；"奧"〔au〕是由〔a〕移向〔u〕；"牙"〔ia〕是由〔i〕移向〔a〕；"蛙"〔ua〕是由〔u〕移向〔a〕。

　　複合元音異于兩個單元音之連續，即複合元音在一個音節之內，而兩個單元音之連續，則分別屬於兩個音節。所謂音節，乃一個或幾個音素組成的最小的語音片段。音節係依響度（sonor-

ity）區分，所謂響度，乃指各種音素在本質上能使人容易或不容易聽到的程度。根據葉斯柏森（Schallfulle）的《語音學教本》，把各個音素按其響度之弱與強，分成下列八級：

①響度最低的是清塞音〔p〕〔t〕〔k〕，其次是清擦音〔h〕〔f〕〔s〕。

②較響一點的是濁塞音〔b〕〔d〕〔g〕，然後是濁擦音〔v〕〔z〕〔ʒ〕。

③再響一點的是鼻音〔m〕〔n〕〔ŋ〕及邊音〔l〕〔ʎ〕。

④更響一點的是顫音〔r〕〔R〕等。

⑤又響一點的是高元音〔i〕〔u〕〔y〕等。

⑥又再響一點的是半高元音〔e〕〔o〕等。

⑦又更響一點的是半低元音〔ɛ〕〔ɔ〕等。

⑧最響的是低元音〔a〕〔ɑ〕〔A〕等。

它們之間的關係如下：

低元音＞半低元音＞半高元音＞高元音＞舌尖元音＞顫音＞鼻音、邊音＞濁擦音＞濁塞音＞清擦音＞清塞音。

以音標表示則如下式：

ɑ＞ɛ＞e＞i＞ʅ＞r＞n、l＞z＞d＞s＞t

如果按著響度的先後大小，可將複合元音分爲二類：

⑴下降複合元音：

響度先大後小者稱之。如國語"奧"〔au〕、"愛"〔ai〕、"歐"〔ou〕是。

⑵上升複合元音：

響度先小後大者稱之。如國語"牙"〔ia〕、"也"〔ie〕、"蛙"〔ua〕是。

通常人們把下降的複合元音視作眞正的複合元音，上升的複

合元音，則視爲介音加主要元音。

(2)三合元音：

舌與脣自某一個單元音開始，移向另一單元音之後，繼續又移向第三單元音之情狀，即構成三合元音。三合元音之條件，必須中間元音之響度較前後元音皆大。例如國語“妖”〔iau〕、“油”〔iou〕、“尾”〔uei〕、“歪”〔uai〕等皆是。

(四) 半元音：

從高元音之地位，再將舌頭向上移動，所發出之音，即略帶摩擦性，稱爲半元音。不過，只有高元音才有相配的半元音。茲分述之於下：

(1)與〔i〕相配的半元音爲〔j〕，如英語 year 之 y 音。

(2)與〔y〕相配之半元音爲〔ɥ〕，如法語 huit 之 u 音。

(3)與〔u〕相配之半元音爲〔w〕，如英語 west 之 w 音。

(五)介音：

凡〔i〕〔u〕〔y〕三音在比其響度大之元音前者，稱爲介音。有〔i〕介音者爲齊齒呼。如國語“也”〔ie〕、“妖”〔iau〕；有〔u〕介音者爲合口呼。如國語“娃”〔ua〕、“威”〔uei〕；有〔y〕介音者爲爲撮口呼。如國語“月”〔ye〕、“淵”〔yan〕；無任何介音者爲開口呼。如國語“啊”〔a〕、“安”〔an〕。

(六)國語韻母：

國語韻母可按“開”“齊”“合”“撮”四等呼排列於下：

① 帀[ɿ]、丫[a]、ㄛ[o]、ㄜ[e]、ㄞ[ai]、ㄟ[ei]、ㄠ[au]、ㄡ[ou]、ㄢ[an]、ㄣ[ən]、ㄤ[aŋ]、ㄥ[əŋ]、ㄦ[ɚ]。

②一[i]、一ㄚ[ia]、一ㄝ[ie]、一ㄠ[iau]、一ㄡ[iou]、一ㄢ[ian]、一ㄣ[in]、一ㄤ[iaŋ]、一ㄥ[iŋ]。

③ ㄨ[u]、ㄨㄚ[ua]、ㄨㄛ[uo]、ㄨㄞ[uai]、ㄨㄟ[uei]、ㄨㄢ
[uan]、ㄨㄣ[uən]、ㄨㄤ[uaŋ]、ㄨㄥ[uŋ]。

④ㄩ[y]、ㄩㄝ[ye]、ㄩㄢ[yan]、ㄩㄣ[yn]、ㄩㄥ[yuŋ]。

（七）國語聲調：

字母式聲調符號，乃以豎線分爲四等分，自下而上，共分五點，算作五度，以表示聲音高低的尺度。國語連輕聲共有五調。符號與調值是：

陰平　第一聲　55　˥

陽平　第二聲　35　˧˥

上聲　第三聲　214　˨˩˦

去聲　第四聲　51　˥˩

輕聲　˙

陰陽上去是學術上應用之名詞，第一聲、第二聲等，則是一般教學上應用之名詞。

（八）國語兒化韻讀音的規則：

①ï＋ㄦ變ɚ。如字兒〔ɚ〕、紙兒〔ɚ〕。

②i、u、y、a、ia、ua、ɤ、ie、uo、ye＋ㄦ，保持不變。如雞兒〔tɕiɻ〕、鼓兒〔kuɻ〕、魚兒〔yɻ〕、靶兒〔paɻ〕、格兒〔kɤɻ〕、葉兒〔ieɻ〕、桌兒〔tʂuoɻ〕、月兒〔yeɻ〕等。

③帶i韻尾的複元音韻母＋ㄦ，i尾消失。例如：

ai、uai　變　aɻ、uaɻ，如“牌兒”〔pʻaɻ〕、“帥兒”〔ʂuaɻ〕。

ei、uei　變ɚ、ueɻ，如“杯兒”〔pɚ〕、“鬼兒”〔kueɻ〕。

④帶u韻尾的複元音韻母＋ㄦ，其音不變。例如：

“刀兒”〔tauɻ〕、“鳥兒”〔niauɻ〕、“頭兒”〔tʻouɻ〕。

⑤帶 n 韻尾的韻母＋ㄦ，n 消失：

an ＋ㄦ變 aㄦ，如"瓣兒"〔paㄦ〕←（pan+ㄦ）。

ian ＋ㄦ變 iaㄦ，如"辮兒"〔piaㄦ〕←（pian+ㄦ）。

ən ＋ㄦ變 əㄦ，如"針兒"〔tʂəㄦ〕←（tʂən+ㄦ）。

in ＋ㄦ變 iㄦ，如"今兒"〔tɕiㄦ〕←（tɕin+ㄦ）。

uən ＋ㄦ變 uəㄦ，如"滾兒"〔kuəㄦ〕←（kuən+ㄦ）。

yn ＋ㄦ變 yㄦ，如"雲兒"〔yㄦ〕←（yn+ㄦ）。

⑥帶 ŋ 韻尾的韻母＋ㄦ，ŋ 消失，主要元音鼻化；但為書寫方便，可保留 ŋ 韻尾，不用鼻化符號。只要知道ㄦ前面的 ŋ，實際上是作為元音鼻化符號用的就可以了。

əŋ＋ㄦ變 ə̃ㄦ，如"凳兒"〔tə̃ㄦ〕←（təŋ+ㄦ）。

iŋ ＋ㄦ變 ĩㄦ，如"名兒"〔mĩㄦ〕←（miŋ+ㄦ）。

uŋ ＋ㄦ變 ũㄦ，如"空兒"〔kʻũㄦ〕←（kʻuŋ+ㄦ）。

aŋ ＋ㄦ變 ãㄦ，如"湯兒"〔tʻãㄦ〕←（tʻaŋ+ㄦ）。

iaŋ ＋變 iãㄦ，如"樣兒"〔iãㄦ〕←（iaŋ+ㄦ）。

uaŋ ＋ㄦ變 uãㄦ，如"光兒"〔kuãㄦ〕←（kuaŋ+ㄦ）[90]。

第十節　語音變化：

　　一個語音和其他語音組成一連串連續的音，就難免互相影響，於是就產生了語音的變化，這叫做聯合音變。語音的變化服從於一定的變化規律，但語音的變化規律，不是可以應用於任何語言，任何時代的一般規律。普通常見的語音變化，有下列的幾種。茲分別說明於下：

90　以上國語兒化韻之變化參考董同龢《漢語音韻學》第二章國語音系
　　25-26 頁。

【一】弱化作用（weakening）

1.輔音弱化：

凡輔音對語音繼續阻力大者，稱爲強輔音，對語音繼續阻力小者稱爲弱輔音。凡是由較強的輔音變爲較弱的輔音，也就是由對於語音繼續的阻力較大的音，改變爲對於語音繼續的阻力較小的音之變化，就叫做輔音的弱化。

一般而言，清輔音較濁輔音強，塞音塞擦音較擦音、鼻音、邊音、顫音強。

輔音的弱化，常是輔音減少的前奏，大體說來，強輔音在消失前，常要經過弱化的過程。像國語"五個"，兩個字單獨發音是〔u〕〔kɤ〕，讀快了就成了〔uə〕，〔k〕消失了。我們可以理解，〔ukə〕先弱化爲〔ugə〕再弱化爲爲〔uɤə〕，然後〔ɤ〕再消失。

古印歐語*p、*t、*k 變爲日耳曼語的 f、θ、x，亦爲輔音弱化的結果。

2.元音弱化：

元音在非重讀音節中改變其本來性質之變化，叫做元音弱化。弱化的元音，多半是緊元音變鬆元音，前、後元音變央元音，複元音變單元音。例如國語：

回來[xui lɛ]。來 lai 輕讀變 lɛ。

了了 liau lə。了 liau 輕讀變 lə。

棉花 miɛn xuə。花 xua 輕讀變 xuə。

外頭 uai tʻə。頭 tʻou 輕讀變 tʻə。

英語發音有所謂弱式與強式，弱式發音大體即元音之弱化。如：

Them 強式讀〔ðem〕，弱式讀〔ðəm〕。

Of 強式讀〔ɔv〕，弱式讀〔əf〕。

a 強式讀〔ei〕，弱式讀〔ə〕。

【二】節縮作用（syncopation）

一串音連續發出時，有時發生音素減少的現象，叫做減音，就是節縮作用。

1.輔音節縮：

輔音消失的原因很多：

⑴有時幾個輔音連在一起，不便於發音也會產生輔音節縮的現象。例如：英語

"碗櫥" cupboard〔'kʌpbəd→'kʌbəd〕

"龜甲" tortoise-shell〔't'ɔt'əsʃəl→'t'ɔt'əʃəl〕

"城堡" castle〔kɑstl→kɑsl〕

"風車" windmill ['windmil→'winmil]

"親切" kindness〔'kaindnis→'kainnis〕

⑵有時雖不是許多輔音連在一起，但說話人為減少對於語音繼續的阻力，把輔音減少。例如：

廈門話"中"〔tioŋ〕"國"〔kok〕連讀時作〔tioŋok〕，〔k〕消失了。

"剃"〔t'i〕"頭"〔t'aʊ〕"刀"〔to〕，連讀時作〔t'iaʊ to〕，〔t'〕消失。

"給"〔ka〕"我"〔gʊa〕連讀時作〔kaʊa〕，〔g〕消失。

福州話"米"〔mi〕"缸"〔kouŋ〕，連讀作〔miouŋ〕，〔k〕消失了。

"大"〔tuai〕"喜"〔çi〕，連讀作〔tuaii〕，〔ç〕消失了。

"西"〔sɛ〕"風"〔xuŋ〕，連讀作〔sɛuŋ〕，〔x〕消失了。

(3)有時語言雖對於古字或借字的傳統拼法不加改變，但依照當代自己的音韻特徵讀音，也會發生輔音節縮的現象。例如：

英語不允許以〔kn〕作一個字的首音，遇到傳統拼法以 kn 作首音的字，就改以 n 為首音，把 k 取消，於是就把"知道"know 讀作〔nou〕。

"小刀"knif 讀作〔naif〕。

英語也不允許以〔ps〕作一個字首音，遇到以 ps 作首音的字，就改以 s 為首音把 p 取消，於是"心理學"psychology 讀作 [sai 'kɔlədzɪ]。

"假名"pseudonym 讀作〔'sjudənɪm〕。

(4)有時輔音本身變弱，發音時消失。如《廣韻》的一 p、一 t、一 k 韻尾，先弱化為一ʔ，然後消失。如國語"鴿"〔kap〕、"割"〔kat〕、"各"〔kak〕今皆讀作〔kɤ〕，韻尾輔音消失。

2.元音節縮：

在非重讀的音節中，常有元音減少之現象，元音之減少，往往造成音節之脫落。例如：英語 I'am 通常讀作 I'm〔aim〕。let us 讀作 let´s〔lets〕。

國語"我們"有人說成〔uomn〕，"們"字的元音〔ə〕消失。

英語"歷史"history 讀成 histry，o 消失。"雄辯的"eloquent 常讀成 elkent，o 與 u 消失。do you 讀作〔dju〕。do 失去 u。

古漢語的〔j〕介音，在舌根聲母或捲舌聲母與主要元音 u

之間，也常常失落。例如："中"〔tʂjuŋ→tʂuŋ〕、"弓"〔kjuŋ→kuŋ〕、"狂"〔gʻjuɑŋ→kʻjuɑŋ→kʻuɑŋ〕。

此外尚有輔音與元音同時節縮者，例如：國語"不"〔pu〕"知"〔tʂï〕"道"〔tau〕連讀作〔puɹtao〕，丟失輔音〔tʂ〕，元音〔ï〕變爲〔ɹ〕。

【三】增音作用（epenthesis）

在許多音連續發出時，常有音素增加之現象，稱爲增音作用。

1.輔音增加：兩輔音間，有時增加一過渡音，此因發前一音後，發音部位與方法尚未調整到發後一音的發音部位與方法之故。

例如英語 dreamt（作夢－過去時）本應讀作〔dremt〕，但常被讀成〔drempt〕，〔p〕出現於〔m〕與〔t〕之間，乃因發〔m〕後，應將發音部位與方法同時調整至〔t〕之發音部位與方法，但雙脣尚未張開時，軟顎已先上舉，閉塞氣流通往鼻腔之路，故產生一雙脣塞音〔p〕。

2.元音增加：元音之增加，多半爲適合語言之音韻特徵。例如古漢語的－m 尾，在國語中皆已消失，但口語中仍保留若干－m 尾，保留之法，即在－m 後加一元音，使單音節字變爲雙音節詞。例如：

"尋"中古讀〔zjəm〕，今國語讀〔ɕyn〕，－m 變－n，然口語"找尋"讀作〔ɕyɛmə〕。

"甚"中古讀〔zjəm〕，今國語讀〔ʂən〕，－m 變－n，然口語"甚麼"讀作〔ʂəmə〕，故或寫作"什麼"。

日本借用漢字入聲字時，皆於韻尾增加一元音，使漢語單音節字變爲雙音節，以適合日語之音韻特徵。例如：

“一”中古讀〔ʔjet〕，現代日語讀〔itɕi〕。

“國”中古讀〔kuək〕，現代日語讀〔koku〕。

【四】同化作用（assimilation）

當兩個不相同或不相似的音鄰近發音時，兩音互相影響，互相適應，使其中之一變作相同或相似者，稱爲同化作用。同化作用又可分爲全部同化與部分同化，全部同化乃一音使另一音與己完全相同，部分同化乃一音使另一音與己發音部位或發音方法有一部分相同。

1.輔音同化：

(1)前向同化又稱順同化：前一音影響後一音。

①全部同化：前一音使後一音發音部位與發音方法與己完全相同。福州話兩字連讀時，若前一音韻尾爲〔ŋ〕，後接字首爲 k —、k‘—、X —、tɕ—、tɕ‘—、ɕ—、0 —等時，則後一字之聲母，常爲前接韻尾 — ŋ 同化爲 ŋ —。例如：

〔tɕieŋ〕“戰”〔kwok〕“國”連讀作〔tɕieŋŋwok〕

〔k‘iŋ〕“輕”〔k‘ei〕“氣”連讀作〔k‘iŋŋei〕

〔p‘iŋ〕“品”〔xaiŋ〕“行”連讀作〔p‘iŋŋaiŋ〕

〔eiŋ〕“限”〔tɕiɛ〕“制”連讀作〔eiŋŋiɛ〕

〔tɕ‘iŋ〕“清”〔tɕ‘yoŋ〕“唱”連讀作〔tɕ‘iŋŋyoŋ〕

〔k‘ieŋ〕“謙”〔ɕy〕“虛”連讀作〔k‘ieŋŋy〕

〔tyŋ〕“中”〔yoŋ〕“央”連讀作〔tyŋŋyoŋ〕

英語 individual（個人的）本來讀作〔ɪndɪvɪdjuəl〕，但有人把它讀作〔ɪnnɪvɪdjuəl〕兩個非重讀音節中相連的兩個輔音，其中的一個[d]，被[n]同化爲[n]。

②部分同化：

(a)部位同化：英語 bacon（鹹肉）本讀作〔ˊbeikn̩〕，舌尖

音〔n〕被舌面後音〔k〕同化爲〔ŋ〕。

　　(b)方法同化：福州"棉"讀作〔miɛŋ〕，"袍"讀作〔pɔ〕，棉袍連讀則爲〔miɛŋmɔ〕。〔p〕爲〔ŋ〕同化作〔m〕。

　　(2)後向同化又稱逆同化：後一音影響前一音。

　　①全部同化：

　　國語"難"讀作〔nan〕"免"讀作〔miɛn〕，連讀則作〔nammiɛn〕〔n〕被〔m〕同化爲〔m〕。

　　廣州"一"讀作〔jɐt〕"元"讀作〔mɐn〕，連讀則作〔jɐmmɐn〕，〔t〕被〔m〕同化作〔m〕。

　　又如原始印歐語"睡"作〔ˊswepnos〕，在拉丁語爲〔somnos〕，在義大利爲〔sonnos〕，拉丁語之〔m〕受〔n〕同化，故變入義大利作〔n〕。

　　②部分同化：

　　(a)部位同化：國語"麵"讀〔miɛn〕，"包"讀〔pau〕，連讀則爲〔miɛmpau〕。"

　　暖"讀作〔nuan〕"和"讀作〔xuo〕，連讀則爲〔naŋxuo〕，〔n〕爲〔x〕同化成〔ŋ〕。

　　廈門"牽"讀〔kˈan〕"馬"讀〔be〕，連讀則爲〔kˈambe〕。

　　(b)方法同化：法語"觀察"observer讀作〔ɔpsɛrˊve〕，濁塞音b爲清擦音s同化作清塞音p。

　　**古漢語舌尖音或舌根音聲母，受後接高前元音的影響，被同化成舌面音聲母。稱爲顎化作用（palatalization）。顎化作用實即元音或半元音對鄰近輔音之一種同化作用。因爲高元音〔i〕或半元音〔j〕舌位較高，接近硬顎中部，與硬顎接觸面廣，易生摩擦，與發音部位不同之輔音結合時，易使此類輔音發音部位

接近中顎，導致輔音顎化。例如：

家 ka→kia→tɕia

詳 zjaŋ→sjaŋ→ɕiaŋ

取 tsʻjuo→tɕʻy

行 ɣɐŋ→ɣiəŋ→ɕiŋ

心 sjem→ɕin

錢 dzʻjæn→tsʻjæn→tɕʻian

群 gʻjuən→tɕʻyn

間 kan→kian→tɕian

　　**清輔音若處於前後元音之間，常受元音同化爲濁輔音。例如國語 " 來 " 讀〔lai〕 " 吧 " 讀〔pa〕，連讀則爲〔laiba〕〔p〕在〔i〕〔a〕之間受同化爲濁輔音〔b〕。

　　英語 " 檢查 " examine 讀作〔egʹzæmin〕，〔ks〕變作〔gz〕。

2. 元音同化：

　　⑴由低變高：如國語韻母ㄢ〔an〕裡面的〔a〕，舌位是比較低的，但當前面有高元音〔i〕和〔y〕時，它就受同化變爲較高較前的〔ɛ〕。例如：

　　 " 天 " 讀作〔tʻian→tʻiɛn〕 " 泉 " 讀作〔tɕʻyan→tɕʻyɛn〕

　　 " 邊 " 讀作〔pian→piɛn〕 " 源 " 讀作〔yan→yɛn〕

　　 " 見 " 讀作〔tɕian→tɕiɛn〕 " 宣 " 讀作〔ɕyan→yɛn〕

　　 " 賢 " 讀作〔ɕian→ɕiɛn〕 " 涓 " 讀作〔tɕyan→tɕyɛn〕

　　《廣韻》禡韻借子夜切 tsja→tɕie Ⅴ

　　《廣韻》馬韻且七也切 tsʻja→tɕʻie√∣

　　⑵**由高變低：**國語高元音〔i〕〔u〕單獨發音時，舌位最高，若前接低元音〔A〕時，則舌位變低，〔A〕亦受高元音之

同化，舌位偏前或偏後。例如：

〔A〕＋〔i〕→〔aɪ〕

〔A〕＋〔u〕→〔ɑo〕

(3)**由後變前**：國語〔A〕單獨發音時，舌位不前不後，爲低央元音。若後接高前元音〔i〕或舌尖鼻音〔n〕、舌尖塞音〔t〕時，則舌位前移爲〔a〕。例如：

〔A〕＋〔i〕→〔aɪ〕

〔A〕＋〔n〕→〔an〕

〔A〕＋〔t〕→〔at〕

德語中亦有後元音受後接元音之同化而舌位前移者，例如"人民"Volk 讀作〔vɔlk〕，若後接小稱語尾－ chen〔çən〕，則〔ɔ〕受－ chen 中元音〔ə〕之影響而同化爲〔θ〕。在文字上寫作 Völkchen "小國民"。

(4)由前變後：國語〔A〕若後接高後元音〔u〕或舌根鼻音〔ŋ〕、舌根塞音〔k〕時，則舌位後移爲〔ɑ〕。例如：

〔A〕＋〔u〕→〔ɑo〕

〔A〕＋〔ŋ〕→〔ɑŋ〕

〔A〕＋〔k〕→〔ɑk〕。

【五】異化作用（dissimilation）

當兩個以上相同或相似之音，連接發音時，爲避免重複，其中一音變成與他音不相同或不相似者，稱爲異化作用。

1.**輔音異化**：

(1)**前向異化，又稱順異化**。前一音使後一音趨異。

例如："凡"字在隋代讀〔bʻjuɐm〕，韻尾收－ m 尾，今廣州話雖仍有收－m 之字，但此字已讀作〔fan〕，韻尾爲－n，即－ m 受 bʻ－異化之結果。

“法”字隋代讀〔pjuɐp〕，今廣州話讀〔fat〕，韻尾爲一t，即一p受p一異化之結果。

其演變之過程爲：

“凡”bʻjuɐm→bvʻjuɐm→bvʻjuɐn→van→fan。

“法”pjuɐp→pfjuɐp→pfjuɐt→fat。

拉丁語 marmor“大理石”變入法語爲 marbre。第二個 m 爲第一個 m 異化爲 b。傳入英語爲 marble。第二個 r 又爲第一個 r 異化爲 l。

(2)後向異化又稱逆異化。後一音使前一音趨異。

“凡”字在隋代讀〔bʻjuɐm〕，今廈門語讀〔huam〕，聲母 bʻ一受異化爲喉擦音 h 一。

“法”字隋代讀〔pjuɐp〕今汕頭讀〔huap〕。聲母 p 一亦受韻尾一p異化爲 h 一。其演變如下：

“凡”bʻjuɐm→hjuɐm→huam。

“法”pjuɐp→hjuɐp→huap。

2.元音異化：

元音之複元音化，即爲異化作用之一種。

例如如中古漢語“夏”〔ɤa〕，變爲國語〔ɕia〕；“家”〔ka〕變爲國語〔tɕia〕。〔a〕音前部變成與〔a〕不同之〔i〕，後部仍保留爲〔a〕。其演變過程如下：

夏〔ɤa〕→〔ɤaa〕→〔ɤia〕→〔xia〕→〔ɕia〕

家〔ka〕→〔kaa〕→〔kia〕→〔tɕia〕。

古代法語之 ei，當係拉丁語長 e 與短 e，在不同時代演化而來之結果，古法語之 aveir“有”（即現代之 avoir）係從拉丁語 habēre 而來。古法語 teit“房瓦”（即現代之 toit）係從拉丁語 tectu 而來。e 與 i 均爲高元音，發音極近。故此一單元音化爲複

元音之元音，即易混爲一音，非 e 即 i。若然，則爲同化作用。i 爲法語語音體系中最前最高之元音，旣不可能變爲更前更高之元音，則唯 e 有可往後退，變爲更低之元音，如此則有二種情形：

一爲德語元音異化之路，德語情形爲 e 變ε，然後再變爲 a，ein→εin→ain。此時同化作用又出現，將 i 拉近于 a，變爲 e，故近代德語雖寫作〔ein〕卻讀爲〔aen〕。

一爲法語異化之路，e 異化爲 o，故寫作 avoir，然 o 與 i 距離仍遠，於是起同化作用，將 i 拉近變 e，成爲 oe，二者開口度同，難以維持現狀，故將 e 之開口度加大爲ε，成爲 oε，再變爲 uε，uε亦非理想。此時正逢法語失去發複元音之習慣，於是將 u 變作輔音 w，成爲 w。此種情形保持數百年之久，然一軟顎輔音 w 加於一前元音之前，發音部位仍嫌過遠，故向後退爲 a，變作 wa。是以今法語雖寫作 avoir，toit，卻讀爲〔avwar〕、〔twa〕。

國語“尾”〔uei〕“巴”〔pa〕，連讀爲〔ipa〕，即因異化作用所致。ueipa→uipa→ipa。

國語“暖”〔nuan〕“和”〔xuo〕連讀爲〔naŋxuo〕亦有異化作用在。即 nuanxuo→nuaŋxuo→naŋxuo。

3.聲調異化：

國語兩上聲相連，前一上聲被後一上聲異化而變陽平。

“粉”〔fən√|〕“筆”〔pi√|〕→“粉筆”〔fən∕pi√|〕。

“冷”〔ləŋ√|〕“水”〔ʂuei√|〕→“冷水”〔ləŋ∕ʂuei√|〕。

“很”〔xən√|〕“好”〔xao√|〕→“很好”〔xən∕xao√|〕。

【六】換位作用（metathesis）

兩個音素前後互換位置，稱爲換位作用。換位作用爲使兩相連之音素，取得更合理之次序，以使發音更爲方便。

例如：“蜈蚣蟲”三字在江西臨川分讀作〔ŋu〕〔kuŋ〕〔t‘uŋ〕，連讀則爲〔ŋuŋkut‘uŋ〕。〔ŋu〕中之〔u〕與〔kuŋ〕中之〔uŋ〕換位，使〔kuŋ〕中之〔uŋ〕與〔t‘uŋ〕中之〔u〕遠離，以免繞口。

上古音“尤”演變成今國語音讀，亦經過換位作用。**χeuə→*χjəu→jəu→iəu→iou。

古英語“黃蜂”waps 變作現代英語 wasp[wɔsp],亦係換位作用。

【七】轉換作用（morphology）

轉換也叫做交替，就是用一個音替換另一個音。有些語言利用音的轉換，在形態變化上起一定的作用。例如古代漢語有些形態變化，是以單音詞內的語音轉換方式來進行的。例如：

“見”（看見）*kian：“現”（出現）*χian

“勿“（不要）*mjuɐt：“未”（未曾）*mjuəi

“堂”（廳堂）*d‘aŋ：“庭”（宮庭）*d‘ieŋ

“納”（使入）*nəp：“內”（在內）*nuəi

以上的例子，有些是聲母的轉換，有些是元音的轉換，有些是韻尾的轉換。

在現代漢語中，音的轉換，主要表現在聲調方面。例如：

(1)陰平和去聲的轉換：

擔負：挑擔　　鑽研：鐵鑽

看守：看見　　中間：中意

勝任：得勝　　應聲：反應

(2)陽平和去聲的轉換：

難受：困難　　測量：數量

(3)上聲和去聲的轉換：

眞假：請假　　散漫：分散

積累：勞累　　買入：賣出

多少：老少　　碰倒：倒轉

好入：好學　　言語：語人

(4)陽平送氣和去聲不送氣的轉換：

長短：生長　　重復：重量

收藏：寶藏

(5)陽平、擦聲和去聲、塞擦聲的轉換：

投降：下降

(6)元音的轉換：

銀行、外行：行為、行路

省府：反省

惡霸：可惡

【八】類推作用：（analogy）

某一音之變化，受其他音型式之影響。即發音時將一詞或一組詞中之音素，依他一詞或他組詞之音素典型，依類相推加以變化之現象，稱為類推作用。

例如廣州"我"〔ŋɔˑ〕"你"〔neiˑ〕"佢"〔kʻɸyˑ〕三字皆讀陽上，"我""你"古屬次濁聲母，廣州讀陽上，符合音變規律。"佢"即《集韻》平聲"㝵"字，《集韻》平聲魚韻：「㝵、吳人呼彼稱，通作渠。求於切。」"佢"字全濁平聲，廣州應讀陽平，今讀陽上者，蓋受"我""你"讀音類推之影響。

類推作用有助於語言的學習，例如福州"見"〔kiɛn〕，國語讀〔tɕiɛn〕；則福州"京"〔kiŋ〕，國語讀〔tɕiŋ〕。

【九】交流作用（interaction）

不同語言互相影響，謂之交流作用。例如"尷尬"〔kan˥ka

Ⅴ〕二字，尷、古咸切，尬、古拜切，按音變規律，國語應讀"監介"〔tɕiɛn〕tɕieⅤ〕，今讀〔kan〕kaⅤ〕不讀〔tɕiɛn〕tɕieⅤ〕，乃因此詞係由吳語方言傳入，國語〔kan〕kaⅤ〕，實模仿吳語〔kɛ̃ka〕之結果。由於語言之交流作用，遂常有不規則之現象發生。

【十】鼻化作用（nazalization）

　　鼻化多半限於元音，在很少的情形下，輔音也有鼻化。鼻化的意思是應發口音時，軟顎下垂一點，使氣流由鼻腔和口腔同時流出，因而使口音帶有鼻音的色彩。鼻化表示的方法是在原來音上加上一個"～"。發生鼻化的原因有兩種，一種是在某語言中有鼻化音的獨立音位，發元音時自然把鼻腔通路打開，並不是受鄰近音的影響，這種鼻化不屬於同化範疇，（在歷史上也許是由于同化造成的）。現代法語中有許多鼻化的元音音位，不過在文字上是用在元音後面加上鼻音 n 或 m 的辦法來表示，例如：main "手"讀作〔mɛ̃〕，faim "餓"讀作〔fɛ̃〕。

　　另一種是由于受鄰近音的影響，使口音變爲鼻化音，這是同化作用的一種，元音的鼻化，由於元音和鼻音相連，有時受鼻音的同化而有鼻化的現象。如廣西省龍勝縣北區的瑤語，稱"嫂"爲〔mɑ〕，但"雲"爲〔mɑ̃ŋ〕，"借"讀作〔kɑ〕，但"講"讀作〔kɑ̃ŋ〕，都是〔ɑ〕被〔ŋ〕同化爲鼻化元音〔ɑ̃〕。輔音也可以有同樣的變化，例如：英語 good night "晚安"中的[d]就受了後面的[n]的同化而成爲[d̃]。

第十一節 《廣韻》二百六韻之正變

【一】正變

陸氏《切韻》之定，首以論「南北是非，古今通塞」為其要旨，故其分韻，除四聲、等呼、陰陽之異者外，又因古今沿革之不同，而有正韻（古本韻）與變韻（今變韻）之別，正為古所本有，變則由正而生。法言酌古沿今，剖析毫釐。（案：法言古今沿革之分析，約而言之，可得四端：一、古同今變者，據今而分。二、今同古異者，據古而分。三、南同北異者，據北而分。四、北同南異者，據南而分。）《廣韻》據而增改之，故二百六韻，兼賅古今南北之音。今若不論古今南北，通塞是非，僅據一方之語音，驗諸口齒，則每有韻部不同，而音實相同之感。若以古今南北是非通塞考之，則二百六韻之分析，皆有至理。三代以下，唐宋以前之聲韻，至今尚可考求者，亦賴於此。

關於《廣韻》分部正變之說，昔人雖有言者，然皆僅得一隅，未明大道。迨蘄春黃季剛先生以聲之正變，定韻之正變，然後始知韻同而等呼不同則或分之。等呼雖同，正變不同，亦不能不分。[1] 黃先生有《聲經韻緯求古音表》，以《廣韻》各韻韻類

1　黃季剛先生根據錢大昕《十駕齋養新錄》〈古無輕脣音〉、〈舌音類隔之說不可信〉二文及章太炎先生〈古音娘日二紐歸泥說〉一文，以錢章二氏所考定古所無之非敷奉微，知徹澄、娘日九紐，檢查《廣韻》每一韻類，發現凡無非敷奉微等九紐之韻類，一定也無「喻為群、照穿神審禪、莊初床疏、邪」等十三紐，則此十三紐，應與非等九紐同一性質，即亦為變聲可知。四十一聲紐中，除去此二十二紐變聲，所剩十九紐，自為正聲可知。凡無變聲之韻，則為正韻。有變聲之韻，即為變韻。黃先生〈聲韻條例〉云：「凡韻有變聲者，雖正聲之音，亦為變聲所挾而變，讀與古音異，是為變韻。」

為單位，將《廣韻》各韻之韻紐，依其平上去入四聲及開齊合撮
四呼，將其切語分別填入其中，若相承之平上去入四聲韻類，全
為正聲（古本紐）者，則為正韻（古本韻），若雜有變聲者，則
為變韻。茲將《廣韻》二百六韻首二韻韻類，填入下表，以明其
正韻變韻之別。

聲調	平聲				上聲				去聲				入聲			
韻目	一東				一董				一送				一屋			
等呼	開口	合口	齊齒	撮脣	開口	合口	齊齒	撮脣	開口	合口	齊齒	撮脣	開口	合口	齊齒	撮脣
影	翁烏紅				蓊烏孔				甕烏貢				屋烏谷		郁於六	
曉	烘呼東				嗊呼孔				烘呼貢		趜香仲		殼呼木		蓄許竹	
匣	洪戶公				澒胡孔				哄胡貢				縠胡谷			
喻			融以戎												育余六	
為			雄羽弓												囿于六	
見	公古紅		弓居戎						貢古送				穀古祿		菊居六	
溪	空苦紅		穹去宮		孔康董				控苦貢		焪去仲		哭空谷		麴驅菊	
群			窮渠弓												驧渠竹	
疑	䃁五東														砡魚菊	
端	東德紅				董多動				凍多貢				穀丁木			
透	通他紅				侗他孔				痛他貢				禿他谷			
定	同徒紅				動徒揔				洞徒弄				獨徒谷			
泥					繷奴動				齈奴凍							
來	籠盧紅		隆力中		曨力董				弄盧貢				祿盧谷		六力竹	
知			中陟弓								中陟仲				竹張六	
徹			忡敕中												蓄丑六	
澄			蟲直弓								仲直衆				逐直六	
娘															朒女六	
日			戎如融												肉如六	
照			終職戎								衆之仲				粥之六	

聲調	平聲				上聲				去聲				入聲			
韻目	一東				一董				一送				一屋			
等呼	開口	合口	齊齒	撮脣	開口	合口	齊齒	撮脣	開口	合口	齊齒	撮脣	開口	合口	齊齒	撮脣
穿			充昌終								銃充仲				俶昌六	
神																
審															叔式竹	
禪															熟殊六	
精	蔖子紅						總作孔		粽作弄				鏃作木		㔉子六	
清	匆蘇公								謥千弄		趥千仲		瘯千木		䐔七宿	
從	叢徂紅												族昨木		歜才六	
心	檧蘇公		嵩息弓		敕先孔				送蘇貢				速桑谷		橚息逐	
邪																
莊															䄖側六	
初															珿初六	
床			崇鋤弓								剿仕仲					
疏															縮所六	
幫					琫邊孔								卜博木			
滂													扑普木			
並	蓬薄紅				菶蒲蠓								暴蒲木			
明	蒙莫紅		瞢莫中		蠓莫孔				霿莫弄		夢莫鳳		木莫卜		目莫六	
非			風方戎								諷方鳳				福方六	
敷			豐敷隆								賵撫鳳				蝮芳福	
奉			馮房戎								鳳馮貢				伏房六	
微																
切語下字	紅公東		弓戎中宮融終隆		動孔董蠓揔				貢弄送凍		仲衆鳳		木谷祿卜		六竹匊菊宿逐福	
備註	豐敷空切今據《切三》正作敷隆切										鳳馮貢切誤					

聲調	平聲				上聲				去聲				入聲			
韻目	二冬				二(湩)				二宋				二沃			
等呼	開口	合口	齊齒	撮脣	開口	合口	齊齒	撮脣	開口	合口	齊齒	撮脣	開口	合口	齊齒	撮脣
影														沃烏酷		
曉														熇火酷		
匣		硌戶冬								䆊乎宋				鵠胡沃		
喻																
為																
見		玟古冬												梏古沃		
溪														酷苦沃		
群																
疑														玉五沃		
端		冬都宗			湩都鶇									篤多毒		
透		炵他冬								統他綜						
定		彤徒冬												毒徒沃		
泥		農奴冬												褥內沃		
來		儱力冬												濼盧毒		
知																
徹																
澄																
娘																
日																
審																
穿																
神																
審																
禪																
精		宗作冬								綜子宋				熝將毒		

聲調	平聲				上聲				去聲				入聲			
韻目	二冬				二(湩)				二宋				二沃			
等呼	開口	合口	齊齒	撮脣	開口	合口	齊齒	撮脣	開口	合口	齊齒	撮脣	開口	合口	齊齒	撮脣
清																
從		賓藏宗														
心		鬆私宗								宋蘇統				渓先篤		
邪																
莊																
初																
牀																
疏																
幫														襮博沃		
滂																
並														僕蒲沃		
明						鶜莫湩				雺莫綜				瑁莫沃		
非																
敷																
奉																
微																
切語下字		多宗				湩鶜				宋綜統				酷沃毒篤		

　　上二表中，凡聲紐用框□框於其外者爲古本聲，無者爲今變聲。就此二表觀之，第一表中，東、董、送、屋四韻之開口呼及第二表多、宋、沃韻，皆無變聲知、徹、澄、娘、日、非、敷、奉、微九紐，凡無此九紐變聲之韻類，同時亦無喩、爲、群、照、穿、神、審、襌、邪、莊、初、牀、疏等十三紐，則此十三紐亦必與知、徹、澄、娘、日、非、敷、奉、微等九紐同一性

質——即亦爲變聲可知。凡無變聲之韻，即爲古本韻，故東韻等
之開口呼與多、宋、沃諸韻皆古本音也。第一表中，東、董、
送、屋四韻之齊齒呼雜有二十二紐今變聲，故爲今變韻也。黃君
云：「當知二百六韻中，但有本聲，不雜變聲者，爲古本音，雜
有變聲者，其本聲亦爲變聲所挾而變，是爲變音。」（見〈與友
人論治小學書〉）黃君此說，蓋指此而言也。

【二】變韻之種類

　　《廣韻》正韻、變韻之分，既如上述，然《廣韻》中之變
韻，又有四類。今據錢玄同先生〈廣韻分部說釋例〉一文，條列
於下：

　　〔一〕古在此韻之字，今變同彼韻之音，而特立一韻者。如
古「東」韻之字，今變同「唐」韻者[2]，因別立「江」韻，則
「江」者「東」之變韻也。

　　〔二〕變韻之音爲古本韻所無者，如「模」韻變爲「魚」
韻，「覃」韻變爲「侵」韻是也。

　　〔三〕變韻之音全在本韻，以韻中有今變紐，因別立爲變
韻。如「寒」「桓」爲本韻，「山」爲變韻；「青」爲本韻，
「清」爲變韻是也。

　　〔四〕古韻有平、入而無上、去，故凡上、去之韻，皆爲變
韻。如「東一」之上聲「董」、去聲「送一」在古皆當讀平聲，
無上去之音，故云變韻也。

　　《廣韻》二百六韻之正韻變韻表之於下：

2　黃季剛先生古本韻共三十部，今按《廣韻》之次，列之於後：
　　平聲：東開口、多、模、齊、咍、灰、魂痕、寒桓、先、蕭、豪、
　　歌戈、唐、青、登、侯、覃、談、添。**入聲：**屋開口、沃、沒
　　（麧）、曷末、屑、鐸、錫、德、合、盍、怗。

正			韻	變			韻	說　　　　　明
平	上	去	入	平	上	去	入	
東一	董	送一	屋一	鍾	腫	用	燭	合口音變同撮口音
				江	講	絳	覺	正韻變同唐韻
冬	湩	宋	沃	東二		送二	屋二	正音變同東韻細音
模	姥	暮		魚	語	御		合口音變同撮口音
齊	薺	霽		支	紙	寘		變韻中有變聲，又半由歌戈韻變來
				佳	蟹	卦		正韻變同咍韻
灰	賄	隊		脂	旨	至		正韻變同齊韻
				微	尾	未		正韻變同齊韻，又半由魂痕韻變來
				皆	駭	怪		正韻變同咍韻
咍	海	代		之	止	志		正韻變同齊韻
魂痕	混很	慁恨	沒麧	文	吻	問	物	合口音變爲撮口音
				諄	準	稕	術	合口音變爲撮口音，又半由先韻變來
				欣	隱	焮	迄	開口音變爲齊齒音
寒桓	旱緩	翰換	曷末	刪	潸	諫	黠	變韻中有變聲
				山	產	襇	鎋	變韻中有變聲，又半由先韻變來
				元	阮	願	月	正韻變同先韻
						祭		入聲變陰去齊撮呼，又半由魂韻入聲變來

寒 桓	旱 緩	翰 換	曷 末			泰		入聲變陰去
						夬		入聲變陰去，有變聲
						廢		入聲變陰去齊撮呼
先	銑	霰	屑	眞	軫	震	質	正韻變同魂痕韻細音
				臻			櫛	正韻變同痕韻
				仙	獮	線	薛	變韻中有變聲，又半由寒桓韻變來
蕭	篠	嘯		尤	有	宥		正韻變同侯韻細音，又半由蕭韻變來
				幽	黝	幼		正韻變同侯韻細音
豪	皓	號		宵	小	笑		正韻變同蕭韻，又半由蕭韻變來 [3]
				肴	巧	效		變韻中有變聲，又半由蕭韻變來
歌 戈	哿 一	箇 果	過	麻	馬	禡		變韻中有變聲，又半由模韻變來
				戈二				開口音變齊齒音
				戈三				合口音變撮口音
唐	蕩	宕	鐸	陽	養	漾	藥	開口音變爲齊撮音
				庚	梗	映	陌	正韻變同登韻，又半由青韻變來

3　正韻豪皓號，變韻宵小笑下，黃季剛先生只列正韻變同蕭韻一類變韻，今補「又半由蕭韻變來」一類。

青	迥	徑	錫	耕	耿	諍	麥	正韻變同登韻，又半由登韻變來
				清	靜	勁	昔	變韻中有變聲
登	等	嶝	德	蒸	拯	證	職	開口變爲齊撮音
侯	厚	候		虞	麌	遇		正韻變同模韻細音，又半由模韻變來
覃	感	勘	合	侵	寢	沁	緝	正音變同登韻細音而仍收脣
				咸	豏	陷	洽	變韻中有變聲，又半由添韻變來
				凡	范	梵	乏	洪音變爲細音，又半由添韻變來
談	敢	闞	盍	銜	檻	鑑	狎	變韻中有變聲 [4]
				鹽	琰	豔	葉	洪音變爲細音，又半由添韻變來
添	忝	桥	怗	嚴	儼	釅	業	變韻中有變聲，又半由覃韻變來

　　《廣韻》二百零六韻之分韻，旣由古今沿革之故，故居今之世，而欲考明其音讀，實極困難。清代治聲韻學者，每以畢生精力分析古代韻部，分合之由甚明，而不能定其發音之法。如段玉裁爲古音學大家，能析「支」、「脂」、「之」三韻不同部，至其音讀，終不能得。晚年嘗以書問江晉三云：「足下能知所以分乎！僕老耄，倘得聞而死，豈非大幸。」此則先儒好學之篤，虛

4　黃季剛先生談敢闞盍四韻原表列爲添忝桥怗四韻之變韻，今據其〈談添盍怗分四部說〉一文，改列談敢闞盍四韻爲正韻。

己之誠，非有確見，不敢妄定也。[5]

　　瑞典高本漢（Bernhard Karlgren）著《中國音韻學研究》及〈考訂切韻韻母隋讀表〉，定《廣韻》二百六韻之音讀，始以西方語音學學理構擬隋唐舊音，高氏稱之爲中古音（ancient Chinese）者是也。其所構擬，韙者固多，可疑者亦復不少。中國文字有異於拼音，生今之世，而欲假定昔時之音，非知古今聲韻沿革，及精通文字訓詁之學者不可。高氏未注意陸氏「南北是非，古今通塞」之說，以爲二百六韻即爲隋唐時代長安一地之讀音，旣與《切韻》性質不同，況又擬音瑣屑，分所難分。故世人猶多未愜於心，欲有所改定也。林語堂論高氏〈考定《切韻》韻母隋讀表〉，言及高氏考定音讀之弊，頗爲的當，茲錄其說於下：

　　大概珂氏[6]考訂有未愜心貴當者，㈠因拘於等韻格式，使所構成之音，多半依其等第開合綴拼而成，因而發音上頗有疑問。（如先i再合口之iw。）㈡更重要的，因爲珂氏對《切韻》二百六韻的解釋，與中國音韻學家不同，假定每韻之音，必與他韻不同，因此不得不剖析入微，分所難分，實則《切韻》之書半含存古性質，《切韻》作者八人，南北方音不同，其所擬韻目，非一地一時之某種方音中所悉數分出之韻母，乃當時眾方音中所可辨的韻母統系。如某系字在甲方音同於A，在乙方音同於B，故別出C系而加以韻目之名，於甲於乙檢之皆無不便。實際上C系，並非在甲乙方音中讀法全然與AB區別。或甲乙方音已併，而丙方音尚分爲二，則依丙方音分之。必如此，然後此檢字之韻書，可以普及適應於各地方言。法言自敍謂：「呂靜、夏侯該、陽休

5　此一段話見於先師林尹先生《中國聲韻學通論》第三章韻、十、二百六韻音讀之首。一五三頁。
6　林語堂譯高本漢爲珂羅倔倫。

之、周思言、李季節、杜臺卿等之韻書，各有乖互，江東取韻，與河北復殊。」其時分韻之駁雜，方音之凌亂可知。因爲江東的韻書只分江東的韻，不能行於河北，河北的韻書只顧到河北的音切，不能行於江東。獨法言的書是論「南北是非」而成，因其能江東、河北、吳、楚、燕、趙的方音統系，面面顧到，所以能打到一切方音韻書而獨步一時。所謂「支脂魚虞，共爲一韻；（支合脂，魚合虞）先仙尤侯，具論是切。（先合仙，尤合侯）」法言明言爲當日方音現象，當日韻目之分，非如珂氏所假定之精細可知。然甲方音有合支脂者，法言必不從甲，而從支脂未混之乙，乙方音有合魚虞者，法言又必不從乙，而從未混之丙，法言從其分者，不從其併者，因是而韻目繁矣。然在各地用者皆能求得其所分，不病分其所已併，因是天下稱便，是書出而《韻略》、《韻集》諸書亡。又因爲方言所分，同時多是保存古音（如支脂、東冬之分），所以長孫訥言稱爲「酌古沿今，無以加也。」所以咍、泰、皆三韻之別，古咍音近之，泰音近夬、祭、廢，皆音近齊、灰，源流不同，其區別當然於一部方音尚可保存，非隋時處處（或北地）方音都能區別這三韻的音讀。又如古先音近眞，仙音近元，方音有已合併者，有尚保存其音讀區別者，故法言分先仙，非必隋時處處方音（或標準音）中必讀先仙爲介音輕重之別。

先師林尹先生曰：

林氏此論，言《廣韻》分部之故，頗爲透徹。故珂氏《廣韻》音讀之假定，實已根本動搖。蓋《廣韻》分韻，既因古今南北之不同而別，而每韻文字之歸納，又以反切爲主。（陸氏並非據一時一地之方音而分別韻部，既如上述，而其保存古音，辨別方音之正訛，實據反切。）反切創于漢末，迄至於隋，作者多

人，時代之變遷，地域之不同，其音讀豈能無變。況法言韻書，因論古今通塞，南北是非而定，並非據當時口齒而別，即當時之人讀之，其口齒亦決不能分別如此之精細。必欲究其故而使辨別，即當時之人，亦但能知某部某部某地併，某地分；某部某地讀若某部，某部古音讀與某部同，今音變同某部而已。故法言之書，乃當時標準韻書，並非標準音。此乃中外文字構造之不同，與治學系統之有別，珂氏不明此理，遽以二百六韻部爲二百六音（案有一韻而兼開合者，珂氏亦細分之，實不止二百六音，今稱二百六音，就其大別言之耳。），方法雖佳，其奈根本錯誤乎！珂氏之說非不足以參考，但茲篇所述，重在要義，使學者有所指歸，故不取其說，而辨其誤。

　　然則《廣韻》之音讀，究竟應如何訂定，方得當乎？余意以爲應從多種角度來設想。《廣韻》二百六韻，陸法言、陳彭年等人既可用二百零六不同之漢字爲韻目，則從此一角度設想，是否也可以用二百零六種不同之語音符號，以代表此二百零六韻，作爲辨別之符號，似亦無不可，如此則高氏之擬音固亦無可厚非也。此即所謂書寫系統（writing system），其《廣韻》二百零六韻，本來就是書寫系統，若東冬、支脂之、魚虞、刪山之屬，就漢字讀音言，單一語言系統，亦無法讀出不同之音讀。故書寫系統，主要目的不在求其正確之韻值，而在定其系統。有關定其系統部分，我擬在講完《廣韻》二百六韻之國語音讀，再回來探究，也許更容易瞭解。

第十二節　廣韻二百零六韻國語音讀

　　現在先談《廣韻》二百六韻之國語音讀，二百六韻各類韻母

之國語音讀，可按等韻十六攝之次序，說明其演變成國語之條
件。《廣韻》平、上、去三聲之韻，韻母相同，所異者，聲調之
高低而已。故舉平聲韻目，可以賅括上、去二聲；入聲字之演
變，稍爲差殊。故下列十六攝分平、入，開、合，等第，以說明
其音讀如下：

【一】通攝：

平聲（舉平以賅上去，後仿此。）

一等：東冬

脣音讀[əŋ]，如蓬蒙；其他讀[uŋ]，如東通；宗叢；公空；
烘洪；翁。

三等：東鍾

脣音讀[əŋ]，如封峰馮甍；喉音讀[yuŋ]，如邕庸；牙音見母
讀[uŋ]，如宮恭；其他讀[yuŋ]，如穹窮；凶顒；舌齒音讀[uŋ]，
如中忡蟲；終充春崇；蹤從淞松；龍茸。

入聲

一等：屋沃

讀[u]，如屋穀谷哭；篤禿獨；族瘯速；卜扑僕木；鹿

三等：屋燭

喉牙及娘母讀[y]，如郁育菊曲旭玉恧；其他讀[u]，如福伏
目；足促肅錄；祝叔躅辱。語音讀[ou]，如熟粥肉。

【二】江攝：

平聲

二等：江

脣音及來母讀[aŋ]，如厖龐邦瀧；喉牙讀[iaŋ]，如江腔胦
降；其他讀[uaŋ]，如雙窗幢樁。

入聲

二等：覺

脣音讀[o]，如剝樸；或讀[au]，如邈雹；喉牙讀[ye]，如覺學；語音讀[iau]，影母及其他讀[uo]，如握濁攉妮。

【三】止攝（陰聲各攝無入聲，故不分平入。）

開口三等：支脂之微

脣音讀[i]，如皮披；又讀[ei]，如悲眉；喉牙及舌頭讀[i]，如依機欺祈疑；其他讀[ï]，知脂資雌詩思時詞兒。

合口三等：支脂微

脣音及娘來二母讀[ei]，如非肥纍；微母讀[uei]，如微；其他讀[uei]，如威為維歸虧逵佳吹蕤；莊系個別字讀[uai]，如衰。

【四】遇攝

一等：模

讀[u]，如逋鋪蒲模；都稌徒奴；孤枯吾；租粗徂蘇；烏呼胡；盧。

三等：魚虞

輕脣、舌上、正齒及日母讀[u]，如夫敷符無；豬廚朱樞殊芻疏儒；其他讀[y]，如紆虛于余；俱軀渠魚；蛆疽須徐；驢閭。

【五】蟹攝

開口

一等：咍泰

讀[ai]，如哀咍孩該開皚；戴泰臺耐；災猜才鰓；來；泰韻脣音字讀[ei]，如貝沛斾昧。

二等：皆佳夬

喉牙兩系影溪兩母讀[ai]，如挨楷；其他讀[ie]，如皆諧鞋崖；佳韻少數讀[ia]，如佳涯。其他讀[ai]，如牌埋齋釵柴。

三等：祭

讀[i]，如蔽祭藝。

四等：齊

讀[i]，如觱批鷖迷；低梯題泥；雞谿倪鷖兮；齎妻齊西、黎。

合口

一等：灰泰

脣及泥來兩母讀[ei]，如杯坏陪梅雷內；其他讀[uei]，如瑰盔睽嵬灰回；堆推穨；朘崔摧接；泰韻喉牙音或讀[uai]，如外檜。

二等：皆佳夬

皆韻影母讀[uei]，如崴；其他讀[uai]，如乖懷快夬；佳夬兩韻喉牙音讀[ua]，如話卦蛙媧。

三等：祭廢

脣音讀[ei]，如廢肺；其他讀[uei]，如穢喙衛芮贅脆。

四等：齊

讀[uei]，如圭桂睽觿。

【六】臻攝

平聲

開口

一等：痕

舌頭讀[uən]，如吞。其他讀[ən]，如恩痕根垠。

二等：臻

讀[ən]，如臻駪莘。

三等：眞欣

莊知照三系讀[ən]，如齔眞辰珍陳人；其他讀[in]，如因欣巾銀新賓頻民鄰。

合口

一等：魂

脣音讀[ən]，如奔潰門；其他讀[uən]，如魂昆溫尊村存孫暾屯論。

三等：諄文

脣音讀[ən]，如分芬墳；微母讀[uən]，如文；喉牙及齒頭讀[yn]，如慍熅勻均群旬荀；其他讀[uən]，如諄春脣迍純椿淪閏。

入聲

開口

一等：（麧）

喉音讀[ɤ]，如麧紇。

二等：櫛

讀[ɤ]，如瑟蝨；櫛讀[ie]為例外。

三等：質迄

知照莊三系讀[ï]，如質實秩失日；其他讀[i]，如一七吉逸栗疾必蜜。

合口

一等：沒

脣音讀[o]，如勃鶻沒悖；其他讀[u]，如骨窟兀忽鶻；突禿；卒猝捽窣硉。

三等：術物

喉牙及來母讀[y]，如鷸橘屈鬱律；其他讀[u]，如弗拂物術出术黜。

【七】山攝

平聲

開口

一等：寒

讀[an]，如安寒骭干看：單灘檀闌；餐殘珊。

二等：刪山

喉牙音讀[ian]，如間姦馯顏閑；其他讀[an]，如潺刪山；班攀蠻斕。

三等：仙元

知照莊系讀[an]，如邅梴纏旃燀羶鋋潹；其他讀[ian]，如焉軒延甄犍騫言；鞭篇便綿；煎遷錢仙涎；連。

四等：先

讀[ian]，如煙袄賢；堅牽研；顛天田年蓮；箋千前先；邊蹁眠。

合口

一等：桓

脣音讀[an]，如般潘槃饅；其他讀[uan]，如豌歡桓；冠寬刓；端湍團；鑽酸；鑾。

二等：刪山

讀[uan]，如彎還關鰥。

三等：仙元

脣音讀[an]，如翻煩；微母讀[uan]，如晚；喉牙及齒頭讀[yan]，如鴛暄袁員沿權全宣旋。其他讀[uan]，如專傳遄穿栓堧。

四等：先

讀[yan]，如淵涓蜎玄。

入聲

開口

一等：曷

喉牙音讀[ɤ]，如遏喝曷葛渴；其他讀[a]，如怛闥達捺剌；

擦戳薩。

二等：黠鎋

喉牙讀[ia]，如黠戛軋瞎；其他讀[a]，如札察殺獺；八汃拔。

三等：月薛

知照兩系讀[ɤ]，如哲浙熱折徹掣設；其他讀[ie]，如歇竭薛列傑孽滅瞥別。

四等：屑

讀[ie]，如屑切結迭鐵纈涅梟蔑噎。

合口

一等：末

脣音讀[o]，如撥鈸魃潑末；其他讀[uo]如括姡闊斡豁活；掇奪倪；拙撮繓捋。

二等：黠鎋

讀[ua]，如滑刮刷婠。

三等：薛月

脣音讀[a]，如髮伐發；微母讀[ua]，如襪；知照兩系讀[uo]，如拙輟啜說；其他讀[ye]，如掘缺闋月絕雪。

四等：屑

讀[ye]，如血玦穴闋。

【八】效攝

一等：豪

讀[au]，如褒麃袍毛；高尻敖；刀饕陶猱牢；糟操曹騷；鏖蒿豪。

二等：肴

喉牙讀[iau]，如交敲哮肴；影疑兩母及其他聲母均讀[au]，

如坳聱；包抛庖茅；嘲鐃；操抄巢梢；嘮。

三等：宵

知照兩系讀[au]，如朝超潮；昭怊燒韶；饒；其他讀[iau]，如邀妖喬鴞遙；嬌橇蹻翹喬；焦鐰樵宵；標鑣漂瓢苗；燎。

四等：蕭

讀[iau]，如蕭貂迢驍么墩聊。

【九】果攝
開口

一等：歌

喉牙讀[ɤ]，如歌哦阿訶何；其他讀[uo]，如多它駝挪；蹉醝娑；羅。

三等：戈

讀[ie]，如迦伽茄。

合口

一等：戈

脣音讀[o]，如波頗婆摩；喉牙讀[uo]，如鍋倭和訛；又讀[ɚ]，如戈科禾；其他讀[uo]，如朵詫堶捼；侳矬莎；騾。

三等：戈

讀[ye]，如靴瘸。

【十】假攝
開口

二等：麻

喉牙音讀[ia]，如鴉煆遐嘉牙；其他讀[a]，如巴葩杷麻；夅侘茶拏；柤叉查鯊。

三等：麻

照系讀[ɤ]，如遮車奢蛇闍；其他讀[ie]如爹嗟邪些耶。

合口

二等：麻

讀[ua]，如瓜誇花洼華髽檛。

【十一】宕攝

平聲

開口

一等：唐

讀[aŋ]，如鴦炕航；岡康卬；當湯唐囊；臧倉藏桑；幫滂旁忙；郎。

三等：陽

知照兩系讀[aŋ]，如張倀腸；章昌商常穰；娘母讀[iaŋ]，如娘；莊系讀[uaŋ]如莊瘡床霜；其他讀[iaŋ]，如央羊；姜羌強仰；將鏘牆襄祥；良。

合口

一等：唐

讀[uaŋ]，如汪荒黃；光。

三等：陽

脣音讀[aŋ]，如方芳防；微母讀及其他讀[uaŋ]，如亡；王匡狂。

入聲

開口

一等：鐸

喉牙讀[ɤ]，如惡郝鶴閣恪咢；脣音讀[o]，如博拍膊泊薄莫；語音讀[au]，如爆薄；其他讀[uo]，如託鐸諾落；作錯昨索。語音讀[au]，如落烙鑿。

三等：藥

知照莊系讀[uo]，如芍著逴婼；灼綽爍妁若；斮；語音讀[au]，如勺著芍；其他讀[ye]，如約謔藥腳卻噱虐；爵嚼削略；語音讀[iau]，如鑰腳藥削嚼。

合口

一等：鐸

喉牙讀[uo]，如郭臒穫廓。

三等：藥

脣音讀[u]，如縛；喉牙讀[ye]，如矍懼躩钁攫攫鑊。

【十二】梗攝

平聲

開口

二等：庚耕

喉牙及泥母讀〔iŋ〕，如行鶯嚶鸚迎莖；儜獰；又讀[əŋ]，如衡珩；其他讀[əŋ]，如打趟瞠橙根；爭猙鎗琤崢傖生；閍彭棚怦抨甿盲萌。

三等：庚清

知照兩系讀[əŋ]，如貞楨呈；征聲成；其他讀[iŋ]，如兵平明幷名；英嬰盈卿擎；精清晴騂餳；令。

四等：青

讀[iŋ]，如姘屏冥；經馨刑；丁汀庭寧靈；青星。

合口

二等：庚耕

讀[uŋ]，如觥宏泓嶸轟；例外讀[əŋ]，如橫。

三等：庚清

讀[yuŋ]，如兄瓊；又讀[iŋ]，如縈營；例外讀[uŋ]，如榮。

四等：青

讀[yuŋ]，如扃坰；例外讀[iŋ]，如螢熒。

入聲

開口

二等：陌麥

脣音讀[o]，如伯魄白陌麥；語音讀[ai]，如陌麥白柏百脈；其他讀[ɤ]，如厄赫毄核繣格隔革客額；礋窄宅賾責策柵摘；語音為[ai]，如窄擇債摘。

三等：陌昔

知照兩系讀[ï]，如擲隻尺斥釋石；其他讀[i]，如隙益繹戟屐逆；積籍昔席；辟僻癖。

四等：錫

讀[i]，如壁霹鷺覓；的迪荻怒；激喫鷁；戚寂錫；檄闃；歷。

合口

二等：陌麥

讀[uo]，如虢聝獲蟈。

三等：陌昔

讀[y]，如瞁；喻母讀[i]，如役。

四等：錫

讀[y]，如昊闃瞁。

【十三】曾攝

平聲

一等：登

讀[əŋ]，如登騰能楞；增層僧；崩瞢朋薨；恒。

三等：蒸

知照莊三系及日母讀[əŋ]，如徵陵澂；蒸稱乘升承；仍；

磳；其他讀[iŋ]，如冰砅憑；兢砈殑；膺興蠅；陵。

合口

一等：登

讀[uŋ]，如薨弘肱。

入聲

開口

一等：德

脣音讀[o]，如北仆蔔墨；語音讀[ei]，如北；其他讀[ɤ]，如德忒特勒；刻；則賊塞；踣劾。

三等：職

知照兩系讀[i]，如陟敕直；職瀷食識寔；莊系讀[ɤ]，如仄側測廁崱色；娘母及其他讀[i]，如匿；逼堛愎；棘亟極嶷；即聖息；憶艗弋。

合口

一等：德

讀[uo]，如國或

三等：職

讀[y]，如域洫。

【十四】流攝

一等：侯

脣音讀[ou]如裒抔培剖；又讀[u]，如部戊仆畝；又讀[au]，如貿茂裒。其他讀[ou]，如謳齁侯；鉤彄齲；兜偷頭；緅鯫涑；樓。

三等：尤幽

脣音讀[ou]，如浮謀繆否；又讀[u]，如浮芣副富輻婦；又讀[iau]；如彪滮繆；知照莊三系讀[ou]，如抽犨周柔收搊愁儔輈；

其他讀[iou]，如尤幽蚪憂劉秋猷牛遒修丘鳩囚裘。

【十五】深攝

平聲

三等：侵

知莊照三系讀[ən]，如琛斟沈碪任岑簪森；其他讀[in]，如侵林淫心祲欽吟金音；邪母讀[yn]為例外，如尋。

入聲

三等：緝

知照兩系讀[ï]，如縶蟄執十；日母讀[u]，如入；其他讀[i]，如緝習集揖及立吸邑鵖。

【十六】咸攝

平聲

開口

一等：覃談

讀[an]，如覃參南含婪龕耽甘擔三藍酣慚甝。

二等：咸銜

喉牙讀[ian]，如咸緘喦品；銜巖監嵌；其他讀[an]如摻杉詀諵讒衫攙巉。

三等：鹽嚴

知照兩系讀[an]，如詹苫襜冉霑棎；其他讀[ian]，如鹽廉砭銛籤炎淹尖潛潛獸燅嚴醃杴。

四等：添

讀[ian]，如添甜謙濂兼嫌拈馦故。

合口

三等：凡

脣音讀[an]，如凡帆氾颿。

入聲

開口

一等：合盍

喉牙讀[ɤ]，如合閤姶欱盍嗑蓋榼盧；其他讀[a]，如答颯沓雜泣納噈臘榻塔蹋。

二等：洽狎

喉牙讀[ia]，如洽狹夾匣鴨壓押甲呷；其他讀[a]，如眨揷翣箚霎翜喋。

三等：葉業

知照兩系讀[ɤ]，如攝涉諂讋囁懾輒歃唼；其他讀[ie]，如葉獵接捷聶躡曄魘魘靨業脅怯劫腌浥跲。

四等：帖

讀[ie]，如怗帖協叶頰愜牒疊茶燮耴喋涉煠。

合口

三等：乏

脣音讀[a]，如乏法。

從以上之分析，可以歸納出國語韻母之來源，今按國語韻母排列之先後，分別說明於後：

【一】國語[a]之來源：

　　*1.*假攝開口二等麻韻脣舌齒音。

　　*2.*山攝入聲

　　　　開口一等曷韻舌齒音。

　　　　開口二等鎋黠韻舌齒音。

　　　　合口三等月韻脣音。

　　*3.*咸攝入聲

　　　　開口一等合盍韻舌齒音。

開口二等洽狎韻舌齒音。

合口三等乏韻脣音。

【二】國語[o]的來源：

1. 果攝合口一等戈韻脣音。

2. 宕攝入聲開口一等鐸韻脣音。

3. 梗攝入聲開口二等陌麥韻脣音。

4. 曾攝入聲開口一等德韻脣音。

5. 臻攝入聲合口一等沒韻脣音。

【三】國語[ɤ]的來源：

1. 果攝一等歌戈韻喉牙音。

2. 假攝開口三等麻韻知照系。

3. 山攝入聲

開口一等曷韻喉牙音。

開口三等薛韻知照系。

4. 臻攝入聲

開口一等沒韻喉音。

開口二三等櫛質韻莊系。

5. 曾攝入聲

開口一等德韻端精系。

開口三等職韻莊系。

6. 梗攝入聲

開口二等陌麥韻知莊系。

7. 咸攝入聲

開口一等合盍韻喉牙音。

開口三等葉業韻知照系。

【四】國語[ai]的來源：

1. 蟹攝

開口一等咍泰韻

開口二等佳皆夬韻幫知莊系及溪母。

2. 曾攝入聲三等開口職韻莊系字語音。

3. 梗攝入聲開口二等陌麥韻幫知莊系語音。

【五】國語[ei]的來源：

1. 止攝

開口三等支脂韻脣音。

合口三等微韻脣音及支脂韻來母。

2. 蟹攝

合口一等灰泰韻脣音及泥來母。

合口三等廢韻脣音。

3. 曾攝入聲一等德韻語音。

【六】國語[au]的來源：

1. 效攝

開口一等豪韻

開口二等肴韻脣舌齒及影母。

開口三等宵韻知照系。

2. 流攝一等侯韻脣音。

3. 江攝入聲二等覺韻脣音語音。

4. 宕攝入聲

開口一等脣舌齒語語音。

開口三等藥韻知照系語音。

【七】國語[ou]的來源：

1. 流攝

　　一等侯韻。

　　三等尤幽韻脣音及莊知照系。

2.通攝入聲三等屋韻知照系。

【八】國語[an]的來源：

1.山攝

　　開口一等寒韻。

　　合口一等桓韻脣音。

　　開口二等刪山韻脣舌齒音。

　　開口三等仙韻知照系。

　　合口三等元韻脣音。

2.咸攝

　　開口一等覃談韻。

　　開口二等咸銜韻知照系。

　　開口三等鹽韻知照系。

　　合口三等凡韻脣音。

【九】國語[ən]的來源：

1.臻攝

　　開口一等痕韻喉牙音。

　　合口一等魂韻脣音。

　　開口二三等臻韻眞欣韻知照莊系。

　　合口三等文韻脣音。

2.深攝開口三等侵韻莊知照系。

【十】國語[aŋ]的來源：

1.江攝二等江韻脣音。

2.宕攝

　　開口一等唐韻。

開口三等陽韻知照系。

合口三等陽韻脣音。

【十一】國語[əŋ]的來源：

1. 通攝

一等東韻脣音

三等東鍾韻脣音。

2. 梗攝

開口二等庚耕韻。

開口三等庚清韻知照系。

3. 曾攝

開口一等登韻。

開口三等蒸韻知照系。

【十二】國語[ɿ]的來源：

1. 止攝開口三等支脂之韻精莊知照系及日母。

2. 臻攝入聲開口二三等櫛質韻莊知照系。

3. 梗攝入聲開口三等陌昔韻知照系。

4. 曾攝入聲開口三等職韻知照系。

5. 深攝入聲開口三等緝韻知照系。

【十三】國語[i]的來源：

1. 止攝開口三等支脂之微韻脣牙喉及端系。

2. 蟹攝開口三四等祭齊韻。

3. 臻攝入聲開口三等質迄韻喉牙脣及精系。

4. 梗攝入聲開口三四等陌昔韻錫韻喉牙脣及精系。

5. 曾攝入聲開口三等職韻喉牙脣及精系。

6. 深攝入聲開口三等緝韻喉牙及精系。

【十四】國語[ia]的來源：

1. 蟹攝開口二等佳韻喉牙音。

2. 果攝開口三等戈韻牙音。

3. 假攝開口二等麻韻喉牙音。

4. 山攝入聲二等黠鎋韻喉牙音。

5. 咸攝入聲二等洽狎韻喉牙音。

【十五】國語[ie]的來源：

1. 蟹攝開口二等皆佳韻喉牙音。

2. 果攝開口三等戈韻牙音。

3. 假攝開口三等麻韻喉牙及齒頭音。

4. 山攝入聲三四等月屑薛韻喉牙脣及端精系。

5. 咸攝入聲三四等葉怗業喉牙脣及端精系。

【十六】國語[iau]的來源：

1. 江攝入聲二等覺韻喉牙語音。

2. 效攝

二等肴韻喉牙音。

三四等宵蕭韻喉牙脣及端精系。

宕攝入聲三等藥韻牙脣及端精系語音。

流攝三等幽韻脣音。

【十七】國語[iou]的來源：

1. 流攝三等尤韻喉牙及端精系。

2. 流攝三等幽韻喉牙脣音

【十八】國語[ian]的來源：

1. 山攝

開口二等刪山韻喉牙音。

開口三四等元仙先韻喉牙脣及端精系。

2.咸攝

開口二等咸銜韻喉牙音。

開口三四等鹽添嚴韻喉牙脣及端精系。

【十九】國語[in]的來源：

1.臻攝開口三等眞欣韻喉牙脣及精系。

2.深攝三等侵韻喉牙脣及精系。

【二十】國語【iaŋ】的來源：

1.江攝開口二等江韻喉牙音。

2.宕攝開口三等陽韻喉牙及精系。

【二十一】國語【iŋ】的來源：

1.梗攝

開口二等庚耕韻喉牙音。

開口三等庚清韻喉牙脣音及精系。

開口四等青韻。

2.曾攝開口三等蒸韻喉牙脣及精系。

【二十二】國語【u】的來源：

1.遇攝

一等模韻。

三等魚虞韻脣音及莊知照系。

2.流攝一、三等侯尤韻脣音。

3.通攝入聲

一等屋沃韻。

三等屋燭韻脣音齒頭及來娘二母。

4.臻攝入聲

合口一等沒韻喉牙脣音。

合口三等術物韻脣音及知照系。

5.宕攝入聲合口三等藥韻脣音。

6.深攝入聲開口三等緝韻日母。

【二十三】國語【ua】的來源：

1.蟹攝合口二等佳夬兩韻喉牙音。

2.假攝合口二等麻韻。

3.山攝入聲

　　合口二等黠鎋韻。

　　合口三等月韻微母。

【二十四】國語【uo】的來源：

1.果攝

　　開口一等歌韻端精系。

　　合口一等戈韻脣音以外各系。

2.江攝入聲二等覺韻知莊系及影母。

3.山攝入聲

　　合口一等末韻脣以外各系。

　　合口三等月薛韻知照系。

4.宕攝入聲

　　開口三等藥韻知照系。

　　合口一等鐸韻喉牙音。

5.梗攝入聲合口二等陌麥韻喉牙音。

6.曾攝入聲合口一等德韻喉牙音。

【二十五】國語【uai】的來源：

1.止攝合口三等支脂韻莊系。

2.蟹攝

　　合口一等泰韻喉牙音。

　　合口二等佳皆夬韻。

【二十六】國語[uei]的來源：

1. 止攝合口三等支脂微非敷奉及娘來以外各系。

2. 蟹攝

合口一等灰泰韻脣音泥來母以外各系。

合口三等祭廢齊韻脣音以外各系。

【二十七】國語[uan]的來源：

山攝

1. 合口一等桓韻脣音以外各系。

2. 合口二等刪山韻。

3. 合口三等元仙韻莊知系及來徹二母。

【二十八】國語[uən]的來源：

臻攝

1. 開口一等痕韻端系。

2. 合口一等魂韻脣音以外系。

3. 合口三等諄文韻知照精系及來微二母。

【二十九】國語[uaŋ]的來源：

1. 江攝二等江韻知莊系。

2. 宕攝

開口三等陽韻莊系。

合口一等唐韻喉牙音。

合口三等陽韻喉牙及微母。

【三十】國語[uŋ]的來源：

1. 通攝

一等東冬韻脣音以外各系。

三等東鍾韻脣音以外各系。

2. 梗攝合口二等庚耕韻喉牙音。

　　3.曾攝合口一等登韻喉牙音。

【三十一】國語[y]的來源：

　　1.遇攝三等魚虞韻喉牙及精系。

　　2.通攝入聲三等屋燭韻喉牙及精系。

　　3.臻攝入聲合口三等術物韻喉牙及精系。

　　4.梗攝入聲合口三、四等昔錫韻喉牙音。

　　5.曾攝入聲合口三等職韻喉音。

【三十二】國語[ye]的來源：

　　1.果攝合口三等戈韻喉牙音。

　　2.江攝入聲二等覺韻喉牙音。

　　3.山攝入聲合口三、四等月薛屑韻喉牙及端精系。

　　4.宕攝入聲

　　　　開口三等藥韻喉牙及精系。

　　　　合口三等藥韻喉牙音。

【三十三】國語[yan]的來源：

　　山攝合口三、四等元仙先韻喉牙及精系。

【三十四】國語[yn]的來源：

　　臻攝合口三等喉牙及精系。

【三十五】國語[yuŋ]的來源：

　　1.通攝三等東鍾韻喉牙音。

　　2.梗攝合口三、四等庚清青韻喉牙音。

　　從《廣韻》演變至今國語，聲、韻、調三方面之演變過程，均已說明，茲舉幾則例證以說明如何根據目前國語之音讀，以上溯《廣韻》韻目之方法：

（一）例一：

　　國語「饒」讀「ʐau↑」，聲母只有日母一個來源，韻母[au]

是效攝字，其他宕、江兩攝入聲字也有讀[au]的，但都是語音，且日母是次濁聲母，入聲次濁聲母必讀第四聲，流攝讀[au]的是脣音字。今「饒」字既不讀第四聲，也無另外讀音，亦非脣音字。所以一定是效攝的字，效攝四韻，一等為豪、二等為肴、三等為宵、四等為蕭。日母只出現於三等韻，所以可以肯定「饒」惟一的來源，就是三等的宵韻。

（二）例二：

國語「燈」讀「təŋ」，[t]有兩個來源，端母及定母仄聲。燈讀第一聲，所以是端母。韻母[əŋ]，有曾攝一等、梗攝二、三等、通攝一、三等脣音，端母只出現於一、四等，四等沒有讀[əŋ]的，所以一定是一等登韻。

（三）例三：

國語「紡」字讀[faŋ˅]，[f]的來源有三：即輕脣音非敷奉，非敷奉只出現在三等合口韻，韻母[aŋ]的來源有四，宕攝一等開口唐韻，三等開口陽韻知照系，三等合口陽韻脣音。國語的第三聲自《廣韻》上聲清聲母及次濁聲母，非敷正是清聲，所以「紡」字一定屬於陽韻的上聲「養」韻了。

（四）例四：

國語「敵」字讀[ti˩]，[t]有兩個來源，端母及定母仄聲，端定兩母皆有可能，兩母皆屬於舌頭音，舌頭音只出現於一、四等韻，一等韻是洪音，韻母不可能是[i]，四等韻讀[i]的只有齊薺霽與錫的開口韻了，無論是端母抑定母，在平上去三聲中，都不可能有第二聲的讀法，今「敵」讀[ti˩]，一定是入聲錫韻無疑了。因為入聲在全清與全濁聲母都是以讀第二聲為規範的。

（五）例五：

國語「含」字讀[xan˩]，國語[x]的來源有二：即曉匣二母的

洪音，今國語讀第二聲，一定來自匣母。韻母[an]的來源很多，但由於聲母匣只出現於一、二、四等，喉音在二、四等不可能讀[an]，如此一來，只剩下山咸兩攝開口一等的寒、覃、談三韻了。到底是那一韻，由國語音讀只能推到這一步。如果加上其他的條件，就又可以進一層推斷，「含」從今聲，今聲的字，古韻屬侵部，而寒屬元部、覃屬侵部、談屬談部，所以很明顯地可以知道「含」字一定是屬於「覃」韻。

第十三節　《廣韻》二百六韻之擬音

　　《廣韻》二百零六韻，我們可以用二百零六個不同的漢字來代表它二百零六個不同的韻目，雖然有些韻目在音讀上，像一東、二冬，並沒有任何語音上的差別，而在字形上，確有不同之形體，觀其形體之差異，即知爲不同之韻，所以《廣韻》二百六韻，在中文來說，亦僅是一種書寫系統之差異，如果《廣韻》音讀，僅僅作爲一種區別之符號，則用音標擬成二百零六韻的韻值，代表不同系統之區別符號，自無不可。故今即以此一觀點，以著手擬音，擬音之先後次序，即以等韻之十六攝先後爲序。當然，如果牽涉到《廣韻》之眞正讀音時，則須要另加考慮與擬構，且留到下文再說。現在按十六攝之次序，逐一將構擬之韻值列出。至其所以如此構擬之理由，則請參考拙著《廣韻研究》。

【一】通攝：

東、董、送	開口一等[-oŋ]	屋開口一等[-ok]
	開口三等[-ĭoŋ]	開口三等[-ĭok]
冬（湩）宋	合口一等[uŋ]	沃合口一等[uk]
鍾腫用	合口三等[ĭuŋ]	燭合口三等[ĭuk]

【二】江攝

　　江講絳開口二等[ɔŋ]　　　　　　覺開口二等[ɔk]

【三】止攝

　　開　　　口　　　　　　　　　　合　　　口

　　支一、紙一、寘一-ĭɜ　　　　　　支二、紙二、寘二-ĭuɜ

　　脂一、旨一、至一-ĭe　　　　　　脂二、旨二、至二-ĭue

　　之　、止　、志-ĭə

　　微一、尾一、未一-ĭəi　　　　　　微二、尾二、未二-ĭuəi

【四】遇攝

　　開　　　口　　　　　　　　　　合　　　口

　　一等　　　　　　　　　　　　　模-u

　　三等魚-ĭo　　　　　　　　　　　虞-ĭu

【五】蟹攝

　　開　　　口　　　　　　　　　　合　　　口

　　一等咍、海、代 -əi　　　　　　灰　、賄　、隊 -iuəi

　　　　　　　泰一 -ai　　　　　　　　　泰二 -uai

　　二等皆一、駭一、怪一-ɐi　　　皆二、駭二、怪二- uɐi

　　　　佳一、蟹一、卦一-æi　　　佳二、蟹二、卦二-uæi

　　　　　　　夬二 -ai　　　　　　　　　夬一 -uai

　　三等　　　祭一-ĭɛi　　　　　　　　　祭二 -ĭuɛi

　　　　　　　廢一 -ĭɐi　　　　　　　　　廢二 -ĭuɐi

　　　　齊三　　　-ĭei

　　四等齊一、薺一、霽一 -iei　　齊二、　霽二　-iuei

【六】臻攝

　　開　　　口　　　　　　　　　　合　　　口

　　一等痕、很、恨-ən　麧-ət　　　魂、混、慁-uən　沒-uət

二等臻　　　　　-en　櫛-et

三等眞、軫、震-ǐen　質-ǐet　　諄、準、稕-ǐuen　術-ǐuet

欣、隱、焮-ǐən　迄-ǐət　　文、吻、問-ǐuən　物-ǐuət

【七】山攝

開　　口　　　　　　　　　合　　口

一等寒　、旱　、翰 -ɑn　曷-ɑt　桓　、緩　、換 -uɑn　末-uɑt

二等刪一、潸一、諫一-an　鎋一-at　刪二、潸二、諫二-uan　鎋二-uat

山一、產一、襇一-æn　黠一-æt　山二、產二、襇二-uæn　黠二-uæt

三等元一、阮一、願一-ǐɐn　月一-ǐɐt　元二、阮二、願二-ǐuɐn　月二-ǐuɐt

仙一、獮一、線一-ǐɛn　薛一-ǐɛt　仙二、獮二、線二-ǐuɛn　薛二-ǐuɛt

四等先一、銑一、霰一-ien　屑一-iet　先二、銑二、霰二-iuen　屑二-iuet

【八】效攝

一等豪皓號-ɑu　二等肴巧效-ɔu　三等宵小笑-ǐɛu　四等蕭篠
嘯-ieu。

【九】果攝

開　　口　　　　　　　合　　口

一等歌哿箇[ɑ]　　　　戈一果過[uɑ]

三等戈二 [ǐɑ]　　　　戈三[ǐuɑ]

【十】假攝

開　　口　　　　　　　合　　口

二等麻一馬一禡一[a]　　麻二馬二禡二[ua]

三等麻三馬三禡三[ǐa]

【十一】宕攝

開　　口　　　　　　　合　　口

一等唐一蕩一宕一[ɑŋ]　鐸一[ɑk]　唐二蕩二宕二[uɑŋ]　鐸[uɑk]

三等陽一養一漾一[ǐɑŋ] 藥一[ǐɑk]　陽二養二漾二[ǐuɑŋ] 藥二[ǐuɑk]

【十二】梗攝

開　　口　　　　　　　　　　　合　　口

二等庚一梗一映一[aŋ]　陌[ak]　　庚二梗二映二[kuaŋ]　陌二[kuak]

　　耕一　　諍[æŋ]　麥[æk]　　　　耕二　[uæŋ]麥二[uæk]　三等

庚三梗三映三[ĭaŋ]　陌三[ĭak]　　庚四梗四映四[ĭuaŋ]　陌四[ĭuak]

　　清一靜一勁一[ĭɛŋ]　昔一[ĭɛk]　清二靜二[ĭuɛŋ]　昔二[ĭuɛk]

四等青一迥一徑一[ieŋ]　錫一[iek]　青二迥二[iueŋ]　錫二[iuek]

【十三】曾攝

　　開　　口　　　　　　　　　　合　　口

　　一等登一等嶝[əŋ]　德一[ək]　　登二[uəŋ]　德二[uək]

　　三等蒸　拯證[ĭəŋ]　職一[ĭək]　　　　　　職二[ĭuək]

【十四】流攝

　　流攝韻母如下：

　　開　口

　　一等侯　厚　候[ou]

　　三等尤　有　宥[ĭou]

　　　　幽　黝　幼[ĭəu]

【十五】深攝

　　深攝韻母如下：

　　開　口

　　三等侵寢沁[ĭəm]緝[ĭəp]

【十六】咸攝

　　開　口　　　　　　　　　　合　口

　　一等　覃感勘[əm]　合[əp]

　　　　　談敢闞[ɑm]　盍[ɑp]

　　二等　咸豏陷[ɐm]　洽[ɐp]

　　　　銜檻鑑[am]　狎[ap]

三等 嚴儼釅[ĭɐm]　業[ĭɐp]　　　凡范梵[ĭuɐm]　乏[ĭuɐp]

　　　鹽琰豔[ĭɛm]　葉[ĭɛp]

四等 添忝桥[iem]　怗[iep]

　　至於輕脣十韻，高本漢以三等合口爲其分化條件，但此一條件，與韻圖不合，吾人將東韻與侯、尤擬成以 o 爲主要元音之韻，對變輕脣之條件不合高氏之標準，其實影響不大，僅須說變輕脣之條件，乃以 ĭ 加 u 或 o 便可，因爲 u 和 o 均帶圓脣性，三等介音-ĭ-加上圓脣元音，即爲輕脣分化之條件。

　　下文更從陰陽對轉相配之立場，列表來看各韻之關係：

陽　聲	入　聲	陰　聲
東開一-oŋ	屋開一-ok	侯開一-ou
東開三-ĭoŋ	屋開三-ĭok	尤開三-ĭou
		魚開三-ĭo
多合一-uŋ	沃合一-uk	模合一-u
鍾合三-ĭuŋ	燭合二-ĭuk	虞合三-ĭu
江開二-ɔŋ	覺開二-ɔk	肴開二-ɔu
眞開三-ĭen	質開三-ĭet	脂開三-ĭe
諄合三-ĭuen	術合三-ĭuet	脂合三-ĭue
臻開二-en	櫛開二-et	
欣開三-ĭən	迄開三-ĭət	微開三-ĭəi
文合三-ĭuən	物合三-ĭuət	微合三-ĭuəi
痕開一-ən	麧開一-ət	咍開一-əi
魂合一-uən	沒合一-uət	灰合一-uəi
寒開一-ɑn	曷開一-ɑt	泰開一-ɑi
桓合一-uɑn	末合一-uɑt	泰合一-uɑi

刪開二-an	鎋開二-at	夬開二-ai
刪合二-uan	鎋合二-uat	夬合二-uai
山開二-ɐn	黠開二-ɐt	皆開二-ɐi
山合二-uɐn	黠合二-uɐt	皆合二-uɐi
元開三-ǐɐn	月開三-ǐɐt	廢開三-ǐɐi
元合三-ǐuɐn	月合三-ǐuɐt	廢合三-ǐuɐi
仙開三-ǐɛn	薛開三-ǐɛt	祭開三-ǐɛi
仙合三-ǐuɛn	薛合三-ǐuɛt	祭合三-ǐuɛi
先開四-ien	屑開四-iet	齊開四-iei
先合四-iuen	屑合四-iuet	齊合四-iuei
		齊開三-ǐei
陽開三-ǐaŋ	藥開三-ǐak	戈開三-ǐɑ
陽合三-ǐuaŋ	藥合三-ǐuak	戈合三-ǐuɑ
唐開一-ɑŋ	鐸開一-ɑk	歌開一-ɑ
		豪開一-ɑu
唐合一-uɑŋ	鐸合一-uɑk	戈合一-uɑ
庚開二-aŋ	陌開二-ak	麻開二-a
庚合二-uaŋ	陌合二-uak	麻合二-ua
庚開三-ǐaŋ	陌開三-ǐak	麻開三-ǐa
庚合三-ǐuaŋ	陌合三-ǐuak	
耕開二-æŋ	麥開二-æk	佳開二-æi
耕合二-uæŋ	麥合二-uæk	佳合二-uæi
清開三-ǐɛŋ	昔開三-ǐɛk	支開三-ǐɛ
		宵開三-ǐɛu
清合三-ǐuɛŋ	昔合三-ǐuɛk	支合三-ǐuɛ
青開四-ieŋ	錫開四-iek	蕭開四-ieu

青合四-iueŋ	錫合四-iuek	
蒸開三-i̯əŋ	職開三-i̯ək	之開三-i̯ə
		幽開三-i̯əu
	職合三-i̯uək	
登開一-əŋ	德開一-ək	咍開一-əi
登合一-uəŋ	德合一-uək	灰合一-uəi
侵開三-i̯əm	緝開三-i̯əp	
覃開一-əm	合開一-əp	
談開一-ɑm	盍開一-ɑp	
鹽開三-i̯ɛm	葉開三-i̯ɛp	
添開四-iem	帖開四-ie	
咸開二-ɐm	洽開二-ɐp	
銜開二-am	狎開二-ap	
嚴開三-i̯ɐm	業開三-i̯ɐp	
凡合三-i̯uɐm	乏合三-i̯uɐp	

以上二百零六韻除侵覃以下九韻無相配之陰聲韻外，大致說來，相配得很整齊，除少數幾部，或者無相當之陽聲，或者無相當之陰聲外，幾乎皆陰陽相對，極其整齊，此亦吾人應該在擬音時注意其音韻結構問題。有些部旣可說與此部對轉，也可說與彼部對轉，若齊韻，可說爲先、屑之對轉韻部，又何嘗不可說爲青、錫之對轉韻部？原則上，吾人以陰聲之-i尾韻韻部，作爲陽聲-n 尾韻，入聲-t 韻之對轉韻部；陰聲之無尾韻或-u 尾韻之韻部，作爲陽聲-ŋ、入聲-k尾之對轉韻部。但此雖屬大多數情況，然亦有溢出此一範圍者，但有一點可以確定，凡是對轉之韻部，其主要元音必然相同。至於何以擬測，可參見拙著《廣韻研究》，此不重贅。

　　上面所擬測之《廣韻》二百六韻讀，純粹基於書寫系統，正如同吾人用二百零六漢字以代表《廣韻》韻目之性質相同，至於每一韻目之實際音讀，恐每一種方言之讀法均不相同，而且其區別亦無此複雜。《切韻》與《廣韻》旣非當時之標準音，亦非記錄當時一地之方音。王力說：「假如只記錄一個地域的具體語音系統，就用不著『論南北是非，古今通塞』，也用不著由某人『多所決定』了。」因爲《廣韻》二百六韻乃論南北是非、古今通塞而定，故在實際語言音讀之擬構，首先應推測出以隋、唐時何處之語音來擬構，用何種方言系統來推測《廣韻》之音讀。若如此擬構，則《廣韻》二百六韻之讀音，當減少甚多。王力云：「隋時大約是以洛陽語音作爲標準音，詩人們寫詩大約是按照這實際語音來押韻，並不需要像《切韻》分得那麼細。唐封演《聞見記》說：『隋陸法言與顏、魏諸公定南北音，撰爲《切韻》，……以爲楷式。而先、仙，刪、山之類，分爲別韻，屬文之士，苦其苛細。國初許敬宗等詳議，以其韻窄，奏合而用之。』現在《廣韻》每卷目錄於各韻下注明『獨用』、『某同用』字樣，就是許敬宗等的原注。其實『奏合而用之』，也一定有具體語音系統作爲標準，並不是看見韻窄就把他們合併到別的韻去，看見韻寬就不併了。例如看韻夠窄了，也不合併於蕭、宵或豪；欣韻夠窄了，也不合併於文或眞；脂韻夠寬了，反而跟支之合併。這種情況，除了根據實際語音系統以外，得不到其他的解釋。這樣我們對於第七世紀（隋代及唐初）的漢語標準音，就可以肯定它的語音系統，再根據各方面的證明（如日本、朝鮮、越南的借詞；梵語、蒙語的對譯，現代漢語方言的對應等等），就可以構擬出實際的音位來。」今以王力所構擬之洛陽音——隋唐時期之標準音爲依據，說明二百六韻之音讀。如有改訂，則加以說明，與王

氏同者則依王氏，不再說明。

【一】陰聲韻部

1. 無尾韻母

a 韻（歌戈同用）：歌 ɑ、戈 uɑ、迦 iɑ、靴 iuɑ。

按根據蕭宵同用、先仙同用、鹽添同用、屑薛同用、葉怗同用之註，顯然三四等字，在許敬宗奏請許以附近通用之官令，三等字與四等字已不復區分矣。則三等介音與四等介音可無庸區分，今即以舌面前高元音 i 爲三四等韻共同介音。

a 韻（麻獨用）：麻 a、瓜 ua、車 ia。

o 韻（魚獨用）：魚 io。

u 韻（虞模同用）：孤 u、俱 iu。

i 韻（支脂之同用）：飢 i、龜 iui。

按 i 韻合口，王力擬作 ui，但在韻圖仍爲三等字，有照系及群紐字，則不能無 i 介音，因爲此諸紐字之特性，必須與 i 介音相接合始自然。

2. i 尾韻母

əi 韻（灰咍同用）（微獨用）：臺əi、回 uəi、衣 iəi、圍 iuəi。

灰咍不與微同用，則是由於洪細音之差異。從對轉立場來看，咍與痕對轉，灰與魂對轉，微韻開口與欣韻對，合口與文韻對轉，而痕、魂、欣、文之主要元音皆爲ə。則王力以咍爲ɒi、灰爲 uɒi；董同龢以咍爲 Ai、灰爲 uAi 之擬測，均與對轉之陽聲韻部不相應，故今不從。此亦可以說明後來唐宋詞之押韻中，爲什麼咍灰韻字常常與微相亂，因爲主要元音相同，僅不過洪細之差而已。若將主要元音擬成ɒ或 A，而竟然常相混，在實際語音上，相差太遠，總覺牽強。

ɑi 韻（泰獨用）：蓋ɑi、外 uɑi。

ai 韻（佳皆夬同用）：佳 ai、懷 uai。

ɛi 韻（霽祭同用）：奚例 iɛi、攜芮 iuɛi。

按《廣韻》上平聲卷第一韻目，在齊韻下注獨用，上聲薺下亦注獨用，然去聲霽下則注「祭同用」，是在《廣韻》已應元音相同，始可同用相押。不僅此也，在《經史正音切韻指南》蟹攝外二開口呼，更明言祭韻宜併入霽韻。雖然《經史正韻切韻指南》時代稍晚，不足以爲直接證據，但因有《廣韻》同用之注等直接證據，那末，用作旁證仍是可以，此亦顯示一點，在實際語言中，三等與四等已無介音之差異。

ɐi 韻（廢獨用）：刈 iɐi、廢 iuɐi。

按在《經史正音切韻指南》蟹攝外二合口呼圖亦云「廢韻宜併入霽韻」，爲何吾人不根據《切韻指南》將此韻合併於霽韻裏，或如同祭韻，擬測與霽韻音讀相同，而要有所區別，因爲《廣韻》注明「廢獨用」，獨用就不可同霽韻押韻，當然不可將音讀擬測相同。但三、四等之混一，仍可以採用，亦即在介音方面已經無三、四等之區別。所以將廢韻之元音擬作ɐ者，因爲《韻鏡》將廢韻寄放在內轉第九、第十兩圖中之入聲地位，與微尾未共一圖，微尾未所擬定爲 iəi 及 iuəi 韻母，而廢韻與之共圖，必定元音與之相近方可，故定作ɐ，還有更重要之原因，因爲廢韻與元韻爲對轉之韻，元韻既是ɐn，則廢韻只有作ɐi 矣。

3. u 尾韻母

ɑu 韻（豪獨用）：高ɑu。

ɔu 韻（肴獨用）：交ɔu。

iɔu 韻（蕭宵同用）：聊遙 iɔu。

按肴韻既獨用，而其對轉之韻部爲江，入聲爲覺，江既定作ɔŋ，覺爲ɔk，則肴定作ɔu，自最合理，其所以不與豪合韻者，

亦以其元音相去太遠也。此外，在《經史正音切韻指南》平聲蕭與宵合爲宵，上聲篠與小合爲小，去聲嘯與笑合爲笑。可見在讀音上已無分別，而廣韻又注明「蕭宵同用」，故可比照祭霽之擬音，三、四混等，擬成讀音相同。

ou 韻（尤侯幽同用）：鉤 ou、鳩虯 iou。

【二】陽聲韻部

1. ŋ 尾韻母

oŋ 韻（東獨用）：公 oŋ、弓 ioŋ。

uŋ 韻（冬鍾同用）：宗 uŋ、縱 iuŋ。

按東冬二韻之主要元音，本篇所擬，正好與王力《漢語音韻》所定相對掉換，吾人所持之理由，爲《韻鏡》東韻在內轉第一開，《七音略》標明爲「重中重」，則顯然屬開口一類。至於冬鍾二韻，《韻鏡》在內轉第二開合，《七音略》則標明「輕中輕」。以《七音略》校《韻鏡》，則《韻鏡》之「開」字似爲衍文，孔仲溫氏《韻鏡研究》第二章〈韻鏡內容〉一節，謂「因而此圖之標『開合』，恐當作『合』，『開』字爲誤衍也。」冬韻爲合口顯然，如此則以東韻之主要元音爲 o，冬爲 u，不亦十分合理乎！

ɔŋ 韻（江獨用）：腔ɔŋ

ɑŋ 韻（陽唐同用）：岡ɑŋ、光 uɑŋ、姜 iɑŋ、王 iuɑŋ。

按王力作 aŋ，今不從。因爲在《經史正音切韻指南》裏，唐韻與豪、歌、戈入聲同爲鐸，而歌、戈、豪三韻之主要元音均擬測爲ɑ，則陽、唐二韻之主要元音自亦以ɑ最爲理想。若作a，則不可能同入矣。

ɐŋ 韻（庚耕清同用）：庚ɐŋ、橫轟uɐŋ、京驚 iɐŋ、營 iuɐŋ、瓊 iuɐŋ。

庚耕兩韻之字，在現代方言中，多數方言韻母之主要元音

為ə，亦有一些是 a。例如庚韻之「撐」，北京、濟南皆讀 tʂˋəŋ，西安、太原讀 tsˋəŋ，漢口、成都、揚州、長沙皆讀 tsˋən，而蘇州、南昌、梅縣讀 tsˋaŋ，廣州讀 tʃˋaŋ，福州讀 tˋaŋ。耕韻之「橙」，北京、濟南、西安、太原皆讀 tʂˋəŋ，漢口、成都、揚州、梅縣均讀 tsˋən，但蘇州讀 zaŋ，南昌讀 tsˋaŋ，廣州讀 tʃˋaŋ。清韻之「聲」，北京、濟南、西安、太原讀ʂəŋ，漢口、成都、揚州、南昌皆讀 sən，而梅縣讀 saŋ，福州讀 siaŋ，蘇州又讀 saŋ。所以庚耕清三韻之元音，應該介於ə與 a 之間的音，既然如此，故吾人選擇ɐ。

　　ɛŋ 韻（青獨用）：經 iɛŋ、坰 iuɛŋ。

　　əŋ 韻（蒸登同用）：登 əŋ、肱 uəŋ、陵 iəŋ。

2. n 尾韻母

　　ɑn 韻（寒桓同用）：干 ɑn、官 uɑn。

　　an 韻（刪山同用）：姦閑 an、關鰥 uan。

　　ɐn 韻（元魂痕同用）：痕 ɐn、昆 uɐn、言 iɐn、袁 iuɐn。

　　ən 韻（欣文同用）：斤 iən、雲 iuən。

　　按欣韻王力作 ien，自是韻書早期現象，戴震《聲韻考》云：「按景祐中以賈昌朝請韻窄者凡十三處，許令附近通用，於是合欣于文、合隱于吻、合焮于問、合迄于物。」按景祐為宋仁宗年號，賈昌朝許令通用之時，必此二韻之相通，定已有一段相當長之時間，故乃有奏請附近通用之舉。且欣韻在對轉方面，是與微韻之開口字相配，文韻則與微韻之合口字相配，《韻鏡》欣隱焮迄四韻在外轉第十九開，文吻問物在外轉第二十合，可見是開合相對之兩轉，文韻既是 iuən 而無可爭議。則欣韻定作 iən 亦頗為適宜。

　　in 韻（真諄臻同用）：鄰臻 in，倫荀 iun。

ɛn 韻（先仙同用）：前連 iɛn，玄緣 iuɛn。

按先仙二韻音讀之情形，實與霽祭相平行，而且亦屬相對轉之韻部，霽祭既已定作ɛi，則先仙定爲ɛn，豈非極爲自然！

3. m 尾韻母

ɑm 韻（覃談同用）：含甘ɑm。

am 韻（咸銜同用）：咸銜 am。

ɐm 韻（嚴凡同用）：嚴 iɐm，凡 iuɐm。

ɛm 韻（鹽添同用）：廉兼 iɛm。

im 韻（侵獨用）：林森 im。

【三】入聲韻部

1. k 尾韻母

ok 韻（屋獨用）：鹿 ok、六 iok。

uk 韻（沃燭同用）：沃 uk、玉 iuk。

ɔk 韻（覺獨用）：角ɔk。

ɑk 韻（藥鐸同用）：各ɑk、郭 uɑk、略 iɑk、縛 iuɑk。

按王力定作ak，今改訂作ɑk。理由與陽聲韻之陽唐兩韻同。

ɐk 韻（陌麥昔同用）：格革ɐk、獲 uɐk、戟益 iɐk、役 iuɐk。

ɛk 韻（錫獨用）：歷 iɛk、闃 iuɛk。

ək 韻（職德同用）：則ək、或 uək、力 iək、域 iuək。

2. t 尾韻母

ɑt 韻（曷末同用）：割ɑt、括 uɑt。

at 韻（黠鎋同用）：八鎋 at、滑刮 uat。

ɐt 韻（月沒同用）：麩ɐt、骨突 uɐt、訐歇 iɐt、越髮 iuɐt。

ət 韻（迄沒同用）：迄 iət、物 iuət。

按迄物之擬音，其理與欣文同。

it 韻（質術櫛同用）：質櫛 it、律率 iut。

ɛt 韻（屑薛同用）：結列 iɛt、決劣 iuɛt。

按屑薛之擬音與先仙平行，其理與先仙同。

3. p 尾韻母

ɑp 韻（合盍同用）：合盍ɑp。

ap 韻（洽狎同用）：洽狎 ap。

ɐp 韻（業乏同用）：業 iɐp、法 iuɐp。

ɛp 韻（葉帖同用）：涉協 iɛp。

ip 韻（緝獨用）：入習 ip。

王力《漢語史稿》說：「在《廣韻》裏，入聲和鼻音收尾的韻母相配，形成很整齊的局面。k 和 ŋ 同是舌根音；t 和 n 是齒音，p 和 m 是脣音。相配的韻，連其中所抱含韻母也是相同的，例如：有 uŋ、iuŋ，就有 uk、iuk；有 ɐŋ、uɐŋ、iɐŋ、iuɐŋ，就有 ɐk、uɐk、iɐk、iuɐk。個別的地方不能相配，例如入聲有 iuɐk 而平上去聲沒有 iuɐŋ，那是所謂有音無字，iuɐŋ 在語音系統中還是存在的。」

第三編　等　韻

第一章　等韻概説

第一節　緒　論

一、等韻與等韻圖：

　　等韻乃古代進一步說明反切之方法，主要表現爲反切圖，古人稱之爲「韻圖」，宋元兩代反切圖乃專據《切韻》、《唐韻》、《廣韻》、《集韻》等韻書之反切而作。以切語拼切字音之方法不易掌握。於是等韻家受佛經「轉唱」之影響，所謂轉唱，根據日僧空海在悉曇字母並釋義，於迦、迦、祈、雞、句、句、計、蓋、句、晧、欠、迦之後注云：

> 「此十二字者，一箇‘迦’字之轉也。從此一迦字門出生十二字。如是一一字母各出生十二字，一轉有四百八字。如是有二合、三合之轉，都有三千八百七十二字。此悉曇章，本有自然眞實不變常住之字也。」[1]

　　趙蔭棠云：「從此看來，我們很可以明白‘轉’是拿著十二

1　見趙憩之（蔭棠）《等韻源流》第一編等韻之醞釀 16 頁，文史哲出版社民國六十三年二月再版。

元音與各輔音相配合的意思。以一個輔音輪轉著與十二元音相拼合，大有流轉不息之意。」[2]

我國等韻學上所謂轉，實即神襲此意而來。受此影響之後，於是比較韻書各韻之異同，分爲四等，然後更依四等與四聲相配之關係，合若干韻母以爲一圖，聲母韻母與聲調旣作過有系統之歸納，然後橫列字母，縱分四等，作成若干圖表，稱之爲等韻圖。等韻之作者以爲只須熟悉圖中每一音節之讀法，再據反切上下字之位置以求，則每一字音皆可求得其正確之讀音。

二、四等之界說：

等韻之分四等，人皆知之，然四等分別之標準何在？則言之不一。江氏永《四聲切韻表·凡例》云：「音韻有四等，一等洪大，二等次大，三四皆細，而四尤細，學者未易辨也。」江氏旣云學者未易辨，故洪大、次大、細與尤細之間，尚難明也。直至瑞典高本漢（B. Karlgren）博士撰《中國音韻學研究》，始假定一、二等無 i 介音，故同爲洪音，然一等元音較後較低（grave）故爲洪大，二等元音較前較淺（aigu）故爲次大。三四等均有 i 介音，故同爲細音，但三等元音較四等略後略低，故四等尤細。今以山攝見紐字爲例，高氏所假定四等之區別如下表：

等　　　　　呼	開　　　　口	合　　　　口
一　　等	干 kɑn	官 kuɑn
二　　等	艱 kan	關 kwan
三　　等	建 kjiɐn[3]	勬 kjiwæn
四　　等	堅 kien	涓 kiwen

2　見上書 16 頁。

羅莘田先生《漢語音韻學導論》云：「今試以語音學術語釋之，則一、二等皆無[i]介音，故其音大，三、四等皆有[i]介音，故其音細。同屬大音，而一等之元音較二等之元音略後略低，故有洪大與次大之別。如歌之與麻，咍之與皆，泰之與佳，豪之與肴，寒之與刪，覃之與咸，談之與銜，皆以元音之後[ɑ]與前[a]而異等。[4] 同屬細音，而三等之元音較四等之元音略後略低，故有細與尤細之別，如祭之與霽，宵之與蕭，仙之與先，鹽之與添，皆以元音之低[ɛ]高[e]而異等。[5] 然則四等之洪細，指發元音時口腔共鳴之大小而言也。惟冬之與鍾、登之與蒸，以及東韻之分公、弓兩類，戈韻之分科、瘸兩類，麻韻之分家、遮兩類，庚韻之分庚、京兩類，則以有無[i]介音分。[6]」

按高、羅二氏以語音學理元音共鳴之大小與介音[i]之有無，作為分辨江氏洪大、次大、細與尤細之辨，自然較為清楚而且容易掌握。但仍然存在著不少問題。高、羅二氏既說一、二等之區別繫於元音之後[ɑ]與前[a]。然而吾人當問：如何始知歌、咍、泰、豪、寒、覃、談諸韻為[ɑ]元音？而麻、皆、佳、肴、刪、咸、銜諸韻之元音為前元音[a]？恐怕最好回答即為，歌、咍、

3　建借元韻去聲願韻字，因仙韻三等開口適無字，仙韻三等見紐字之音為 kjĭæn。

4　按依高羅二氏之擬音歌為ɑ、麻為 a；咍為ɑi、皆為 ai；泰為ɑi、佳為 ai；豪為ɑu、肴為 au；寒為ɑn、刪為 an；覃為ɑm、咸為 am；談為ɑm、銜為 am。不過高氏以為咍、覃二韻之元音ɑ為ɑ短元音，泰、談二韻之元音ɑ為長元音，皆、咸二韻之元音 a 為短元音，佳、銜二韻之元音 a 為長元音，作為區別。

5　按依高羅二氏之擬音，祭為 ĭɛn、霽為 ien；宵為 ĭɛu、蕭為 ieu；仙為 ĭɛn、先為 ien；鹽為 ĭɛm、添為 iem。

6　多為 uoŋ、鍾為 ĭuoŋ；登為 əŋ、蒸為 ĭəŋ；東公為 uŋ、東弓為 ĭuŋ；戈科為 uɑ、科瘸 ĭuɑ 以上是一等韻與三等韻之區別。麻家為 a、麻遮為 ĭa；庚庚為 aŋ、庚京為 ĭaŋ。以上是二等韻與三等韻之區別。

……等韻在一等韻，麻、皆、……等韻在二等韻，此爲存在之問題一。或者說：根據現代各地方言推論出歌、哈……等韻讀[ɑ]，麻、皆、等韻讀[a]。對一初學聲韻學者，要從何處掌握如許多之方言資料？如何推論？皆爲極棘手之問題，此爲存在問題之二。何以等韻四等之分，在[a]類元音中有高低前後之別，作爲洪大、次大、細與尤細分辨之標準，而在其他各類元音如[u]、[o]、[ə]、[ɐ]等則沒有此種區別，此爲存在問題之三。何以在[a]類元音之中，三等戈韻瘸類[ǐuɑ]之元音，反而比二等麻韻瓜類[ua]之元音既後且低？此爲存在問題之四。何以在[a]類元音中，二等元音是[a]，三等元音是[ɛ]，而麻韻二等家類[a]與三等遮類[ǐa]卻爲同一元音？與其他二、三等之區別不同。此爲存在問題之五。因有此五類問題存在，所以高、羅二氏解釋四等之說法，並不能就此認爲定論。王力先生《漢語音韻·第六章等韻》云：

> 韻圖所反映的四等韻只是歷史的陳跡了。[7]

韻圖之四等既爲歷史陳跡，自非實際語音系統，則其四等之別，自難遵依江永之說，江氏之說既不可從，則四等之別當何所依乎！

蘄春黃侃《聲韻通例》云：

> 凡變韻之洪與本韻之洪微異，變韻之細與本韻之細微異，分等者大概以本韻之洪爲一等，變韻之洪爲二等，本韻之細爲四等，變韻之細爲三等。[8]

7　見《漢語音韻·第六章等韻·《切韻》和等韻的參差》123 頁，中華書局香港分局 1984 年 3 月重印本。

8　見《黃侃論學雜著·聲韻通例》一四一頁。學藝出版社 民國五十八年五月初版。按《黃侃論學雜著》誤爲「本韻之細爲三等，變韻之細爲四等。」今改正。

今揆其意，蓋謂韻圖之分等，實兼賅古今之音，開合之圖各為四格，一、二兩等皆洪音，三、四兩等皆細音，但一、四兩等為古本音之洪細，二、三兩等為今變音之洪細耳。此說多麼簡直而易曉！試以東韻公、弓兩類為例，加以說明。東韻公類為洪音，應置於一等或二等，但公類所有反切上字皆古本聲，所以為古本韻之洪音，自應列於一等，毫無疑問。東韻弓類為細音，應置於三等或四等，因弓類反切上字雜有今變聲，故為變韻之細音，所以應置於三等。此亦無可疑者。推之歌、哈、泰、豪、寒、覃、談諸韻，因皆為洪音，而反切上字皆為古本聲，故為古本韻之洪音，乃悉置於一等。而麻、皆、佳、肴、刪、咸、銜諸韻，雖亦為洪音，但其反切上字雜有今變聲，故為今變韻之洪音，所以乃置於二等。祭、宵、仙、清、鹽諸韻為細音，其反切上字雜有今變紐，故為今變韻之細音，實為三等韻。而霽、蕭、先、青、添諸韻亦為細音，其反切上字悉為古本聲，故為古本韻之細音，所以為四等韻。標準一致，沒有歧異。洪細以[i]介音之有無為準，聲母之正變既易掌握，則何韻歸於何等，自可一目了然，而無所致疑。

今再舉《韻鏡》外轉二十三開與外轉二十四合兩轉牙音字為例，列表說明其四等之區別與洪細正變之關係：

韻目＼聲母		疑	群	溪	見
古洪	寒	豻	○	看	干
今洪	刪	顏	○	馯	姦
今細	仙	妍	乾	愆	○
古細	先	研	○	牽	堅

韻目＼聲母		疑	群	溪	見
古洪	桓	岏	○	寬	官
今洪	刪	癏	○	○	關
今細	仙	○	權	棬	勬
古細	先	○	○	○	涓

此表一目了然，古本音之洪在一等，今變音之洪在二等，今變音之細在三等，古本音之細在四等。上表爲外轉二十三開，下表爲外轉二十四合。

三、等韻之作用：

等韻圖有何功用？當如何利用？旣談等韻，此不可不知也。如前所言，等韻所以明反切，例如吾人翻查字書，遇有切語，一時不能切出正確之讀，則可利用韻圖以推其音讀。

查音之方法，首先應查出切語上下字屬於何圖，《七音略》與《韻鏡》等韻圖，雖與《廣韻》韻部次序不盡相同，然畢竟大致不差，吾人只須熟記《廣韻》平聲韻部（上去入可類推），就大致可知某韻屬於某圖，或其附近之圖。以《七音略》言，惟麻韻與陽韻之間插入覃、談、鹽、添、咸、銜、嚴、凡八韻，尤韻與蒸韻之間插入侵韻之外，其餘各韻之次序，與《廣韻》全同。至於《韻鏡》之次序與《廣韻》更爲接近，惟蒸韻置於最後，略有不同而已。

能知切語上下字屬於何圖之後，次一步驟則易知矣。例如《詩‧鄭風‧溱洧》：「士與女，方秉蕳兮。」《釋文》：

「萠、古顏反。」吾人先從《七音略》或《韻鏡》查出「古」字，知其屬見紐，再從第廿三圖查出「顏」字，知其在平聲第二格，然後於二十三圖查出「姦」字，則可知「萠」當讀同「姦」音。此法古人稱爲「橫推直看」，反切下字必與所求之字讀音同圖同一橫行，反切上字必與所求之字同一直行，但未必同圖。此種「橫推直看」法，古人謂之「歸字」。

歸字的結果，可能查出生僻字，例如《詩·衞風·淇奧》：「赫兮咺兮。」《釋文》：「咺、況晚反。」吾人自《七音略》卅五圖或《韻鏡》三十二圖查出「況」字，知其屬於曉紐，再自廿二圖查出「晚」字，知其屬上聲第三格，然後於廿二圖曉母上第三格找出「咺」字，此字仍生僻不易識，然同一直行平聲第三格有「暄」字，吾人可推「咺」即「暄」字之上聲。

有時亦可能所查出之字，即所切之本字，例如《詩·衞風·氓》：「士貳其行。」《釋文》：「行、下孟反。」吾人先從《七音略》或《韻鏡》廿九圖查出「下」字，知其屬匣紐，再從《七音略》卅六圖或《韻鏡》卅三圖查出「孟」，知其在去聲第二格，然後在卅六圖或卅三圖匣母去聲第二格查出「行」字，此亦並非白費工夫，因爲同一直行上聲第二格有「杏」字，則「行」讀成「杏」字去聲即可。

古人反切用字並不一致，有時不同之反切，亦可切出相同之讀音。例如《詩·邶風·日月》：「乃如之人兮，逝不相好。」《釋文》：「好、呼報反。」吾人從《七音略》或《韻鏡》十二圖出「呼」字，知其屬曉母，再從廿五圖查出「報」字，知其在去聲之第一格。然後在曉母去聲第一格可查出「耗」字，不僅「呼報反」可查出「耗」字之音，即《廣韻》「呼到切」、《集韻》「虛到切」亦同，可查出「耗」字之音。此種歸字法，看似

極笨，其實極可靠，故邵光祖謂之「萬不失一。」

四、韻圖之沿革

宋元等韻圖之傳於今者，大別之凡三系：《通志・七音略》與《韻鏡》各分四十三轉，每轉以三十六字母爲二十三行，輕脣、舌上、正齒分別附於重脣、舌頭、齒頭之下，橫以四聲統四等，入聲除《七音略》第廿五轉外，皆承陽聲韻，此第一系也。《四聲等子》與《經史正音切韻指南》各分十六攝，而圖數則有二十與二十四之殊，其聲母排列與《七音略》同，惟橫以四等統四聲，又以入聲兼承陰陽，均與前系有別，此第二系也。《切韻指掌圖》之圖數及入聲之分配與四聲等子同，但削去攝名，以四聲統四等，分字母爲三十六行，以輕脣、舌上、正齒與重脣、舌頭、齒頭平列；又於十八圖改列支之韻之齒頭音爲一等，皆自具特徵，不同前系，此第三系也。綜此三系，體製各殊，時序所關，未容軒輊，然求其盡括《廣韻》音紐，絕少遺漏，且推跡原型，足爲搆擬隋唐舊音之參證者，則前一系固較後一系爲優也。

今傳最早之韻圖，亦爲此系中之《韻鏡》與《七音略》也。此二圖雖皆出自宋代，然皆前有所承。鄭樵、張麟之皆云：「其來也遠，不可得指名其人。」茲舉數證，以明其本始焉。

【一】張麟之《韻鏡序作》題下注云：「舊以翼祖諱敬，故爲《韻鑑》，今遷祧廟，復從本名。」翼祖爲宋太祖追封其祖父之尊號。[9] 如《韻鏡》作於宋人，則宜自始避諱，何須復從本

9　《宋史・本紀一・太祖一》：「建隆元年九月丙午奉玉册諡高祖曰文獻皇帝，廟號僖祖，高祖妣崔氏曰文懿皇后。曾祖曰惠元皇帝，廟號順祖，曾祖妣桑氏曰惠明皇后。祖曰簡恭皇帝，廟號翼祖，祖妣劉氏曰簡穆皇后。皇考曰武昭皇帝，廟號宣祖。」

名。今既有本名，則必出於前代。此一證也。

【二】《七音略》之底本，鄭樵謂係《七音韻鑑》，《韻鏡》之底本，張麟之謂係《指微韻鏡》，是皆前有所承。此二證也。

【三】《七音略》之轉次，自第三十一轉以下與《韻鏡》不同，前者升覃、咸、鹽、添、談、銜、嚴、凡於陽唐之前，後者降此八韻於侵韻之後。案隋唐韻書部次，陸法言《切韻》與孫愐《唐韻》爲一系。李舟《切韻》與宋陳彭年《廣韻》等爲一系。前系覃談在陽唐之前，蒸登居鹽添之後；後系降覃談於侵後，升蒸登於尤前。今《七音略》以覃談列陽唐之前，實沿陸孫舊次，特以列圖方便而升鹽添咸銜嚴凡與覃談爲伍。至於《韻鏡》轉次則依李舟一系重加排定，惟殿以蒸登，猶可窺見其原型與《七音略》爲同源。此三證也。

【四】敦煌唐寫本《守溫韻學殘卷》所載四等輕重例云：

平聲	觀 古桓反	關 刪	勸 宣	涓 先
上聲	滿 莫伴反	矕 清	兔 選	絹 獮
去聲	半 布判反	扮 襉	變 線	遍 線
入聲	特 徒德反	宅 陌	直 職	狄 錫

其分等與《七音略》、《韻鏡》悉合，是四等之分別，在守溫以前蓋已流行，則其起源必在唐代，殆無可疑，此四證也。

據上四證，可知韻圖起源甚早，非宋代始有，其後《四聲等子》、《切韻指掌圖》、《切韻指南》併轉爲攝，有改變韻書系統處，頗反映當時實際語音系統，有利吾人對中古音之研究。[10]

---

10 趙蔭棠《等韻源流》以爲攝有以少持多之義。並引《悉曇字母並釋義》云：「所謂陀羅尼者，梵語也；唐翻云總持，持者任持，言於一字中總持無量數文，於一法中任持一切法，於一義中攝持一切義，

<h1 style="text-align:center">第二節　韻鏡</h1>

一、韻鏡概說：

　　《韻鏡》一書，中土久佚，卻盛傳於日本。清黎庶昌使日，偶獲永祿本，因刻之爲《古逸叢書》，於是《韻鏡》復流傳於國內。《韻鏡》何時流傳至日本？享保年間河野通清在《韻鑑古義

於一聲中攝藏無量功德，故名無盡藏。」趙氏並云：「'轉'字搬到等韻上，則有《七音略》之四十三轉，'唱'字搬到等韻上，則產生《華嚴字母圖》，'攝'字搬到等韻上，則有《四聲等子》與《切韻指南》之十六攝及《切韻要法》之十二攝，其實皆由梵文之十六韻而來。推求其始，並無差異。我們決不可刻舟求劍，妄加區別。」見《等韻源流》17 頁。文史哲出版社民國六十三年二月再版。

趙氏引最早之記載：如眞旦《韻銓》五十韻頭，今於天竺悉曇十六韻頭，皆悉攝盡：

以彼羅（盧何反）家（古牙反）攝此阿阿引；以彼支（章移反）之（止而反）微（无飛反）攝此伊伊引；以彼魚（語居反）虞（語俱反）模（莫胡反）攝此鄔烏引；以彼佳（胡膎反）齊（徂兮反）皆（古諧反）移（成西反）灰（呼恢反）哈（呼來反）攝此醫愛；以彼蕭（蘇聊反）霄（相焦反）周（之牛反）幽（於虯反）侯（胡溝反）肴（胡交反）豪（胡刀反）攝此污奧；以彼東（德紅反）多（都宗反）江（古邦反）鍾（之容反）陽（移章反）唐（徒郎反）京（古行反）爭（側耕反）青（倉經反）清（七精反）蒸（七應反）登（都藤反）春（尺倫反）臻（側詵反）文（武分反）魂（戶昆反）元（愚袁反）先（蘇前反）仙（相然反）山（所姦反）寒（胡安反）琴（渠今反）覃（徒含反）談（徒甘反）咸（胡讒反）嚴（語坎反），添（他兼反），鹽（余占反）及以入聲字，攝此暗惡。如攝韻頭，從韻皆攝。以彼平上去入之響，攝此短聲，或呼平聲，或呼上聲，及以長聲引呼幷以涅槃者也。其中悉曇中遏哩（二合）遏梨（二合）二字，此方都無，所謂童蒙不能學，豈非此哉！──《悉曇藏》卷二。見《等韻源流》17-18 頁。

標注》所引記云：

> 皇和人王八十九世，龜山院文永之間，南都轉經院律師始
> 得《韻鏡》於唐本庫[11] 焉。然不知有甚益。又同時有明
> 了房信範能達悉曇，掛錫於南京極樂院，閱此書而即加和
> 點，自是《韻鏡》流行本邦也。

東京帝國大學國語研究室所藏之《韻鏡看拔集》卷首云：

> 南部轉經院律師，此《韻鏡》久雖所持不能讀之間，上總
> 前司公氏屬令點處，非悉曇師難叶，終返之。爰小河嫡弟
> 明了房聖人有之。悉曇奧義究日域無雙[12] 人屬之，初加
> 點者也。

又東京帝國大學國語研究室所藏之明了房信範書寫之複寫
本，日人名爲‘信範本奧書’，有如此記載：

> 本云　建長四年二月十二日書寫了 明了房信範
> 彌勒二年丁卯三月十五日書寫了　主什舜
> 　韻之字假名私印融付之了
> 　武州多西郡小河內峯　於曇華菴　書之了
> 　慶長十年九月求是
> 　高野山往生院於寶積院深秀房從手前是傅者也。
> 　生國讚州屋嶋之住僧也　龍嚴　俊善房之
> 　　　　　　　　　　　　今　俊之

由此數條記載看來，明了房信範實爲日本與《韻鏡》發生密
切關係之人。至於明了房信範之時代，一則曰在龜山院文永之間
加點此書，一則曰建長四年二月十二日書寫此書。龜山天皇文永

11　原注：唐庫本之唐，有人誤解爲唐朝者，非是。蓋指中國書之庫而
　　言。
12　原注：案此語應作「究悉曇奧義，日域無雙。」

相當於宋理宗景定五年至度宗咸淳十年（1264-1274），建長四年即宋理宗淳祐十二年（1252），然享祿（明嘉靖）本《韻鏡》載有張麟之紹興辛巳（三十一年，即 1161）序，慶元丁巳（三年，即 1197）重刊字樣，更有嘉泰三年（1201）序一篇。依此可知《韻鏡》三版成後四、五十年方傳入日本。

二、《韻鏡》之分等及其對韻書韻母之措置

《韻鏡》一書之組成，實將韻書平上去入各韻配合，合四聲四等併二百零六韻以爲四十三轉，後舉平以賅上去入，列《韻鏡》四十三轉各等字之韻目，以明《韻鏡》分等歸轉與韻書各韻之關係。

轉次　等第	一	二	三	四
第　　一	東	（東）＊	東	（東）

＊東韻有二類韻母，紅公東一類爲開口呼，無變聲，故爲古本韻之洪音，例置一等；弓戎中等爲齊齒呼，有變聲，故爲今變韻細音，例置三等。凡二等與四等之韻目，外加括號（ ）者，表示原則上該韻該等無字，今有字者，乃受韻圖編排之影響而安插於此者。其理由容後詳述。

轉次　等第	一	二	三	四
第　　二	多	（鍾）	鍾	（鍾）

多韻一類韻母爲合口呼，無變聲，故爲古本韻之洪音，例排一等。鍾韻一類韻母爲撮口呼，有變聲，故爲今韻之細音，例置三等。二等與四等爲借位者。

轉次　等第	一	二	三	四
第　　三	○	江	○	○

江韻一類韻母，為開口呼，有變聲，故為今變韻之洪音，例置二等。

轉次＼等第	一	二	三	四
第四、五＊	○	（支）	支	（支）

＊一韻之字分見兩轉者，為開合之不同。按支韻有開口細音一類，合口細音一類，均有變聲，故為今變音之細音，例置三等。開口細音在第四轉三等，合口細音在第五轉三等。

轉次＼等第	一	二	三	四
第六、七	○	（脂）	脂	（脂）

脂韻有開口細音及合口細音兩類，有變聲，故為今變韻之細音，例置三等。開口細音在第六轉三等，合口細音在第七轉三等。

轉次＼等第	一	二	三	四
第八	○	（之）	之	（之）

之韻一類為開口細音，有變聲，故為今變音之細音，例置三等。

轉次＼等第	一	二	三	四
第九、十	○	○	微[廢]＊	（之）

去聲祭泰夬廢四韻，無與相配之平上入韻，《韻鏡》以祭韻字插入十三、十四兩轉空缺處。泰韻插入十五、十六兩轉空缺處。夬廢兩韻無處安排，只得將廢韻置於九、十兩轉入聲地位，夬韻置於十三、十四兩轉入聲地位，而注明「去聲寄此。」微韻有開口細音合口細音兩類，有變聲，故為今變音之細音，例置三等。廢韻開口細音置於第九轉入聲三等，合口細音置於第十轉入聲三等，而於右下注明「入聲寄此」。

轉次＼等第	一	二	三	四
第十一	〇	（魚）	魚	（魚）

魚韻爲開口細音一類，有變聲，爲今變韻之細音，例置三等。

轉次＼等第	一	二	三	四
第十二	模	（虞）	虞	（魚）

模韻一類爲合口洪音，無變聲，爲古本音之洪音，例置一等。虞韻一類爲合口細音，有變聲，爲今變音之細音，例置三等。

轉次＼等第	一	二	三	四
第十三、十四	灰、咍＊	皆、[夬]＊	咍、齊、[祭]＊	齊

＊凡並列之二韻目，中間以（、）號隔開者，表示係開合關係而隸分兩韻。夬韻寄放在十三、十四兩轉入聲二等地位，祭韻插入十三、十四兩轉三等空缺處。第十三轉三等咍齊兩韻僅平上有字，故祭韻得插入去聲，十四轉三等僅有祭韻字。新雄謹案：灰韻爲合口洪音，無變聲，故爲古本音之洪音，故例置一等，《韻鏡》列十四轉合口一等是也。咍韻爲開口洪音，無變聲，故爲古本音之洪音，例置一等，《韻鏡》列第十三轉開口一等是也。皆韻有開口洪音、合口洪音二類，有變聲，故爲今變韻之洪音，例置二等。夬韻亦有開口洪音、合口洪音二類，有變聲，故爲今變音之洪音，亦例置二等，然去聲二等有怪韻在，故乃借入聲二等處插入，而注明去聲寄此。祭韻有開口細音、合口細音二類，有變聲，故爲今韻之細音，例置三等。祭韻有少部分平上聲字寄放於咍齊兩韻，故咍齊兩韻亦有部分三等字，純爲祭韻寄放者。齊韻有開口細音與合口細音兩類，無變聲，爲古本音之細音，故例置四等。

轉次＼等第	一	二	三	四
第十五、十六	泰	佳	○	（祭）

泰韻有開口洪音、合口洪音兩類，無變聲，爲古本音之洪音，例
置一等。（按泰韻黃侃列爲今變音，純因聲調屬去聲，爲今變調
之故。）佳韻有開口洪音與合口洪音兩類，有變聲，故爲今變音
之洪音，例置二等。

轉次＼等第	一	二	三	四
第十七、十八	痕、魂	臻	眞、諄	（眞、諄）

痕韻一類開口洪音，無變聲，故爲古音洪音，例置一等，魂韻爲
合口洪音，無變聲，故爲古本音洪音，亦例置一等。臻韻爲開口
洪音，有變聲，故爲今變音洪音，例置二等。眞韻爲開口細音一
類，有變聲，故爲今變音之細音，例置三等。諄爲合口細音一
類，有變聲，故爲今變音之細音，例置三等。

轉次＼等第	一	二	三	四
第十九、二十	○	○	欣、文	○

欣韻有開口細音一類，有變聲，故爲今變音細音，例置三等；文
韻有合口音一類，有變聲，亦爲今變韻細音，故亦置三等。惟欣
在外轉十九開，而文在外轉二十合爲異耳。

轉次＼等第	一	二	三	四
第廿一、廿二	○	山	元	（仙）

山韻有開口洪音與合口洪音二類，有變聲，故爲今變韻之洪音，
故例置二等。元韻有開口細音與合口細音二類，有變聲，故爲今
變韻之細音，例置三等。

等第 轉次	一	二	三	四
第廿三、廿四	寒、桓	刪	仙	先

寒韻一類爲開口洪音，無變聲，故爲古本韻之洪音，例置一等；
桓韻一類爲合口洪音，無變聲，故爲古本韻之洪音，例置一等。
刪韻有開口洪音與合口洪音二類，有變聲，故爲今變韻之洪音，
例置二等。仙韻有開口細音與合口細音兩類，有變聲，故爲今變
韻之細音，例置三等。先韻有開口細音與合口細音兩類，無變
聲，爲古本韻之細音，例置四等。

等第 轉次	一	二	三	四
第二十五	豪	肴	宵	蕭

豪韻一類開口洪音，無變聲，爲古本韻之洪音，例置一等。肴韻
一類開口洪音，有變聲，爲今變韻之洪音，例置二等。宵韻一類
開口細音，有變聲，故爲今變韻細音，例置三等。蕭韻一類開口
細音，無變聲，故爲古本韻之細音，例置四等。

等第 轉次	一	二	三	四
第二十六	○	○	○	（宵）

四等處之宵韻因韻圖編排關係，借位於此。

等第 轉次	一	二	三	四
第二十七	歌	○	○	○

歌韻一類開口洪音，無變聲，故爲古本韻之洪音，例置一等。

等第 轉次	一	二	三	四
第二十八	戈	○	戈	○

戈韻有三類韻母，禾戈波和婆一類爲合口洪音，無變聲，故爲古
本韻之洪音，例置一等。迦伽一類爲開口細音，有變聲，故爲今

變韻之細音，例置三等，靴瘸一類爲合口細音，有變聲，故爲今變韻之細音，例置三等。

轉次＼等第	一	二	三	四
第廿九、三十	○	麻	麻	（麻）

麻韻有三類韻母，霞加巴牙一類爲開口洪音，有變聲，故爲今變韻之洪音，例置二等；花瓜華一類爲合口洪音，有變聲，故爲今變韻之洪音，例置二等。遮嗟邪車奢一類爲開口細音，故爲今變韻之細音，例置三等。

轉次＼等第	一	二	三	四
第卅一、卅二	唐	（陽）	陽	（陽）

唐韻有開口洪音與合口洪音兩類，無變聲，故爲古本韻之洪音，例置一等。陽韻有開口細音與合口細音二類，有變聲，故爲今變韻之細音，例置三等。

轉次＼等第	一	二	三	四
第卅三、卅四	○	庚	庚	（清）

庚韻有開口洪音，合口洪音、開口細音，合口細音四類，有變聲，故爲今變韻之洪細，洪音置二等，細音置三等。

轉次＼等第	一	二	三	四
第卅五、卅六	○	耕	清	青

耕韻有開口洪音與合口洪音兩類，有變聲，故爲今變韻之洪音，例置二等。清韻有開口細音與合口細音兩類，有變聲，故爲今變韻之細音，例置三等。青韻有開口細音與合口細音兩類，無變聲，故爲古本韻之細音，例置四等。

轉次　等第	一	二	三	四
第卅七	侯	（尤）	尤	（尤）（幽）[13]

侯韻開口洪音一類，無變聲，爲古本韻之洪音，例置一等。尤韻開口細音一類，有變聲，故爲今變韻之細音，例置三等。幽韻開口細音一類，有變聲，故爲今變韻之細音，例置三等，今置於四等者，蓋幽韻僅脣牙喉下有字，實爲與尤韻相配之重紐字，借位到四等處者，其後尤、幽分爲二韻，此等重紐相配之關係，逐漸不爲人知，故有以幽韻置四等而置疑者，今釋其故於此。

轉次　等第	一	二	三	四
第卅八	〇	（侵）	侵	（侵）

侵韻僅開口細音一類，有變聲，故爲今變韻之細音，例置三等。

轉次　等第	一	二	三	四
第卅九	覃	咸	鹽	添

覃韻開口洪音一類，無變聲，故爲古本韻之洪音，例置一等。咸韻開口洪音一類，有變聲，故爲今變韻之洪音，例置二等。鹽韻開口細音一類，有變聲，爲今變韻之細音，例置三等。添韻開口細音一類，無變聲，故爲古本韻之細音，例置四等。

轉次　等第	一	二	三	四
第四十	談	銜	嚴	（鹽）

談韻開口洪音一類，無變聲，故爲古本韻之洪音，例置一等。銜韻開口洪音一類，有變聲，故爲今變韻之洪音，例置二等。嚴韻開口細音一類，有變聲，故爲今變韻之細音，例置三等。

---

13 按第卅七轉四等尤韻僅有齒頭及喻母字，其餘爲幽韻字。

轉次＼等第	一	二	三	四
第四十一	○	○	凡	○

凡韻只有合口細音一類，有變聲，故爲今變韻之細音，例置三等。

轉次＼等第	一	二	三	四
第四二、四三	登	（蒸）	蒸	（蒸）

登韻有開口洪音及合口洪音兩類，無變聲，爲古本韻之洪音，例置一等。蒸韻開口細音一類，入聲職有開口細音、合口細音二類，有變聲，爲今變韻之細音，例置三等。

　　《韻鏡》在各轉下均注明「開」、「合」或「開合」，大致說來，開與合相當於現代廣義之「開口」與「合口」。至於「開合」，則意義欠明確。羅常培校以《通志‧七音略》之重輕，以爲是由「開」與「合」誤添而成者，其說是也，今從之。

三、《韻鏡》對韻書聲母之安排

	音齒舌	音　喉	音　齒	音　牙	音　舌	音　脣	
此圖每韻呼吸四聲字並屬之	清濁　清濁 日　來 半徵半商	清 濁濁清清 喻　匣曉　影 喉音二獨立 喉音雙飛	濁　清濁　清　清 邪-心　從-清-精　禪-審　牀-穿-照 細齒頭音　細正齒音　齒頭音　正齒音	清次 濁濁清清 疑群溪見	清次 濁濁清清 泥-定-透-端　娘-澄-徹-知 舌上音　舌頭音	清次 濁濁清清 明-並-滂-幫　微-奉-敷-非 脣音輕　脣音重	三十六字母
	人 然	匀　礦　馨　殷 緣　賢　祆　焉	錫　新　秦　精 涎　仙　前　煎 辰　身　藼　眞 禪　瀍　潺　德	銀勤輕經 言虔牽堅	寧　廷　汀　丁 年　田　天　顈 紉　陳　貙　珍 轢　廬　辿　遭	民　頻　繽　賓 眠　蠙　篇　邊 文　汾　芬　分 攗　煩　翻　番	歸納助紐字

韻書聲母系統有四十一類，《韻鏡》所據者則爲守溫之三十六字母。但其書不標字母，僅列脣音四行，舌音四行，牙音四行，齒音五行，喉音四行，及舌齒音二行，共二十三行。每音之中，又細分爲清、次清、濁、清濁，或清、濁等類。其分聲與字母之關係如前表。

四、《韻鏡》與韻書系統之參差

《韻鏡》歸字與韻書系統比較，常發生不合理之現象，茲分述其原因，及《韻鏡》處理之方式：

【一】使韻圖格式不能適合韻書系統之首要原因，乃由於三十六字母與韻書聲紐系統不盡相合，其中最足以影響韻圖歸字者，則爲三十六字母之照、穿、床、審、喻五母分別包含絕不相同之兩類反切上字。（即照莊、穿初、床神、審疏、爲喻）韻圖歸字之原則，絕不可將韻書不同音之字合併。韻圖於此類字之處理方式如下：

1.韻書照、穿、神、審、禪五紐之字，僅出現於三等韻，故韻圖於照、穿、神、審、禪五紐之字，均置於齒音照、穿、床、審、禪五母下三等之地位。

2.韻書莊、初、床、疏四紐之字，有出現於二等韻者，亦有與照、穿、神、審、禪同時出現於三等韻者。前者置於齒音照、穿、床、審、禪五母下二等之地位，自無問題。後者則此五母下已排有照、穿、神、審、禪五紐之字，於是發生衝突，然每遇此情形，恰同轉均無二等韻，於是莊、初、床、疏四紐之字乃得侵占正齒音下二等之地位。東、鍾、支、脂、之、魚、虞、陽、尤、侵、蒸諸韻莫非如此安排。

3.「爲」「喻」兩紐之字均出現於三等韻，韻圖乃以「爲」

紐字置於喉音「清濁」欄下三等之地位，而《廣韻》「喻」紐字，若同轉四等無字者，乃借用同轉喉音「清濁」欄下四等之地位。若同轉四等已有字者，乃改入相近之另一轉，仍置於「清濁」欄下四等之地位，若無相近之轉，則爲之另立一新轉，亦置四等喉音「清濁」欄下四等之地位。因爲凡一、二、四等性之韻母均無喻紐字。

【二】影響韻圖格式之次要原因，則爲齒音五母與正齒五母併行排列。正齒音莊、照兩系旣已佔據齒音下二等與三等之地位，則齒頭音惟有列於一、四等矣。齒頭音概無二等字，屬於一等韻者，列於一等之地位，屬於四等韻者，列於四等之地位，均無問題。惟三等韻之字因三等地位已爲正齒音之照、穿、神、審、禪五紐字所佔據，自不能再安置於三等矣。於此情形，《韻鏡》處理之方式爲：

*1.*凡同轉四等齒音無字者，乃借用同轉四等之地位。如東、鍾、支、脂、之、魚、虞、眞、諄、陽、尤、侵、蒸諸韻皆然。

*2.*凡同轉四等已有字者，乃改入相近之另一轉，如祭、仙、清、鹽諸韻。

*3.*若無相近之轉，則爲之另列一新轉，如宵韻是也。

【三】三十六字母幫、非兩系之字，亦不盡與韻書相同，但並不影響韻圖歸字。因爲韻書反切上字屬非敷奉微者，只有在東、鍾、微、虞、廢、文、元、陽、尤、凡十韻中，三十六字母始歸入非敷奉微。在其他各韻則與韻書反切上字屬於幫滂並明者，三十六字母均歸入幫滂並明。凡字母屬非敷奉微之字，韻圖皆列三等，字母屬幫滂並明之字，一、二、三、四等俱全，一等字列於一等之地位，二等字列於二等之地位，三等字列於三等之地位，四等字列於四等之地位，均無問題。

【四】舌頭四母與舌上四母《韻鏡》亦併行排列，屬端透定泥之字置於一、四兩等，屬知徹澄娘之字，列於二、三兩等，因端系只有一、四等，而知系則惟有二、三等也。

【五】韻圖列轉分等，另一特殊現象，即支、脂、眞、諄、祭、仙、宵諸韻有部分脣（幫系）、牙（見系）、喉（影、曉）音之三等字，伸入四等，如同轉四等有空位，即佔據同轉四等之地位。如同轉四等已有眞正之四等字，則改入相近之轉，如無相近之轉，則爲之另立新轉。與齒頭音之情形相同。

然就切語觀之，此類字與同韻而韻圖置於三等之舌齒音實爲一類。且《四聲等子》「辨廣通侷狹例」云係三等字通及四等也。[14] 可見此類字之置於四等，確有問題。

此類字於某種情形，如支韻之「卑跛陴彌衹詑」之伸入四等，或可謂係因本韻已有同聲母之「陂鈹皮縻奇犧」佔據三等之地位，不得已而出此。然而祭韻之「蔽潎弊袂」《韻鏡》十三轉三等地位有空而不排，卻排於十五轉之四等（不得置於十三轉之四等，因該處已有眞正四等霽韻之「閉媲薛謎」四字）。則可知非純爲借位之問題矣。

且無論何種韻圖，就上列各韻詳加研究之後，即可發現脣、牙、喉音之下，何類字入三等？何類字入四等？皆有條不紊。故知韻圖之安排，實有其道理。董同龢先生以爲支脂眞諄祭仙宵諸韻之脣牙喉音字，實與三等有關係，而韻圖雖三等有空卻置入四等者，乃因等韻之四等型式下，納入三等之韻母，事實上尚有一

14　《四聲等子·辨廣通侷狹例》云：「廣通者，第三等字通及第四等字；侷狹者，第四等字少，第三等字多也。凡脣牙喉下爲切，韻逢支、脂、眞、諄、仙、祭、清、宵八韻及韻逢來日知照正齒第三等，並依通廣門法於第四等本母下求之（如余之切頤字，碑招切標字）。

小類型，即支脂……諸韻之脣牙喉音字之排入四等者。[15] 按董說亦有其缺點，承認董說，不但否定《切韻》一書之基本性質，且尚得承認《廣韻》同一韻中有主要元音不同之韻母存在，此恐非事實。[16] 余以爲支、脂、眞、諄、祭、仙、宵諸韻皆有兩類古韻來源，以黃季剛先生古本韻之理說明之如下：

支韻有兩類來源，一自其本部古本韻齊變來[變韻中有變聲]者，即卑𡚁陴彌衹詑一類字；一自他部古本韻歌變來[半由歌戈韻變來]者，即陂鈹皮𥕜奇犧一類字。韻圖之例，凡自本部古本韻變來者，例置四等，（所以置四等者，因爲本部古本韻脣舌牙齒喉各類皆有，將脣牙喉字列於四等，因與三等舌齒音有聯繫，不致於誤會爲四等字。）自他部古本韻變來者，例置三等。（所以置三等者，因只有脣牙喉音之字，不與舌齒音相聯繫，置於三等亦不至於誤會爲其他等第之字。）祭韻蔽潎弊袂十三轉三等有空而不排，而要置於十五轉之四等者，亦因祭韻有兩類來源，一自其本部古本韻曷末韻變來[入聲變陰去]者，即蔽潎弊袂藝等一類字；一自他部古本韻沒變來[半由魂韻入聲變來]者，即劌字等。自本部古本韻變來者，例置四等，故蔽潎弊袂等字置於四等也。自他部古本韻古本韻變來者，例置三等。然他部古本韻變來者，適缺脣音字，故脣音三等雖有空亦不得排也。其他各韻亦莫

---

15 董同龢《漢語音韻學・第六章等韻圖》云：「在支、脂……諸韻的脣牙喉音之中，只有一部份是和普通三等韻的字一樣，就是韻圖排入三等的字；但另外還有一部份，他們獨成一個小的類型，爲不使與普通的三等字混，韻圖竟不惜費許多周折，使他們"通"到四等去，由此可知，在韻圖四等的地位，上述喻母與齒頭音字之外，又另有支、脂……諸韻的脣牙喉音也不是眞正的四等字。

16 董同龢《漢語音韻學・第七章中古音系》把置於三等的脣牙喉音認爲元音較鬆，置於四等的元音較緊。支韻三等擬作-jě；支韻四等擬作-je。脂韻三等擬作-jěi；四等擬作-jei 等等。

不有兩類古本韻來源。

　　董同龢先生〈廣韻重紐試釋〉一文，表列支脂眞諄仙祭宵各類重紐，並附以《廣韻》切語，分辨最爲清晰，今師其意，亦表列各韻重紐於下：

韻目　等第 聲紐	支		紙		寘	
	三	四	三	四	三	四
唇音	陂彼爲	卑府移	彼甫委	俾幷弭	賁彼義	臂卑義
	鈹敷羈	坡匹支	歾匹靡	諀匹婢	帔披義	譬匹賜
	皮符羈	陴符支	被皮彼	婢便俾	髲平義	避毗義
	縻靡爲	彌武移	靡文彼	弭綿婢		
牙音（開）	羈居宜		掎居綺	抧居帋	寄居義	馶居企
	鼿去奇		綺墟彼	企丘弭	齮卿義	企去智
	奇渠羈	祇巨支	技渠綺		芰奇寄	
	宜魚羈		螘魚倚		議宜寄	
喉音（開）	漪於離		倚於綺		倚於義	縊於賜
	犧許羈	詑香支			戲香義	
		移弋支		酏移爾		
牙音（合）	嬀居爲	規居隋	詭過委		賵詭僞	瞡規恚
	虧去爲	闚去隨	跪去委	跬丘弭		觖窺瑞
			跪渠委			
	危魚爲		硊魚毀		僞危睡	
喉音（合）	逶於爲		委於詭		餧於僞	恚於避
	麾許爲	隳許規	毀許委		毀況僞	孈呼恚
	爲薳支	藭悅吹	蔿韋委	茷羊捶	爲于僞	瓗以睡

聲紐＼韻目等第	脂 三	脂 四	旨 三	旨 四	至 三	至 四
唇音	悲府眉		鄙方美	匕卑履	祕兵媚	痹必至
	丕敷悲	紕匹夷	嚭匹鄙		濞匹備	屁匹寐
	邳符悲	毗房脂	否符鄙	牝扶履	備平祕	鼻毗至
	眉武悲		美無鄙		郿明祕	寐彌二
牙音（開）	飢居夷			几居履	冀几利	
					器去冀	棄詰利
	耆渠脂		跽暨几		臮具冀	
	狋牛肌				劓魚器	
喉音（開）		伊於脂	欸於几		懿乙冀	
		咦喜夷			齂虛器	
		姨以脂				肆羊至
牙音（合）	龜居追		軌居洧	癸居誄	媿俱位	季居悸
	巋丘追		巋丘軌		喟丘媿	
	逵渠追	葵渠惟[17]	郗暨軌	揆求癸	匱求位	悸其季
喉音（合）		倠許維		瞱火癸	豷許位	侐火季
	帷洧悲	惟以追	洧榮美	唯以水	位于愧	遺以醉

---

17 董同龢注：「《廣韻》渠追切，與逵字音切全同，此依《切韻》殘卷。」

韻目 聲紐　等第	眞、諄 三	眞、諄 四	軫、準 三	軫、準 四	震、稕 三	震、稕 四	質、術 三	質、術 四
脣音	彬府巾	賓必鄰				儐必刃	筆鄙密	必卑吉
	忿普巾	繽匹賓				汖匹刃		匹譬吉
	貧符巾	頻符眞		牝毗忍			弼房筆	邠毗必
	珉武巾	民彌鄰	愍眉殞	泯武盡			密美筆	蜜彌畢
牙音（開）	巾居銀			緊居忍			暨居乙	吉居質
				螼棄忍		菣去刃[18]		詰去吉
	穰巨巾	趣渠人			僅渠遴		姞巨乙	
	銀語巾		釿宜引		憖魚覲		耴魚乙	
喉音（開）	䫀於巾	因於眞				印於刃	乙於筆	一於悉
			脪興腎		衅許覲		肸羲乙	欯許吉
		寅翼眞		引余忍		胤羊晉	颬于筆	逸夷質
牙音（合）	居筠	均居勻				呁九峻		橘居聿
	困去倫			麇丘尹[19]				
				窘渠殞				
喉音（合）	贇於倫							
								狖許聿[20]
	筠爲贇	勻羊倫	殞于敏	尹余準				聿余律

18　董同龢注曰：「《廣韻》震韻末有螼字‘羌印切’，《切韻》殘卷與王仁昫《刊謬補缺切韻》均不見，當係增加字。《韻鏡》以之置四等，而以‘菣’置三等，非是。《七音略》二字俱無。此據《四聲等子》與《切韻指南》。兩書三等皆焮韻字，足見‘菣’當在四等。《切韻指掌圖》‘菣’亦在四等，但又以‘螼’入三等則非。

19　董同龢注曰：「此從《切韻指掌圖》。《韻鏡》與《七音略》三等有‘稛’字，實隱韻‘赾’字之誤。準韻無此字也。

聲紐＼等第	仙 三	仙 四	獮 三	獮 四	線 三	線 四	薛 三	薛 四
脣音		鞭卑連	辡方免	褊方緬	變彼眷		箋方別	鷩幷列
		篇芳連	翩披免			騗匹戰		瞥芳滅
		便房連	辯符蹇	楩符善	卞皮變	便婢面	別皮列	
		綿武延	免亡辯	緬彌兗		面彌箭		滅亡列
牙音（開）	甄居延		蹇九輦				子居列	
	愆去乾			遣去演		譴去戰	朅丘竭	
	乾渠焉		件其輦				傑渠列	
			甂魚變		彥魚變		孽魚列	
喉音（開）	焉於乾		㫈於蹇		躽於扇			焆於列
	嫣許焉						妟許列	
	漹有焉	延以然		演以淺	衍予線			抴羊列
牙音（合）	勬居員			卷居轉	眷居倦	絹吉掾	蹶紀劣	
	棬丘圓				綣區倦			缺傾雪
	權巨員			圈渠篆	蜎狂兗	倦渠卷		
喉音（合）	嬽於權	娟於線					噦乙劣	妜於悅
		翾許緣		蠉香兗			旻許劣	
	員王權	沿與專		兗以轉	瑗王眷	緣以絹		悅弋雪

---

20 董同龢注曰:「《韻鏡》錄'獮'字。按'獮'為增加字,不應有。此從《指掌圖》。《七音略》以'狝'置三等,'獮'置四等亦非。」

聲紐＼等第＼韻目	祭	
	三	四
脣音		蔽必袂
		潎匹蔽
		獘毗祭
		袂彌蔽
牙音（開）	猘居例	
	憩去例	
	偈其憩	
	劂牛例	藝魚祭
喉音（開）	猲於罽	
		曳餘制
牙音（合）	劌居衛	
	臬五吠	
喉音（合）		
	䍃呼吠	
	衛于歲	銳以芮

聲紐＼等第＼韻目	宵		小		笑	
	三	四	三	四	三	四
脣音	鑣甫嬌	飆甫遙	表陂矯	標方小	裱方廟	
		漂撫昭	麃滂表	標敷沼		剽匹妙
		瓢符霄	藨平表	摽符少		驃毗召
	苗武瀌	蜱彌遙		眇亡沼	廟眉召	妙彌笑

聲紐 ＼韻目／等第	宵 三	宵 四	小 三	小 四	笑 三	笑 四
牙音	驕舉喬		矯居夭			
牙音	趫起囂	蹺去遙				趬丘召
牙音	喬巨嬌	翹渠遙	嶠巨夭		嶠渠廟	翹巨要
牙音						頯牛召
喉音	妖於喬	要於霄	夭於兆	闄於小		要於笑
喉音	嚻許嬌					
喉音	鴞于嬌	遙餘昭		鷕以沼		燿弋照

除以諸韻外，尚有侵韻與鹽韻兩韻有重紐，今亦列表說明於下：

聲紐 ＼韻目／等第	侵 三	侵 四	寢 三	寢 四	沁 三	沁 四	緝 三	緝 四
喉音	音於金	愔挹淫	飲於錦			蔭於禁	邑於汲	揖伊入

聲紐 ＼韻目／等第	鹽 三	鹽 四	琰 三	琰 四	豔 三	豔 四	葉 三	葉 四
喉音	淹央炎	懕一鹽	奄衣檢	黶於琰	愴於驗	厭於豔	敜於輒	魘於葉

關於重紐的區別，丁邦新〈重紐的介音差異〉[21]一文對前賢的說法，作了歸納，認為目前的異說有三派：第一派認為區別在

21　見《聲韻論叢》第六輯 37 頁—62 頁，1997 年 4 月臺灣學生書局出版，台北市。

元音，如董同龢（1945）[22]、周法高（1945）[23]、Nagel（1941）[24]。第二派認爲區別在於聲母，如三根谷徹（1953）[25]、橋本萬太郎（Hashimoto 1979）[26]、周法高（1986）[27]。第三派認爲區別在介音，如陸志韋（1939）[28]、有坂秀世（1937-39）[29]、王靜如（1941）[30]、余迺永（1985：172-180）

---

22 指董同龢〈廣韻重紐試釋〉，原刊《六同別錄》，又見《中央研究院歷史語言研究所集刊》（以下簡稱《史語所集刊》）13：1-20。又見丁邦新編《董同龢先生語言學論文選集》13頁—32頁。食貨出版社，民國六十三年（1974）十一月，台北市。董同龢巧妙地把重紐三等字的元音認爲稍開稍鬆，重紐四等字的元音稍關稍緊。在三等元音上加一ˇ號。

23 指周法高〈廣韻重紐的研究〉，原刊《六同別錄》又見《史語所集刊》13：49-117。又見周法高《中國語言學論文集》1—69頁，聯經出版事業公司，民國六十四年九月，台北市。周法高以重紐三等的元音爲[ɛ]，紐四等的元音爲[e]。

24 指 Nagel, Paul "Beitrage zur rekonstruktion der Ts'ie-yün sprache auf grund von Ch'en Li's Ts'ie-yun", T'oung Pao 36:95-118. 又見周法高〈古音中的三等韻兼論古音的寫法〉一文所引，載《中國語言學論文集》125頁—150頁。Nagel 以重紐三等的主要元音爲 ä，重紐四等的主要元音爲 ē 等等。

25 見三根谷徹 1953〈韻鏡の三四等について〉（關於韻鏡的三四等），《語言研究》22.23：56-74。三根谷徹把重紐的區別解釋爲顎化與不顎化，即重紐三等的聲母是不顎化的，重紐四等的聲母是顎化的。見平山久雄〈重紐問題在日本〉。載《聲韻論叢》第六輯18頁-20頁。

26 指 Hashimoto, Mantaro 1978-1979 Phonology of Ancient Chinese, 2 vols, Institute for the Study of Languages and Cultures of Asia and Africa.

27 指周法高〈隋唐五代宋初重紐反切研究〉，《中央研究院第二屆國際漢學會議論文集》85-110。

28 指陸志韋〈三四等與所謂喻化〉，《燕京學報》26：143-173。又見《陸志韋語言學著作集》477-506。陸氏以重紐三等介音爲I，重紐四等介音爲 i。見《古音說略》48頁。

29 指有坂秀世〈カールグレン氏の拗音說を評す〉，見《國語音韻史の研究》（1944：327-357），三省堂，東京。有坂秀世認爲重紐三等介音爲ḷ，四等介音爲i。參見平山久雄〈重紐問題在日本〉8頁。

[31]。除丁氏所說各家之外，尚有龍宇純兄重紐三等介音爲 j，四等爲 ji。見〈廣韻重紐音值試兼論幽韻及喻母音值〉[32]，李新魁兄《漢語音韻學》認爲重紐三等爲脣化聲母，四等非脣化聲母[33]。丁邦新〈重紐的介音差異〉一文主張重紐三等有 rj 介音，重紐四等有 i 介音。認爲這種區別保留在《切韻》時代，到了《韻鏡》時代，三等的 rj 介音變成了 j，而重紐四等則爲 i。這裏我要特別介紹龔煌城兄的〈從漢藏語的比較看重紐問題〉[34]一文，認爲重紐三等在上古有*rj 介音，重紐四等在上古音有*j 介音。龔兄文中認爲*rj 與*j 的區別，可以造成中古元音差異，也可以影響到中古兩者合併。其說甚爲通達，在個人看來應是各種說法當中最足以令人信服者。我在〈今本《廣韻》切語下字系聯〉一文，對各種說法，有所評論，茲錄於後：

(A)董同龢〈廣韻重紐試釋〉、周法高〈廣韻重紐研究〉、張琨夫婦〈古漢語韻母系統與切韻〉、納格爾〈陳澧切韻考對於切韻擬音的貢獻〉諸文，都以元音的不同來解釋重紐的區別。自雅洪托夫、李方桂、王力以來，都認爲同一韻部應該具有同樣的元音。今在同一韻部之中，認爲有兩種不同的元音，還不是一種令

30　指王靜如〈論開合口〉，《燕京學報》29：143-192。王氏也以重紐三等爲ɪ，四等爲 i。

31　指余迺永《上古音系研究》，香港中文大學出版社。余氏以重紐三等介音爲 j，重紐四等介音爲 i。

32　龍宇純兄此文載於新近出版《中上古漢語音韻論文集》47-77 頁。五四書店有限公司。民國九十一年十二月，台北市。

33　李新魁《漢語音韻學》以重紐三等是脣化聲母，重紐四等非脣化聲母。見《漢語音韻學》190 頁。北京出版社，1986 年 1 月，北京市。

34　龔煌城〈從漢藏語的比較看重紐問題〉，《聲韻論叢》第六輯195-243 頁。

人信服的辦法。

(B)陸志韋〈三、四等與所謂喻化〉、王靜如〈論開合口〉、李榮〈切韻音系〉、龍宇純〈廣韻重紐音值試兼論幽韻及喻母音值〉、蒲立本〈古漢語之聲母系統〉、藤堂明保《中國語音韻論》皆以三、四等重紐之區別,在於介音的不同。筆者甚感疑惑的一點是:從何判斷二者介音之差異?若非見韻圖按置於三等或四等,則又何從確定乎!我們正須知道它的區別,然後再把它擺到三等或四等去。現在看到韻圖在三等或四等,然後說它有什麼樣的介音,這不是倒果為因嗎?至於藤堂明保以三等為rj介音,四等為j介音,這一點與我們中古文學的音聲鏗鏘完全不符。丁邦新兄以三等為rj,四等為i,亦有同樣的質疑。且《切韻・序》云:「凡有文藻,即須明聲韻。」所以《切韻》之編定本來就是以「賞知音」為手段,而達到「廣文路」的目的。若說在《切韻》中尚有-rj-介音存在,則像薛道衡〈秋日遊昆明池〉詩:「灞陵因靜退,靈沼暫徘徊。新船木蘭枻,舊宇豫章材。荷心宜露泫,竹徑重風來。魚潛疑刻石,沙暗似沈灰。琴逢鶴欲舞,酒遇菊花開。羈心與秋興,陶然寄一杯。」[35] 此詩的「宜」、「羈」、「寄」三字皆重紐三等字,若謂有-rj-介音,實難想像此詩的音讀是如何的蹩扭!

(C)林英津〈廣韻重紐問題之檢討〉、周法高〈隋唐五代宋初重紐反切研究〉、李新魁《漢語音韻學》都主張是聲母的不同,其中以李新魁的說法最為巧妙,筆者以為應是所有以聲母作為重紐的區別諸說中,最為圓融的一篇文章。李氏除以方音為證外,其最有力的證據,莫過說置於三等處的重紐字,它們的反切下字

---

35 丁福保編《全漢三國晉南北朝詩》第六冊 1960-1961 頁。藝文印書館印行。

基本上只用喉、牙、脣音字，很少例外，所以它們的聲母是脣化
聲母；置於四等處的重紐字的反切下字不單可用脣、牙、喉音
字，而且也用舌、齒音字，所以其聲母非脣化聲母。但是我們要
注意，置於三等的重紐字，只在脣、牙、喉下有字，而且自成一
類，它不用脣、牙、喉音的字作它的反切下字，它用什麼字作它
的反切下字呢？何況還有例外呢！脂韻三等「逵、渠追切」，祭
韻三等「劌、牛例切」，震韻三等「㪍、去刃切」、獮韻三等
「圈、渠篆切」，薛韻三等「㰯、乙劣切」，小韻三等「殀、於
兆切」，笑韻三等「廟、眉召切」，葉韻三等「腌、於輒切」，
所用切語下字皆非脣、牙、喉音也。雖有些道理，但仍非十分完
滿，未可以爲定論也。

　　⑷章太炎先生《國故論衡・音理論》論及重紐區別云：
「嬀、虧，奇、皮古在歌；規、闚、岐、陴古在支，魏、晉諸儒
所作反語宜有不同，及《唐韻》悉隸支部，反語尙猶因其遺跡，
斯其證驗最著者也。」董同龢〈廣韻重紐試釋〉一文，也主張古
韻來源不同。董氏云：「就今日所知的上古音韻系看，他們中
間已經有一些可以判別爲音韻來源不同：例如眞韻的『彬、砏』
等字在上古屬『文部』（主要元音*ə）『賓、繽』等字則屬『眞
部』（主要元音*e）；支韻的『嬀、虧』等字屬『歌部』（主要
元音*a）；『規、闚』等字則屬『佳部』（主要元音*e）；質韻
的『乙、肸』等字屬『微部』（主要元音*ə）；『一、欯』等字
則屬『脂部』（主要元音*e）。」至於古韻來源不同的切語，何
以會同在一韻而成爲重紐？先師林景伊（尹）先生〈切韻韻類考
正〉一文，於論及此一問題時說：「虧、闚二音，《廣韻》、
《切殘》、《刊謬本》皆相比次，是當時陸氏搜集諸家音切之
時，蓋音同而語各異者，因並錄之，並相次以明其實同類，亦猶

紀氏（容舒）《唐韻考》中（陂弓）、革（陂宮）相次之例，
嬀、規；衹、奇；摩、縒；陴、皮疑亦同之。今各本之不相次，
乃後之增加者竄改而混亂之也。」筆者曾在〈黃季剛先生古音學
說是否循環論證辨〉一文中，於重紐之現象亦有所探索。筆者
云：「其至於三等韻重紐現象，亦有脈絡可尋。這種現象就是
支、脂、眞、諄、祭、仙、宵、清諸韻部分脣、牙、喉音三等
字，伸入四等。……我曾經試著用黃季剛先生古本音的理論，加
以說明重紐現象，因爲重紐現象，都有兩類古韻來源，像董同龢
先生所指出者。今以支韻重紐字爲例，試加解說。支韻有兩類來
源，一自其本部古本韻齊變來（參見黃君正韻變韻表。本部古本
韻，他部古本韻之名稱今所定，這是爲了區別與稱說之方便。
凡正韻變韻表中，正韻列於變韻之上方者，稱本部古本韻，不在
其上方者，稱他部古本韻）。這種變韻是屬於變韻中有變聲的，
即『卑、坡、陴、彌』一類字，韻圖之例，凡自本部古本韻變來
的，例置四等。 所以置四等者，因爲自本部古本韻變來的字，
各類聲母都有，舌、齒音就在三等，脣、牙、喉音放置四等，因
與三等舌、齒音有連繫，不致誤會爲四等韻字。另一類來源則自
他部古本韻歌戈韻變來的，就是『陂、鈹、皮、縻』一類字。韻
圖之例，從他部古本韻變來的字，例置三等。故『陂、鈹、皮、
縻』置於三等，以別於『卑、坡、陴、彌』之置於四等。當然有
人會問，怎麼知道『卑、坡、陂、彌』來自本部古本韻齊韻？而
『陂、鈹、皮、縻』等字卻來自他部古本韻歌戈韻？這可從《廣
韻》的諧聲偏旁看出來。 例如支韻從卑得聲之字，在『府移切』
音下有卑、鵯、椑、箄、鞞、顪、痹、渒、錍、崥；『符支切』
音下有陴、鼙、焷、脾、鼙、埤、裨、蜱、蠯、鼙、鼙、椑、
郫；從比得聲之字，在『匹支切』音下有坡；『符支切』音下有

䊧、紕；從爾得聲之字，在『式支切』音下有釃、䰵；『息移切』音下有纚；『武移切』音下有彌、鸍、擟、瓕、獼、籋、瓕、瓕、镾、瀰等字。而在齊韻，從卑得聲之字，『邊兮切』音下有䫌、椑、錍、箄、䲗；『部迷切』音下有鼙、鞞、椑、崥、甄；『匹迷切』音下有刺、錍；從比得聲之字，『邊兮切』音下有膍、螕、芘、蓖、紕、篦、梐、狴、鎞、性；『部迷切』音下有陛、笓；『匹迷切』音下有磇、鵧、批、鈚；從爾得聲之字，在齊韻上聲薺韻『奴禮切』音下有禰、嬭、闢、瀰、鬍、薾、檷、鑈、鬫。這在在顯示出支韻的卑、埤、陴、彌一類字確實是從齊韻變來的。觀其諧聲偏旁可知，因爲段玉裁以爲凡同諧聲者古必同部。至於從皮得聲之字，在支韻『彼爲切』音下有陂、詖、髮、鑿；『敷羈切』音下有鈹、帔、鮍、披、畯、秛、狓、翍、旇、秛、殀；『符羈切』音下有皮、疲；從麻得聲之字，『靡爲切』音下有糜、縻、縻、醿，蘼、穈、縻、靡、醿；而在戈韻，從皮得聲之字，『博禾切』音下有波、紴、碆；『滂禾切』音下有頗、坡、玻；『薄波切』音下有婆、蔢碆；從麻得聲之字，『莫婆切』音下有摩、麼、麼、䃺、魔、劘、磨、劘、靡、痲、饝。兩相對照，也很容易看出來，支韻的陂、鈹、皮、縻一類字是從歌戈韻變來的。

或者有人說，古音學的分析，乃是清代顧炎武以後的產物，作韻圖的人恐怕未必具這種古音知識。韻圖的作者，雖未必有清代以後古韻分部的觀念，然其搜集文字區分韻類的工作中，對於成套出現的諧聲現象，未必就會熟視無睹，則於重紐字之出現，必須歸字以定位時，未嘗不可能予以有意識的分析。故對於古音來源不同的重紐字，只要能夠系聯，那就不必認爲它們有甚麼音理上的差異，把它看成同音就可以了。什麼是「重紐」？我覺得

在這裏有必要加以定義。在《切韻》、《廣韻》等韻書中，每一韻之中，每一個○下的字，同一個反切，我們叫韻紐。（前人叫小韻，不知何所取義！）韻紐就是韻中不同的紐（紐是聲紐）。《切韻》、《廣韻》這一類書，本來同音字不出現兩個切語，所以只要出現兩個切語，就是不同的音。本來無所謂重紐，可是在支、脂、眞、諄、祭、仙、宵、清、侵、鹽諸韻中，確實出現不同的反切，卻是後世讀音相同的音，所以才叫重紐，重出的紐。要屬於重出的紐，就必須在韻書裡頭聲韻條件要相等，才可以叫重出的紐。聲韻條件相等，當然就是同音了。至於同音而出現兩個切語，這就是因為古韻不同，或其他原因而造成的。下面我們還會討論到。

　　《韻鏡》爲不使普通三等字混，乃不惜費極大周折，使之通入四等。由此可知韻圖四等地位之字，除喻紐與齒頭音字外，其支、脂諸韻之脣、牙、喉音，亦非眞正四等字。

　　《韻鏡》將清韻之脣、牙、喉音全列四等，無與舌齒音同列三等者，此即表明清韻之脣、牙、喉音僅一類，而此類即屬支脂諸韻不與普通三等同之類型。按清韻之古本韻只有一類來源，即自其本部古本韻青韻變來（變韻中有變聲），依理應只列三等，毋應區分。然清韻相承之入聲昔韻，有兩類古本韻來源：一自其本部古本韻錫韻變來（變韻中有變聲）者，即辟、僻、擗、益等一類字；一自他部古本韻鐸變來（鐸韻變同錫韻）者，即碧、樗一類字。自本部古本韻變來者例置四等，故辟、僻、擗、益等字置於三十三轉四等，（不得置於三十五轉四等，因該處已有錫韻之「壁、劈、甓、覓」等字）。自他部古本韻變來者例置三等，故碧、樗等字置於三十五轉三等也。韻圖四聲相承，昔韻自本部古本韻變來者旣置四等，故清韻自本部古本韻來者，自亦當列四

等也。其三等雖有空而不排，因適無自他部古本韻變來之字也。[36] 以重紐三等自他部古本韻，重紐四等來自本部古本韻之理，覈之其他各韻，幾亦如響之斯應[37]。惟侵緝二韻，侵韻重紐三等「音」與重紐四等「愔」，古本韻同在覃部；緝韻重紐三等「邑」與重紐四等「揖」，古本韻同在合部，並無古本韻之差異，然則當如何解釋？龔煌城兄嘗謂重紐三等在上古有*-rj-介音，重紐四等有*-j-介音，作爲三、四等的區別，但到中古則合併。龔煌城云：

「上古*-r-在-j-介音之前也有完全消失而沒有留下任何痕跡的，但這是就結果而作的描述，其中不能排除*-r-曾影響了介音或元音，而形成過兩個不同的介音，但它們後來又合併一的可能情形。」[38]

音愔、邑揖之間可能在更早時時（或者說遠古）本來是不同的韻部，到上古後合併了，我們看不出它們古本韻的不同，後來三、四等重紐的分列，可能也只是歷史的陳跡了。

綜合以上所說，可知《韻鏡》分等之條例如下：

【甲】凡二等僅齒音有字，不能單獨成爲一韻者，則此類字非眞正之二等字，而係借位之三等字，此類字與同轉三等字之關係，非韻母之不同，實係聲母之有異。

【乙】凡在四等而不能獨立成韻者，亦非眞正之四等字，實係三等字因上述之關係借位而來者。

---

36 槦字《廣韻》無，《集韻》平碧切，殆據《集韻》增。

37 參見孔仲溫〈論重紐字上古時期的音韻現象〉一文，載《聲韻論叢》第六輯 245-283 頁。1997 年 4 月。臺灣學生書局，台北市。

38 龔煌城〈從漢藏語的比較看重紐問題〉，載《聲韻論叢》第六輯 195-244 頁。1997 年 4 月。臺灣學生書局，台北市。

五、《韻鏡》之分等與《廣韻》各韻之關係

【一】凡《廣韻》東（紅公東一類）、冬、模、咍、灰、泰、痕、魂、寒、桓、豪、歌、戈（禾戈波和婆一類）、唐、登、侯、覃、談以及與之相配之上去入聲韻，稱為一等韻。

【二】《廣韻》江、皆、佳、夬、臻、刪、山、肴、麻（霞加巴一類、花瓜華一類）、庚（行庚盲一類、橫一類）、耕、咸、銜以及與之相配之上去入聲韻，稱為二等韻。

【三】《廣韻》東（弓戎中終宮隆融一類）、鍾、支、脂、之、微、魚、虞、祭、廢、眞、諄、欣、文、仙、元、宵、戈（伽迦一類、靴一類）、麻（遮嗟邪車奢一類）、陽、庚（卿驚京一類、兄榮一類）、清、蒸、尤、幽、侵、鹽、嚴、凡以及與之相配之上去入聲韻，稱為三等韻。

【四】《廣韻》齊、先、蕭、青、添以及與之相配之上去入聲韻，稱為四等韻。

凡一等韻，韻圖全置於一等之地位，二等韻全置於二等之地位，四等韻全置於四等之地位。至於三等韻之字，僅有微、廢、欣、文、元、嚴、凡以及戈、咍等三等部分全置於三等，其他各韻則受韻圖編排之影響，分別侵入二等與四等。前己述及，茲再列表以明之。

等	脣音	舌音	牙音	齒音	喉音	舌齒音	
一二三四	幫系字	知系字	見系字	莊系字 照系字 精系字	影曉 為 喻	來 日	一般情形
一二三四	幫系一部分字 幫系另部分字	知系字	見系一字 見系另字	莊系字 照系字 精系字	影曉 為 影曉 喻	來 日	支脂眞諄祭仙宵
一二三四	幫系字	知系字	見系字	照系字 精系字	為 影曉 喻	來 日	清韻

《韻鏡》全圖

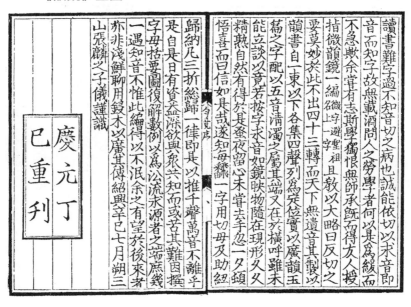

韻鏡之作其妙矣夫余年二十始得此學字音往昔
相傳類曰洪韻釋子之所撰也有沙門神珙二音號
僧世俗訛呼琪然又與所據自具研究今五
知音韻當著切韻圖載五篇卷末竊意其作此
十載竟莫知原於誰近得故樞密楊侯淳熙間所
撰韻譜云自序云揭來嘗塗得歷陽所刊切韻心鑑
因以舊書手加校定列之郡嶽徐而諦之即所謂洪
韻特小有不同舊體以一紙列二十三字母為行以
緯行於上其下間附一十三字母盡於三十六一日

無遺楊慎三十六分二紙肩行而繩引至橫調則浦
亂木怡不知因之則是變之非也既而又得 莆陽夫
子鄭公樵進卷　先朝中有七音序略其要語曰七音
之作起自西域流入諸夏梵僧欲以此教傳天下故
為此書雖重百譯一字不通之處義可傳
華僧從而定三十六為之母輕重清濁不失其倫天
地萬物之情備於此矣況於人言乎又云目初得
經耳蓋叢萃過目皆可譯也矣雖胡僧
七音韻鑑一唱三嘆胡僧有此妙義而儒者未之聞
是知此書其用也博其來也遠不可得指名其人故

鄭先生但言梵僧傳之華僧續之而已學者即夫非
天籟通平造化者不能造其閒而觀之庶有會於心
又鄭先生之 諱嘉泰三年二月朔東浦張麟之序

調韻指微
不知象類不又能言六書八體之文不知經緯不足
與論四聲七音之義經緯者聲音之脉絡也聲音者
經緯之機杼也縱為經橫為緯縱四聲橫貫七音
知四聲則能明升降於闔闢之際七音則能辨清
濁於宮羽之間欲通音嶺必自此始　莆陽鄭先生云
天籟之本自成經緯皇韻史綰已發此吉凡儒不得

其傳故江左之儒知縱有平上去入之四聲不知橫
有宮商角徵羽半徵半商之七音經緯不明所以失
立韻之源於其本作七音編而為略欲使學者盡得其
傳然後能用宣尼之書以及人百之俗又作諧聲圖以
明古人制字通七音之妙作內外十六轉圖以明
沙僧之韻得經緯之全鳴呼其用心大矣今世之士
慢不講於前聞得經緯之全鳴呼其用心由不習而忽
胡僧之韻
之過深聞宣知前輩次此一事最深切致學者為或曰
字惟五音而曰七何耶曰音非七則不能盡聲音中之
韻亦猶琴始五經非加文武二絃則不能盡音中之

四十述懷

荏苒光陰四十侵。家恩師德兩淵深。
養親猶慕曾參志，守道還存顏子心。
絕學自當垂永世，傳薪應許有嗣音。
開書每見前賢意，俯首低徊幾度吟。

聲故曰廷者樂之宗也韻者聲之本也文武二絃為
戀宮絃做舌齒二音為半徵半商此其義㦮或又曰
舌齒一音而曰二何耶曰五音啟於脣齒喉牙舌惟
舌與齒迭有往來不可主夫一故舌中有帶齒聲齒
中而帶舌聲者古人立來曰二而舌齒之半徵半商乃
能全其秘若來字則先舌後齒謂之舌齒二母各其半徵
齒後舌謂之齒舌所以夕為二石而聚四聲曰七齒乃先
韻諳唱張難雜盖此齒舌妳娘在四聲下召
自來學者能由此以揣摩四十三轉之精微則無窮
之聲無窮之韻有不可勝用者矣又何以為難哉

〇三十六字母　　〇歸納助紐字

唇音
清	次清	清濁	清濁	
幫	滂	並	明	唇音重
非	敷	奉	微	唇音輕

助紐字：分番　芬翻　頻蠙　汾頻　文摛　賓邊　繽篇　頻蠙　汾頻

牙音
清	次清	清濁	清濁
見	溪	群	疑

助紐字：經堅　輕牽　勤虔　銀言

舌音
清	次清	清濁	清濁	
端	透	定	泥	舌頭音
知	徹	澄	娘	舌上音

助紐字：丁顛　汀天　廷田　氏眠　珍邅　縝羶　紉綿

喉音
清	清	清濁	清濁
影	曉	匣	喻

助紐字：嫈纓　馨騂　刑賢　勻緣　身膻　暎輝　真禋

齒音
清	次清	清濁	清濁	清濁	
精	清	從	心	邪	齒頭音
照	穿	牀	審	禪	正齒音

助紐字：精煎　親千　秦前　新仙　蒨涎　喉音三音齒立　正齒音　細正齒音

舌音齒
清濁
來 日

半徵半商：鄰連　人然

此圖每韻呼吸四聲字並屬之

歸字例

歸釋音字一如撿得禮部韻且如得芳弓尽先就十陽
韻求芳字知屬脣音次清第三位却歸一東韻尋下
弓字便就脣音次清第三位取之乃爲豐字盖芳
字其同音之定位弓字其同韻取之乃知爲豐字盖芳
鼕是○又如息中反弓高息字係側聲在職字韻圙音
第二清第四位亦歸第二東齒音第二清第四
位取之○緩雅之　祖紅反歸成驥字雖韻鑑中有洪而無
紅撳反切之例上下二字或聚同音不必正體　慈陵
反繼慈字屬齒音第一濁第四位就蒸字韻鼕成繼

字而陵字又不相映盖逐韻屬單行字母者也
續二位只同一音此第四圖亦陵字音也餘準此○先候
反先字屬第四歸成速字又在第一圖盖逐韻圙音中
間二位屬照穿牀審禪字母上下二位屬精清從心
邪字母反奠候字列在第一行故定位屬精音也○徐準
○諸民反莫龐反奴罪反之類聲雖去音字歸
上韻並當從禮部韻就上聲名歸字○凡歸難字橫
音即就所屬音四聲內任意取一易字橫呼得之
矣今如千竹及隨字任也若取萬子橫呼則知竹次
清其爲橄字又以橄字呼下入聲則知竹爲促音但

橫呼韻

人咸知一字細四聲而不知有十六聲存焉盖十六
聲具有平上去入各橫轉四而故也且如東字韻風馮
切韻詩曰一平聲便有四而橫四而四而遂成十六
已詳備但將一二韻呂隨平聲五音相繼橫呼至於
調熟或遇他韻或側聲韻竟能選音讀之無不的中
今略舉二韻爲式

○二冬韻同音處處觀之可見也

○二冬韻

　封峯逢　中傭重醲　恭釜蚣顒

鍾衡備

春鰆　邑句　雜容龍葺
邊蹁蹁眠顛天田年堅牽　研

一先韻

煙祅賢　延連

上聲去音字

凡以平側呼字至上聲多相犯如陳申紳以董聲之
類古人制韻閒取去聲字參入上聲者正欲使泥濁
有所辨耳如膼膽膽有道泥之針或者不知徒泥韻
菜分爲四聲至上聲多例作第二側讀之此殊不知
變也若果菜然則以土爲史以上爲賞以道以禱以
父母之父爲甫可平今逐韻上聲濁位並當四呼爲去

聲識者熟思之方知古人制韻端有深旨

（六）五音清濁

逐韻五音各有自然清濁若遇兩字音可取之記行位
也脣音舌音牙音各四聲不同故第一行屬清第二
行屬次清第三行屬濁第四行屬清濁第五行清
有細屬故五行聲有者為第一清濁聲名二將居前者為第一
清第一濁居後者為第一清第二濁喉音二清舌齒
音二清濁並以例進之

（四）四聲定位三聲附

每韻宜行平上去入聲有字與圍相間各四並分為

定位如一東韻家字之類位在第一下三側聲亦在
第一崇字行位在第二下三側聲字亦在第二風字
在第三下三側聲亦在第三萬字融字亦在第四下三
側聲亦在第四如遇尋字疾音在其位便隨所屬
而呼之。韻中或只列三聲省者如元與此支微慚讓之類是三增
當借音可也止支微慚讓姒母之類是齒音

（八）列圍

列圍之法本以備足有聲無形與無聲無形也有形
有聲時或用焉

如一東韻专音茅第一位橫轉東通同

（一）韻鑑序例終

字之後是也若以音恊之則當繼以農字為一東
韻與農字故以圍足之。○無聲無形但欲編應
行歟如東字韻中脣音方音第二第四位與江字
韻第一第三第四位之類是也

五十自賦

行年五十尚何求。家有藏書好解憂。

淑世恨難令側帽，明音差可仰前修。

登堂講學心猶壯，對酒吟詩意亦悠。

一事至今聊足樂，及門桃李已盈疇。

	舌音	齒	喉音			齒音			
	清濁	清濁	濁	清	清	濁	清	濁	次清 / 清
東	○ ○ 戎 ○	籠 ○ 隆 ○	洪 ○ 彤 融	○ ○ 雄 ○	烘 ○ ○ ○	翁 ○ ○ 嵩	摠 崇 充 敵	嵷 ○ ○ ○	忽 ○ ○ ○ ／ 㷀 終 ○ ○
董	○ ○ ○ ○	朧 ○ ○ ○	○ ○ ○ ○	懷 ○ ○ ○	嚾 ○ ○ ○	噴翁 ○ ○ ○	敵 ○ ○ ○	○ ○ ○ ○	○ ○ ○ ○ ／ 㧾 ○ ○ ○
送	○ ○ ○ ○	弄 ○ ○ ○	閧 ○ 趨 ○	烘 ○ ○ ○	甕 ○ ○ ○	送 ○ ○ ○	敕 剟 銃 趙	諷 ○ ○ ○	糉 衆 ○ ○
屋	○ ○ 肉 ○	祿 ○ 六 ○	穀 ○ 囿 育	熇 ○ 畜 郁	屋 ○ ○ ○	速 縮 叔 肅	族 琜 俶 璹	瘱 珿 ○ 矗	鏃 縬 粥 蹙

內轉第一開

音	脣音（清 次清 濁 清濁）				舌音（清 次清 濁 清濁）				牙音（清 次清 濁 清濁）			
	幫(清)	滂(次清)	並(濁)	明(清濁)	端(清)	透(次清)	定(濁)	泥(清濁)	見(清)	溪(次清)	群(濁)	疑(清濁)
平一	○	○	蓬	蒙	東	通	同	○	公	空	○	○
平二	○	○	○	○	○	○	○	○	○	○	○	○
平三	風	豐	馮	瞢	中	忡	蟲	○	弓	穹	窮	○
平四	○	○	○	○	○	○	○	○	○	○	○	○
上一	○	○	菶	蠓	董	桶	動	繷	○	孔	○	○
上二	○	○	○	○	○	○	○	○	○	○	○	○
上三	○	○	奉	○	冢	寵	湩	○	○	恐	○	○
上四	○	○	○	○	○	○	○	○	○	○	○	○
去一	○	○	○	夢	凍	痛	洞	○	貢	控	○	○
去二	○	○	○	○	○	○	○	○	○	○	○	○
去三	諷	賵	鳳	夢	中	○	仲	○	○	○	共	○
去四	○	○	○	○	○	○	○	○	○	○	○	○
入一	卜	扑	暴	木	○	秃	獨	○	穀	哭	○	○
入二	○	○	○	○	○	○	○	○	○	○	○	○
入三	福	蝮	伏	目	竹	蓄	逐	朒	菊	麴	趜	砡
入四	○	○	○	○	○	○	○	○	○	○	○	○

	齒舌音 清濁	舌音 清濁	喉音 清濁	喉音 濁	喉音 清	喉音 清	齒音 濁	齒音 清	齒音 濁	齒音 次清	齒音 清
冬	○	隆	○	碹	烘	○	○	鬆	○	聰	宗
	○	○	○	○	○	○	○	○	○	○	○
鍾	茸	龍	容	○	匈	邕	○	舂	鱅	衝	鍾
	○	○	庸	○	○	○	○	松	從	樅	縱
	○	○	○	○	○	○	○	○	○	○	○
腫	○	隴	擁	○	○	擁	爟	雝	○	○	腫
	冗	隴	勇	○	○	○	悚	竦	○	○	緃
	○	儱	甬	○	○	○	○	○	從	○	緃
宋	○	○	○	碹	○	○	○	宋	○	○	綜
	○	○	○	○	○	○	○	○	○	○	○
用	鞜	朧	用	○	○	雍	○	○	種	○	種
	○	○	用	○	○	○	頌	○	從	○	縱
沃	○	濼	○	鵠	熇	沃	○	洬	○	鵠	傶
	○	○	○	○	○	○	崒	譪	蠲	○	俅
燭	辱	錄	欲	○	旭	郁	蜀	束	䚟	觸	燭
	○	○	欲	○	○	○	續	粟	續	促	足

內轉第二開合

唇音				舌音				牙音			
清	次清	濁	清濁	清	次清	濁	清濁	清	次清	濁	清濁
○	○	○	○	冬	炵	彤	農	攻	○	○	○
○	○	○	○	○	○	○	○	○	○	○	○
封	峯	逢	○	終	傭	重	醲	恭	銎	蛩	顒
○	○	○	○	○	○	○	○	○	○	○	○
○	○	○	○	湩	○	○	○	○	○	○	○
○	○	○	○	○	○	○	○	○	○	○	○
○	捧	奉	○	冢	寵	重	○	拱	恐	輂	○
○	○	○	○	○	○	○	○	○	○	○	○
○	○	○	雺	○	統	湩	○	○	○	○	○
○	○	○	○	○	○	○	○	○	○	○	○
葑	○	俸	○	踵	重	拔	○	供	恐	共	○
○	○	○	○	○	○	○	○	○	○	○	○
襆	樸	瑁	○	○	毒	褥	褥	拮	酷	○	擢
○	○	○	○	○	○	○	○	○	○	○	○
鞕	幞	媢	○	躅	棟	觫	○	蕐	曲	局	玉
○	○	○	○	○	○	○	○	○	○	○	○

齒音舌音		音		喉		音			齒		
清濁	清濁	清濁	濁	清	清	濁	清	濁	次清	清	
江	瀧		降	肛	胦		雙	漴	牎		
講			項	傋	慃						
絳			巷				淙	漴	𢱢		
覺	𢶏		學		渥		朔	娖	浞	捉	

四　外轉第三開合

牙音 清濁	濁	次清	清	舌音 清濁	濁	次清	清	唇音 清濁	濁	次清	清
○	○	○	○	○	○	○	○	○	○	○	○
岇	○	腔	江	瀧	幢	憃	摐	厖	胮	肨	邦
○	○	○	○	○	○	○	○	○	○	○	○
○	○	○	○	○	○	○	○	○	○	○	○
○	○	○	○	○	○	○	○	○	○	○	○
○	○	○	講	○	○	○	○	顈	拌	○	蒡
○	○	○	○	○	○	○	○	○	○	○	○
○	○	○	○	○	○	○	○	○	○	○	○
○	○	○	○	○	○	○	○	○	○	○	○
○	○	○	絳	○	賮	轞	戇	○	○	胖	○
○	○	○	○	○	○	○	○	○	○	○	○
○	○	○	○	○	○	○	○	○	○	○	○
○	○	○	○	○	○	○	○	○	○	○	○
岳	○	殼	覺	搦	濁	逴	斮	邈	雹	璞	剝
○	○	○	○	○	○	○	○	○	○	○	○
○	○	○	○	○	○	○	○	○	○	○	○

齒音舌		舌　音				喉　音			齒　音			
清濁	清濁	清	濁	清	濁	清	清	濁	清	濁	次清	清
〇	〇	〇	〇	〇	〇	〇	〇	〇	〇	〇	〇	齜
〇	離	〇	〇	議	猗	毗	醨	螽	〇	羙	差	支
兒	〇	移	〇	〇	〇	〇	施	疪	雌	〇	瓗	贅
〇	〇	〇	〇	〇	〇	〇	斯	〇	〇	〇	〇	〇
〇	〇	〇	〇	〇	〇	〇	躧	〇	〇	〇	〇	批
爾	邐	〇	〇	倚	氏	弛	舓	舐	佊	〇	紙	紫
〇	〇	酏	〇	〇	〇	〇	徙	〇	此	〇	〇	〇
〇	〇	〇	〇	〇	〇	〇	〇	〇	〇	〇	〇	〇
〇	〇	〇	戲	倚	豉	翅	鞮	〇	卶	〇	柴	寘
〇	詈	〇	〇	〇	豉	翅	跂	易	〇	漬	刺	積
〇	〇	易	〇	〇	〇	〇	賜	〇	〇	〇	〇	〇
〇	〇	〇	〇	〇	〇	〇	〇	〇	〇	〇	〇	〇
〇	〇	〇	〇	〇	〇	〇	〇	〇	〇	〇	〇	〇
〇	〇	〇	〇	〇	〇	〇	〇	〇	〇	〇	〇	〇
〇	〇	〇	〇	〇	〇	〇	〇	〇	〇	〇	〇	〇

（左欄韻目）支　紙　寘

內轉第四開合

牙音				舌音				唇音			
次濁	濁	次清	清	清濁	濁	次清	清	清濁	濁	次清	清
○	○	○	○	○	○	○	○	○	○	○	○
○	○	○	○	○	馳	摛	知	縻	陴	鈹	陂
宜	奇	敧	羈	○	○	○	○	彌	皮	披	卑
○	祇	○	○	○	○	○	○	○	○	○	○
○	○	○	○	○	○	○	○	○	○	○	○
螘	技	綺	掎	抳	豸	褫	捶	靡	被	諀	彼
○	○	企	踦	○	○	○	○	弭	婢	○	俾
○	○	○	○	○	○	○	○	○	○	○	○
○	○	○	○	○	○	○	○	○	○	○	○
義	芰	㩻	馶	○	○	○	智	髮	髲	帔	賁
○	○	企	馶	○	○	○	○	○	○	○	○
○	○	○	○	○	○	○	○	○	○	○	○
○	○	○	○	○	○	○	○	○	○	○	○
○	○	○	○	○	○	○	○	○	○	○	○
○	○	○	○	○	○	○	○	○	○	○	○
○	○	○	○	○	○	○	○	○	○	○	○

舌音 清濁	齒音 清濁	音 清濁	喉音 濁	清	清	音 濁	清	濁	齒音 又清	清
○	○	○	○	○	○	○	○	○	○	○
○	○	○	○	○	○	○	○	○	○	○
羸	痿	為	○	麾	逶	垂	睢	○	吹	驪
○	○	蘤 蠵	○	隳	○	隨	○	○	○	剿

支

○	○	○	○	○	○	○	○	○	○	○
○	○	○	○	○	○	○	○	○	○	○
累	蘂	蔿	○	毀	委	菙	髓	○	揣	捶
○	○	䔾	○	○	○	觜	惢	○	○	觜

紙

○	○	○	○	○	○	○	○	○	○	○
○	○	○	○	○	○	○	○	○	○	○
累	枘	為	○	毀	餧	睡	諉	○	吹	惴
○	○	璃	○	孈	恚	○	矮	○	○	○

寘

○	○	○	○	○	○	○	○	○	○	○
○	○	○	○	○	○	○	○	○	○	○
○	○	○	○	○	○	○	○	○	○	○
○	○	○	○	○	○	○	○	○	○	○

內轉第五合

牙音				舌音				脣音			
清	次清	濁	清濁	清	次清	濁	清濁	清	次清	濁	清濁
○	○	○	○	○	○	○	○	○	○	○	○
○	○	○	○	○	○	○	○	○	○	○	○
危	趫	蹻	媧	○	醫	○	腫	○	○	○	○
○	○	闚	規	○	鐘	○	踵	○	○	○	○
○	○	○	○	○	○	○	○	○	○	○	○
硊	跪	○	詭	○	○	○	○	○	○	○	○
○	○	跬	○	○	○	○	○	○	○	○	○
○	○	○	○	○	○	○	○	○	○	○	○
僞	○	○	䁾	諉	縫	○	婑	○	○	○	○
○	○	觖	臲	○	○	○	○	○	○	○	○
○	○	○	○	○	○	○	○	○	○	○	○
○	○	○	○	○	○	○	○	○	○	○	○
○	○	○	○	○	○	○	○	○	○	○	○
○	○	○	○	○	○	○	○	○	○	○	○

韻	齒音 清	齒音 次清	齒音 濁	牙音 清	牙音 濁	喉音 清	喉音 清	喉音 濁	齒音 清	齒音 濁	舌音 清	舌音 清濁
脂	○	○	○	○	○	○	○	○	○	○	○	○
	脂	咨	鴟	師	○	○	○	○	○	○	○	○
	郪	泲	○	尸	私	○	○	○	○	○	黎	○
	○	○	○	○	○	伊	夷	○	姨	○	○	○
旨	○	○	○	○	○	○	○	○	○	○	○	○
	姊	吉	○	矢	視	○	○	○	○	○	○	○
	○	○	死	兕	○	○	敐	○	○	○	履	○
至	至	恣	痓	示	○	○	○	○	○	○	○	○
	次	自	四	屍	嗜	懿	棘	○	○	○	二	刿
	○	○	○	○	○	四	系	肆	○	○	○	○
	○	○	○	○	○	○	○	○	○	○	○	○
	○	○	○	○	○	○	○	○	○	○	○	○
	○	○	○	○	○	○	○	○	○	○	○	○
	○	○	○	○	○	○	○	○	○	○	○	○

內轉第六開

脣音清	脣音次清	脣音濁	脣音清濁	舌音清	舌音次清	舌音濁	舌音清濁	牙音清	牙音次清	牙音濁	牙音清濁
○	○	○	○	○	○	○	○	○	○	○	○
○	○	○	○	○	○	○	○	○	○	○	○
悲	丕	邳	眉	胝	絺	墀	尼	飢	○	蒡	祛
○	玉	紕	毗	○	○	○	○	○	○	○	○
○	○	○	○	○	○	○	○	○	○	○	○
鄙	嚭	否	美	襃	雉	魑	○	几	○	鼿	○
七	○	牝	○	○	○	○	○	○	○	○	○
○	○	○	○	○	○	○	○	○	○	○	○
○	○	○	○	○	○	○	○	○	○	○	○
祕	屁	備	鄪	致	○	緻	膩	冀	器	曁	劓
痺	屁	鼻	鰷	○	地	○	○	弃	○	○	○
○	○	○	○	○	○	○	○	○	○	○	○
○	○	○	○	○	○	○	○	○	○	○	○
○	○	○	○	○	○	○	○	○	○	○	○
○	○	○	○	○	○	○	○	○	○	○	○

齒音 舌音			音		喉音			音		齒音	
清濁	清濁	清濁	濁	清	濁	清	清	濁	清	次清	清
脂	〇	〇	〇	〇	〇	〇	〇	〇	〇	〇	〇	〇
	〇	〇	〇	〇	〇	衰	〇	〇	〇	〇	〇	〇
	蓕	濯	〇	〇	〇	誰	〇	〇	推	錐	唯	
	〇	〇	惟	〇	〇	綏	〇	〇	〇	綏		
旨	〇	〇	〇	〇	〇	〇	〇	〇	〇	〇	〇	〇
	〇	〇	〇	〇	〇	〇	〇	〇	〇	〇	〇	〇
	惢	壘	渻	唯	〇	髓	〇	水	〇	〇	洔	濼
	〇	〇	〇	〇	〇	嶵	〇	趡	越			
至	〇	〇	〇	〇	〇	〇	〇	〇	〇	〇	〇	〇
	〇	類	位	〇	〇	〇	〇	〇	〇	出	醉	
	〇	〇	遺	〇	匱	〇	痍	遂	邃	萃	翠	
	〇	〇	〇	〇	〇	〇	〇	〇	〇	〇	〇	〇
	〇	〇	〇	〇	〇	〇	〇	〇	〇	〇	〇	〇
	〇	〇	〇	〇	〇	〇	〇	〇	〇	〇	〇	〇
	〇	〇	〇	〇	〇	〇	〇	〇	〇	〇	〇	〇

內轉第七合

脣音				舌音				牙音			
清	次清	濁	清濁	清	次清	濁	清濁	清	次清	濁	清濁
○	○	○	○	○	○	○	○	○	○	○	○
○	○	○	○	○	○	○	○	○	○	○	○
○	○	○	○	追	○	鎚	○	龜	○	逵	○
○	○	○	○	○	○	○	○	歸	○	葵	○
○	○	○	○	○	○	○	○	○	○	○	○
○	○	○	○	○	○	○	○	○	○	○	○
○	○	○	○	○	○	○	○	軌	○	揆	○
○	○	○	○	○	○	○	○	癸	○	○	○
○	○	○	○	○	○	○	○	○	○	○	○
○	○	○	○	○	○	○	○	○	○	○	○
○	○	○	○	轛	○	墜	○	媿	嘳	匱	○
○	○	○	○	○	○	○	○	季	○	悸	○
○	○	○	○	○	○	○	○	○	○	○	○
○	○	○	○	○	○	○	○	○	○	○	○
○	○	○	○	○	○	○	○	○	○	○	○
○	○	○	○	○	○	○	○	○	○	○	○

韻	齒音 清濁	舌音 清濁	喉音 清濁	喉音 濁	喉音 清	喉音 清	齒音 濁	齒音 清	齒音 濁	齒音 次清	齒音 清
之	○	○	○	○	○	○	○	○	○	○	○
	○	○	○	○	○	○	○	○	茌	○	葘
	而	釐	○	○	僖	醫	時	詩	○	蚩	之
	○	○	飴	○	○	○	詞	思	慈	○	兹
止	○	○	○	○	○	○	○	○	○	○	○
	○	○	○	○	○	○	俟	史	士	○	滓
	耳	里	○	矣	喜	○	市	始	○	齒	止
	○	○	以	○	○	○	似	枲	○	○	子
志	○	○	○	○	○	○	○	○	○	○	○
	○	○	○	○	○	○	○	駛	事	廁	胾
	餌	吏	○	○	憙	意	侍	試	○	熾	志
	○	○	異	○	○	○	寺	笥	字	蛓	恣
	○	○	○	○	○	○	○	○	○	○	○
	○	○	○	○	○	○	○	○	○	○	○
	○	○	○	○	○	○	○	○	○	○	○
	○	○	○	○	○	○	○	○	○	○	○

牙音				舌音				脣音				内轉第八開
清濁	次濁	次清	清	清濁	次濁	次清	清	清濁	次濁	次清	清	
○	○	○	○	○	○	○	○	○	○	○	○	
○	○	○	○	○	○	○	○	○	○	○	○	
疑	其	欺	姬	○	治	癡		○	○	○	○	
○	○	拪										
擬	○	起	紀	伱	峙	恥	徵	○	○	○	○	
○	○	○	○	○	○	○	○	○	○	○	○	
懿	忌	亟	記	○	値	眙	置	○	○	○	○	
○	○	○	○	○	○	○	○	○	○	○	○	
○	○	○	○	○	○	○	○	○	○	○	○	
○	○	○	○	○	○	○	○	○	○	○	○	
○	○	○	○	○	○	○	○	○	○	○	○	
○	○	○	○	○	○	○	○	○	○	○	○	

齒音舌音 清 清 濁 濁	喉音 清 清 濁	舌音 齒音 濁 清 濁 次清 清			
微	○ ○ ○ ○	○ ○ ○ ○ ○	依 希 ○ ○ ○ ○ ○		
尾	○ ○ ○ ○	○ ○ ○ ○	辰 稀 ○ ○ ○ ○		
未	○ ○ ○ ○	○ ○ ○ ○	歡 ○ ○ ○ ○ ○ ○		
廢	○ ○ ○ ○	○ ○ ○ ○	○ ○ ○ ○ ○ ○ ○		

内轉第九開

牙音				舌音				唇音			
清濁	濁	次清	清	清濁	濁	次清	清	清濁	濁	次清	清
○	○	○	○	○	○	○	○	○	○	○	○
○	○	○	○	○	○	○	○	○	○	○	○
圻	祈	○	掀	○	○	○	○	○	○	○	○
○	○	○	○	○	○	○	○	○	○	○	○
○	○	○	○	○	○	○	○	○	○	○	○
○	○	○	○	○	○	○	○	○	○	○	○
顗	○	豈	蟣	○	○	○	○	○	○	○	○
○	○	○	○	○	○	○	○	○	○	○	○
○	○	○	○	○	○	○	○	○	○	○	○
○	○	○	○	○	○	○	○	○	○	○	○
毅	䊷	氣	既	○	○	○	○	○	○	○	○
○	○	○	○	○	○	○	○	○	○	○	○
○	○	○	○	○	○	○	○	○	○	○	○
○	○	○	○	○	○	○	○	○	○	○	○
刈	○	○	計	○	○	○	○	○	○	○	廢
○	○	○	○	○	○	○	○	○	○	○	○

去聲寄此

齒音 清濁	舌音 清濁	喉音 清濁	喉音 濁	喉音 清	喉音 清	牙音 濁	牙音 清	齒 濁	齒 清	齒 次清	齒 清
○	○	○	○	○	○	○	○	○	○	○	○
○	○	○	○	○	○	○	○	○	○	○	○
○	○	韋	○	暉	威	○	○	○	○	○	○
○	○	○	○	○	○	○	○	○	○	○	○
○	○	○	○	○	○	○	○	○	○	○	○
○	○	○	○	○	○	○	○	○	○	○	○
○	○	躗	○	魏	硊	○	○	○	○	○	○
○	○	○	○	○	○	○	○	○	○	○	○
○	○	○	○	○	○	○	○	○	○	○	○
○	○	○	○	○	○	○	○	○	○	○	○
○	○	胃	○	諱	尉	○	○	○	○	○	○
○	○	○	○	○	○	○	○	○	○	○	○
○	○	○	○	○	○	○	○	○	○	○	○
○	○	○	○	○	○	○	○	○	○	○	○
○	○	○	○	喙	穢	○	○	○	○	○	○
○	○	○	○	○	○	○	○	○	○	○	○

韻目（左欄）：微　尾　未　廢

十一

內轉第十合

脣音				舌音				牙音			
清	次清	濁	清濁	清	次清	濁	清濁	清	次清	濁	清濁
○	○	○	○	○	○	○	○	○	○	○	○
非	菲	肥	微	○	○	○	○	歸	巋	傾	巍
○	○	○	○	○	○	○	○	○	○	○	○
匪	斐	膹	尾	○	○	○	○	鬼	○	○	○
○	○	○	○	○	○	○	○	○	○	○	○
沸	疿	費	未	○	○	○	○	貴	纍	匱	魏
廢	吠	○	○	○	○	○	○	撅	軎	瑑	○

去聲寄此

韻	齒音 清	齒音 次清	齒音 濁	齒音 清	齒音 濁	喉音 清	喉音 清	喉音 濁	喉音 清	右齒音 來 清濁	右齒音 日 清濁
魚	○	○	○	○	○	○	○	○	○	○	○
	菹	初	鉏	疎	○	○	○	○	○	臚	○
	諸	○	蜍	書	胥	放	虛	○	余	○	如
	苴	疽	徐	○	○	○	○	○	○	○	○
語	○	○	○	○	○	○	○	○	○	○	○
	阻	楚	齟	所	○	○	○	○	○	呂	汝
	儜道	杵	紓	暑	諝	掜	許	○	○	○	○
	○	齭	○	野	叙	○	○	○	與	○	○
御	○	○	○	○	○	○	○	○	○	○	○
	詛	覰	助	疏	○	○	○	○	○	慮	洳
	蒩	覷	○	怒	恕	飫	噓	○	處	○	○
	俎	觀	○	絮	署	○	○	據	遽	○	據
	○	○	○	○	○	○	○	○	○	○	○
	○	○	○	○	○	○	○	○	○	○	○
	○	○	○	○	○	○	○	○	○	○	○
	○	○	○	○	○	○	○	○	○	○	○

內轉第十一開

牙音				舌音				唇音			
清	次清	濁	清濁	清	次清	濁	清濁	清	次清	濁	清濁
○	○	○	○	○	○	○	○	○	○	○	○
○	○	○	○	○	○	○	○	○	○	○	○
居	墟	渠	魚	豬	攄	除	㿝	○	○	○	○
○	○	○	○	○	○	○	○	○	○	○	○
○	○	○	○	○	○	○	○	○	○	○	○
○	○	○	○	○	○	○	○	○	○	○	○
舉	去	巨	語	貯	袎	佇	女	○	○	○	○
○	○	○	○	○	○	○	○	○	○	○	○
○	○	○	○	○	○	○	○	○	○	○	○
○	○	○	○	○	○	○	○	○	○	○	○
據	去	遽	御	著	箸	絮	女	○	○	○	○
○	○	○	○	○	○	○	○	○	○	○	○
○	○	○	○	○	○	○	○	○	○	○	○
○	○	○	○	○	○	○	○	○	○	○	○
○	○	○	○	○	○	○	○	○	○	○	○
○	○	○	○	○	○	○	○	○	○	○	○

韻	齒音 清濁	舌音 清濁	音 清濁	喉音 濁	喉音 清	喉音 清	齒音 濁	齒音 清	齒音 濁	齒音 次清	齒音 清
摸	○	盧	○	胡	呼	烏	○	蘇	徂	麤	租
	○	○	○	○	○	○	○	○	○	○	○
虞	儒	○	于	○	訏	紆	殊	輸	雛	貙	朱
	○	○	逾	○	○	○	○	須	○	○	○
姥	○	魯	○	戸	虎	隖	○	○	○	○	祖
	○	○	○	○	○	○	○	數	○	○	○
麌	乳	縷	羽	○	詡	傴	竪	○	聚	取	主
	○	○	庾	○	○	○	○	○	○	○	○
暮	○	路	○	護	謼	汙	○	訴	○	○	做
	○	○	○	○	○	○	○	揀	○	○	○
遇	孺	屢	芋	○	煦	嫗	樹	杸	○	娶	注
	○	○	裕	○	○	○	○	○	○	○	○
	○	○	○	○	○	○	○	○	○	○	○
	○	○	○	○	○	○	○	○	○	○	○
	○	○	○	○	○	○	○	○	○	○	○
	○	○	○	○	○	○	○	○	○	○	○

內轉第十二開合

牙音			舌音				脣音			
音清濁	次清	清	音清濁	濁	次清	清	音清濁	濁	次清	清
吾	拈	孤	奴	徒	珍	都	摸	蒲	鋪	逋
○	○	○	○	○	○	○	○	○	○	○
虞	區	拘	○	廚	貙	株	無	符	敷	○
○	○	○	○	○	○	○	○	○	○	○
五	苦	古	努	杜	土	杜	姥	薄	普	補
○	○	○	○	○	○	○	○	○	○	○
麌	麔	矩	○	柱	○	拄	武	父	撫	○
○	○	○	○	○	○	○	○	○	○	○
誤	袴	顧	笯	渡	兔	妬	暮	捕	怖	布
○	○	○	○	○	○	○	○	○	○	○
遇	懼	驅	○	住	駐	註	務	附	赴	付
○	○	○	○	○	○	○	○	○	○	○
○	○	○	○	○	○	○	○	○	○	○
○	○	○	○	○	○	○	○	○	○	○
○	○	○	○	○	○	○	○	○	○	○
○	○	○	○	○	○	○	○	○	○	○

	齒音舌 清濁	音 清濁	喉音 濁	喉音 清	喉音 清	齒 濁	齒 清	齒 次清	齒 清
咍皆	○	來	○	孩	咍	哀	○	鰓	猜	哉
	○	唻	○	諧	稀	挨	○	崽	差	齋
	○	○	○	○	醯	○	○	○	摕	○
	齧	黎	○	兮	驚	○	○	西	妻	齎
齊 海駭	疒	鈗	○	佁	海	欸	○	在	采	宰
	○	頪	○	駭	○	○	○	○	茝	○
薺	○	○	○	後	○	吔	灑	洗	歲	○
	○	禮	○	齹	傂	愛	○	賽	在	載
代怪祭霽	○	賚	○	械	諳	噫	○	○	世	際
	○	例	○	○	絟	○	○	迦	細	嚌
	○	麗	○	葵	○	瞖	○	○	○	○
夬	○	○	○	○	講	喝	○	嘈	縩	啐
	○	○	○	廠	○	○	○	○	○	○
	○	○	○	○	○	○	○	○	○	○
	○	○	○	○	○	○	○	○	○	○

外轉第十三開

脣音 清	脣音 次清	脣音 濁	脣音 清濁	舌音 清	舌音 次清	舌音 濁	舌音 清濁	牙音 清	牙音 次清	牙音 濁	牙音 清濁
○	○	○	○	○	胎	臺	能	該	開	○	皚
○	○	排	埋	○	○	○	○	○	揩	○	○
○	○	○	○	○	○	○	○	○	○	○	○
○	批	鼙	迷	低	梯	題	泥	雞	谿	○	倪
○	○	○	○	等	㗌	待	乃	改	愷	○	欸
○	○	○	○	○	○	○	○	○	楷	○	騃
○	○	○	○	○	○	○	○	○	○	○	○
○	諀	陛	米	邸	體	弟	禰	○	啓	○	掜
○	○	蓓	○	戴	貸	代	耐	溉	愾	○	礙
○	○	憊	○	○	○	○	○	誡	○	○	聵
蔽	潎	獘	袂	○	○	滯	○	罽	憩	○	藝
閉	媲	薜	謎	帝	替	第	泥	計	契	○	詣
○	○	○	○	○	○	○	○	○	○	○	○
○	○	○	○	○	○	○	○	○	○	○	○
○	○	○	○	○	○	○	○	○	○	○	○
○	○	○	○	○	○	○	○	○	○	○	○

去聲寄此

	齒音 清濁	舌音 清濁	齒音 清濁	喉音 濁	喉音 清	喉音 清	齒音 濁	齒音 次清	齒音 清
灰皆	○	雷	○	回	灰	隈	崔	○	嗺
	○	羸	○	懷	磓	○	○	膗	○
	○	○	○	○	○	○	○	○	○
	○	○	○	舊	睢	娃	○	○	○
齊賄駭	礧	○	○	賄	瘣	揌	罪	○	摧
	○	○	○	○	○	○	○	○	雌
	○	○	○	○	○	○	○	○	○
	○	○	○	○	○	○	○	○	○
隊怪祭霽夬	頖	○	颭	潰	誨	魁	○	碎	晬
	纇	○	壞	貃	○	○	稅	○	倅
	芮	○	衛	䋻	○	○	○	○	毳
	○	○	慧	喝	○	○	○	○	贅
夬	○	○	○	○	○	○	○	○	嘬
	○	○	黵	咶	話	○	○	○	○
	○	○	○	○	○	○	○	○	○
	○	○	○	○	○	○	○	○	○

內外轉第十四合（脄住懷反）　　去聲寄此

	喉音	牙音		齒音		舌音		脣音	
清／濁	清濁	次清	清	清	次清	清	次清	清	濁

鮠	○	傀	恢	雜	接	頹 頯	碰	杯 肧 裴	枚
○	○	匯	乖	○	○	○	○	○	○
○	○	○	圭	○	○	○	○	○	○
○	○	睽	○	○	○	○	○	○	○
顋	○	題	○	餿 鐵 骸	○	儡 鬐	琲	浼	○
○	○	○	○	○	○	○	○	○	○
○	○	○	○	○	○	○	○	○	○
磕 蕢	賱	憒	○	內	隊 退 對	綴	妹 佩 配	背 拜	○
○	○	塊 蕢	怪	○	○	○	○	○	○
○	○	劌 捲	掛	○	○	○	○	○	○
○	○	○	○	○	○	○	○	○	○
○	○	快	夬	○	○	○	蕢 敗	敗	○
○	○	○	○	○	○	○	○	○	○
○	○	○	○	○	○	○	○	○	○

	齒音舌音			音		喉		音		齒		
	清濁	清濁	清濁	清濁	濁	清	清	濁	清	濁	次清	清
佳	○	○	○	○	膎	瞖	娃	○	崴	柴	釵	○
	○	○	○	○	○	○	○	○	○	○	○	○
蟹	○	○	○	○	蟹	○	矮	○	○	○	○	○
	○	○	○	○	○	○	○	○	○	○	○	○
泰卦祭	○	賴	○	害	餀	蠆	隘	○	瘵	蔡	蠆	債
	○	○	○	邁	譺	○	○	○	儷	○	○	○
	○	曳	○	○	喝	○	○	○	○	○	○	○
	○	○	○	○	○	○	○	○	○	○	○	○
	○	○	○	○	○	○	○	○	○	○	○	○
	○	○	○	○	○	○	○	○	○	○	○	○

牙音				舌音				唇音				外轉第十五開
清濁	濁	次清	清	清濁	濁	次清	清	清濁	濁	次清	清	
○	○	○	○	○	○	○	○	○	○	○	○	
崖	○	佹	佳	竷	○	扠	○	睚	牌	○	○	
○	○	○	○	○	○	○	○	○	○	○	○	
○	○	○	○	○	○	○	○	○	○	○	○	
○	蠸	芛	解	嬭	廌	○	○	買	罷	○	擺	
○	○	○	○	○	○	○	○	○	○	○	○	
○	○	○	○	○	○	○	○	○	○	○	○	
艾	○	磑	蓋	奈	大	太	帶	眛	鎩	䏻	貝	
睚	○	鑿	懈	○	○	○	○	○	○	○	睚	
○	○	○	○	○	○	○	○	○	○	○	○	
藝	○	○	○	○	○	○	○	秵	蠻	澈	薮	
○	○	○	○	○	○	○	○	○	○	○	○	
○	○	○	○	○	○	○	○	○	○	○	○	
○	○	○	○	○	○	○	○	○	○	○	○	
○	○	○	○	○	○	○	○	○	○	○	○	

	齒音舌音 清濁	清濁	音 清濁	濁	喉音 清	清	音 濁	清	齒音 次清濁	清
佳	○○	○○	○	蠱	䶢	蛙	○○	○○	○○	○
	○○	○○	○				○○	○○	○○	
	○○	○○	○				○○	○○	○○	
蟹	○○	○○	○	夥	扮	廗	○○	○○	○○	
	○○	○○	○				○○	○○	○○	
	○○	○○	○				○○	○○	○○	
泰卦祭	○	酹	孌 會	譮	懀		○ 礚	蓋	禷 最	
	○○	○○	○				○○	○○	○○	
	○○	○○	銳				䜌 歲	○	㬥 籭	
	○○	○○	○	○	○		○○	○○	○○	○
	○○	○○	○	○	○		○○	○○	○○	○
	○○	○○	○	○	○		○○	○○	○○	○
	○○	○○	○	○	○		○○	○○	○○	○

外轉第十六合

	牙音				舌音			脣音			
清濁	次清濁	次清	清		濁	次清	清	次清	濁	清	清
○	○	○	○		○	○	○	○	○	○	○
○	○	嘱	媧		○	○	○	○	○	○	○
○	○	○	○		○	○	○	○	○	○	○
○	○	○	○		○	○	○	○	○	○	○
○	○	○	○		○	○	○	○	○	○	○
○	○	芉	○		○	○	○	○	○	○	○
○	○	○	○		○	○	○	○	○	○	○
○	○	○	○		○	○	○	○	○	○	○
外	○	儈	○		尯	娧	衩	○	賣	捭	派 庍
○	○	封	○		○	○	膪	○	○	○	○
○	○	○	○		○	○	○	○	○	○	○
○	○	灂	○		○	○	○	○	○	○	○
○	○	○	○		○	○	○	○	○	○	○
○	○	○	○		○	○	○	○	○	○	○
○	○	○	○		○	○	○	○	○	○	○
○	○	○	○		○	○	○	○	○	○	○

韻	舌音齒音		音		喉音			音		齒音			
	清濁	清濁	濁	清	濁	清	清	濁	清	濁	清	次清	清
痕	○	○	○	痕	○	恩	○	○	○	○	○	○	○
臻	○	○	○	○	○	○	○	○	莘	○	榛	○	臻
真	人	鄰	日	○	礥	因	引	辰	申	神	親	辛	津
○	○	○	○	○	○	○	○	○	○	○	眞	○	○
很	○	○	○	很	○	○	○	○	○	○	○	○	○
軫	○	○	○	○	○	蠁	○	○	○	○	○	○	○
○	忍	嶙	陻	○	○	○	引	腎	冽	○	軫	笐	儘
○	○	○	○	○	○	○	○	○	○	盡	笋	○	橝
恨	○	○	○	恨	○	饐	○	○	○	○	○	○	○
震	○	○	○	○	○	○	○	○	○	○	○	○	撅
○	刃	遴	慎	賮	印	○	○	聭	信	○	覲	親	震
○	○	○	○	○	酳	○	○	○	○	○	○	○	晉
沒	○	○	○	麷	○	○	○	○	○	○	○	○	○
櫛	○	○	○	○	○	○	○	○	瑟	齫	實	叱	擳
質	月	栗	風	肊	乙	一	疾	失	悉	實	疾	七	質
○	○	○	逸	○	故	一	鴥	○	○	失	悉	○	○

外轉第十七開

牙音 清濁	牙音 濁	牙音 次清	牙音 清	舌音 清濁	舌音 濁	舌音 次清	舌音 清	唇音 清濁	唇音 濁	唇音 次清	唇音 清
垠	〇	〇	根	〇	〇	吞	〇	〇	〇	〇	〇
〇	〇	〇	〇	〇	〇	〇	〇	〇	〇	〇	〇
銀	〇	〇	巾	紉	陳	〇	珍	珉	貧	〇	彬
〇	〇	〇	〇	〇	〇	〇	〇	民	頻	繽	賓
〇	〇	〇	〇	〇	〇	〇	〇	〇	〇	〇	〇
〇	〇	〇	〇	〇	〇	〇	〇	〇	〇	〇	〇
釿	窘	螼	謹	〇	紖	辴	展	愍	〇	〇	〇
〇	〇	〇	緊	〇	〇	〇	〇	泯	牝	〇	〇
〇	〇	〇	〇	〇	〇	〇	〇	〇	〇	〇	〇
〇	〇	〇	〇	〇	〇	〇	〇	〇	〇	〇	〇
憖	僅	菣	〇	〇	陣	疢	鎮	〇	〇	〇	儐
〇	〇	〇	〇	〇	〇	〇	〇	〇	〇	〇	〇
〇	〇	〇	〇	〇	〇	〇	〇	〇	〇	〇	〇
〇	〇	〇	〇	〇	〇	〇	〇	〇	〇	〇	〇
耴	姞	〇	〇	暱	秩	抶	窒	密	弼	〇	筆
〇	佶	詰	吉	昵	姪	〇	蛭	蜜	邲	匹	必

	齒音					喉音			舌音	舌音	齒音
	清	次清	濁	清	濁	清	清	濁	清	清濁	清濁
（竁）	尊	村	存	孫	○	溫	昏	○	○	論	○
	○	○	○	○	○	○	○	○	○	倫	○
（譚）	遵	春	脣	荀	純	○	薰	○	篤	○	挬
	邆	逡	鷷	筍	旬	○	○	○	勻	○	○
（混）	○	○	鱒	揎	○	穩	總	混	○	怨	○
	○	○	蠢	盾	○	○	○	○	○	輪	魋
（準）	○	○	賰	筍	○	○	○	○	尹	○	蝡
	○	寸	鐏	巽	○	搵	惛	恩	○	論	○
（恩）	焌	○	蠢	舜	順	○	○	○	○	○	○
	雋	○	鋳	峻	殉	○	○	○	○	閏	○
（稕）	卒	猝	捽	窒	○	顝	忽	榾	搰	穀	○
	翎	○	○	率	○	○	○	○	○	○	律
（沒）	焌	出	術	○	○	搐	○	○	○	○	○
（術）	卒	焌	崒	怵	○	矞	○	○	聿	○	韋

外轉第十八合

唇音				舌音				牙音			
清	次清	濁	清濁	清	次清	濁	清濁	清	次清	濁	清濁
奔	歕	盆	門	敦	暾	屯	磨	昆	坤	○	俍
○	礩	○	○	咄	椿	酏	○	鯤	困	○	○
○	○	○	○	○	偆	○	○	均	○	○	慁
○	○	○	○	○	○	○	○	○	○	愍	○
本	琳	獖	蕜	董	疃	圌	妠	髡	閫	○	○
○	○	○	○	○	○	○	○	稇	○	窘	○
○	○	○	○	○	○	○	○	○	○	○	○
○	○	○	○	○	○	○	○	○	○	○	○
奔	噴	坌	悶	頓	腯	鈍	嫩	睔	論	困	顐
○	○	○	○	○	○	○	○	○	○	○	○
○	○	○	○	○	○	○	○	○	○	○	○
○	○	○	○	呴	○	○	○	○	○	○	○
静	勃	没	咄	尖	突	訥	○	骨	窟	○	兀
○	○	○	怵	黜	木	○	○	○	○	○	屈
○	○	○	○	○	○	○	○	橘	○	趜	○

	齒音 清 濁	舌 清 濁	音 清 濁	清 濁	喉 清	音 清	濁	清	濁	齒 次 清	清
欣	○○	○○	○○	欣	殷	○	○○	○	○○	○○	○
隱	○○	○○	○○	蟪	隱	○	○○	○	○○	○○	○
焮	○○	○○	○○	焮	億	○	○○	○	○○	○○	○
迄	○○	○○	○○	迄	○	○	○○	○	○○	○○	○

外轉第十九開

牙音				舌音				脣音			
清濁	濁	次清	清	清濁	濁	次清	清	清濁	濁	次清	清
○	○	○	○	○	○	○	○	○	○	○	○
○	○	○	○	○	○	○	○	○	○	○	○
頯	勤	○	介	○	○	○	○	○	○	○	○
○	○	○	○	○	○	○	○	○	○	○	○
○	○	○	○	○	○	○	○	○	○	○	○
○	○	○	○	○	○	○	○	○	○	○	○
听	近	趌	謹	○	○	○	○	○	○	○	○
○	○	○	○	○	○	○	○	○	○	○	○
○	○	○	○	○	○	○	○	○	○	○	○
○	○	○	○	○	○	○	○	○	○	○	○
坚	近	○	斳	○	○	○	○	○	○	○	○
○	○	○	○	○	○	○	○	○	○	○	○
○	○	○	○	○	○	○	○	○	○	○	○
○	○	○	○	○	○	○	○	○	○	○	○
疙	起	乞	訖	○	○	○	○	○	○	○	○
○	○	○	○	○	○	○	○	○	○	○	○

| 舌音 | 齒音 | 音 | | 喉音 | | | 音 | | 齒 次清 | | 齒音 |
清濁	清濁	清	濁	濁	清	清	濁	清	濁	清	清
文	○	○	○	○	○	○	○	○	○	○	○
	○	○	○	○	○	○	○	○	○	○	○
	○	○	雲	○	熏	熅	○	○	○	○	○
	○	○	○	○	○	○	○	○	○	○	○
吻	○	○	○	○	○	○	○	○	○	○	○
	○	○	○	○	○	○	○	○	○	○	○
	○	○	抾	○	○	惲	○	○	○	○	○
	○	○	○	○	○	○	○	○	○	○	○
問	○	○	○	○	○	○	○	○	○	○	○
	○	○	運	○	訓	醞	○	○	○	○	○
	○	○	○	○	○	○	○	○	○	○	○
	○	○	○	○	○	○	○	○	○	○	○
物	○	○	○	○	○	○	○	○	○	○	○
	○	○	颲	○	颬	鬱	○	○	○	○	○
	○	○	○	○	○	○	○	○	○	○	○

外轉第二十合

牙音				舌音				脣音			
清	次清	濁	清濁	清	次清	濁	清濁	清	次清	濁	清濁
○	○	○	○	○	○	○	○	○	○	○	○
君	○	群	○	○	○	○	○	分	芬	汾	文
○	○	○	○	○	○	○	○	○	○	○	○
攟	趨	○	齳	○	○	○	○	粉	忿	憤	吻
○	○	○	○	○	○	○	○	○	○	○	○
○	○	○	○	○	○	○	○	○	○	○	○
攗	○	郡	○	○	○	○	○	糞	○	分	問
○	○	○	○	○	○	○	○	○	○	○	○
○	○	○	○	○	○	○	○	○	○	○	○
夏	屈	倔	崛	○	○	○	○	弗	拂	佛	物
○	○	○	○	○	○	○	○	○	○	○	○

韻	舌齒音		喉音				齒音				
	清濁	清濁	清濁	濁	清	清	濁	清	濁	次清	清
	○	○	○	○	○	○	○	○	○	○	○
山	○	斕	○	閑	羴	顯	○	山	戲	獮	○
元	○	○	○	○	軒	蔫	○	○	○	○	煎
仙	○	○	延	○	○	○	延	仙	錢	遷	○
	○	○	○	○	○	○	○	○	○	○	○
產	○	○	○	限	○	○	○	產	棧	剗	醆
阮	○	○	○	○	憶	壇	○	○	○	○	○
獮	○	○	演	○	○	○	蘚	獮	踐	淺	翦
	○	○	○	○	○	○	○	○	○	○	○
襇	○	○	莧	○	○	○	○	○	○	○	○
願	○	○	○	○	憲	堰	○	○	○	○	○
線	○	○	衒	○	○	○	羨	線	賤	○	箭
	○	○	○	○	○	○	○	○	○	○	○
鎋	髯	○	○	鎋	瞎	鷃	○	殺	○	刹	鍘
月	○	○	○	○	歇	歊	○	○	○	○	蠽
薛	熱	列	抴	○	○	焆	○	薛	○	○	鑯

外轉第二十一開

牙音				舌音				唇音			
清濁	濁	次清	清	清濁	濁	次清	清	清濁	濁	次清	清
〇	〇	〇	〇	〇	〇	〇	〇	〇	〇	〇	〇
訐	〇	慳	閞	嗎	撊	〇	簞	〇	〇	〇	編
言	麙	擘	揵	〇	〇	〇	〇	綿	楄	篇	鞭
〇	〇	〇	甄	〇	〇	〇	〇	〇	〇	〇	〇
〇	〇	〇	〇	〇	〇	〇	〇	〇	〇	〇	〇
眼	齞	齴	簡	〇	〇	〇	〇	矊	阪	昄	版
言	寋	亮	揵	〇	〇	〇	〇	〇	〇	〇	〇
〇	〇	遣	蹇	〇	〇	〇	〇	緬	楩	〇	編
〇	〇	〇	〇	〇	〇	〇	〇	〇	〇	〇	〇
〇	〇	〇	襺	〇	祖	〇	〇	蘭	辦	盼	扮
〇	健	〇	建	〇	〇	〇	〇	〇	〇	〇	〇
嶭	〇	讉	〇	〇	〇	〇	〇	面	便	鯿	編
〇	〇	〇	〇	〇	〇	〇	〇	〇	〇	〇	〇
聐	〇	揭	鷈	療	〇	矊	哳	礣	〇	〇	捌
〇	揭	藒	訐	〇	〇	〇	〇	滅	蟞	臂	鷩
〇	〇	〇	子	〇	〇	〇	〇				

韻	舌音 清濁	齒音 清濁	音 清濁	音 濁	音 清	喉音 清	喉音 清	喉音 濁	音 清	音 濁	齒音 濁	齒音 清	齒音 次清	齒音 清
山	○	○	○	○	○	○	○	○	○	○	○	○	○	○
元	欒	○	○	○	溪	嬽	○	○	○	○	○	○	悛	○
仙	○	堧	○	沇	○	鴛	翾	袁	○	旋	全	宣	詮	鑴
○	○	○	○	○	○	○	○	○	○	○	○	○	○	○
產	○	○	○	○	○	○	○	○	○	○	○	○	○	○
阮	○	○	○	遠	○	婉	蜎	○	○	○	○	選	雋	○
獮	輭	○	○	究	○	○	蠉	○	○	○	膞	選	雋	○
○	○	○	○	○	○	○	○	○	○	○	○	○	○	○
襉	○	○	○	○	○	○	○	○	○	○	○	○	○	○
願	○	○	○	○	○	幻	○	○	○	○	○	○	○	○
線	○	○	○	遠	○	○	揎	戀	○	旋	○	選	○	○
○	○	○	○	掾	○	○	○	○	○	○	○	○	○	○
鎋	○	茁	○	○	○	○	○	○	○	○	窡	蕝	○	○
月	○	○	○	○	額	威	○	○	○	孎	刷	蕝	○	茁
薛	○	○	○	越	○	颰	嫛	○	雪	○	絀	朧	○	○
○	劣	○	○	悅	曼	妜	敠	○	絕	○	刷	○	○	爇

外轉第二十二合

脣音 清	脣音 次清	脣音 濁	脣音 清濁	舌音 清	舌音 次清	舌音 濁	舌音 清濁	牙音 清	牙音 次清	牙音 濁	牙音 清濁
○	○	○	○	○	○	○	○	○	○	○	○
蕃	翻	順	○	宅	○	○	○	鰥	○	㢡	頑
○	○	煩	㮏	○	○	○	○	○	○	○	元
○	○	○	○	○	○	㢝	○	○	○	○	○
○	○	○	○	○	○	○	○	○	○	○	○
反	○	飯	晚	○	○	○	○	卷	㢡	㦳	阮
○	○	○	○	○	○	○	○	○	○	娟	○
○	○	○	○	○	○	○	○	○	○	○	○
○	○	○	○	○	○	○	○	○	鰥	○	○
販	娩	餅	万	○	○	○	○	絹	券	圈	願
○	○	○	○	○	○	○	○	○	○	○	○
○	○	○	○	○	顡	頞	○	刮	○	○	刖
髮	怖	伐	韈	○	蠱	妠	○	厥	關	○	月
○	○	○	○	○	○	○	○	鈌	○	○	○

齒音清濁	舌音清濁	喉音清	喉音濁	喉音清	喉音濁	齒音濁	齒音清	齒音次清	齒音清
寒刪仙先	○蘭○然	○○馮○	○嗎○馬	寒預安馬煙	○○○賢	○○○○	珊刪羶先	殘潺○千	餐○○○
旱潸獮銑	○連蓮嬾	○○○○	○○○○	旱平罕顯	○○善峴	○○○○	纖濺銑	齴然銑	○○○○
翰諫線霰	○爛瓃綖	○○○羨	○漢韅見	翰骭按晏嬗宴過軋焰曀	○○○○	散訕扇繕	攢輚○○	○○○○
曷黠薛屑	○剌烈爇	○○○○	○○○○	曷點顯額	○○○○	散殺設屑	折○○○	戳○○札折節	○○○○

外轉第二十三開

牙音				舌音				唇音			
清濁	濁	次清	清	清濁	濁	次清	清	清濁	濁	次清	清
豻	○	看	干	難	壇	灘	單	○	○	○	○
顏	○	騫	姦	○	○	○	○	○	○	○	○
妍	乾	愆	甄	○	纏	脠	邅	○	○	○	○
研	○	牽	堅	年	田	天	顛	眠	○	篇	邊
○	○	侃	笥	○	但	坦	亶	○	○	○	○
齴	○	○	簡	赧	○	○	展	○	○	○	○
齞	件	遣	蹇	○	邅	辴	○	辯	辯	○	辡
○	○	○	繭	撚	殄	腆	典	麪	○	○	編
岸	○	侃	旰	難	憚	炭	旦	○	○	○	○
鴈	○	○	諫	○	○	○	○	○	○	○	○
彥	○	○	見	蹍	纏	輾	戰	麪	卞	片	徧
硯	○	○	○	睍	電	瑱	殿	嬎	辨	○	編
辥	○	渴	葛	捺	達	闥	怛	○	○	○	○
○	○	○	戛	○	○	○	○	○	○	○	八
孽	傑	朅	訐	○	轍	徹	哲	薎	別	瞥	鷩
钀	○	掔	結	涅	姪	鐵	窒	蔑	○	○	○

	齒音 清	次清	濁	清	濁	喉音 濁	清	清	清	濁	舌音 清濁	齒音 清濁	清濁
桓	鑽	跧	專	酸	○	剜	彎	淵	歡	桓	臡	○	○
刪	○	○	狗	舩	穿	○	挽	綰	媛	還	孌	○	○
仙	○	穳	剸	○	撰	淵	宛	儇	○	○	壖	○	貟
先	○	○	○	○	旋	○	蛸	渫	綣	玄	○	○	玄
緩	纂	○	○	算	○	盌	綰	喚	慌	緩	卵	○	○
潸	○	○	犐	膞	撰	○	宛	館	睆	○	○	○	○
獮	○	○	○	旋	○	蜎	喚	○	○	臠	臠	○	○
銑	○	○	○	○	○	○	絢	館	○	○	○	○	○
換	纉	竄	攢	窾	○	惋	慌	換	亂	○	亂	○	○
諫	○	○	○	饌	釧	○	館	患	○	○	戀	○	○
線	剸	釧	○	攬	○	怨	絢	縣	○	頤	○	○	○
霰	○	○	○	攓	○	○	○	○	○	○	○	○	○
末	繓	撮	劅	斡	○	活	將	繓	茁	拙	將	○	茁
黠	茁	○	刷	○	歠	滑	○	撮	○	○	○	○	拙
薛	拙	歠	說	噦	侑	○	少	劅	劣	歠	少	○	歠
屑	○	○	○	抉	血	穴	○	○	○	○	藝	○	○

外轉第二十四合

牙音				舌音				脣音			
清濁	濁	次清	清	清濁	濁	次清	清	清濁	濁	次清	清
岏	○	寬	官	奻	團	湍	端	瞞	盤	潘	幫
瘝	權	○	關	○	○	○	○	○	○	攀	班
○	○	棬	○	○	○	○	○	○	○	○	○
○	○	○	涓	○	○	○	○	○	○	○	邊
輐	○	款	管	暖	斷	疃	短	滿	伴	坢	版
○	圈	○	○	○	○	○	○	○	阪	販	○
○	○	犬	卷	○	篆	○	轉	○	○	○	○
○	○	○	○	○	○	○	○	○	○	○	○
玩	○	羂	貫	便	段	○	鍛	縵	畔	判	半
亂	蜷	倦	慣	妠	○	○	撰	慢	卞	襻	○
○	○	○	眷	○	傳	轉	囀	○	○	○	○
○	○	○	○	○	○	○	○	○	○	○	變
刖	○	闊	括	○	奪	倪	掇	末	跋	潑	撥
黜	○	劀	刮	貀	○	○	窡	帓	○	汃	八
○	○	○	蹶	○	○	被	輟	○	○	○	○
○	𧿅	○	玦	○	○	○	○	○	○	○	○

齒			音		喉		音		舌	音齒	
清	次清	濁	清	濁	清	清	濁	清濁	清濁	清濁	
糟	操	曹	騷	○	鑣	蒿	豪	○	勞	○	豪
䁱	謿	巢	梢	○	[illegible]	虓	肴	○	顟	○	爻
昭	弨	○	燒	韶	妖	囂	○	鴞	僚	饒	宵
○	○	○	蕭	○	幺	膮	○	○	聊	○	蕭
早	草	皂	嫂	○	襖	好	晧	○	老	○	晧
爪	煼	[illegible]	[illegible]	○	拗	○	澩	○	○	○	巧
沼	[illegible]	○	少	紹	殀	○	○	○	繚	擾	小
湫	○	○	篠	○	杳	曉	皛	○	了	○	篠
竈	操	漕	喿	○	奥	耗	號	○	嫪	○	號
抓	抄	巣	稍	○	靿	孝	效	○	○	○	效
照	○	○	少	邵	○	○	○	○	療	饒	笑
○	○	○	嘯	○	窔	歊	○	○	[illegible]	○	嘯
○	○	○	○	○	○	○	○	○	○	○	
○	○	○	○	○	○	○	○	○	○	○	
○	○	○	○	○	○	○	○	○	○	○	
○	○	○	○	○	○	○	○	○	○	○	

外轉第二十五開

	唇音				舌音				牙音			
	清	次清	濁	清濁	清	次清	濁	清濁	清	次清	濁	清濁
	襃	橐	袍	毛	刀	饕	陶	猱	高	尻	○	敖
	包	胞	庖	茅	嘲	颷	桃	鐃	交	敲	○	聱
	鑣	麃	○	苗	朝	超	晁	○	驕	蹺	喬	○
	○	○	○	○	貂	祧	迢	○	驍	趬	○	堯
	寶	○	抱	蓩	倒	討	道	腦	杲	考	○	顂
	飽	○	鮑	卯	○	○	○	○	絞	巧	○	齴
	表	○	藨	○	嶹	朓	趙	獠	矯	○	嶠	○
	○	○	○	○	鳥	○	窕	嬲	皎	磽	○	○
	報	奅	暴	帽	到	○	導	閙	誥	犒	○	傲
	豹	皰	皰	貌	罩	○	掉	撓	教	敲	○	樂
	○	○	○	廟	趙	○	召	○	轎	驕	嶠	○
	○	○	○	○	弔	糶	耀	尿	叫	竅	○	顤
	○	○	○	○	○	○	○	○	○	○	○	○
	○	○	○	○	○	○	○	○	○	○	○	○
	○	○	○	○	○	○	○	○	○	○	○	○
	○	○	○	○	○	○	○	○	○	○	○	○

韻	齒音舌音		喉音				齒音				
	清濁	清濁	濁	濁	清	清	濁	清	濁	次清	清
	○	○	○	○	○	○	○	○	○	○	○
	○	○	○	○	○	○	○	○	○	○	○
	○	○	○	○	○	○	○	○	○	○	○
霄	○	○	遙	○	○	要	○	宵	樵	鐰	焦
	○	○	○	○	○	○	○	○	○	○	○
	○	○	○	○	○	○	○	○	○	○	○
	○	○	○	○	○	○	○	○	○	○	○
小	○	○	皛	○	○	闄	○	小	潐	悄	勦
	○	○	○	○	○	○	○	○	○	○	○
	○	○	○	○	○	○	○	○	○	○	○
	○	○	○	○	○	○	○	○	○	○	○
笑	○	○	燿	○	○	要	○	笑	噍	陗	醮
	○	○	○	○	○	○	○	○	○	○	○
	○	○	○	○	○	○	○	○	○	○	○
	○	○	○	○	○	○	○	○	○	○	○
	○	○	○	○	○	○	○	○	○	○	○

牙音 清濁	牙音 濁	牙音 次清	牙音 清	舌音 清濁	舌音 濁	舌音 次清	舌音 清	脣音 清濁	脣音 濁	脣音 次清	脣音 清	外轉第二十六合
○	○	○	○	○	○	○	○	○	○	○	○	
○	○	○	○	○	○	○	○	○	○	○	○	
○	○	○	○	○	○	○	○	○	○	○	○	
○	翹	蹻	○	○	○	○	○	蜱	瓢	漂	飆	
○	○	○	○	○	○	○	○	○	○	○	○	
○	○	○	○	○	○	○	○	○	○	○	○	
○	○	○	聏	○	○	○	○	眇	摽	縹	標	
○	○	○	○	○	○	○	○	○	○	○	○	
○	○	○	○	○	○	○	○	○	○	○	○	
○	○	○	○	○	○	○	○	○	○	○	○	
趫	翹	虓	○	○	○	○	○	妙	驃	剽	○	
○	○	○	○	○	○	○	○	○	○	○	○	
○	○	○	○	○	○	○	○	○	○	○	○	
○	○	○	○	○	○	○	○	○	○	○	○	
○	○	○	○	○	○	○	○	○	○	○	○	
○	○	○	○	○	○	○	○	○	○	○	○	

	齒音	舌音		喉　音				齒　音			次清
	清濁	清濁	清濁	清	清	濁	清	濁	清	濁	清
歌	○	羅	○	何	訶	阿	○	娑	醝	蹉	○
	○	○	○	○	○	○	○	○	○	○	○
	○	○	○	○	○	○	○	○	○	○	○
	○	○	○	○	○	○	○	○	○	○	○
哿	○	砢	○	荷	歌	閜	○	縒	○	瑳	左
	○	○	○	○	○	○	○	○	○	○	○
	○	○	○	○	○	○	○	○	○	○	○
	○	○	○	○	○	○	○	○	○	○	○
箇	○	邏	○	賀	呵	○	○	些	○	磋	佐
	○	○	○	○	○	○	○	○	○	○	○
	○	○	○	○	○	○	○	○	○	○	○
	○	○	○	○	○	○	○	○	○	○	○
	○	○	○	○	○	○	○	○	○	○	○
	○	○	○	○	○	○	○	○	○	○	○
	○	○	○	○	○	○	○	○	○	○	○
	○	○	○	○	○	○	○	○	○	○	○

內轉第二十七合

唇音 清	唇音 次清	唇音 濁	舌音 清	舌音 次清	舌音 濁	舌音 清濁	牙音 清	牙音 次清	牙音 濁	牙音 清濁
○	○	○	多	他	馳	那	歌	珂	○	莪
○	○	○	○	○	○	○	○	○	○	○
○	○	○	○	○	○	○	○	○	○	○
○	○	○	○	○	○	○	○	○	○	○
○	○	○	瘫	○	爹	挼	哿	可	○	我
○	○	○	○	○	○	○	○	○	○	○
○	○	○	○	○	○	○	○	○	○	○
○	○	○	○	○	○	○	○	○	○	○
○	○	○	跢	拖	馱	奈	箇	坷	○	餓
○	○	○	○	○	○	○	○	○	○	○
○	○	○	○	○	○	○	○	○	○	○
○	○	○	○	○	○	○	○	○	○	○
○	○	○	○	○	○	○	○	○	○	○
○	○	○	○	○	○	○	○	○	○	○
○	○	○	○	○	○	○	○	○	○	○
○	○	○	○	○	○	○	○	○	○	○

	舌齒音		喉音				齒音				
	清濁	清濁	清濁	濁	清	清	濁	清	濁	次清	清
戈	○	臝	○	和	○	倭	○	莎	姓	逡	伜
	○	○	○	○	○	○	○	○	○	○	○
	○	○	○	○	靴	朏	○	○	○	○	○
	○	○	○	○	○	○	○	○	○	○	○
果	○	躶	○	禍	火	媒	○	鏁	坐	脞	㛂
	○	○	○	○	○	○	○	○	○	○	○
	○	○	○	○	○	○	○	○	○	○	○
	○	○	○	○	○	○	○	○	○	○	○
過	○	攞	○	和	貨	沰	○	脧	座	剉	杝（桗）
	○	○	○	○	○	○	○	○	○	○	○
	○	○	○	○	○	○	○	○	○	○	○
	○	○	○	○	○	○	○	○	○	○	○
	○	○	○	○	○	○	○	○	○	○	○
	○	○	○	○	○	○	○	○	○	○	○
	○	○	○	○	○	○	○	○	○	○	○
	○	○	○	○	○	○	○	○	○	○	○

內轉第二十八合

	脣音				舌音				牙音			
	清	次清	濁	清濁	清	次清	濁	清濁	清	次清	濁	清濁
	波	頗	婆	摩	除	詑	陀	捼	戈	科	○	訛
	○	○	○	○	○	○	○	○	○	○	○	○
	○	○	○	○	○	○	○	○	○	瘸	骽	○
	○	○	○	○	○	○	○	○	○	○	○	○
	跛	叵	爸	麼	妥	隋	娜	妸	果	顆	○	婐
	○	○	○	○	○	○	○	○	○	○	○	○
	○	○	○	○	○	○	○	○	○	○	○	○
	○	○	○	○	○	○	○	○	○	○	○	○
	播	破	○	磨	唾	憜	惰	懦	過	課	○	臥
	○	○	○	○	○	○	○	○	○	○	○	○
	○	○	○	○	○	○	○	○	○	○	○	○
	○	○	○	○	○	○	○	○	○	○	○	○
	○	○	○	○	○	○	○	○	○	○	○	○
	○	○	○	○	○	○	○	○	○	○	○	○
	○	○	○	○	○	○	○	○	○	○	○	○
	○	○	○	○	○	○	○	○	○	○	○	○

	齒音 舌音		音	喉音		音	齒音			
	清濁	清濁	清濁	清 清		濁	清	濁	次清	清
	○	○	○	○ ○		○	○	○	○	○摣遮嗟
麻	○	○	○	遞 煆	鴉	○	奢些	查蛇査	叉車	摣遮嗟
	若	儸	○	耶		闍邪				
	○	○	○	○ ○		○	○灑捨寫	○	○	○鮓者姐
馬	○	義若灥	○	下 啁	啞	○社灺		撦担		鮓者姐
義臝反下	○	○	○	野						
	○	○	○	○ 嚇	亞	○	嗄舍謝	卡射蜡		詐柘唶
禡	○	偌	○	暇					趝笡	趝拓唶
	○	○	○	夜		謝蜡		禠		
	○	○	○	○ ○		○	○	○	○	○
	○	○	○	○ ○		○	○	○	○	○
	○	○	○	○ ○		○	○	○	○	○
	○	○	○	○ ○		○	○	○	○	○

內轉第二十九開

牙音				舌音				唇音			
清	次清	濁	次濁	清	次清	濁	次濁	清	次清	濁	次濁
○	○	○	○	○	○	○	○	○	○	○	○
牙	○	齖	嘉	拏	茶	侘	奓	麻	爬	葩	巴
○	○	○	○	○	○	○	奢	○	○	○	○
雅	○	跒	賈	綮	○	姹	觰	馬	跁	○	把
○	○	○	○	○	○	○	○	○	○	○	○
○	○	○	○	○	○	○	○	○	○	○	○
迓	○	髂	駕	膓	蛇	詫	吒	禡	杷	怕	霸
○	○	○	○	○	○	○	○	○	○	○	○
○	○	欧	○	○	○	○	○	○	○	○	○
○	○	○	○	○	○	○	○	○	○	○	○
○	○	○	○	○	○	○	○	○	○	○	○
○	○	○	○	○	○	○	○	○	○	○	○
○	○	○	○	○	○	○	○	○	○	○	○

齒音舌	音	喉音	音	齒音
清濁　清濁	清濁　清	清　清	清　清濁	次清　清

麻

○○	○○	○○	○○	○○○○
○○	○華	花㕚	○○	○○○髽
○○	○○	○○	○○	○○○○
○○	○○	○○	○○	○○○○

馬

○○	○䋡	○撦	○後	髞㿪抯
○○	○○	○○	○○	○○○○
○○	○○	○○	○○	○○○○

禡

○○	○吳	化撾	○詨	○○○
○○	○○	○○	○○	○○○○
○○	○○	○○	○○	○○○○

○○	○○	○○	○○	○○○○
○○	○○	○○	○○	○○○○
○○	○○	○○	○○	○○○○
○○	○○	○○	○○	○○○○

外轉第三十合

唇音				舌音				牙音			
清	次清	濁	清	清	次清	濁	清	清	次清	濁	清
〇	〇	〇	〇	〇	〇	〇	〇	〇	〇	〇	〇
〇	〇	橀	〇	〇	〇	〇	〇	瓜	誇	〇	攸
〇	〇	〇	〇	〇	〇	〇	〇	〇	〇	〇	〇
〇	〇	〇	〇	〇	〇	〇	〇	〇	〇	〇	〇
〇	〇	〇	〇	〇	〇	〇	〇	〇	〇	〇	〇
〇	〇	〇	〇	鮕	攃	〇	〇	寡	髁	〇	瓦
〇	〇	〇	〇	〇	〇	〇	〇	〇	〇	〇	〇
〇	〇	〇	〇	〇	〇	〇	〇	〇	〇	〇	〇
〇	〇	〇	〇	〇	〇	〇	〇	〇	〇	〇	〇
〇	〇	〇	〇	〇	〇	〇	〇	埖	跨	〇	瓦
〇	〇	〇	〇	〇	〇	〇	〇	〇	〇	〇	〇
〇	〇	〇	〇	〇	〇	〇	〇	〇	〇	〇	〇
〇	〇	〇	〇	〇	〇	〇	〇	〇	〇	〇	〇
〇	〇	〇	〇	〇	〇	〇	〇	〇	〇	〇	〇
〇	〇	〇	〇	〇	〇	〇	〇	〇	〇	〇	〇
〇	〇	〇	〇	〇	〇	〇	〇	〇	〇	〇	〇
〇	〇	〇	〇	〇	〇	〇	〇	〇	〇	〇	〇

韻	齒音舌 清濁 (日)	舌 清濁 (來)	音 清濁 (泥娘)	清 濁 (定澄)	次清 (透徹)	清 (端知)	清濁 (疑)	濁 (群)	次清 (溪)	清 (見)	喉 清濁 (喻)	濁 (匣)	清 (曉)	清 (影)	濁 (邪禪)	清 (心生書)	濁 (從牀)	次清 (清初昌)	齒音 清 (精莊章)
唐	○	郎	囊	唐	湯	當	昂	○	康	岡	○	航	炕	鴦	○	桑	藏	倉	臧
	○	○	○	○	○	○	○	○	○	○	○	○	○	○	○	霜	床	瘡	莊
陽	穰	○	孃	長	倀	張	仰	強	羌	薑	○	○	香	央	常	商	○	昌	章
	○	良	○	○	○	○	○	○	○	○	陽	○	○	○	詳	相	牆	槍	將
蕩	○	朗	曩	蕩	儻	黨	○	○	慷	○	○	沆	沆	坱	○	顙	○	○	駔
	○	○	○	○	○	○	○	○	○	○	○	○	○	○	○	爽	○	○	○
養	壤	○	○	丈	昶	長	仰	勥	○	○	養	○	響	鞅	像	賞	○	敞	掌
	○	兩	○	○	○	○	○	○	○	○	養	○	○	○	○	想	○	搶	獎
宕	○	浪	○	宕	盪	讜	○	○	抗	○	○	吭	○	盎	○	喪	○	○	葬
	○	○	○	○	○	○	○	○	○	○	○	○	○	○	○	孀	狀	剏	壯
漾	讓	○	釀	仗	悵	帳	○	○	○	○	漾	○	向	怏	尚	餉	○	唱	障
	○	亮	○	○	○	○	○	○	○	○	漾	○	○	○	像	相	匠	蹡	醬
鐸	○	落	諾	鐸	託	作	咢	○	恪	各	○	涸	臛	惡	○	索	昨	錯	作
	○	○	○	○	○	○	○	○	○	○	○	○	○	○	○	朔	○	○	斮
藥	弱	略	搦	著	逴	芍	虐	噱	卻	腳	藥	○	謔	約	○	爍	嚼	綽	灼
	○	○	○	○	○	○	○	○	○	○	藥	○	○	○	○	削	○	鵲	爵

內轉第三十一開

牙音				舌音				脣音			
清濁	濁	次清	清	清濁	濁	次清	清	清濁	濁	次清	清
卬	○	穅	剛	囊	堂	湯	當	茫	傍	滂	幫
○	強	羌	彊	孃	長	倀	張	亡	房	芳	方
○	○	○	○	○	○	○	○	○	○	○	○
駉	○	慷	航	曩	蕩	儻	黨	莽	髈	髣	榜
仰	○	○	繈	丈	昶	悵	長	罔	○	○	昉
○	○	○	○	○	○	○	○	○	○	○	○
抑	○	抗	鋼	儾	宕	儻	讜	漭	傍	○	螃
軶	強	唴	彊	釀	仗	暢	帳	妄	防	訪	放
○	○	○	○	○	○	○	○	○	○	○	○
愕	○	恪	各	諾	鐸	託	○	莫	泊	顐	博
虐	噱	卻	腳	遃	著	芍	勺	○	縛	霍	轉
○	○	○	○	○	○	○	○	○	○	○	○

	齒音次清清					喉音				舌音齒音	
	清	次清	濁	清	清濁	清	清	濁	清濁	清濁	清濁
唐	○	○	○	○	○	汪	荒	黃	○	○	○
	○	○	○	○	○	○	○	○	○	○	○
陽	○	○	○	○	○	○	○	王	○	○	○
	○	○	○	○	○	○	○	○	○	○	○
蕩	○	○	○	○	○	汪	慌	晃	○	○	○
	○	○	○	○	○	○	○	○	○	○	○
養	○	○	○	○	○	尪	悅	往	○	○	○
	○	○	○	○	○	○	○	○	○	○	○
宕	○	○	○	○	○	汪	荒	潢	○	○	○
	○	○	○	○	○	○	○	○	○	○	○
漾	○	○	○	○	○	況	○	旺	○	○	○
	○	○	○	○	○	○	○	○	○	○	○
鐸	○	○	○	○	○	矍	霍	攫	○	○	○
	○	○	○	○	○	孃	○	○	○	○	○
藥	○	○	○	○	○	曠	矍	籰	○	○	○
	○	○	○	○	○	○	○	○	○	○	○

內轉第三十二合

牙音 清濁	牙音 濁	牙音 次清	牙音 清	齒音 濁	齒音 次清	齒音 清	舌音 濁	舌音 次清	舌音 清	唇音 濁	唇音 次清	唇音 清
○	○	觥	光	○	○	○	○	○	○	○	○	○
○	○	○	○	○	○	○	○	○	○	○	○	○
○	狂	臦	○	○	○	○	○	○	○	○	○	○
○	○	○	○	○	○	○	○	○	○	○	○	○
○	○	臩	廣	○	○	○	○	○	○	○	○	○
○	俇	○	臩	○	○	○	○	○	○	○	○	○
○	○	○	○	○	○	○	○	○	○	○	○	○
○	○	○	○	○	○	○	○	○	○	○	○	○
○	○	曠	桄	○	○	○	○	○	○	○	○	○
○	○	○	○	○	○	○	○	○	○	○	○	○
○	誑	○	○	○	○	○	○	○	○	○	○	○
○	○	○	○	○	○	○	○	○	○	○	○	○
爌	○	廓	郭	○	○	○	○	○	○	○	○	○
○	○	○	○	○	○	○	○	○	○	○	○	○
○	懬	躩	攫	○	○	○	○	○	○	○	○	○
○	○	○	○	○	○	○	○	○	○	○	○	○

	舌齒音		喉音				齒音				
	清濁	清濁	清濁	濁	清	清	濁	清	濁	次清	清
庚	○	○	○	○	○	○	○	○	○	○	○
	○	○	○	行	亨	○	○	生	傖	○	鎕
清	○	○	○	○	英	嬰	○	○	○	○	○
	○	○	盈	○	嬰	餳	辭	○	情	清	精
梗	○	冷	○	杏	○	礮	○	省	○	○	○
	○	○	○	○	影	瀴	○	○	○	○	○
靜	○	○	○	○	○	瀴	○	省	靜	請	并
劤	○	○	○	行	○	○	○	○	○	○	○
	○	○	○	○	映	○	○	○	○	○	○
勁	○	○	○	○	○	○	○	性	淨	倩	精
陌	○	礐	○	挌	赫	啞	○	索	齱	柵	迮
	○	○	○	○	○	○	○	○	○	○	○
昔	○	繹	○	○	○	益	席	菅	籍	刺	積

外轉第三十二開

唇音 清	唇音 次清	唇音 濁	唇音 次濁	舌音 清	舌音 次清	舌音 濁	舌音 次濁	牙音 清	牙音 次清	牙音 濁	牙音 次濁
○	○	○	○	○	○	○	○	○	○	○	○
○	磅	彭	盲	○	瞠	棖	○	庚	坑	○	○
兵	○	平	明	振	○	○	○	京	卿	擎	迎
幷	○	○	名	○	○	○	○	○	輕	○	○
○	○	○	○	○	○	○	○	○	○	○	○
○	○	○	猛	○	○	場	○	梗	○	○	○
丙	○	○	皿	盯	○	○	○	頸	○	○	○
餅	○	○	○	○	○	○	○	○	○	○	○
○	○	○	○	○	○	○	○	○	○	○	○
榜	○	膨	孟	○	○	鋥	○	更	更	○	硬
柄	烹	病	命	掌	○	倀	○	敬	慶	競	○
拼	聘	偋	詻	○	○	○	○	勁	勁	○	○
○	○	○	○	○	○	○	○	○	○	○	○
伯	拍	白	陌	宅	忭	○	○	格	客	○	額
○	○	帛	○	○	○	蘦	○	戟	隙	劇	逆
辟	擗	擘	○	○	○	別	○	○	○	○	○

	齒音舌音		音		喉 音		音 齒				
	清濁	清濁	清濁	濁	清	清	濁	清	濁	次清	清
庚	○	○	○	○	○	○	○	○	○	○	○
清	○	○	○	橫	諠	○	○	○	○	○	○
	○	○	營	○	兄	○	○	○	○	○	○
	○	○	榮	○	覸	縈	○	辭	○	○	○
梗	○	○	○	○	○	○	○	○	○	○	○
静	○	○	○	卝	○	○	○	○	○	○	○
	○	○	永	○	芫	○	○	○	○	○	○
	○	○	穎	○	○	○	○	○	○	○	○
敬	○	○	○	○	○	○	○	○	○	○	○
勁	○	○	○	蝗	○	宖	○	○	○	○	○
	○	○	詠	○	夐	○	○	○	○	○	○
	○	○	○	○	○	○	○	○	○	○	○
陌	○	○	○	○	○	攫	○	○	○	○	○
昔	○	○	○	嚄	若	攘	○	○	○	○	○
	○	○	○	○	○	○	○	○	○	○	○
	○	○	役	○	眽	○	○	○	○	昊	𦦨

外轉第三十四合

牙音			舌音		脣音	
清	次清 濁	清	濁	次清 濁	清	次清 濁
○○○○		○○○○		○○○○	
○○○觥		○○○○		○○○○	
○瓆頎		○○○○		○○○○	
○○礦		○○○○		○○○○	
○界睘		○○○○		○○○○	
○憬頃		○○○○		○○○○	
○○○○		○○○○		○○○○	
○○○○		○○○○		○○○○	
○○○○		○○○○		○○○○	
○○睍		○○○○		○○○○	
○○○		○○○○		○○○○	
○跱鶪		○○○○		○○○○	

韻目	半齒音 清濁（日）	半舌 清濁（來）	喉音 濁（喻）	喉音 清（影）	喉音 濁（匣）	喉音 清（曉）	齒音 濁（禪）	齒音 清（審）	齒音 濁（床）	齒音 次清（穿）	齒音 清（照）
耕	○	○	○	○	○	○	○	○	○	○	爭
清	○	○	○	嚶	○	○	成	聲	崢	○	征
	○	跉	○	○	莖	馨	○	星	○	青	菁
青	○	靈	○	○	刑	罄	○	○	○	○	○
耿	○	○	○	○	○	○	○	○	○	○	○
靜	○	○	○	○	幸	○	○	○	○	○	整
	○	領	○	○	○	○	醒	○	○	○	○
迥	○	苓	婞	嚶	脛	○	洪	○	○	○	○
諍	○	○	○	○	○	○	○	○	○	○	諍
勁	○	○	櫻	○	○	○	○	聖	○	○	政
	○	令	○	○	○	○	盛	醒	眙	艶	○
徑	○	零	脛	○	○	○	○	○	○	○	○
麥	○	○	○	厄	○	○	○	楝	賾	策	責
昔	○	○	覈	○	○	○	石	釋	射	尺	隻
	○	剚	戫	○	○	○	○	錫	寂	戚	績
錫	○	靈	敕	庀	○	○	○	○	○	○	○

外轉第三十五開

脣音　清	次清	濁	清濁	舌音　清	次清	濁	清濁	牙音　清	次清	濁	清濁
○	○	○	○	○	○	○	○	○	○	○	○
絣	伻	棚	甍	打	撐	橙	偣	耕	鏗	○	娙
○	○	○	○	○	○	○	○	○	○	○	○
○	○	瓶	冥	丁	汀	庭	○	經	輕	○	○
○	○	○	○	○	○	○	○	○	○	○	○
○	○	○	黽	○	○	○	○	耿	○	痙	○
○	○	○	○	○	○	逞	○	○	○	○	脛
鞞	頩	並	茗	頂	侹	挺	顁	頸	謦	○	○
○	○	○	○	○	○	○	○	○	○	○	○
○	○	倗	○	○	○	鄭	○	○	○	○	硬
○	○	○	○	○	○	○	○	○	○	○	○
迸	○	○	暝	矴	聽	定	甯	俓	罄	○	○
○	○	○	○	○	○	○	○	○	○	○	○
擘	○	○	麥	摘	擿	賾	搦	隔	礊	○	虢
碧	○	璧	○	糴	○	狄	逖	的	○	○	○
甓	劈	○	覓	怒	擲	荻	逖	激	燩	○	鷁

	齒音 清	齒 次清	音 濁	音 清	喉音 濁	喉音 清	喉音 清	音 清	音 濁	舌音 清濁	齒音 清濁
耕	○	○	○	○	○	○	○	○	○	○	○
	○	○	○	○	○	泓	轟	宏	○	○	○
	○	○	○	○	○	○	○	熒	○	○	○
青	○	○	○	○	○	○	○	○	○	○	○
耿	○	○	○	○	○	○	○	○	○	○	○
	○	○	○	○	○	○	○	○	○	○	○
	○	○	○	○	○	○	○	○	○	○	○
迥	○	○	○	○	○	淡	詗	迥	○	○	○
諍	○	○	○	○	○	○	○	○	○	○	○
	○	○	○	○	○	窔	轟	○	○	○	○
	○	○	○	○	○	○	○	○	○	○	○
徑	○	○	○	○	○	鑒	詗	○	○	○	○
麥	○	礎	○	○	憗	趏	○	憖	劃	獲	○
	○	○	○	○	○	○	○	○	○	○	○
錫	○	○	○	○	○	○	○	○	殈	○	○

外轉第三十六合

牙音				舌音				唇音			
清濁	濁	次清	清	清濁	濁	次清	清	清濁	濁	次清	清
○	○	○	○	○	○	○	○	○	○	○	○
○	○	○	○	○	○	○	○	○	○	○	繃
○	○	○	○	○	○	○	○	○	○	○	○
○	○	○	○	○	○	○	○	○	○	扁	○
○	○	○	○	○	○	○	○	○	○	○	○
○	○	○	○	○	○	○	○	○	○	○	○
○	○	○	○	○	○	○	○	○	○	○	○
○	○	聲	頻	○	○	○	○	○	○	○	○
○	○	○	○	○	○	○	○	○	○	○	○
○	○	○	○	○	○	○	○	○	○	○	○
○	○	○	○	○	○	○	○	○	○	○	○
○	○	○	○	○	○	○	○	○	○	○	○
○	○	○	○	○	○	○	○	○	○	○	○
○	礶	磑	蚓	○	○	○	○	○	○	○	○
○	○	○	邬	○	○	○	○	○	○	○	○
○	○	閞	邲	○	○	歡	○	○	○	○	○

韻目	齒音	舌音	音	喉音	喉音	喉音	齒音	齒音	齒音	齒音	齒音
	清濁	清濁	清濁	清	清	濁	濁	清	濁	次清	清
侯	○	樓	○	謳	齁	侯	○	涑	○	○	鋷
尤	○	○	○	優	休	○	○	搜	愁	○	鄒
（尤）	柔	劉	由	幽	飍	尤	囚	脩	酋	秋	周
幽	○	鏐	○	○	○	○	○	○	○	○	啾
厚	○	塿	○	歐	吼	厚	○	○	○	○	走
有	○	○	○	○	○	○	○	○	○	○	掫
（有）	蹂	柳	酉	黝	朽	有	○	滫	○	○	帚
黝	○	○	○	○	○	○	○	○	○	○	酒
候	○	陋	○	漚	詬	候	○	瘶	○	輳	奏
宥	○	○	候	○	○	○	○	○	○	○	皺
（宥）	輮	溜	狖	○	嗅	宥	岫	秀	就	趣	呪
幼	○	○	○	幼	○	○	○	○	○	○	僦
	○	○	○	○	○	○	○	○	○	○	○
	○	○	○	○	○	○	○	○	○	○	○
	○	○	○	○	○	○	○	○	○	○	○
	○	○	○	○	○	○	○	○	○	○	○

內轉第三十七開

牙音				舌音				脣音			
清濁	濁	次清	清	清濁	濁	次清	清	清濁	濁	次清	清
嚙	○	彄	鈎	羺	頭	偷	兜	哊	裒	○	○
○	○	○	○	○	儔	抽	輈	謀	浮	○	不
牛	求	丘	鳩	○	○	○	○	繆	瀌	犤	彪
聱	蝤	恷	樛	○	○	○	○	○	○	○	○
藕	○	口	苟	獳	斢	敨	斗	母	部	剖	○
○	○	○	○	○	○	○	○	○	○	○	缶
○	臼	糗	九	細	紂	丑	肘	婦	○	紑	○
○	糾	○	糾	○	○	○	○	○	○	○	○
偶	○	寇	遘	耨	逗	透	鬭	茂	賠	仆	什
○	○	○	○	○	○	○	○	○	○	○	○
觓	舊	觓	救	糅	胄	○	畫	莓	復	副	富
○	赳	軀	糾	○	○	○	○	謬	○	○	○
○	○	○	○	○	○	○	○	○	○	○	○
○	○	○	○	○	○	○	○	○	○	○	○
○	○	○	○	○	○	○	○	○	○	○	○
○	○	○	○	○	○	○	○	○	○	○	○

齒音 清濁	舌音 清濁	清濁	音 清濁	清	喉 清	濁	音 清	濁	齒 清	次清	清
○	○	○	○	○	○	○	○	○	○	○	○
○	○	○	○	○	○	○	森	岑	參	嵾	簪
任	林	○	○	歆	音	諶	深	忱	嵹	覘	祲
○	○	淫	○	○	愔	尋	心	鯵	罧	侵	祲
○	○	○	○	○	○	○	○	○	○	○	○
○	○	○	○	○	○	○	痒	坅	墋	顣	額
荏	稟	○	○	廞	飲	甚	頻	瀋	蕈	寢	枕
○	○	○	○	○	○	○	罧	○	○	○	醋
○	○	○	○	○	○	○	○	○	○	○	○
○	○	○	○	○	○	○	滲	○	識	○	譖
絍	臨	顣	○	蔭	○	甚	深	○	○	沁	枕
○	○	○	○	○	○	○	○	○	○	○	浸
○	○	○	○	○	○	○	○	○	○	○	○
○	○	○	○	○	邑	十	霫	濈	澀	屏	戢
入	立	煜	○	吸	揖	習	濕	緶	緝	集	執
○	○	熠	○	○	揖	○	毅	○	○	○	喋

左欄韻目：侵　寑　沁　緝

內轉第三十八合

脣音 清	脣音 次清	脣音 濁	脣音 清濁	舌音 清	舌音 次清	舌音 濁	舌音 清濁	牙音 清	牙音 次清	牙音 濁	牙音 清濁
○	○	○	○	○	○	○	○	○	○	○	○
○	○	○	○	○	○	○	○	○	○	○	○
○	○	○	○	碪	琛	沈	誑	金	欽	琴	吟
○	○	○	○	○	譛	○	○	○	○	○	○
○	○	○	○	○	○	○	○	○	○	○	○
○	○	○	○	○	○	○	○	○	○	○	○
禀	品	○	○	戡	踸	朕	拰	錦	坅	噤	僸
○	○	○	○	○	○	○	○	○	顩	○	○
○	○	○	○	○	○	○	○	○	○	○	○
○	○	○	○	○	○	○	○	○	○	○	○
○	○	○	○	椹	闖	鴆	賃	禁	○	紟	吟
○	○	○	○	○	○	○	○	○	○	○	○
○	○	○	○	○	○	○	○	○	○	○	○
○	○	○	○	○	○	○	○	○	○	○	○
鵖	○	[illegible]	○	縶	湁	蟄	孨	急	泣	及	岌
○	○	○	○	○	○	○	○	○	○	○	○

齒音		喉音				齒音				
清濁	清濁	清濁	濁	清	清	濁	清	濁	次清	清
覃咸鹽添	婪 ○	○	諳	嵐	諵 婪	○	毿	儖 讒	參 ○	簪 ○ 詹 尖
感豏琰忝	○ 篸 ○	○ 咸 炎	淹	敧 婆	嵌 ○	探 ○	苫 髟	臁 攕	○ 禫	詹 ○ 寔 斬 颭
	轞 ○	○	掩 黯	顑 喊	黬 儼 顩 巉	○	糅 摻 陝	襜 ○	○ ○	○
勘陷豓㮇	額 ○ 溓	○ 發 稌	暗 頷 憸 酓	顲 闞	憾 陷	○	俶 閃	摯 ○ 贍	諗 蹛	蘸 帀 汏
合洽葉帖	○ ○ 囃	合 洽	姶 鮯 妓	欱 嗋	𧮪 敮	○ 澁	跋 霎 攝 㗫	雜 萐 蘀	趀 譖 姿	○

外轉第三十九開

	唇音				舌音				齒音				牙音				喉音		
等	清	次清	濁	清濁	清	次清	濁	清濁	清	次清	濁	清濁	清	次清	濁	清濁	清	次清	濁
一	○	○	○	○	耽	探	覃	南	簪	參	蠶	毵	弇	龕	○	儑	諳	蚶	含
二	○	○	砭	○	詀	○	○	諵	○	○	○	○	緘	○	○	嵒	黬	○	咸
三	○	○	○	○	霑	覘	○	黏	襜	○	○	○	箝	○	鉗	嚴	淹	杴	炎
四	○	○	○	○	敁	添	甜	鮎	詹	○	○	○	兼	謙	○	鹻	懕	馦	嫌
一	○	○	○	○	黕	襑	禫	腩	鐕	慘	歜	糝	感	坎	頷	顉	唵	○	頜
二	○	○	貶	○	闠	○	湛	○	○	○	○	○	鹻	○	○	顩	黤	○	豏
三	○	○	窆	炎	諂	○	○	冉	颭	○	○	○	檢	噞	○	儼	掩	險	琰
四	○	○	○	○	點	忝	簟	淰	颭	○	○	○	檢	嗛	○	顠	黶	○	鼸
一	○	○	駞	○	馾	僭	憺	妠	俕	謲	暫	俕	紺	勘	憾	儑	暗	顲	憾
二	○	○	○	窆	覘	○	詀	諵	覘	○	蘸	○	臉	歉	○	顩	韽	○	陷
三	○	○	○	○	占	覘	○	念	占	○	○	○	劒	欠	○	驗	俺	○	豔
四	○	○	○	○	店	舚	磹	念	僭	塹	潛	○	兼	傔	○	顑	厭	○	傔
一	○	○	○	○	答	錔	沓	納	帀	趿	雜	趿	閣	榼	合	儑	姶	欱	盍
二	○	○	○	○	劄	榻	眨	朒	眨	歃	○	○	夾	恰	○	鵀	押	呷	洽
三	○	○	輒	耴	讘	鋪	轍	聶	讋	○	○	○	笈	怯	○	業	敜	脅	葉
四	○	○	○	○	耴	帖	牒	捻	楫	妾	㡇	○	頰	愜	○	顩	魘	○	協

齒音 清濁	舌音 清濁	音 清濁	喉音 清濁	音 清濁	齒音 清濁	齒次清 清	清	
談	藍	○	酣衙	黚	○三衫	勦嶢	攬	○
衙	○	○	○	醃	○	黔噞	籃黔黪	○笒
嚴	○	○	贛	厴埯	鉆	潛塹	黲黤	○
鹽	○	鹽	○	黶壓黶	燡潤	漸	檢	○
敢	覽	○	喊撖	黤埯	○	暫鑱	㦄	暫覽
檻	○	○	○	撖	擊潤	鏡	醶	噆嘁
儼	○	○	○	○	○	潛	塹	○
琰	琰	○	○	○	三釤	○	○	○
闞	濫	○	黮覽	黫	○	憽	㫰	暫
鑑	○撿	○	賍儌賀	儌賀	○	鑱	㫰	噆
釅	摻	艷	○	厭	○	潛	○	○
豔	溓臉	○	盍	鱸鴨庵䭪	儳嬰選	歪	○	○
盍	○臉	○	歃呷脅	㪭呷脅	○	歪	妾	○
狎	○	○	○	○	○	○	○	○
業	殗	殜葉	挾	挾	○	捷	妾	接
葉								

外轉第四十合

[illegible]鼻反

脣音 清	脣音 次清	脣音 濁	脣音 清濁	舌音 清	舌音 次清	舌音 濁	舌音 清濁	牙音 清	牙音 次清	牙音 濁	牙音 清濁
○	○	○	姏	擔	舑	談	○	甘	坩	○	○
○	○	𨑡	○	○	○	○	○	監	嵌	○	巖
○	○	○	○	○	○	○	○	○	鈙	黔	嚴
○	○	○	○	○	○	○	○	○	○	○	○
○	○	○	姏	膽	菼	噉	○	敢	厰	○	○
○	○	○	○	○	○	○	○	○	顩	○	○
○	○	○	○	○	○	○	○	○	○	○	儼
○	○	○	○	○	○	○	○	○	○	○	○
○	○	○	○	擔	賧	擔	○	[illegible]	闞	○	○
○	○	逕	○	○	○	○	○	鑑	○	○	○
○	○	○	○	○	○	○	○	○	鈙	○	釅
○	○	○	○	○	○	○	○	○	○	○	驗
○	○	○	○	皶	榻	踏	魶	䪡	榼	○	儑
○	○	○	○	○	○	渫	○	甲	○	○	○
○	○	○	○	○	○	𡑯	○	劫	怯	跲	業
○	○	○	○	○	○	○	○	○	○	○	○

齒音 清濁	舌音 清濁	音 濁	喉音 濁 清 清	音 濁 清	齒 次清 清

虎

范

梵

乏

	牙音				舌音				唇音			外轉第四十一合
清濁	濁	次清	清	清濁	濁	次清	清	清濁	濁	次清	清	
○	○	○	○	○	○	○	○	○	○	○	○	
○	○	○	○	○	○	○	○	○	○	○	○	
○	○	○	○	○	○	○	○	瑛	凡	芝	詫	
○	○	○	○	○	○	○	○	○	○	○	○	
○	○	○	○	○	○	○	○	○	○	○	○	
○	○	○	○	○	○	○	○	○	○	○	○	
頷	○	凵	拑	○	○	儞	○	鋏	范	鈒	朕	
○	○	○	○	○	○	○	○	○	○	○	○	
○	○	○	○	○	○	○	○	○	○	○	○	
○	○	○	○	○	○	○	○	○	○	○	○	
○	○	欠	劒	○	○	○	○	薆	楚	汎	○	
○	○	○	○	○	○	○	○	○	○	○	○	
○	○	○	○	○	○	○	○	○	○	○	○	
○	○	○	○	○	○	○	○	○	○	○	○	
○	○	猲	○	○	珮	○	貓	○	乏	㟯	法	
○	○	○	○	○	○	○	○	○	○	○	○	

珮 女法反　禑起反

韻	齒音 清濁	舌音 清濁	喉音 濁	喉音 清	喉音 清	齒音 濁	齒音 次清	齒音 清	齒音 清濁	齒音 清
登	○	楞	恒	○	○	○	○	○	僧	增
	○	○	○	○	○	○	屑	○	繒	○
蒸	仍	陵	蠅	興	膺	承	稱	蒸	升	繒
	○	○	○	○	○	○	○	○	○	緪
等	○	倰	○	○	○	○	○	○	○	贈
	○	○	○	○	○	○	○	○	○	○
拯	○	○	○	○	○	○	○	拯	殑	○
	○	○	○	○	○	○	○	○	○	○
嶝	○	○	○	○	○	○	○	癓	贈	蹭	增
	認	餕	孕	興	應	剩	稱	彰	城	稱	甑
證	○	○	○	○	○	○	○	剩	勝	乘	證
	○	勒	劾	黑	餩	賊	○	塞	色	識	則
德	○	力	劾	黑	憶	崱	○	色	識	食	稷
職	○	弋	○	○	○	○	○	寔	○	息	即

內轉第四十二開

唇音				舌音				牙音			
清	次清	濁	清濁	清	次清	濁	清濁	清	次清	濁	清濁
崩	○	朋	瞢	登	○	騰	能	絙	○	○	○
○	○	○	○	○	○	○	○	○	○	○	○
冰	○	凭	○	徵	橙	澄	○	兢	硼	殑	凝
○	○	○	○	○	○	○	○	○	○	○	○
○	○	○	○	等	○	○	能	肯	○	○	○
○	○	○	○	○	○	○	○	○	○	○	○
○	○	○	○	○	○	○	○	○	○	殑	○
○	○	○	○	○	○	慶	○	○	○	○	○
甯	○	倗	○	嶝	○	鄧	亘	○	○	○	○
○	○	凭	○	○	○	隥	○	○	○	○	○
○	○	○	○	○	○	澄	○	○	○	○	凝
○	○	○	○	○	○	○	○	○	○	○	○
北	○	匐	墨	德	特	特	勒	刻	○	○	○
○	○	○	○	○	○	○	○	○	○	○	○
逼	○	愎	域	陟	敕	直	匿	亟	○	極	極
○	○	○	○	○	○	○	○	○	○	○	○

齒　清	次清	濁	音　清	齒　濁	喉　清	清	濁	音　清	牙　濁	舌　清濁	齒　清濁	清濁
登 ○	○	○	○	○	○	㲳	薨	汹	○	○	○	○
	○	○	○	○	○	弘	○	○	○	○	○	○
	○	○	○	○	○	○	○	○	○	○	○	○
	○	○	○	○	○	○	○	○	○	○	○	○
拯 ○	○	○	○	○	○	○	○	○	○	○	○	○
	○	○	○	○	○	○	○	○	○	○	○	○
	○	○	○	○	○	○	○	○	○	○	○	○
	○	○	○	○	○	○	○	○	○	○	○	○
	○	○	○	○	○	○	○	○	○	○	○	○
	○	○	○	○	○	○	○	○	○	○	○	○
	○	○	○	○	○	○	○	○	○	○	○	○
	○	○	○	○	○	○	○	○	○	○	○	○
德 ○	○	○	或	○	○	○	○	○	○	○	○	○
職 ○	○	○	○	○	○	○	○	○	○	○	○	○
	○	○	域	○	淢	○	○	○	○	○	○	○
	○	○	○	○	○	○	○	○	○	○	○	○

仐指微韻鑑卷終

內轉第四十三合

	牙音				舌音				脣音			
	清濁	次清濁	清	次清	清濁	次清濁	清	次清	清濁	次清濁	清	次清
	○	○	○	肱	○	○	○	○	○	○	○	
	○	○	○	○	○	○	○	○	○	○	○	
	○	○	○	○	○	○	○	○	○	○	○	
	○	○	○	○	○	○	○	○	○	○	○	
	○	○	○	○	○	○	○	○	○	○	○	
	○	○	○	○	○	○	○	○	○	○	○	
	○	○	○	○	○	○	○	○	○	○	○	
	○	○	○	○	○	○	○	○	○	○	○	
	○	○	○	○	○	○	○	○	○	○	○	
	○	○	○	○	○	○	○	○	○	○	○	
	○	○	○	○	○	○	○	○	○	○	○	
	○	○	○	○	○	○	○	○	○	○	○	
	○	○	○	國	○	○	○	○	○	○	○	
	○	○	○	○	○	○	○	○	○	○	○	
	○	○	○	○	○	○	○	○	○	○	○	
	○	○	○	○	○	○	○	○	○	○	○	

韻鏡之書行於本邦久而未有刊者故轉寫
之訛烏焉馬而馬既爲者多因彼此不一泉
南宗仲論師偶訂諸本善不善吾且從旦非
因命工鋟板期一以便於覽者且日非
敢擴之天下聊備家訓而已於藏今日家書
乃天下書也學者思渉

享祿戊子孟冬初一日

正三位行侍從臣清原朝臣宣賢

項間求得宋慶元丁巳張氏所刊之前本動
重校正焉永祿嘉七歲舍甲子王春壬子

經籍訪古志
韻鏡一卷　享祿戊子飛宋本

首有紹興辛巳三山麟之子儀謂語其略云
莫妙於此不出四十三轉而天下無遺音因撰字母括要
圖復解數例以爲沿流求源者之端又有嘉泰三年麟之
序云韻鏡之作其妙矣余年二十始得此字父青桂首相
傳類曰洪韻釋子之所撰也有沙門神珙號知音韻嘗著
切韻次調韻指微次三十六字母歸納助紐宗以歸字例次
橫呼韻五音清濁四聲定位列圓末韻鑑序例終次本

洪邁次韻載五屬泰末竊意見是書者於僧世俗謂呼琪爲
文自內轉第一至第四十三識語後有慶元丁巳重刊本記
卷末有享祿戊子清原朝臣宣賢跋謂泉南宗仲論鏡
祥始末閱又有永祿刊本末見按享祿戊子明
世宗嘉靖七年

第三節　七音略

　　《七音略》是鄭樵於南宋時高宗紹興三十二年左右所表彰，與張麟之初刊《韻鏡》，時間相去不遠[39]。鄭氏序云：「臣初得《七音韻鑑》，一唱而三歎，胡僧有此妙義，而儒者未之聞。」又云：「又述內外轉圖，所以明胡僧立韻得經緯之全。」按《七音略》與《韻鏡》實同出一源，若明瞭《韻鏡》之編排，亦可以明《七音略》之編排。然《七音略》與《韻鏡》雖同出一源，而其內容，則非契合無間。舉其大端，凡有七事。

一、轉次不同：

自第卅一轉以下，兩書次第頗有參差，茲臚舉韻目，列表於下：

轉　　次	《七音略》韻目	《韻鏡》韻目
第三十一轉	覃咸鹽添（重）	唐陽（開）
第三十二轉	談銜嚴鹽（重）	唐陽（合）
第三十三轉	凡（輕）	庚清（開）
第三十四轉	唐陽（重）	庚清（合）
第三十五轉	唐陽（輕）	耕清青（開）
第三十六轉	庚清（重）	耕青（合）
第三十七轉	庚清（輕）	侯尤幽（開）
第三十八轉	耕清青（重）	侵（合）
第三十九轉	耕青（輕）	覃咸鹽添（開）
第 四 十 轉	侯尤幽（重）	談銜嚴鹽（合）
第四十一轉	侵（重）	凡（合）
第四十二轉	蒸登（重）	蒸登（開）
第四十三轉	蒸登（輕）	蒸登（合）

39　張麟之在宋高宗紹興辛巳七月朔識云：「聊用鋟木，以廣其傳。」紹興辛巳乃三十一年。較鄭樵表彰《七音略》早一年。

由此可知《七音略》所據爲陸法言《切韻》系韻次，《韻鏡》所據爲李舟《切韻》系之韻次。

二、重輕與開合名異而實同：

《七音略》於四十三轉圖末標「重中重」者十七，「輕中輕」者十四，「重中輕」者五，「輕中重」者二，「重中重（內重）」、「重中重（內輕）」、「重中輕（內重）」及「重中輕（內輕）」者各一。《韻鏡》則悉削「重」、「輕」之稱，而於圖首轉次下改標「開」、「合」。凡《七音略》所謂「重中重」、「重中重（內重）」、「重中重（內輕）」、「重中輕（內重）」及「重中輕」者，皆標爲開；所謂「輕中輕」、「輕中輕（內輕）」、「輕中重」及「輕中重（內輕）」者皆標爲合。惟《韻鏡》以第二十六、第二十七、第三十八及第四十轉爲「合」，以第二、第三、第四及第十二諸轉爲「開合」，均於例微乖，則當據《七音略》之「重」、「輕」而加以是正。故鄭樵所定「中重」、「內重」、「中輕」、「內輕」之辨，雖難質言，而其所謂「重」、「輕」適與《韻鏡》之「開」、「合」相當，殆無疑義也。

三、內外轉標示有異：

今考《七音略》與《韻鏡》之內外，惟有三轉不同，第十三轉咍、皆、齊、祭、夬諸韻及第三十七轉（即《韻鏡》之三十四轉）庚清諸韻，《七音略》以爲「內」，而《韻鏡》以爲「外」。第二十九轉麻韻，《七音略》以爲「外」，而《韻鏡》以爲「內」，則各有是非，未可一概而論也。

四、等列不同：

今考《七音略》與《韻鏡》之等列，大體相去不遠，惟以鈔刊屢易，難免各有乖互。若據首章所述分等之原則而訂正，則《七音略》誤而《韻鏡》不誤者，共二十有五條。

轉次	紐及調	例字	七音略等列	韻鏡等列
1 第三轉		（全轉）	平聲列二等上去入列三等	四聲均列二等
2 第六轉	來平	梨	二	三
3 第七轉	知去	轛（追萃切）	入一	去三
4 同前	澄去	墜	四	三
5 同前	見溪群去	媿喟匱	四	三
6 同前	見群上	癸揆	去一	上四
7 同前	見群去	季悸	入一	去四
8 第八轉	喻平	飴（與之切）	三	四
9 第九轉	曉去	欷（許既切）	四（字作稀）	三
10 同前	疑去寄入	刈（魚肺切）	一	三
11 第十二轉	審上	數（所矩切）	三	二
12 第十七轉	喻去	酳（羊晉切）	三	四
13 韻鏡第三十四轉七音略第三十七轉	見溪上	礦（古猛切）界（苦猛切）	一	二
14 同前	見上	璟（俱永切）	二	三
15 同前	溪上	憬（集韻孔永切）	○	三
16 同前	溪上	頃（去潁切）	三	四
17 同前	曉上	兢（許永切）	四	三

18 同前	匣上	坉（胡猛切）	三	二
19 韻鏡第三十五轉七音略第三十八轉		（全轉）	一二三無四等	二三四無一等
20 同前	端入	狄	○	四
21 同前	見上	剄（古挺切）	改列溪母三等	四
22 同前	影上	巊（烟涬切）	一	四
23 韻鏡第三十九轉七音略第三十一轉	明上	妥（明尒切）	三	四
24 同前	疑上	顩（魚檢切）	四	三
25 同前	匣平	嫌（戶兼切）	三	四

至於《韻鏡》誤而《七音略》不誤者，亦有十四條。亦列表於下：

轉次	紐及調	例字	韻鏡 等列	七音略 等列
1 第四轉	從平	疵	三	四
2 第五轉	穿上	揣（初委切）	三	二
3 第十一轉	喻平	余（以諸切）	三	四
4 第十四轉	清去	毳（此芮切）	三	四
5 第十七轉	曉去	舋（許覲切）	四	三
6 第二十四轉	匣去	縣（黃練切）	三	四
7 第二十五轉	疑平	堯（五聊切）	三	四
8 同前	疑平	嶢（五聊切）	四	○案嶢與堯同音
9 韻鏡第三十二轉七音略第三十五轉	見群上	臩（俱往切）伀（求往切）	二	三
10 韻鏡第三十三轉七音略第三十六轉	疑平	迎（語京切）	四（寬永本不誤）	三

11 韻鏡第三十七轉七音略第四十轉	滂平	飆（匹尤切）	四	三
12 韻鏡第三十九轉七音略第三十一轉	匣上	鼸（胡忝切）	三 （寬永本不誤）	四
13 第四十二轉	審上	殊（色庱切）	三	二
14 同前	喻去	孕（以證切）	三	四

若斯之類，並宜別白是非，各從其正者也。

五、聲類標目不同：

《韻鏡》各轉分聲母爲「脣」、「舌」「牙」、「齒」、「喉」、「半舌」、「半齒」七音，每音更分「清」、「次清」、「濁」、「清濁」諸類，而不別標紐文。《七音略》則首列幫、滂、並、明；端、透、定、泥；見、溪、群、疑；精、清、從、心、邪；影、曉、匣、喻；來、日二十三母；次於端系下復列知、徹、澄、娘；精系下復列照、穿、床、審、禪；而輕脣非、敷、奉、微四母則惟複見於第二、第二十、第二十二、第三十三、第三十四，五轉幫組之下；又於第三行別立「羽」、「徵」、「角」、「商」、「宮」、「半徵」、「半商」七音以代「脣」、「舌」、「牙」、「齒」、「喉」、「半舌」、「半齒」，此其異也。

六、廢韻所寄之轉不同：

《韻鏡》以「廢、計、刈」三字寄第九轉（微開）入三，（案廢字與次轉重複，計字本屬霽韻。）以「廢、吠、犭卷、䘚、豫、穢、喙」七字寄第十轉（微合）入三。（犭卷丘吠切，豫呼吠

切，但《廣韻》寄于祭韻之末，乃後人竄入者。）《七音略》留
「刈」字於第九轉而改列一等，移置「廢、肺、吠、瘠、穢、
喙」六字於第十六轉（佳輕），而於第十五轉（佳重）但存廢韻
之目。其實《七音略》存「刈」於第九轉，疑原型或與《韻鏡》
同出一源。

七、鐸藥所寄之轉不同：

案《韻鏡》通例，凡入聲皆承陽聲韻，《七音略》大體亦
同，惟鐸藥兩韻之開口，《七音略》複見於第二十五（豪肴宵
蕭）及第三十四（唐陽，即《韻鏡》第三十一）兩轉，與《韻
鏡》獨見於三十一轉者不同，蓋已露入聲兼承陰陽之兆矣。[40]

---

40 以上七條，參考羅常培〈《通志・七音略》研究〉一文，見中國科
學院語言研究所編《羅常培語言學論文選集》107-111 頁。中華書局
出版，1963 年 北京市。

《通志·七音略》第一轉圖

七音略第一

七音序

通志三十六

天地之大，其用在坎離；人之為靈，其用在耳目。人與禽獸視聽一也，聖人制律，所以導其耳之聰；制字，所以擴目之明。耳目根於心，聰明發於外，上智下愚，自此分矣。人雖曰皇頡制字，伶倫制律，歷代相承，未聞其書。漢人課隸，始為字書，以通文字之學；江左之競風騷，始為韻書，以通聲音之學。然漢儒識文字而不識七音，則失制字之旨；江左之儒識四聲而不識七音，則失立韻之源。獨體為文，合體為字，漢儒知以說文解字，而不知文有子母，生字為母，從母為子，子母不分，所以失制字之旨。四聲為經，七音為緯，江左之儒知縱有平上去入為四聲，而不知衡有宮商角徵羽半徵半商為七音，縱成經，衡成緯，經緯不交，所以失立韻之源。七音之韻，起自西域，流入諸夏，梵僧欲以其教傳之天下，故為此書。雖重百譯之遠，一字不通之處，而音義可傳。華僧從而定之，以三十六為之母，重輕清濁，不失其倫，天地萬物之音，備於此矣。雖鶴唳風聲，雞鳴狗吠，雷霆驚天，蚊虻過耳，皆可譯也，況於人言乎？所以日月照臨，霜露所墜，諸有血氣之類，莫不……西則涼夏，南則交趾，比則朔易，皆古中國，而東則朝鮮之外，其書不通，何哉？婆娑能入諸夏，而宣尼之書不能至跋提河者，聲音之道有障閡耳，此後學之罪也。舟車可通則文義可及，今舟車所通，而文義所不及者，何哉？宣尼之書……而之域，所謂用夏變夷，當自此始。

臣謹按：開皇二年詔求知音之士，參定音樂。時有柱國沛公鄭譯獨得其義，而為議曰：考尋樂府鍾石律呂，皆有宮商角徵羽變宮變徵之名，七聲之內，三聲乖應，每加詢訪，終莫能通。先是周武帝之時，有龜茲人曰蘇祗婆，從突厥皇后入國，善胡琵琶，聽其所奏，一均之中間有七聲，因以其七調校之，七聲冥若合符。一曰娑陀力，華言平聲，即宮聲也；二曰雞識，華言長聲，即商聲也；三曰沙識，華言質直聲，即角聲也；四曰沙侯加濫，華言應聲……

即變徵聲也五曰沙臘華言應和聲即徵聲也六曰般
驟華言五聲即羽聲也七曰斛牛聲即變
宮也譯因習而彈之始得七聲之正然其就此七調即變
有五旦之名旦作彈以華譯之旦即均也譯遂因琵
琶更立七調合成十二應十二律律有七音音立一調
故立七調十二律合八十四調旋相交盡皆和合以
以其聲考校太樂鍾律平秦不可譯所未聞譯二
十餘篇合蘇夔駁之以五音旋轉相從來久矣不言
有變宮變徵七調之作實所未聞譯又引古以為據周

有七音之律漢有七始之說何妥以舊學牛弘以巨
儒不能精通同加沮抑遂使隋人之耳不聞七調之音
臣又按唐楊收與安洸論琴五絃之外復益二絃因言
七聲之義西京諸儒感圖鍾函鍾之說故其郊廟樂惟
用黃鍾一均章帝時太常丞鮑業始挍卜二宮夫旋宮
以七聲為均均言韻也古無韻字猶言一韻聲也宮商
角徵羽為五聲加少宮少徵為七聲始得相旋為宮之
意蓋取均為樂之宗也臣初得七音韻鑑一唱而三嘆胡僧有

此妙義而儒者未之聞及平研究制字考證諧聲然後
知皇頡史籀之書已其七音之作先儒不得其傳耳今
作諧聲圖所以明古人制字通七音之妙又述此內外轉
圖所以明胡僧立韻得經緯之全釋氏以為大悟
通音為小悟雖七音一呼而聚四聲不召自來此其義
淺者耳至於紐躡脣齒盤旋舌腭非心樂洞融天籟通
後能別形中之聲韻書主於母必子權母而行然後能
平聲別形中之形所以子書以母為主亦更作韻書
別造化者不能造其闉字書主於母必母權子而行然後
必子為主今茲內外轉圖用以別音聲而非所以主子
母也

諧聲制字六圖

諧聲者六書之一書也凡諧聲之道有同聲者則取同
聲而諧無同聲者則取協聲而諧無協聲者則取正音
而諧無正音者則取旁音而諧所謂諧聲者四聲也音者
七音也制字之本或取聲以諧字或取音以成字不可
備舉今取其要以證所諧茲所不載觸類而長

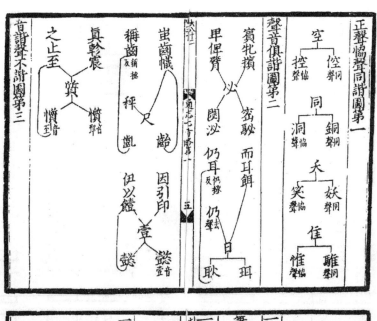

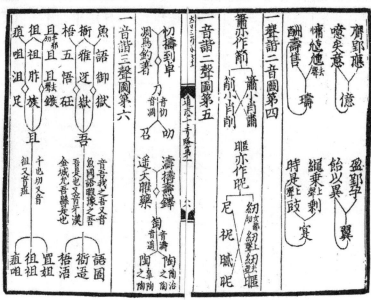

日來喻匣曉影　心從清精　照穿床審　疑群溪見　泥定透端　明並滂幫
　　　　　　邪　　　　　　　　　　　　孃澄徹知　微

內轉第一

半徵半商　　宮　　商　　　角　　徵　　　羽

		宮	商		角	徵	羽	

重中重

平
上
去
入

通志七音畧卷之一

內轉第二

日來喻匣曉影邪心從清精　照穿床審　疑群溪見　泥定透端　明並滂幫
　　　　　　　　　　　禪　　　　　　孃澄徹知　微奉　敷非

半商半徵　　宮　　商　　　角　　徵　　　羽

輕中輕

平
上
去
入

通志七音畧卷之二

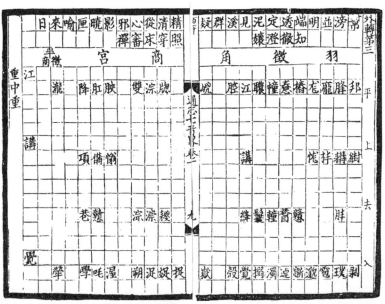

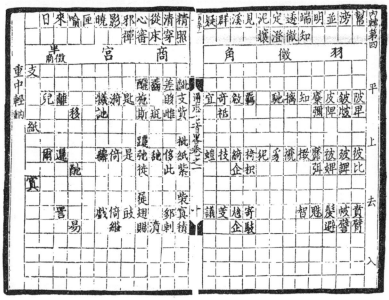

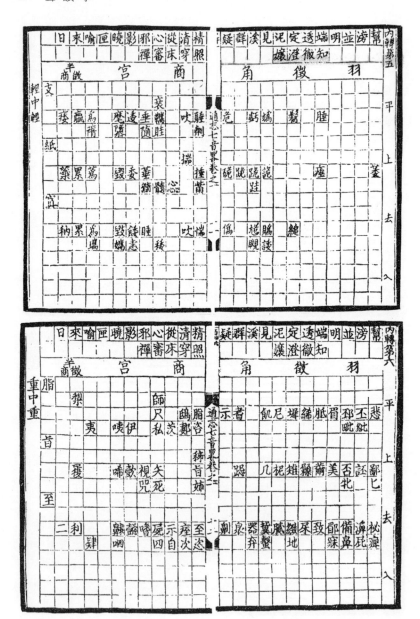

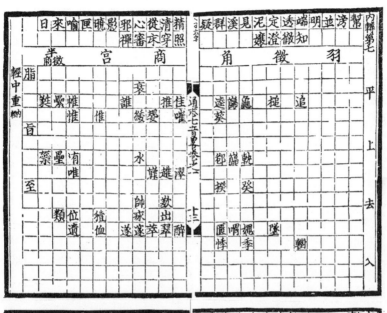

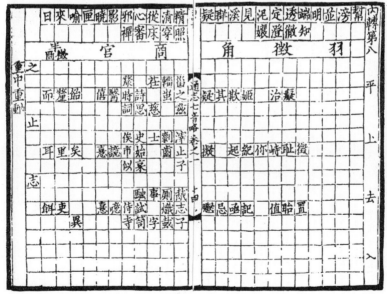

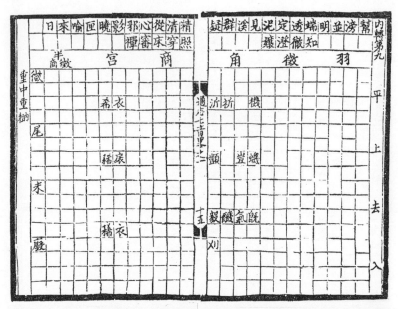

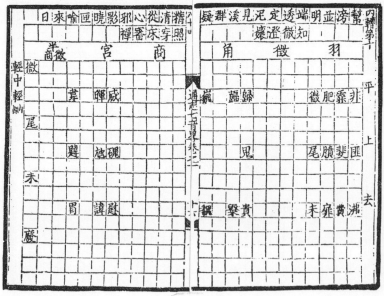

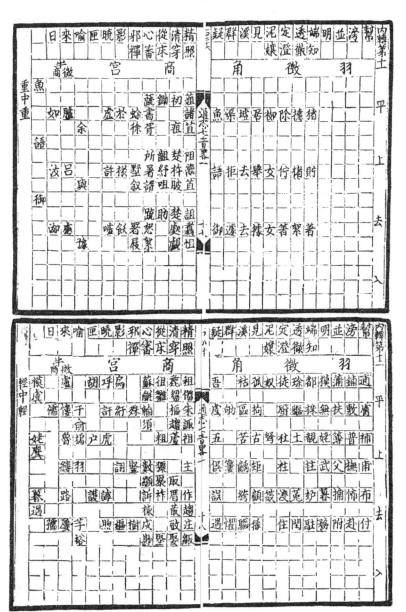

內轉第十三

日來喻匣曉影	邪心從清精		疑群溪見	泥定透端	明並滂幫	
禪審穿照			孃澄徹知			
半商徵 宮 商			角 徵 羽			
重中重						
咍皆 來 孩哀	栽揌咍	豥	賭 開欬臺	胎䜹胎妳	頦	平
咍皆 䏧㗅 諧諧	賷 差懷		揩皆 揩艱埋排蟇 項			
孩海駭謇 黎釖櫊	醋後西礼	郳	𥄎 谿鷄題氏迷聲磍	倍啡		
犛釖櫊 海欵在	倪	惾慛乃駳嘒等擺				上
代佽柰霊 禮賚	後愛意		姈 褊弟體郎米姓頯殷			
代佽柰霊 漼城蕭	漜賽鐵世	碳瞆	泝涀耐代戴櫌			去
夫 馘講喝	洫細噫	倒儷	愎膩靭 帝謎辞媲閉			
	嘞塞砕		䊏 嘫嵂			入

外轉第十四

日來喻匣曉影	邪心從清精		疑群溪見	泥定透端	明並滂幫	
禪審穿照			孃澄徹知			
半商徵 宮 商			角 徵 羽			
輕中重						
灰皆 雷臑 回灰隈堁	摧崔㫋	嗺	䫻 恢傀䫻讈硾栻裝肧杯			平
灰皆 腜 懷䙰灰			匯屮	頄		
齊賄 攜隓蹵	罪雂摧		睽主頯			上
齊賄 碨倩蒝賄䝿			題䫨䭃鐵骸膭浼琲			
隊 纇瀆海凮 碎啐睟		碨 塊憒內隊退對佩配背				去
怍荣芮 壞貃 鐵	贅	畘瞔 蒯劊慖槎配涒拜				
霤 慧嘩		嵦矮				
夫 誻咕黵	噎		快夬 遃敗敗			入

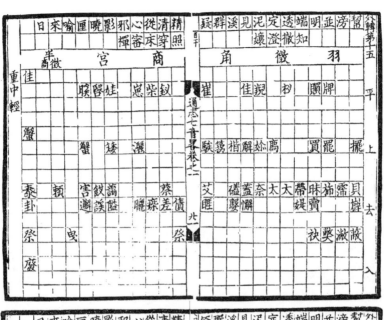

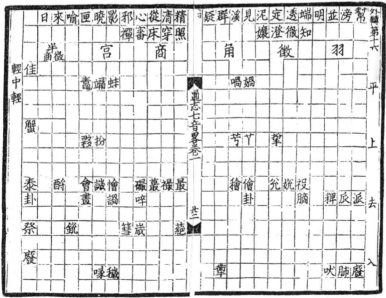

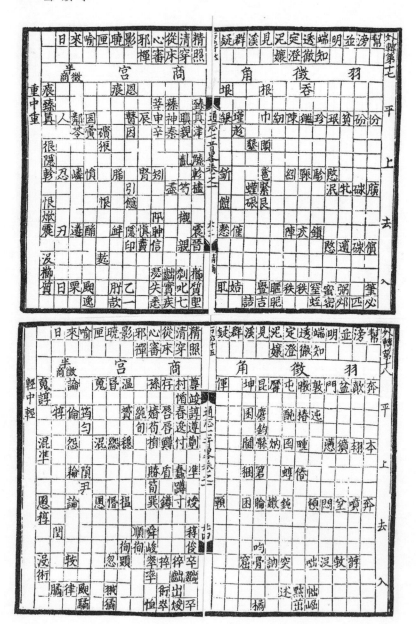

外轉第十九　重中輕

聲調	韻	幫	滂	並	明	端 知	透 徹	定 澄	泥 孃	見	溪	群	疑	精 照	清 穿	從 牀	心 審	邪 禪	影	曉	匣	喻	來	日
		羽				徵				角				商					宮				半徵	半商
平	欣																							
										斤		勤	虓						殷	欣				
上	隱																							
										謹	赾	近	听						隱	蟪				
去	焮																							
										靳		近	垽						㥯	焮				
入	迄																							
										訖	乞	起	疙							迄				

七十七　通志七音略卷之二　七十五

外轉第二十　輕中輕

聲調	韻	幫 非	滂 敷	並 奉	明 微	端 知	透 徹	定 澄	泥 孃	見	溪	群	疑	精 照	清 穿	從 牀	心 審	邪 禪	影	曉	匣	喻	來	日
		羽				徵				角				商					宮				半徵	半商
平	文																							
		分	芬	汾	文					君		羣							煴	熏		雲		
上	吻																							
		粉	忿	憤	吻					攟	䞷		齳						惲			抎		
去	問																							
		糞	湓	分	問					攈		郡							醞	訓		運		
入	物																							
		弗	拂	佛	物					亥	屈	倔	崛						鬱	颮		飅		

通志七音略卷之二　七十六

七音略第一　通志三十六

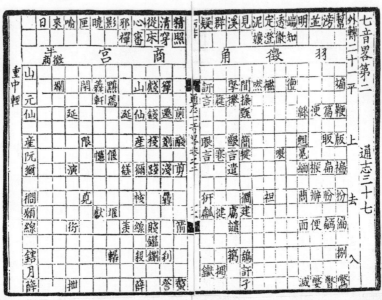

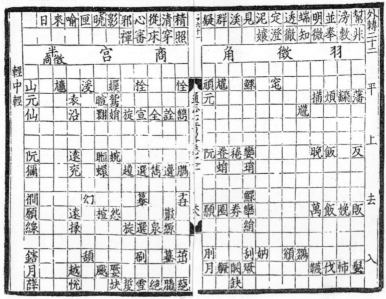

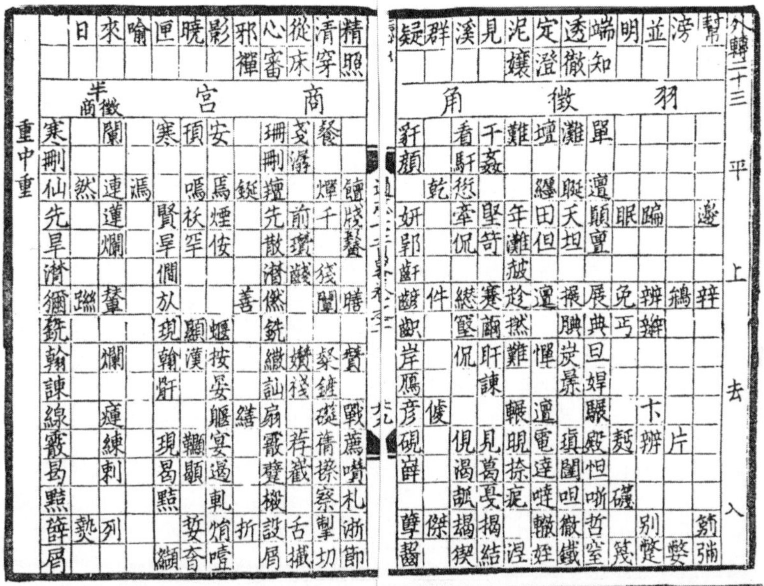

上段圖（外轉十三　平上去入　重中重）

日	來	喻	匣	曉	影	邪	心	從	床	穿	清	精	禪	審	照	疑	群	溪	見	泥孃	定澄	透徹	端知	明	並	滂	幫
半商半徵						宮					商					角						徵				羽	

山攝韻目：寒　刪　仙　先　旱　潸　獮　銑　翰　諫　線　霰　曷　黠　薛　屑

下段圖（外轉二十四　平上去入　輕中輕）

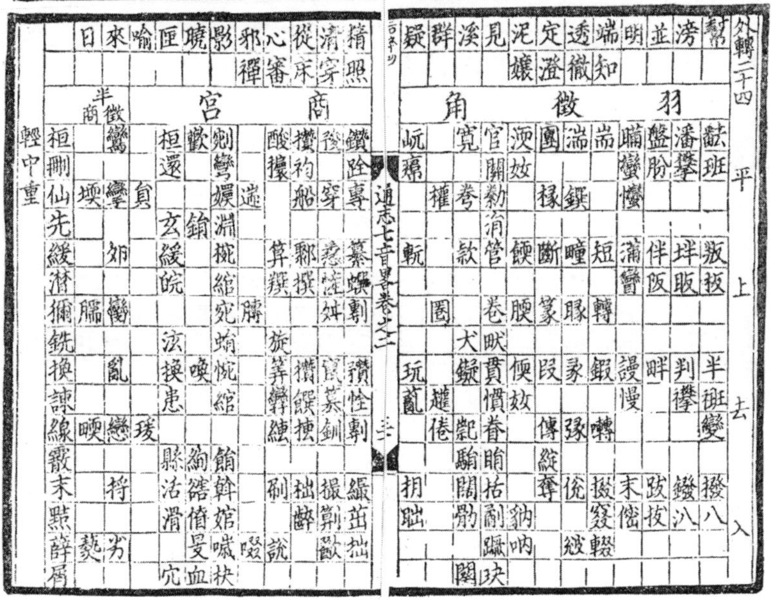

日	來	喻	匣	曉	影	邪	心	從	床	穿	清	精	禪	審	照	疑	群	溪	見	泥孃	定澄	透徹	端知	明	並	滂	幫
半商半徵						宮					商					角						徵				羽	

山攝韻目：桓　刪　仙　先　緩　潸　獮　銑　換　諫　線　霰　末　黠　薛　屑

（通志七音畧卷之三）

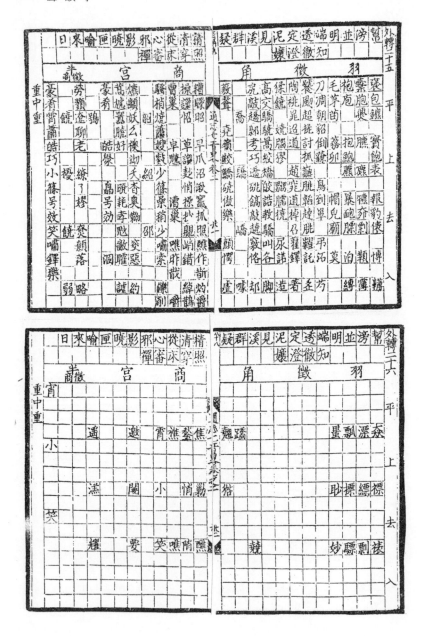

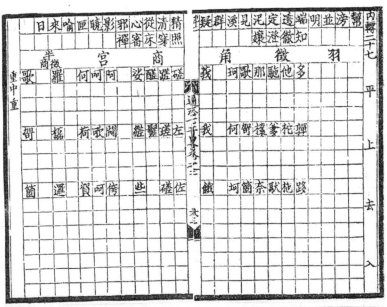

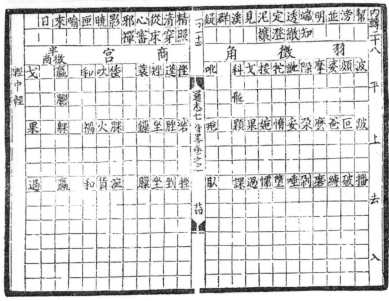

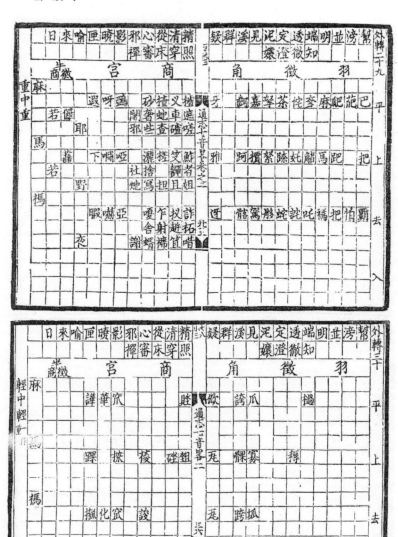

外轉三十一

日	來	喻	匣	曉	影	邪	心	從	清	精	疑	群	溪	見	泥	定	透	端	明	並	滂	幫
						禪	審	床	穿	照					孃	澄	徹	知				

半商徵　　宮　　商　　　角　　徵　　羽

重中重

平　上　去　入

外轉三十二

日	來	喻	匣	曉	影	邪	心	從	清	精	疑	群	溪	見	泥	定	透	端	明	並	滂	幫
						禪	審	床	穿	照					孃	澄	徹	知				

半商　　宮　　商　　　角　　徵　　羽

重中輕

平　上　去　入

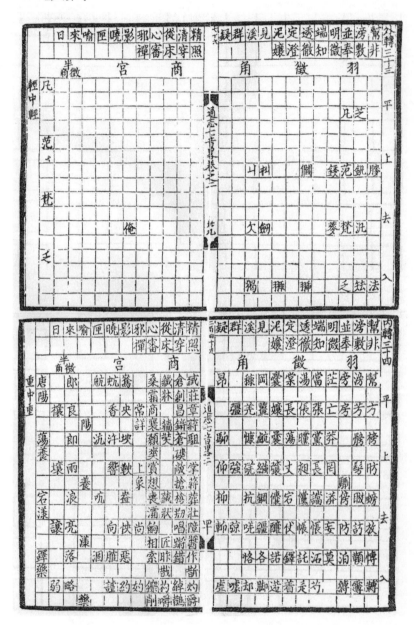

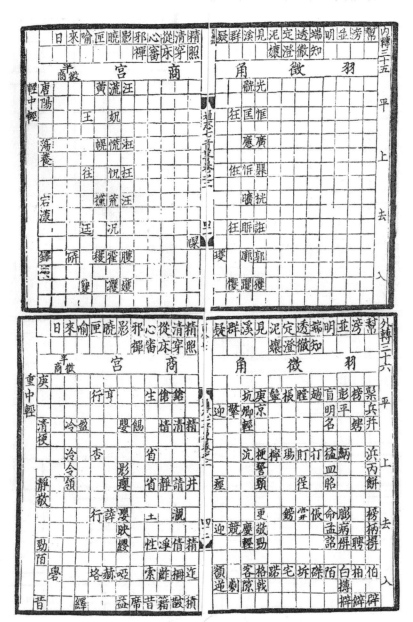

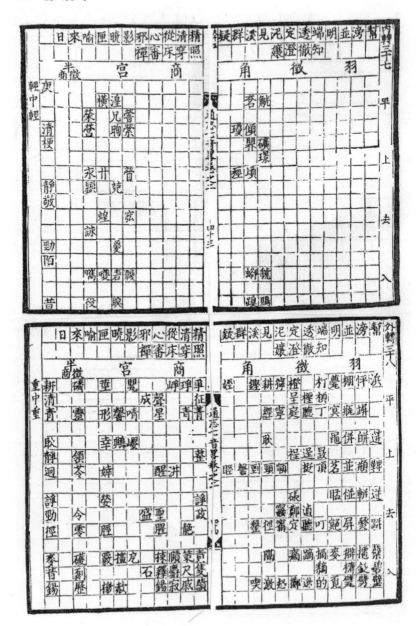

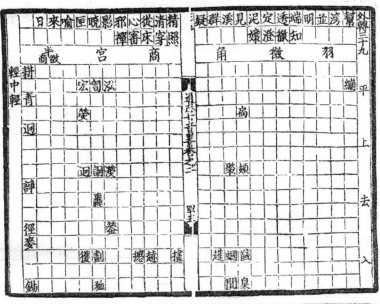

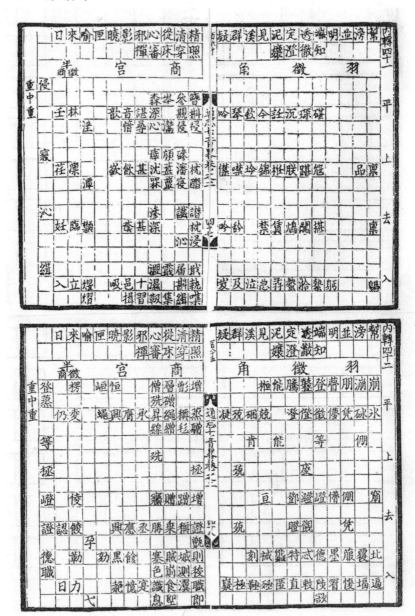

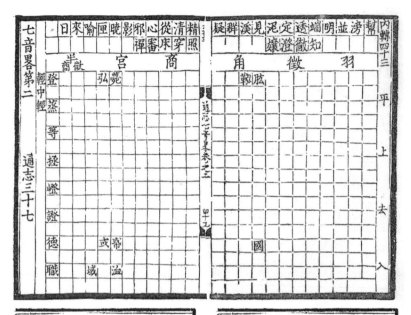

六十初度

行年六十一沈吟。海外樓遲感不禁。
白雪雖教春事已，貞松何懼歲寒侵。
栽蘭育蕙盈庭綠，述學論文積紙深。
自度母須愁覆瓿，生徒相繼有知音。

七十感賦

今日怱怱過古稀。如潮思緒感蕃滋。
蕙蘭已是香盈室，桃李欣看子滿枝。
俯仰無慙天地闊，吟哦有道儀型施。
梅馨竹露情懷好，笑對妻兒意覺癡。

第四節　四聲等子

一、《四聲等子》之撰述時代：

　　古有《四聲等子》一卷，不著撰人姓氏，然〈序〉云：「近以《龍龕手鑑》重校，類編於《大藏經》函帙之末，復慮方音之不一，脣齒之不分，既類隔假借之不明，則歸母協聲何由取準？遂以此附《龍龕》之後，令舉眸識體，無擬議之惑，下口知音，有確實之決。冀諸覽者，審而察焉。」則《等子》之產生，似出《龍龕手鑑》之後，《龍龕手鑑》原名《龍龕手鏡》係遼僧行均字廣濟所作，燕臺憫忠寺沙門智光字法矩爲之序，時爲統和十五年丁酉七月一日（即宋至道三年、西元九九七年），是《等子》之產生，絕不能早於此時。智光《龍龕手鑑・序》云：

> 沙門智光，利非切玉，分忝斷金，辱彼告成，見命序引，推讓而寧容閣筆，俛仰而強爲抽毫。剡以新音編於《龍龕》，猶手持於鸞鏡，形容斯鑒，妍醜斯分，故目之曰《龍龕手鑑》。總四卷，以平、上、去、入爲次，隨部復用四聲列之。又撰《五音圖式》，附於後，庶力省功倍，垂益於無窮者矣。

　　若《五音圖式》竟如《廣韻》後所附之「辯十四聲例法」等簡單，當不致爲後人所刪削，今《龍龕手鑑》既無此種圖式，則所謂「五音圖式」者，與今之《四聲等子》縱令小異，亦必大同。《等子・序》又云：

> 切韻之作，始乎陸氏，關鍵之設，肇自智公。

　　陸氏自是法言，智公似即智光，因關鍵即指後附之門法，且

與智光〈序〉所云「又撰《五音圖式》附於後」之語，前後呼
應。且察其語氣，似亦爲遼僧所語。故《四聲等子》產生之時代
當在《龍龕手鑑》刊行之後，北宋之初，絕不致晚於北宋。蓋
《五音圖式》由智光創始，後人復加修正，因改名爲《四聲等
子》歟！由《五音圖式》改變爲《四聲等子》其間改變之跡，尚
可自今本《四聲等子》窺之。

　　第一、《等子》有十六攝之名，若併其開合，實止十三攝，
其中「江」併於「宕」，「梗」附於「曾」，「假」合於
「果」，若《等子》本有十六攝之名，則同屬一圖，何用二攝之
名，故知前乎此者，必有所因，所因者極可能爲五音圖式。

　　第二、《等子》之攝次與圖次不相應，此亦顯經後人改動之
痕跡也。茲將今本《等子》圖次表列於後：

圖　次	攝　次	
一	通攝內一	
二	效攝外五	
三	宕攝內五	江攝附此
四	遇攝內三	
五	流攝內六	
六	蟹攝外二	
七	止攝內二	
八	臻攝外三	
九	山攝外四	
十	果攝內四	假攝外六
十一	曾攝內八	梗攝外八
十二	咸攝外八	
十三	深攝內七	

　　觀其攝次，由內一至內八俱合於內轉八攝之次，外則缺外一與外七，而外八有二，梗攝與咸攝皆標外八，故相重複，顯爲外七之誤，江攝漏標攝次，當補外一之缺，茲以韻書之次，將十六攝重新標訂於後，以《等子》原有次第標注於下，以資對照。

通攝內一	等子第一圖・通攝內一
江攝外一	等子第三圖・宕攝內五、江附於此
止攝內二	等子第七圖・止攝內二
遇攝內三	等子第四圖・遇攝內六
蟹攝外二	等子第六圖・蟹攝外二
臻攝外三	等子第八圖・臻攝外三
山攝外四	等子第九圖・山攝外四
效攝外五	等子第二圖・效攝外五
果攝內四	等子第十圖・果攝內四
假攝外六	等子第十圖・假攝外六
宕攝內五	等子第三圖・宕攝內五
梗攝外七	等子第十一圖・梗攝外八、外二
流攝內六	等子第五圖・流攝內六
深攝內七	等子第十三圖・深攝內七
咸攝外八	等子第十二圖・咸攝外八
曾攝內八	等子第十一圖・曾攝內八

　　《等子》攝次以曾攝內八，蒸登諸韻殿末，合於《切韻》系韻次，亦與《韻鏡》、《七音略》圖次合，今本《等子》以深攝居圖末，而攝次則爲內七，則顯經改變。蓋《等子》隨《龍龕手鑑》傳入北宋之後，宋人覺其與《廣韻》等韻次不合，乃將之改易，升曾攝於前與梗攝合圖，而殿以收脣音韻尾[-m]之咸深二攝也。

二、四聲等子之韻攝：

　　《等子》分二十圖，括之爲通、效、宕、遇、流、蟹、止、臻、山、果、曾、咸、深十三攝（江附宕、假附果、梗附曾。若分之則爲十六攝），實爲併轉爲攝之第一部韻圖，亦攝之名稱出現最早者。轉旣爲聲與韻母展轉相拼之意，攝者則以少持多，於一聲攝藏無量功德，蓋亦由「轉」而來，攝有十六者，仍基於轉有十六也。張麟之《韻鏡・序作》引鄭樵《七音略・序》云：

　　　　於是作七音而編爲略，欲使學者盡得其傳。…又作諧聲圖，以明古人制字通七音之妙；作内外十六轉圖，以明胡僧立韻得經緯之全。

　　《韻鏡》與《七音略》皆四十三轉，而序云十六轉圖者，日本沙門安然悉曇十二例十六轉韻引義淨《三藏傳》云：

　　　　“阿”等十六韻字用“迦”等三十三字母，都有三十三個十六之轉，是名初章。（按舊日傳悉曇字母者，母音有十六、十二之分，所以有十六轉韻，十二轉聲不同之説）

　　由此可見《七音略・序》所云：「十六轉圖」，正由梵文十六轉韻而來，故攝之有十六，蓋亦神襲此而來。《等子》每攝之下，注明輕重，其開合相對之兩圖，則除輕重外，又注明開合。同一等之內將同音之韻併爲一格，錄此則不錄彼，蓋參以當時實際語音系統。入聲兼配陰陽，先分四等後分四聲，凡此皆與《韻鏡》、《七音略》有異。茲錄其韻攝於後：

　　*1.*通攝內一　　　　重少輕多韻
　　　一等：東董送屋　多（尰）宋沃
　　　三等：鍾腫用燭
　　　　　（東冬鍾相助）

2.效攝外五　　　　全重無輕韻

　　一等：豪皓號鐸

　　二等：肴巧效覺

　　三四等：宵小笑藥

　　　　　　（蕭併入宵類）

3.宕攝內五　　　陽唐重多輕少韻　　　江全重開口呼

　　一等：唐蕩宕鐸

　　二等：江講絳覺

　　三等：陽養漾藥

　　　　　（內外混等，江陽借形）

4.宕攝內五

　　一等：唐蕩宕鐸

　　二等：江講絳覺

　　三等：陽養漾藥

　　　　　　（內外混等）

5.遇攝內三　　　重少輕多韻

　　一等：模姥暮沃

　　二等：魚語御屋（惟齒音有字，非眞二等）

　　三等：虞噳遇燭

　　　　　　（本無入聲，魚虞相助）

6.流攝內六　　　全重無輕韻

　　一等：侯厚候屋

　　三等：尤有宥屋

　　　　　　（本無入聲，幽併入尤韻）

7.蟹攝外二　　　輕重俱等　　　開口呼

　　一等：咍海代（泰）曷

二等：皆駭怪黠

三等：齊薺祭薛

四等：齊薺霽屑

　　（本無入聲、佳併入皆韻）

8. 蟹攝外二　　輕重俱等韻　合口呼

一等：灰賄隊末

二等：皆駭怪黠

三等：齊薺廢（祭）月（屑）

　　（本無入聲、祭廢借用）

9. 止攝內二　　重少輕多韻　　開口呼

三等：脂旨至質

　　（本無入聲）

10. 止攝內二　　重少輕多韻　　合口呼

二等：脂旨至質（惟齒音有字非眞二等）

三等：微尾未物

四等：脂旨至質

　　（本無入聲）

11. 臻攝外三　　輕重俱等韻　　開口呼

一等：痕很恨沒

二等：臻隱焮櫛

三四等：眞軫震質

　　（有助借用）

12. 臻攝外三　　輕重俱等韻　　合口呼

一等：魂混慁沒

三等：文吻問物・諄準稕術

四等：諄準稕術

　　　　　（文諄相助）

13.山攝外四　　輕重俱等韻　　開口呼

　　一等：寒旱翰曷

　　二等：山產襇鎋

　　三四等：仙獮線薛

　　　　　　（刪併山、先併入仙韻）

14.山攝外四　　輕重俱等韻　　合口呼

　　一等：桓緩換末

　　二等：山產襇鎋

　　三等：元阮願月

　　四等：仙獮線薛

　　　　　　（刪併山、仙元相助）

15.果攝內四　　重多輕少韻　　開口呼　　假攝外六

　　一等：歌哿箇鐸

　　三等：麻馬媽鎋

　　　　　　（本無入聲、內外混等）

16.果攝內四　　重多輕少韻　　合口呼　　麻外六

　　一等：戈果過鐸

　　二等：麻馬禡鎋

　　三等：戈果過鐸

　　　　　　（本無入聲、內外混等）

17.曾攝內八　　重多輕少韻　　啟口呼　　梗攝外八

　　一等：登等嶝德

　　二等：庚梗映陌

　　三等：蒸拯證職

　　四等：青迥徑錫

（內外混等、鄰韻借用）

18. 曾攝內八　　重多輕少韻　　合口呼　　梗攝外二

一等：登等嶝德

三等：庚梗敬陌

四等：清靜勁昔

（內外混等、鄰韻借用）

19. 咸攝外八　　重輕俱等韻

一等：覃感勘合

二等：咸豏陷洽

三等：凡范梵乏

四等：鹽琰豔葉

（四等全、併一十六韻）

20. 深攝內七　　全重無輕韻

三等：侵寢沁緝

（獨用孤單韻）

以上二十圖，三、四兩圖，七、八兩圖，九、十兩圖，十一、十二兩圖，十三、十四兩圖，十五、十六兩圖，十七、十八兩圖皆開合相對，併其開合，則止十三攝，宕攝兼括江攝，果攝兼括假攝，曾攝兼括梗攝，故於宕、果、曾三攝之後皆注云：「內外混等」。因宕、果、曾原為內轉，江、假、梗原為外轉，今既合為一圖，故云：「內外混等」也。

《等子》各攝之後，多注「相助」、「借形」、「借用」、「併入」、「鄰韻借用」等字樣，實指併轉為攝後，韻母簡化，原屬不同之韻，今已混淆無別，故於各圖之後注明之也。

《等子》各攝之首，既注輕重，又標開合，大抵皆歸納《韻鏡》《七音略》之開合與輕重而成。茲錄羅常培《七音略》《韻

鏡》《四聲等子》重輕開合對照表於後[41]，即可其然矣。

廣韻韻部	高本漢音讀	陳新雄擬音	七音略輕重	韻鏡之開合	四聲等子重輕開合並列
歌	ɑ	ɑ	重中重	合（？）	果攝、重多輕少、開口呼
麻加	a	a	重中重	開	果攝、重多輕少、開口呼
麻耶	ia	ia̯			
魚	iwo(?)	io̯	重中重	開	遇攝、重少輕多
咍	ɑi	əi	重中重	開	蟹攝、輕重俱等、開口呼
皆諧	ai	ɐi			
祭例	ĭæi	ĭɛi			
齊雞	iei	iei			
脂夷	i	ĭe	重中重	開	止攝、重少輕多、開口呼
豪	ɑu	ɑu	重中重	開	效攝、全重無輕
肴	au	ɔu			
宵	ĭæu	ĭɛu			
蕭	ieu	ieu			
宵四等	iæu	ĭɛu	重中重	合（？）	效攝、全重無輕
侯	ə̆u	ou	重中重	開	流攝、全重無輕
尤	ĭə̂u	ĭou			
幽	iə̆u	ĭə̆u			
覃	ɑm(-p)	əm(-p)	重中重	開	咸攝、重輕俱等
咸	am(-p)	ɐma(-p)			
鹽（三等）	ĭæm(-p)	ĭɛm(-p)			
添	iem(-p)	iem(-p)			

41　對照表中增入作者對《廣韻》之擬音。

廣韻韻部	高本漢 ·音讀	陳新雄 擬音	七音略輕重	韻鏡之 開合	四聲等子重輕開合 並列
談	ɑ:m(-p)	ɑm(-p)			
銜	a:m(-p)	am(-p)	重中重	合（？）	咸攝、重輕俱等
嚴	ĭɐm(-p)	ĭɐm(-p)			
鹽（四等）	iæm(-p)	ĭɛm(-p)			
侵	ĭəm(-p)	ĭəm(-p)	重中重	合（？）	深攝、全重無輕
寒	ɑn(-t)	ɑn(-t)			
刪顏	a:n(-t)	an(-t)	重中重	開	山攝、輕重俱等、 開口呼
仙延	ĭæn(-t)	ĭɛn(-t)			
先前	ien(-t)	ien(-t)			
痕	ən(-t)	ən(-t)			
臻	ĕn(-t)	en(-t)	重中重	開	臻攝、輕重俱等、 開口呼
眞	ĭen(-t)	ĭen(-t)			
東紅	uŋ(-k)	oŋ(-k)	重中重	開	通攝、重少輕多
東融	ĭuŋ(-k)	ĭoŋ(-k)			
江	ɔŋ(-k)	ɔŋ(-k)	重中重	開合＊	宕攝、全重
唐岡	ɑŋ(-k)	ɑŋ(-k)	重中重	開	宕攝、重多輕少、 開口呼
陽良	ĭaŋ(-k)	ĭɑŋ(-k)			
庚羹	ɐŋ(-k)	aŋ(-k)			
庚京	ĭɐŋ(-k)	ĭaŋ(-k)	重中重	開	梗攝、重多輕少、 開口呼
清征	ĭæŋ(-k)	ĭɛŋ(-k)			
耕爭	ɐŋ(-k)	æŋ(-k)			
清征	ĭæŋ(-k)	ĭɛŋ(-k)	重中重	開	梗攝、重多輕少、 開口呼
青經	ieŋ(-k)	ieŋ(-k)			
登燈	əŋ(-k)	əŋ(-k)	重中重	開	曾攝、重多輕少、 啓口呼
蒸丞	ĭəŋ(-k)	ĭəŋ(-k)			
之	i:	ĭə	重中重 （內重）	開	止攝、重少輕多、 開口呼（？）
支移	iĕ	ĭɛ	重中輕 （內重）	開合＊	止攝、重少輕多、 開口呼（？）

廣韻韻部	高本漢音讀	陳新雄擬音	七音略輕重	韻鏡之開合	四聲等子重輕開合並列
微衣	ei	ǐəi	重中重（內輕）	開	止攝、重少輕多、開口呼（？）
泰蓋	ɑ:i	ɑi	重中輕	開	蟹攝、輕重俱等、開口呼
佳街	a:i	æi			
祭例	ǐæi	ǐɛi			
山艱	an(-t)	ɐn(-t)	重中輕	開	山攝、輕重俱等、開口呼
元言	ǐɐn(-t)	ǐɐn(-t)			
仙延	iæn(-t)	ǐɛn(-t)			
欣	ǐən(-t)	ǐən(-t)	重中輕	開	臻攝、輕重俱等、開口呼
模	uo	u	輕中輕	開合＊	遇攝、重少輕多
虞	iu	ǐu			
戈鍋	uɑ	uɑ	輕中輕	合	果攝、重少輕多，合口呼
戈靴	ǐuɑ	ǐuɑ			
麻瓜	ua	ua	輕中輕（一作重）	合	果攝、重少輕多、合口呼
泰外	uɑ:i	uɑi	輕中輕	合	蟹攝、輕重俱等、合口呼
佳蛙	wa:i	uæi			
祭歲	ǐwæi	ǐuɛi			
支爲	wiě	ǐuɛ	輕中輕	合	止攝、重少輕多、合口呼
凡	ǐwɐm(-p)	ǐuɐm(-p)	輕中輕	合	咸攝、重輕俱等、合口呼
山鰥	wan(-t)	uɐn(-t)	輕中輕	合	山攝輕重俱等、合口呼
元原	ǐwɐn(-t)	ǐuɐn(-t)			
仙緣	iwæn(-t)	ǐuɛn(-t)			
魂	uən(-t)	uən(-t)	輕中輕	合	臻攝、輕重俱等、合口呼
諄	ǐuen(-t)	ǐuen(-t)			
文	ǐuən(-t)	ǐuən(-t)			

廣韻韻部	高本漢音讀	陳新雄擬音	七音略輕重	韻鏡之開合	四聲等子重輕開合並列
冬	uoŋ(-k)	uŋ(-k)	輕中輕	開合＊	通攝、重少輕多
鍾	ǐwoŋ(-k)	ǐuŋ(-k)			
唐光	waŋ(-k)	uaŋ(-k)	輕中輕	合	宕攝、重多輕少、合口呼
陽方	ǐwaŋ(-k)	iuaŋ(-k)			
庚橫	wɐŋ(-k)	uaŋ(-k)	輕中輕	合	梗攝、重少輕多、合口呼
清傾	iwæŋ(-k)	iuɛŋ(-k)			
耕宏	wɐŋ(-k)	uæŋ(-k)			
青螢	iweŋ(-k)	iueŋ(-k)			
登肱	wəŋ(-k)	uəŋ(-k)	輕中輕	合	曾攝、重多輕少、合口呼
蒸域	iwəŋ(-k)	ǐuək			
微歸	wěi	ǐuəi	輕中輕（內輕）	合	止攝、重少輕多
廢穢	iwɐi	ǐuəi			
灰	uɑi	uəi	輕中輕	合	蟹攝、輕重俱等、合口呼
皆懷	uai	uɐi			
祭歲	ǐwai	ǐuɐi			
齊圭	iwei	iuei			
桓	uan(-t)	uɑn(-t)	輕中輕	合	山攝、輕重俱等、合口呼
刪關	wa:n(-t)	uan(-t)			
仙緣	ǐwæn(-t)	iuɛn(-t)			
先玄	iwen(-t)	iuen(-t)			
脂追	wi	ǐue			

　　高氏擬音，雖不盡如人意 [42]，本人擬音雖有改進，亦不敢自謂當也。但用作參稽，則仍有其價值也。

　　至於《等子》各攝或云「重少輕多」，例如通攝。則因《七

---

[42]　例如魚擬作 ǐwo 與《韻鏡》、《七音略》皆不合，東擬作 uŋ、ǐuŋ 亦然，今改魚作 ǐo，東作 oŋ、ǐoŋ，則合於《韻鏡》與《七音略》矣。

音略》東爲「重中重」，多鍾爲「輕中輕」。重者僅東董送屋四韻，而輕者則有多鍾腫宋用沃濁七韻，故云「重少輕多」也。又或云「全重無輕」，例如效攝，《七音略》二十五轉、二十六轉收此諸韻並爲「重中重」故云「全重無輕」也。又或云：「重多輕少」，例如宕攝，《七音略》第三轉，江爲「重中重」三十四轉陽唐爲「重中重」，三十五轉陽唐爲「輕中輕」，前兩轉字多，後一轉字少，故云「重多輕少」也。又或云「輕重俱等」，例如蟹攝，《七音略》十三轉爲「重中重」，十四轉爲「輕中重」，十五轉爲爲「重中輕」，十六轉爲「輕中輕」，合而計之，輕重約略相等，故云「輕重俱等」也。其餘類推。

《等子》之輕重與開合既如上述，然其等列亦有極異於《韻鏡》與《七音略》者，即三四等字之相混是也。三四等既已相混，而支、脂、眞、諄、祭、仙、宵、清諸韻之重紐字，則仍沿早期韻圖之例，有通入四等者。

三、《四聲等子》之聲母：

《四聲等子》聲母之排列，亦以三十六字母排列成二十三行，首見、溪、群、疑；次端、透、定、泥，而以知、徹、澄、娘附於其下；再次爲幫、滂、並、明，而以非、敷、奉、微附之；又次爲精、清、從、心、邪，照、穿、床、審、禪附於其下；又次爲曉、匣、影、喻；殿以來、日二母。其聲類之排列與《韻鏡》、《七音略》不同者，計有三事：

[一]牙音與脣音異位。

[二]先曉、匣次影、喻，與《韻鏡》《七音略》以影、曉、匣、喻爲次者異。

[三]清濁之名，有「全清」、「全濁」、「不清不濁」、

「半清半濁」之稱。

　　茲錄其聲母於後：

	見溪群疑	端透定泥	幫滂並明	精清從心邪	曉匣影喻	來日
韻圖	屬牙音	屬舌頭音 具二等 舌頭一在四等一 舌頭二在四等四 眞二等 假二等	屬脣音重 具四等	屬齒頭音 具兩等 兩一 兩二 兩一在四等一 兩二在四等四	屬喉音	屬 半 舌 半 齒 音
四四等聲	具四等	知徹澄娘 屬舌上音 具二等 舌上一在四等二 舌上二在四等三 眞二等 假二等	屬輕脣音 只具第三等	照穿床審禪 屬正齒音 具兩等 兩一 兩二 兩一在四等二 兩二在四等三	具四等	具四等
	角	徵	宮	商	羽	半徵半商
平四上一去入	此中字屬牙音四一	此中字屬舌頭音一在四等一	此中字屬（重）脣音四一	此中字齒頭音精等 兩一在四等一	此中字屬喉音四一	此中字屬來四一
平四上二去入	此中字屬牙音四二	此中字屬舌上音一在四等二	此中字重脣音四二	此中字正齒音照等 兩一在四等二	此中字屬喉音四二	此中字屬來四二
平四上三去入	此中字屬牙音四三	此中字屬舌上音二在四等三	此中字重脣音四三 七輕韻只居此第一等有輕無重	此中字正齒音照等 兩二在四等三	此中字屬喉音四三	此中字屬來四三
平四上四去入	此中字屬牙音四四	此中字屬舌頭音二在四等四	此中字重脣音四四	此中字齒頭音精等 兩二在四等四	此中字屬喉音四四	此中字屬來四四

上圖凡言四一者，謂四等中之第一等也，或稱四等一者亦然。言四二者，謂四等中之第二等也，或稱四等二。言四三者，謂四等中之第三等也，或稱四等三。言四四者，謂四等中之第四等也，或稱四等四。茲按其聲母之排列分別說明之。

〔一〕牙音下云具四等者，謂四等俱全也。

〔二〕舌頭下云舌頭一在四等一、舌頭二在四等四者，謂舌頭音只有兩類，一居四等中之第一等，一居四等中之第四等也。舌上下云舌上一在四等二，舌上二在四等三者，謂舌上音兩類，一居四等中之第二等，一居四等中之第三等也。又云眞二等假二等者，指音和與類隔言也，眞二等者音和切也，假二等者類隔切也。

〔三〕脣音下四一欄云：「此中字屬脣音」屬下當脫一重字，四二、四三、四四各欄皆有一「重」字可證。又云：「七輕韻只居此第一等，有輕無重」。七輕韻不知何所指，然《廣韻》各韻後世變輕脣者，有東、鍾、微、虞、文、元、陽、尤、凡、廢十韻，東、陽、尤三韻七音略為重中重，若此則所謂七輕韻者，殆指鍾、微、虞、文、元、凡、廢七韻歟！此七韻《七音略》皆為輕中輕，故云有輕無重也。

〔四〕齒音下云兩一、兩二者，謂齒頭音與正齒音俱各兩類，齒頭音兩類之一在四等中之第一等也，兩類之二在四等中之第四等也；正齒音兩類之一在四等中之第二等也，兩類之二在四等中之第三等也。

〔五〕喉音云具四等，謂四等全也。然喉音四等全者僅曉影而已，匣缺三等，喻缺一二等也。

〔六〕舌齒音欄云具四等，亦謂四等全也，四等全者僅來而已，日則僅有三等也。

　　除此之外，此書七音綱目以脣爲宮、喉爲羽[43]頗變《玉篇》五音之舊，然其聲母仍列二十三行，則與《七音略》、《韻鏡》相近，而與《切韻指掌圖》橫列三十六者異矣。

《四等等子》

四聲等子

切詳夫方殊南北聲皆本於喉舌域異華竺談豈離於脣齒由是切韻之作始乎陸氏關鍵之設肇自智公傳芳者逖以先知覺後知以先覺覺後覺使玄關有異妙旨不同其指玄之論以三十六字母約三百八十四聲別爲二十圖畫爲四類審四聲開圖以權其輕重辨七音清濁以明其虛實極六律之變分八轉之異遞用則名音和矣字傍求則名類隔同歸一母則爲疊韻商徵互用同歸一韻則爲憑韻商徵互用同音而分兩切者謂之憑切韻逼傍字丞同音而分兩韻者謂之憑韻無字則點窠以足之謂之寄韻韻闕則引鄰韻以寓之謂之寄韻按圖以索二百六韻之字雖有音無字者猶且撑口韻出而識有字者乎遂得吳楚之輕清就聲而不濫燕

趙之重濁而絕疑而不失於大中至正之道可謂盡善盡美矣近以龍龕手鑑重校類編于大藏經函帙之末復慮方音之不一脣齒之不分既類隔假借之不明則歸母協聲何由取準遂以此附龍龕之後令舉眸識體無擬議之惑下口知音有確實之決冀諸覽者審而察焉

43　《七音略》脣爲羽，喉爲宮。

四聲等子

七音綱目

角　徵　宮　商　羽　半商微

	牙音	舌頭	舌上	脣重	脣輕	齒頭	正齒	喉音	半舌	半齒
全清	見	端	知	幫	非	精	照	影		
次清	溪	透	徹	滂	敷	清	穿	曉		
全濁	羣	定	澄	並	奉	從	牀	匣		
不清不濁	疑	泥	孃	明	微			喻	來	日
全清						心	審			
全濁						邪	禪			

辨音和切字例

凡切字以上者為切下者為韻取同音同韻同等四者皆同謂之音和謂如丁增切登字丁字為切增字為韻增字字母是舌頭字為切丁字亦是舌頭字切下字歸母即是登字所謂音和遞用聲者此也

協　謂如德洪切東字先調德字求協韻所攝於圖中尋協

母　洪字屬喉音歸匣字母

歸　德字屬舌頭音歸端字母

聲　洪平　湞上　哄去　穀入

一聲　德　特　戒　德

音　一　翁　洪　烘

字屬端字母下係入聲第一等眼內字又調洪字於協韻所攝圖中尋協聲字即眼內字此乃洪字截過端字母下洪字第一等橫截過端字母下求洪字第

辨類隔切字例

凡類隔切字取脣重脣輕舌頭舌上齒頭正齒三音中清次清全濁不清不濁各以四聲一音調之二者必有一得也

識其字當歸以四聲一音調之二者必有一得也

眼內者必屬類隔類隔通局狹之例與匣喻來日下字或不一等眼內者即是東字此乃洪音和切其間或有字不在本等

濁者謂之類隔如端知八母下一四歸端二三歸知一四為切二三二三為切或二三一四為韻切一四為韻切二三二三為切第四一四歸端二三歸知一四

字是也假若丁呂切柱字丁字歸端字母在後內八啟口呼第四等呂字亦屬呂字亦是舌頭字雖屬端柱字是舌頭字知與端字作純清之音亦可通用故以無代模以模其類徹明以丁代明以符代蒲知與端泰並篤皮爪敕代他其類徹透徹傚此

是舌頭純清之音亦可通用故以無代模以模其類徹明以符代蒲知與端泰並篤皮知與端

韻逢東鍾陽漁蒸尤臻侵韻逢影喻及齒頭精等四為韻

辨廣通侷狹例

廣通者第三等字通及第四等字侷狹者第四

三等字少也凡幾脣牙喉下為切韻逢支脂真諄仙祭清宵

八韻及韻逢來日知照正齒第三等並依通廣門法於第

四等韻本母下求之如余章切羊字之類也如知章切羊

四等他類徹透徹傚此

赦代他類徹透徹傚此

辨內外轉例

並依侷狹門法於本母下三等求之居懷切乖字

內轉者脣舌牙喉四音更無第二等字唯齒音方具足其

轉者謂脣舌牙喉都具足今韻果宕止宕遇流通括內轉

六十七韻江山梗假效蟹咸括外轉一百三十九韻

辨窠切門

知母第三為切韻逢精等影喻第四並切第三是名窠切

逢字　切逢精等

辨振救門

精等五母下為切韻逢諸母第三並切第四是名振救

法例　切逢第四

辨正音憑切寄韻門法例

照等五母下為切切逢第二韻逢二三四並切第二名正

寄韻門法

音憑切門如鼞韃轄字切逢第一韻逢第二凣切第一名互用

門憑切切逢第三韻逢第一三四並切第三是寄韻憑切門

單喻毋下爲切切逢第四韻逢第三並切第四是喻憑切

切門又日毋下第三爲切韻逢第一二四便切第三是日毋

辨雙聲切字例

謂如和會二字爲切同歸一毋只是會字更無切也故號

日雙聲如章灼切灼字艮略切略字是也

辨疊韻切字例

謂如商量二字爲切同出一韻只是商字更無切也故號

日疊韻如灼略切灼字章艮切章字之類是也

韻圖				
見溪群疑 屬牙音 具四等	角 此中字屬牙音 屬牙音 此中字	四一	四二	四三 四四
端透定泥 屬舌頭音 具二等	徵 此中字屬舌頭 屬舌頭音 此中字	四一	四二	四三 四四
知徹澄孃 屬舌上音 具二等				
幫滂並明 屬脣音 具二等	宮 此中字屬脣音 重脣音 此中字	四一	四二	四三 四四
非敷奉微 屬輕脣音				
精清從心邪 屬齒頭音 具四等	商 此中字屬齒頭音 正齒音 此中字	一在	二在	三在 四在
照穿牀審禪 屬正齒音				
影曉匣喻 屬喉音 具四等	羽 此中字屬喉音 屬喉音 此中字	四一	四二	四三 四四
來 屬半舌	半徵 來 屬	四一	四二	四三 四四
日 半齒音	半商 日 屬	四一	四二	四三 四四

通攝內一　重少輕多韻

聲母	東董送屋（一等）				東冬鍾（三等）			
見	公	頢	貢	穀	恭	拱	供	菊
溪	空	孔	控	哭	穹	恐	焅	曲
羣	〇	〇	〇	〇	窮	𥛒	共	侷
疑	〇	𩒣	〇	〇	顒	〇	〇	玉
端知	東	董	凍	穀	中	冢	湩	瘃
透徹	通	桶	痛	禿	忡	寵	䵴	蓄
定澄	同	動	洞	獨	蟲	重	仲	躅
泥孃	農	繷	齈	耨	醲	〇	〇	肉
幫非	〇	琫	〇	卜	封	〇	諷	福
滂敷	〇	〇	〇	扑	峰	捧	〇	蝮
並奉	蓬	菶	蓬	暴	逢	奉	鳳	伏
明微	蒙	蠓	幪	木	〇	〇	〇	〇
精照	葼	緫	糉	鏃	鍾	腫	種	燭
清穿	怱	〇	蔥	瘯	衝	〇	䩾	觸
從牀	叢	〇	〇	族	從	〇	頌	贖
心審	檧	敕	送	速	舂	〇	〇	束
邪禪	〇	〇	〇	崇	鱅	〇	〇	蜀
曉	烘	嗊	烘	忽	胷	洶	〇	旭
匣	洪	澒	哄	縠	〇	〇	〇	〇
影	翁	蓊	瓮	屋	邕	擁	雍	郁
喻	〇	〇	〇	〇	容	勇	用	欲
來	籠	礱	弄	祿	龍	隴	挵	錄
日	〇	〇	〇	〇	茸	宂	軵	辱

左欄韻目：東董送屋　冬腫宋沃　東冬鍾相助　鍾腫用燭

〔四聲等子〕

思適齋叢書　安邱劉氏校刊

效攝外五　全重無輕韻

聲母	豪皓號鐸（一）				肴巧效覺（二）				宵小笑藥（三）				蕭篠嘯（四）		
見	高	杲	告	各	交	絞	教	角	嬌	矯	驕	腳	澆	皎	叫
溪	尻	考	靠	恪	敲	巧	敲	殼	趫	蹺	𦙾	卻	䂭	磽	竅
羣	〇	〇	〇	〇	〇	〇	〇	〇	喬	驕	嶠	噱	翹	〇	〇
疑	敖	𩏶	傲	咢	磽	齩	樂	岳	喬	〇	虐	〇	堯	齩	顤
端知	刀	倒	到	沰	嘲	爪	罩	斲	朝	〇	罩	著	貂	鳥	弔
透徹	饕	討	套	託	怊	〇	趠	逴	超	朓	朓	𨌓	祧	朓	糶
定澄	陶	道	導	鐸	桃	〇	棹	濁	晁	肇	召	著	條	窕	調
泥孃	猱	堖	腝	諾	鐃	〇	鬧	搦	饒	擾	橈	若	蕘	嬈	尿
幫非	褒	寶	報	博	包	飽	豹	剝	鑣	表	裱	〇	標	褾	裱
滂敷	〇	〇	〇	泊	胞	鮑	奅	璞	漂	縹	剽	〇	飄	縹	剽
並奉	袍	抱	暴	泊	庖	鮑	靤	雹	瓢	摽	驃	〇	瓢	摽	驃
明微	毛	媌	帽	莫	茅	卯	貌	邈	苗	眇	廟	〇	蜱	眇	妙
精照	糟	早	竈	作	嘲	爪	笊	斮	昭	沼	照	灼	焦	剿	醮
清穿	操	草	操	錯	抄	炒	鈔	娖	招	麨	𩭿	綽	鍫	悄	峭
從牀	曹	皁	漕	昨	巢	㲹	巢	斯	〇	〇	〇	勺	樵	篠	誚
心審	騷	嫂	喿	索	梢	稍	稍	槊	燒	少	少	爍	蕭	篠	嘯
邪禪	〇	〇	〇	〇	〇	〇	〇	〇	韶	紹	邵	杓	〇	〇	〇
曉	蒿	好	耗	郝	虓	〇	孝	吒	鴞	曉	鷕	謔	膮	皢	〇
匣	豪	皓	號	涸	肴	〇	效	學	〇	〇	〇	〇	〇	〇	〇
影	熝	襖	澳	惡	坳	拗	靿	渥	妖	夭	要	約	邀	杳	要
喻	〇	〇	〇	〇	〇	〇	〇	〇	遙	〇	曜	藥	姚	闄	燿
來	勞	老	澇	落	嘮	〇	〇	犖	饒	繞	〇	略	聊	了	尞
日	〇	〇	〇	〇	鐃	〇	〇	〇	饒	擾	饒	若	〇	〇	〇

左欄韻目：豪皓號鐸（本無入聲）　肴巧效覺　蕭并入宵類　宵小笑藥

〔四聲等子〕

思適齋叢書　安邱劉氏校

宕攝內五陽等重多輕少韻　江全重開口呼

見	溪	羣	疑	端	透	定	泥	知	徹	澄	娘	幫	滂	並	明	非	敷	奉	微	精	清	從	心	邪	照	穿	審	禪	影	曉	匣	喻	來	日

內外混等　唐蕩宕鐸

江講絳覺

陽養漾藥（借形）

宕攝內五　光廣桄郭

內外混等　唐蕩宕鐸

江講絳覺

陽養漾藥

遇攝內三　重少輕多韻

字母	一等（模・姥・暮）	三等（魚虞・語麌・御遇）
見	孤　古　故　榾	拘　矩　句　蒦
溪	枯　苦　袴　哭	區　去　起　曲
羣	○　○　○　○	渠　巨　遽　局
疑	吾　五　悟　○	魚　語　御　玉
端	都　睹　妒　篤	○
透	稌　土　兔　秃	樞
定	徒　杜　度　毒	廚
泥	奴　弩　怒　傉	○
知	○	株　貯　註　瘃
徹	○	貙　楮　閭　㯑
澄	○	廚　佇　住　躅
孃	○	袽　女　女　○
幫	逋　補　布　卜	○
滂	鋪　普　怖　扑	○
並	蒲　部　捕　僕	○
明	模　姥　慕　木	○
非	○	夫　甫　付　疈
敷	○	敷　撫　赴　覆
奉	○	扶　父　附　㕮
微	○	無　武　務　娒
精	租　祖　作　○	苴　咀　怚　足
清	粗　蘁　錯　○	疽　取　娶　促
從	徂　粗　祚　○	鋤　齟　助　族
心	蘇　素　泝　○	胥　諝　絮　粟
邪	○	徐　敘　緒　俗
照	菹　阻　詛　○	朱　主　注　燭
穿	初　楚　憷　○	樞　處　處　觸
牀	鋤　齟　助　○	雛　豎　樹　蜀
審	梳　所　疏　縮	書　黍　恕　束
禪	○	殊　豎　樹　蜀
影	烏　塢　汙　○	於　傴　嫗　郁
曉	呼　虎　謼　○	訏　詡　煦　旭
匣	胡　戶　護　熇	○
喻	○	于　羽　芋　遹／餘　庾　裕　欲
來	盧　魯　路　○	閭　呂　慮　錄
日	本無入聲	如　汝　洳　辱

本無入聲　魚語御屋　虞麌遇燭相助

四聲等子　咫進齋叢書　歸安姚氏采　十

流攝內六　全重無輕韻

字母	一等（侯・厚・候）	三等（尤幽・有黝・宥幼）
見	鉤　茍　遘　○	鳩　九　救　○／樛　糾
溪	彄　口　寇　哭	丘　糗　蚯　○／恘
羣	○	求　舅　舊　○／虯
疑	○　藕　偶　○	牛　齵　輠　○／囈
端	兜　斗　鬪　○	○
透	偷　敨　透　○	○
定	頭　斁　豆　○	○
泥	羺　穤　耨　○	○
知	○	輈　肘　晝　○
徹	○	抽　丑　畜　○
澄	○	儔　紂　胄　○
孃	○	鵃　狃　糅　○
幫	裒　掊　○　○	○
滂	剖　剖　仆　○	○
並	裒　蔀　仆　○	○
明	呣　母　茂　木	○
非	○	不　缶　富　○
敷	○	䬌　○　副　○
奉	○	浮　婦　復　○
微	○	謀　○　懋　○
精	諏　走　奏　○	啾　酒　僦　○
清	趨　○　輳　○	秋　○　倩　○
從	涑　○　○　○	酋　○　就　○
心	涑　叟　嗽　○	脩　滫　秀　○
邪	○	囚　○　岫　○
照	鄒　掫　皺　○	周　帚　呪　○
穿	搊　○　簉　○	犨　醜　臭　○
牀	愁　○　驟　○	讎　○　○　○
審	○	收　首　狩　○
禪	○	酬　受　售　○
影	謳　嘔　漚　○	憂　黝　幼　○
曉	齁　吼　蔲　○	休　朽　齅　○
匣	侯　厚　候　○	○
喻	○	尤　有　宥　○／由　酉　狖
來	樓　塿　陋　○	劉　柳　溜　○
日	本無入聲	柔　蹂　輮　○

本無入聲　侯厚候屋　尤有宥屋　幽併入尤韻

四聲等子　咫進齋叢書　歸安姚氏采　二一

蟹攝外二　輕重俱等　開口呼

見	溪	羣	疑	端知	透徹	定澄	泥孃	幫非	並奉	明微	精照	清穿	從牀	心審	邪禪	曉	匣	影	喩	來	日
該改蓋割	開愷慨渴	○	○	該攺帶怛	胎駘泰闥	臺殆代達	能○耐捺	桮保沛	裴倍佩	糜味揭	栽宰載	猜采菜擦	才在載	腮徒賽薩	鰓譩賽薩	咍海罕喝	孩亥害葛	哀欸愛遏	○	來○賚刺	○
佳解戒戛	揩楷鞵	○	睚崖嗌	佳觧隘	○	○	奶○	貝	○	○	齋滓○	○	柴○	釃○	諩○	○	諧騃○	娃嬂○	○	○	○
計結	溪啟契	○	倪○	氐底帝窒	梯體替鐵	弟娣媂姪	泥禰胒涅	篦俾閉蔽	崩毗避別	迷米謎篾	齏濟霽節	妻泚砌切	齊薺嚌截	西洗細屑	○	醯○係血	奚禊系纈	鷖噎翳蠮	○	梨禮麗烮	○
○	○	○	○	○	○	○	○	○	○	○	○	○	○	○	○	○	○	○	○	○
本無入聲																				
佳併入皆韻										齊薺祭薛								齊薺霽屑		

蟹攝外二　輕重俱等韻　合口呼

見	溪	羣	疑	端知	透徹	定澄	泥孃	幫非	並奉	明微	精照	清穿	從牀	心審	邪禪	曉	匣	影	喩	來	日
傀領瑰括	恢頦塊闊	○	鮠頠	磓憞對脫	推骽退	頹鐓隊奪	內	桮琣配潑	裴培佩	枚浼妹末	催嶉倅撮	崔璀碎	摧○	睢○	○	灰晦誨活	回瀤潰	隈猥隈斡	○	雷磥酹	○
乖拐怪刮	匼蒯快	○	顡	懘	○	○	○	○	○	○	○	○	○	膗○	○	竵	懷○話滑	歪崴	○	○	○
圭決	闚闚缺	睽	刖	○	○	○	○	○	○	○	○	○	○	○	○	睳血	攜穴	蛙	○	○	○
桂	缺	○	○	○	○	○	○	○	○	○	○	○	○	○	○	孈	○	○	銳悅	○
本無入聲																				
祭廢借用																			祭廢		

止攝內二　重少輕多韻　開口呼

明微	並奉	滂敷	幫非	泥孃	定澄	透徹	端知	疑	羣	溪	見
○	○	○	○	○	○	○	○	○	○	○	○
○	○	○	○	○	○	○	○	○	○	○	○
○	○	○	○	○	○	○	○	○	○	○	○
○	○	○	○	○	○	○	○	○	○	○	○
○	○	○	○	○	○	○	○	○	○	○	○
麋糜	皮	披	陂	尼	馳	摛	知	宜	奇	崎	騎
瞞靡	被		彼	柅	豸	褫	智碧	義蟻	芰	企	馶
媚	髲	譬	賁臂	膩	地	髢	帝				
○	○	縊	伊	○	易釋						

日	來	喻	影	匣	曉	邪禪	心審	從牀	清穿	精照
○	○	○	○	○	○	○	○	○	○	○
○	○	○	○	○	○	○	○	○	○	○
○	○	○	○	○	○	○	○	○	○	○
○	○	○	○	○	○	○	○	○	○	○
兒爾二日	離邐詈刺	渹倚意憶	伊	羲喜戲戲	師史使色	荏士事崱	輜刺廁測	蕭澤截側

本無入聲

四聲等子　古逸叢書覆宋本

止攝內二　重少輕多韻　合口呼

明微	並奉	滂敷	幫非	泥孃	定澄	透徹	端知	疑	羣	溪	見
○	○	○	○	○	○	○	○	○	○	○	○
○	○	○	○	○	○	○	○	○	○	○	○
○	○	○	○	○	○	○	○	○	○	○	○
○	○	○	○	○	○	○	○	○	○	○	○
○	○	○	○	○	○	○	○	○	逵	巋	龜
微尾未物	肥膹佛佛	霏斐費沸	非匪沸	○	鎚錘墜术	推	錐	○	葵	巋	歸鬼貴亥

日	來	喻	影	匣	曉	邪禪	心審	從牀	清穿	精照
○	○	○	○	○	○	○	○	○	○	○
○	○	○	○	○	○	○	○	○	○	○
○	○	○	○	○	○	○	○	○	○	○

本無入聲

四聲等子

臻攝外三　輕重俱等韻　開口呼

見	溪	羣	疑	端知	透徹	定澄	泥孃	幫	滂	並	明	精	清	從	心	邪	照穿牀審禪	影	曉	喻	來	日
根	鞎	○	垠	吞	○	痕	○	○	○	○	○	○	○	○	○	○	○	○	○	○	痕	○
頣	墾	○	硍	很	○	限	○	○	○	○	○	○	○	○	洒	○	○	○	○	○	很	○
艮	硍	○	砑	恨	○	瘁	○	○	○	○	○	○	○	○	搉	○	○	○	○	○	恨	○
花	礘	○	雅	○	○	○	○	○	○	○	○	○	○	○	○	○	○	○	○	○	沒	有助借用

臻攝外三　輕重俱等韻　合口呼

見	溪	羣	疑	端知	透徹	定澄	泥孃	幫非	滂敷	並奉	明微	精	清	從	心	邪	照穿牀審禪	影	曉	喻	來	日
昆	坤	○	顐	敦	○	屯	○	奔	蹎	盆	門	尊	村	存	孫	○	昏	温	○	論	寬	混
緄	閫	○	○	盹	○	○	○	本	○	○	懣	刌	忖	○	損	○	惛	穩	○	惢	混	○
睔	困	○	顐	鈍	○	○	○	奔	○	○	悶	焌	寸	○	巽	○	睧	搵	○	論	恩	○
骨	窟	○	兀	○	○	咄	○	○	○	勃	没	卒	猝	○	窣	○	○	○	○	○	沒	文諄相助

山攝外四　輕重俱等韻　開口呼

見	溪	羣	疑	端	透	定	泥	知	徹	澄	孃	幫	滂	並	明	非	敷	奉	微

精	清	從	心	邪	照	穿	牀	審	禪	影	曉	匣	喻	來	日

刪併山　仙併入仙韻

山攝外四　輕重俱等韻　合口呼

見	溪	羣	疑	端	透	定	泥	知	徹	澄	孃	幫	滂	並	明	非	敷	奉	微

精	清	從	心	邪	照	穿	牀	審	禪	影	曉	匣	喻	來	日

刪併山　仙元相助

果攝內四　重多輕少韻　開口呼

等	見	溪	羣	疑	端知	透徹	定澄	泥孃	幫非	滂敷	並奉	明微	精照	清穿	從牀	心審	邪禪	曉	匣	影	喻	來	日	韻	注
一	哥哿箇各	珂可坷恪	○○○○	俄我餓咢	多嚲跢沰	佗袉拖託	陀爹馱鐸	那娜奈諾	○○○○	○○○○	○○○○	○○○○	𪓐左佐作	蹉瑳磋錯	醝坐座○	娑縒些索	○○○○	呵歌呵郝	何荷賀涸	阿閜侉惡	○○○○	羅攞邏落	○○○○	歌哿箇鐸	本無入聲
二	加賈架戛	齣跒髂鞨	○○○○	牙雅迓聐	奓觰吒哳	侘奼詫獺	茶㖊咤噠	拏絮䏧痆	巴把霸捌	葩土怕汃	杷罷杷拔	麻馬禡韈	樝鮓詐札	叉笈瘥刹	○○○○	沙灑厦殺	○○○○	煆啁唬瞎	遐下夏鎋	鴉瘂亞鸛	○○○○	○䕢○○	○○○○		內外混等
三	迦○○○	佉○○○	伽○○○	○○○○	○○○○	○○○○	○○○○	○○○○	○○○○	○○○○	○○○○	○○○○	遮者䗪○	車撦赿○	○○○○	奢捨舍○	闍社○○	○○○○	○○○○	○○○○	○○○○	儸跶○○	若喏偌○	麻馬禡鎋	
四	○○○○	○○歌○	○○○○	○○○○	爹哆○○	○○○○	○○○○	○○○○	○○○○	○○○○	○○○○	哶乜○○	嗟姐借○	䃚且笡○	○○○○	査姐褯○	邪灺謝○	苛○○○	○○○○	○○○○	耶也夜○	○○○○	○○○○		假攝外六

四聲等子　廿　咫進齋叢書　歸安姚氏栞

果攝內四　重多輕少韻　合口呼　麻外六

等	見	溪	羣	疑	端知	透徹	定澄	泥孃	幫非	滂敷	並奉	明微	精照	清穿	從牀	心審	邪禪	曉	匣	影	喻	來	日	韻	注
一	戈果過郭	科顆課廓	○○○○	訛婐臥○	𨻻埵剁○	詑妥唾○	碢墮惰○	捼娞㮐○	波跛播博	坡頗破顭	婆爸縛泊	摩麽磨莫	○○挫噪	遳脞剉○	矬坐座○	莎鏁膹○	○○○○	○火貨霍	和禍和鑊	倭婐涴蠖	誇○○○	螺裸摞硦	○○○○		本無入聲
二	瓜寡抓刮	誇髁跨勪	○○○○	𤓰瓦瓦刖	撾𠆩○窡	○䫋○頢	○○○○	○○○妠	○○○八	○○○汃	○○○拔	○○○傛	髽○○茁	○硰○纂	○○○○	○葰誜刷	○○○○	花○化聒	華踝話滑	窊搲攨婠	○○○○	○○○○	○○○○	麻馬禡轄	
三	○○○○	䏊○○○	瘸○○○	○○○○	○○○○	○○○○	○○○○	○○○○	○○○○	○○○○	○○○○	○○○○	○○○○	○○○○	○○○○	○○○○	○○○○	鞾○○○	○○○○	肥○○○	○○○○	○○○○	○○○○		戈果過鐸
四	○○○○	○○○○	○○○○	○○○○	○○○○	○○○○	○○○○	○○○○	○○○○	○○○○	○○○○	○○○○	侳蛆○○	脞○○○	○○○○	○○○○	○○○○	○○○○	○○○○	○○○○	○○○○	○○○○	○○○○		內外混等

四聲等子　廿一　咫進齋叢書　歸安姚氏栞

（上右表）

曾攝內八　重多輕少韻　啟口呼　梗攝外八

見溪羣疑	端透定泥	知徹澄孃	幫滂並明	非敷奉微	精清從心邪	照穿審禪	曉匣影喻來日

（下右表）

曾攝內八　重多輕少韻　合口呼　梗攝外二

見溪羣疑	端透定澄知徹	幫滂並明非敷奉微	精清從心邪照穿審禪	曉匣影喻來日

（上左・下左表）

內外混等　登等嶝德　隣韻借用

精照	清穿	從娖	心審	邪禪	曉	匣	影	喻	來	日

這兩幅為《四聲等子》等韻圖表。

上圖：咸攝外八　重輕俱等韻

右列（聲母）：見　溪　羣　疑　端　透　定　泥孃　知　徹　澄　幫非　滂敷　並奉　明微　精照　清穿　從牀　心審　邪禪　曉　匣　影　喻　來　日

下圖右半：深攝內七　全重無輕韻

下圖左半：獨用孤單韻

第五節　切韻指掌圖

一、切韻指掌圖之時代

《切韻指掌圖》因刊有司馬光敘，故向來言等韻者，皆信以爲溫公所著。但經今人考證，知云司馬光著者，實出於後人僞託，然其時代亦必不致太遲，因刊行《指掌圖》之董南一，實有其人。董南一爲嘉泰年間人，嘉泰爲南宋寧宗之年號，故《切韻指掌圖》之時代，當不致晚於南宋。

二、切韻指掌圖之依據

前人多以爲《切韻指掌圖》據《廣韻》而作。例如邵光祖檢例即云：「按《廣韻》凡兩萬五千二百字，其中有切韻者三千八百九十。文正公取其三千一百三十，定爲二十圖，而以三十六字母列其上，了然如指掌也。」實際上，邵氏之言，亦未必然。據下列事實可知：

[一]二十圖中有四十五字，《廣韻》所無，乃採之於《集韻》者。

[二]某類字《廣韻》、《集韻》韻部不同，而圖中標目恰與《集韻》相符，例如四圖「剢」字櫛韻，《集韻》同，《廣韻》見質韻。

[三]某類字《廣韻》、《集韻》反切不同，而圖中地位適與《集韻》相合。例如九圖「瀙」字列穿母下，《集韻》楚莘切，《廣韻》側詵切。

[四]某類字《廣韻》與《集韻》寫法有異，圖多與《集韻》

合。例如十八圖「迆」字，《集韻》同，《廣韻》作「迆」。

由以上四點看來，《指掌圖》與《廣韻》之關係，遠不如《集韻》之密切，然則《切韻指掌圖》是否純據《集韻》而作？是又不然。因爲圖內字亦有異於《集韻》而合於《廣韻》者。例如：

㈠十一圖「柂」字，《集韻》無，見《廣韻》。

㈡十三圖「蔣」字列從母下《集韻》「即兩切」與此不合，《廣韻》「即兩切」又「秦杖切」，又切與此合。

是《指掌圖》亦有據於《廣韻》之處。除此之外，尚有部分音切，出於《廣韻》、《集韻》二者之外。例如〈辨來日二母切字例〉所引「如六切肉」、「如精切寧」、「仁頭切糯」、「日交切鐃」之類。由此可知《指掌圖》非據《廣韻》而作，而亦非盡依《集韻》。二者之外，尚雜有其他材料。

《指掌圖》之圖式多因襲《四聲等子》而成，不過將攝名削去，而成論圖不論攝之形式。不僅圖式因襲《四聲等子》，即董南一之跋文，亦抄撮《四聲等子》原序而成。茲錄於後：並注《等子》相異之處。

> 以三十六字母總三百八十四聲[44]，列爲二十圖[45]，辨開闔以分輕重[46]，審清濁以訂虛實[47]，極五音六律之變[48]，分四聲八轉之異[49]。遞用則名音和（徒紅切同），傍求則名類隔（補微切非），同歸一母則爲雙聲（和會切會），

---

44 《等子》總作約。
45 《等子》列字作別，圖下有畫爲四類四字。
46 《等子》作審四聲開合以權其輕重。
47 《等子》作辨七音清濁以明其虛實。
48 《等子》作極六律之變。
49 《等子》作分八轉之異。

同出一韻則為疊韻（商量切商），同韻而分兩切者，謂之
憑切（乘人切神，丞真切辰），同音而分兩韻者，謂之憑
韻（巨宜切其，巨沂切祈），無字則點窠以足之，謂之寄
聲，韻闕則引鄰以寓之，謂之寄韻。按圖以索二百六韻之
字，雖有音無字者，猶且隨口而出，而況有音有字者乎！

董同龢先生嘗謂：

《四聲等子》字母分二十三行橫列，拿二十三乘上縱列的
四聲十六行，得三百六十八個格子，再加上標寫韻目的十
六格，共是三百八十四聲無誤。《指掌圖》則不然，字母
三十六行，乘十六再加十六是五百九十二。由這一點看，
董序盲目抄襲《等子》序出了岔子，已無疑義。

據董同龢先生所言，則董南一抄襲《等子》之序，已無可
疑。

三、切韻指掌圖之韻攝

《指掌圖》各圖之首，僅標圖次，不載「攝」或「轉」之名
稱。其辨獨韻與開合韻例云：「總二十圖，前六圖係獨韻，應所
切字多互見。」此所謂韻大體與《四聲等子》之攝相當。合併之
後，其六獨韻算六攝，十四開合韻共七攝，總計十三攝，茲列其
韻攝表於後：

次第	開合	平				上				去				入			
		一	二	三	四	一	二	三	四	一	二	三	四	一	二	三	四
一	獨	豪	爻	宵	(宵)蕭	皓	巧	小	(小)篠	號	效	笑	(笑)嘯	鐸	覺	藥	藥
二	獨	東／冬		東／鍾		董	〇	腫	腫	送	送	送／用	送／用	屋／沃		屋／燭	屋／燭
三	獨	模	魚	魚／虞		姥	(麌)語	語／麌	語／麌	暮	(遇)御	御／御	御／遇	屋／沃	屋／燭	屋／燭	屋／燭
四	獨	侯	尤	(尤)尤	幽	厚	有	有	黝	候	宥	宥	(幼)宥	德	櫛	(迄)質	質
五	獨	談／覃	咸／銜	(鹽嚴)凡	鹽／沾	敢／感	嗛／檻	琰／范	琰／忝	勘／闞	陷／鑑	(驗豔)梵	㮇	合／盍	洽／狎	(業葉)乏	葉／帖
六	獨		侵	侵	侵		寢	寢	寢		沁	沁	沁		緝	緝	緝
七	開	寒	山／刪	(僊)元	先／僊	旱		獮／阮	獮／銑	翰	諫／襇	(願霰)線	霰／線	曷	黠／鎋	(薛屑)月	屑／薛
八	合	桓	(刪山)先	僊／元	先／僊	緩	潸	獮／阮	銑／獮	換	諫／襇	(線霰)願	霰／線	末	黠／鎋	薛／月	薛／薛
九	開	痕	臻	眞／欣	眞／諄	很		隱／軫	軫／準	恨		(焮震)稕	震／稕	德	櫛	(迄)質	質／質
十	合	魂／魂	〇	(諄文)	(諄眞)文	混	〇	(準吻)隱	準	慁	〇	(焮問)稕	稕	沒	質	(迄術)質術	術／(質術)質

	開合	平	上	去	入
十一	開	歌 麻 麻 麻	哿 馬 馬 馬	箇 禡 禡 禡	鎋 薛 屑 / 曷 / 黠 月 薛
十二	合	戈 麻 戈 麻	果 馬 馬 馬	過 禡 ○ ○	黠 薛 薛 / 末 / 鎋 月 屑
十三	開	唐 陽 陽 陽	蕩 養 養 養	宕 漾 漾 漾	鐸 覺 藥 藥
十四	合	唐 江 陽 ○	蕩 講 養 ○	宕 絳 漾 ○	鐸 覺 藥 ○
十五	合	庚 清 / 登 / 耕 蒸 青	梗 梗 梗（梗迥） / 靜	映 勁 / 淨 徑 / ○ 諍 映	陌 德 錫 / 職 / 麥 麥 昔
十六	開	庚（庚清） 清 / 登 / 耕 蒸 青	耿 耿 靜 / 等 / 梗 靜 迥	映 / 嶝 / 諍 證 證（勁映勁映） 淨	陌麥 職陌 昔職 / 德 / 職 昔 錫
十七	開	皆 皆 ○ / 咍 / 佳 佳	駭蟹 蟹 ○ / 海 / 海	泰（夬卦） 祭 ○ / 代 怪	鎋 / 曷 / 黠 ○ ○
十八	開	之（之支之支齊支） / 支 脂 脂（之脂）	紙 止（齊旨） / 紙 旨 紙 紙	至 霽至 / 志 / 志 至 祭	德 櫛 質 質
十九	合	灰 支（微脂齊支） / 支 脂	賄 ○ 紙（旨紙） / 尾	隊 寘（未寘至寘） / 泰 至 至 霽	沒 質（迄術 術） / 質物 質
二十	合	皆咍 ○ ○ ○ / 佳	蟹 ○ ○ ○ / 海	夬 ○ 卦 ○ / 怪	鎋 ○ ○

　　從上表觀之，《切韻指掌圖》韻攝之特徵爲：

㈠《指掌圖》有同圖同等而並列二韻目者，即表示此二韻在《切韻指掌圖》是同音，故圖內所列之字，僅取一韻之字。例如東、冬二韻併列，取東韻字則不取冬韻字。

㈡凡《切韻指掌圖》三等伸入二、四等者，則必塡列韻目，此顯示眞二等與假二等，眞四等與假四等間，均已難加區分。雖歸字有承襲舊圖者，就音言，實難分辨也。

㈢庚耕本非一等韻，原爲二等韻；登則爲一等，非二等，然《指掌圖》庚耕與登在合口圖倒置，開口則否。可能《指掌圖》庚耕已與登混，庚耕原爲二等字，其牙喉開口有顎化可能，列一等非所宜，合口則因有介音[-u-]故不顎化，而韻母與登韻同，性質與一等無異。登韻開口有舌頭、齒頭音之字，非列一等不可，合口僅有喉牙音，一二等內可隨意安置，故合口倒置而開口則否。此顯示梗曾二攝合流，合口一二等混同。

㈣支脂之三韻本爲細音，《指掌圖》將精系字提升到一等，顯示此三韻韻母在齒頭聲母後，其元音爲聲母同化成了舌尖前高元音[ɿ]矣。

㈤《切韻指掌圖》江宕合流，梗曾合流，假果合流，故僅得十三攝，蟹攝三四等又與止攝三等合流，此皆其特色也。

㈥《指掌圖》各攝皆以三十六字母科別清濁而橫列之，以平上去入及《集韻》韻目而縱列之，先分四聲，後分四等，每類之中，又以四等字多寡爲次，字多者列前，字寡者列後，一至六圖爲獨圖，高攝居首者，以字多也。餘按《廣韻》、《集韻》之次，七至十四圖開合互配，先開後合，惟十五、十六兩圖則先合後開，又十七圖實與二十圖互爲開合，依例應改二十圖爲十八圖，十八、十九兩圖爲十九、二十兩圖也。

㈦二十圖總目以高、公、孤、鉤、甘、金、干、根、歌、

剛、觥、該、傀十三字代表十三攝。

四、切韻指掌圖之入聲分配：

與十三攝相配之入聲僅七類，或承一攝，或承二攝，下列陰陽入三聲相配表，並附擬音，擬音以開口一等爲代表，無開口則舉合口，無一等則舉三等。茲列表於下：

陽聲	入聲	陰聲
唐江陽[aŋ]	鐸覺藥[ak]	豪爻宵蕭[au]
東冬鍾[uŋ]	屋沃燭[uk]	模魚虞[u]
痕魂眞臻諄欣文[ən]	（德）沒櫛迄質術物[ək][ət]	侯尤幽[əu]灰微齊支脂之[əi][i][i]
談覃咸銜嚴凡添[am]	合盍洽狎葉業乏帖[ap]	
侵[iəm]	緝[iəp]	
寒桓刪山元仙先[ɑn]	曷末鎋黠月薛屑[ɑt]	歌戈麻[ɑ]咍泰佳皆夬祭[ɑi]
登庚耕蒸清青[əŋ]	德陌麥職昔錫[ək]	

此類分配，於音韻系統上相當整齊，入承陰陽，實後人所謂陰陽對轉、入爲樞紐之先驅。

五、切韻指掌圖之聲母與等列之關係：

聲母以自然之限制，各母不能全具四等之音，故等韻之分等，不僅以韻爲準，亦兼及於聲，《切韻指掌圖·檢例》有分辨等歌云：

見溪群疑四等連，端透定泥居兩邊。

知徹澄娘中心納，幫滂四等亦俱全。

更有非敷三等數，中間照審義幽玄。

精清兩頭為真的，影曉雙飛亦四全。

來居四等都收後，日應三上是根源。

此歌之意，蓋謂《切韻指掌圖》之三十六字母，惟牙音見溪群疑、脣音幫滂並明、喉音影曉及半舌來等十一母具備四等，其餘則端系惟一四等，知系惟二三等，輕脣非系及半齒日母則惟出現於三等韻也，精系見於一四等，照審所以幽玄者，則因韻書反切上字照系有照莊二組，《指掌圖》凡照組列三等，莊組列二等也。其圖雖仍列三十六字母，而於端精兩系之二三等皆留空白，知照兩系之一四等亦然。非系與日母之一二四等亦然。以明此類聲母於此諸等，非特無字，亦且無音也。

按《切韻指掌圖》之例，凡有音有字之處填其字，有音無字之處作圈以足之，至無字無音則空其處也。

江永《音學辨微・等位圖歌》云：

重脣牙喉四等通。輕脣三等獨日同。

舌齒之頭一四等，照穿知徹二三中。

一二等無群與喻，一等無邪二無禪。

有禪三等有邪四，三雖無匣來音全。[50]

《指掌圖》除邪母有一等字外，餘皆與江氏等位圖歌合，茲再列表以明之：

50　江原歌來日異位，與等第不合，今正。

字母＼等第	一	二	三	四
見	○	○	○	○
溪	○	○	○	○
群	●	●	○	○
疑	○	○	○	○
端	○			○
透	○			○
定	○			○
泥	○			○
知		○	○	
徹		○	○	
澄		○	○	
娘		○	○	
幫	○	○	○	○
滂	○	○	○	○
並	○	○	○	○
明	○	○	○	○

字母＼等第	一	二	三	四
非			○	
敷			○	
奉			○	
微			○	
精	○			○
清	○			○
從	○			○
心	○			○
邪	○			○
照		○	○	
穿		○	○	
床		○	○	
審		○	○	
禪		●	○	
影	○	○	○	○
曉	○	○	○	○
匣	○	○		○
喻			○	○
來	○	○	○	○
日			○	

《切韻指掌圖》

切韻指掌圖敘

仁宗皇帝詔翰林學士丁公度李公淑
增崇韻學自許叔重而降凡數十家總
爲集韻而以賈公昌朝王公洙爲之屬
治平四年予得旨繼纂其職書成上之
有詔效爲嘗因討究之暇科別清濁爲
二十圖以三十六字母列其上推四聲
相生之法縱橫上下旁通曲暢律度精
密最爲捷徑名之曰切韻指掌圖嗚呼
韻學之廢久矣溺於所習讀書綴文
趣了目前以至覽古篇奇字往往有含
胡囁嚅之狀是殆天造神授以便學者
子不敢祕也涑水司馬光書

音韻之學尚矣敷求古昔若武元之之韻銓顏
眞卿之韻海夏侯詠陽休之之韻略陸法言顏
之切韻以至周研李登呂靜沈約陸慈李舟
推等數十家相繼袁國朝陳彭年邱雍復刊
益之景祐中詔丁公度李公淑典領讎集而宋
公祁賈公昌朝王公洙咸以一時英彥爲之屬
近世吳棫韻補程迥韻式又能發明古人用韻
之變音韻之書亦備矣然以要御詳以一統萬
譜分听別旁通曲暢未有若切韻指掌圖之精

密者圖蓋先正溫國司馬文正公所述也以三
十六字母總三百八十四聲列爲二十圖辨圖
圖以分輕重審清濁以訂虛實極五音六律之
變分四聲八轉之異遞用則名音和徒紅傍求
則名類隔切非曰同歸一母則爲雙聲和會同出
一韻則爲疊韻商量同韻而分兩切者謂之憑
切乘人切神辰同音而分兩韻者謂之憑韻則
承巨祈無字則點窠以足之謂之寄聲韻闕則引
鄰以寓之謂之寄韻按圖以索二百六韻闕之字

雖有音無字者猶且聲隨口出而況有音有字
者乎經典載籍具有音訓學者咸遵用之然
方之人語音不類故調切歸韻舛常什二三
以爲病暨得此編瞭然在目頓無讀書難字過
之累亦一快也公嘗被命修纂類篇古文奇字
蒐獵該盡而留心音韻尤有若斯圖者道德名
望一世儒宗顧於小學倦倦焉豈一物不知
子所恥即前輩云自從孟子知言後唯有楊雄
識字多公固雅好雄者潛虛之作實擬太玄

號識奇字而不能爲字著書或者公以是成雄
之志歟雖然草太玄識奇字雄所有者公優爲
之事業著三朝製作憲萬世公所有者政恐
未能窺其淺耳走於是書有以識公致廣大盡
精微之學因刻諸梓與眾其之嘉泰癸亥六月
既望番易董南一書

一獨	見	溪	羣	疑	端	透	定	泥	知	微	澄	娘	幫	滂	並	明	非	數
平	高交驕驍	尻敲蹺趫	○○喬翹	聱	刀	饕	陶	猱	嘲	毛茅苗蜱	褒包鑣麃	橐胞瓢	登						
上	暠絞矯皎	考巧槁硗		繞	倒		道	朝	蓼卯眇	寶飽表標	抱鮑麃標								
去	誥敬驕叫	鎬敲趬	嶠翹	鳥到	糶窕朓䠷	導	罩	冃貌廟妙	報豹裱	奅剽									
入	各覺脚	恪殼卻	噱虐	諾	斲	託	尿	薛	斮	莫邈	博剝	泊雹	穎璞	掬遠	澁著	逸			

等韻圖（上表）

韻	日	來	喻	匣	曉	影	禪	審	牀	穿	照	斜	心	從	清	精	微	奉	一獨
豪	○	勞	○	豪	蒿	熬	○	○	○	○	○	○	騷	曹	操	糟	○	○	平
肴	○	○	○	肴	薅	嘐	○	梢	巢	抄	嘲	○	○	○	○	○	○	○	
宵	饒	燎	遙	○	囂	妖	韶	燒	○	弨	昭	○	○	○	○	○	○	○	
蕭	○	聊	邎	○	膮	么	○	○	○	○	○	○	蕭	樵	鍬	焦	○	○	
皓	○	老	○	皓	好	襖	○	○	○	○	○	○	嫂	皁	草	早	○	○	上
巧	○	○	○	澩	烋	拗	○	稍	○	○	爪	○	○	○	○	○	○	○	
小	擾	繚	夭	○	○	夭	紹	少	○	○	沼	○	○	○	○	○	○	○	
篠	○	了	○	○	皢	杳	○	○	○	○	○	○	篠	○	悄	勦	○	○	
号	○	嫪	○	号	耗	奧	○	○	○	○	○	○	喿	漕	操	竈	○	○	去
效	○	○	○	效	孝	靿	○	稍	巢	鈔	抓	○	○	○	○	○	○	○	
笑	饒	○	燿	○	○	○	邵	少	○	○	照	○	○	○	○	○	○	○	
嘯	○	○	○	○	○	○	○	○	○	○	○	○	嘯	噍	陗	醮	○	○	
鐸	○	落	○	涸	壑	惡	○	○	○	○	○	○	索	昨	錯	作	○	○	入
覺	○	○	○	學	○	渥	○	朔	浞	娖	捉	○	○	○	○	○	○	○	
藥	若	略	藥	○	謔	約	妁	爍	○	綽	灼	○	○	○	○	○	○	○	
○	○	○	○	○	○	○	○	○	○	○	○	○	削	皭	鵲	爵	○	○	

等韻圖（下表）

敷	非	明	並	滂	幫	娘	澄	徹	知	泥	定	透	端	疑	羣	溪	見	二獨
○	○	蒙	蓬	○	○	○	○	○	○	農	同	通	東	○	○	空	公	平
豐	風	瞢	○	○	○	醲	蟲	忡	中	○	○	○	○	顒	窮	穹	弓	
○	○	蠓	菶	○	○	○	○	○	○	繷	動	侗	董	○	○	孔	○	上
○	○	○	○	捧	○	○	重	寵	冢	○	○	○	○	○	○	恐	拱	
○	○	懞	○	○	○	○	○	○	○	齈	洞	痛	凍	○	○	控	貢	去
賵	諷	○	○	○	○	○	仲	踵	中	○	○	○	○	○	共	○	供	
○	○	木	暴	扑	卜	○	○	○	○	○	獨	禿	○	○	○	哭	穀	入
蝮	福	目	僕	○	○	朒	逐	蓄	竹	○	○	○	○	○	驧	麴	菊	

第四圖　二獨

韻	日	來	喻	匣	曉	影	禪	審	牀	穿	照	斜	心	從	清	精	微	奉	
東		籠	○	洪	烘	翁				○			㷀	怒	葼	㠓			平
冬	戎	龍	容	雄	胷	邕	鱅	舂	○	充	終						○	馮	
鍾	○	融						崇				松	嵩	從	樅	縱			
董		曨	○	澒	嗊	螉				○	敢			○	○	總			上
腫	宂	隴		洶	擁	歱	○	○	湩	○	悚		從	嵷	㯪		○	奉	
	○	勇																	
送		弄	○	哄	烘	甕				○	送	敫	認	㥈	㲔				去
宋	鞋	躘		趜	雍	○	○	剬	銃	眾						○	鳳		
用	○	用							頌	○	從	○	縱						
屋		祿	○	縠	㲉	屋				蔟	族	瘯	鏃						入
燭	肉	六	囿	蓄	郁	熟	叔	贖	珿	纖	俶	粥	○	伏					
	○	育							續	蕭	趗	㯿	壓						

第五圖　三獨

敷	非	明	並	滂	幫	娘	澄	徹	知	泥	定	透	端	疑	羣	溪	見	
		模	酺	鋪	逋					奴	徒	珿	都	吾	○	枯	孤	平
敷	跗	○	○	○	○	袽	除	攄	豬					魚	渠	區	居	
							廚							虞	衢	墟	拘	
		姥	簿	普	補					怒	杜	土	覩	五	○	苦	古	上
撫	甫	○	○	○	○	女	佇	楮	貯					語	巨	去	舉	
						女								麌	窶	齲	矩	
		暮	捕	怖	布					笯	渡	菟	妒	誤	○	袴	顧	去
赴	付	○	○	○	○	女	箸	絮	著					御	懼	去	據	
						女								遇	遽	驅	屨	
		木	暴	扑	襮					褥	毒	禿	篤	玃	○	酷	梏	入
蝮	福	目	僕	○	○	朒	躅	楝	瘃					玉	局	曲	輂	
							○											

三獨（平上去入）

韻	奉	微	精	清	從	心	斜	照	穿
平			租	麤	麤	蘇	〇		
								諸	初軀
	扶	無							
			疽	〇	疽	胥	徐		
上			祖	蘆	粗	〇			
								爽	楚杵
		武							
			作	取	聚	諝	敘		
去			作	岝	詐	訴	〇		
								蒢	楚處
	附	務							
			怚	覷	聖	絮	庪		
入			鏃	瘯	族	速	〇		
								粥	珸俶
	伏								
			足	鼀	〇	粟	續		

韻（平上去入）

韻		牀	審	禪	影	曉	匣	喻	來	日
模魚虞	平	鋤	〇	〇	烏	呼	胡	〇	盧	
			疏	〇	於	虛	〇	于	臚	如
			書	蜍	紆	許	〇	余	褸	
姥麌語	上	齟	所	〇	塢	虎	戶	〇	魯	
		鉏	署	竪	傴	詡	〇	羽	呂	
			偓	〇	詡	許	〇	與	縷	汝
暮遇御	去	助	疏	〇	汙	謼	護	〇	路	
		恕	署	飫	嫗	噓	〇	芋	慮	
			昫	〇	嫗	昫	〇	豫	屢	洳
沃屋燭	入	〇	縮	〇	沃	熇	祿	〇	祿	
		束	蜀	郁	旭	〇	圉	錄	辱	
			欲							

四獨（平上去入）

韻	知	泥	定	透	端	疑	羣	溪	見
平	魋	〇	頭	偷	兜	齵	〇	彄	鉤
	輈			牛	裒	〇	邜	恘	鳩繆
		〇	〇	樛	蚪				
上	斁	揄	麮	斗	藕	〇	口	苟	
	肘			〇	舅	糗	久	糾	
		螻							
去	耨	豆	透	鬥	偶	〇	寇	遘	
	晝			亂	舊	尯	蹴	救	
		詬							
入	籃	特	忒	德	〇	刻	馘		
	窒			疣	起	乞	詰	吉	
		耴							

韻（平上去入）

韻	敷	非	明	並	滂	幫	娘	澄	徹
平		謀	裒	〇	〇				
	飍	不		慏	儔	抽			
		繆	浟	〇	彪				
上		母	部	剖	探				
	踾	缶		狃	紂	丑			
去		茂	賠	小	〇				
	副	富		糅	胄	畜			
		謬							
入		墨	蔔	覆	北				
	〇	〇	〇	〇	暱	秩	扶		

圖八

右表（四獨）

四獨	穿	照	邪	心	從	清	精	微	奉	聲調
	○	凍	刺	謹	鑷					平
	搊	鄒						○	浮	
	周		囚	脩	酋	秋	遒			
	○	帚		叟						上
	靫	蚤						○	婦	
			滫	湫	○	酒				
	簉	呪						每	復	去
	岫	秀	就	邃	僦					
	○	櫛	塞	賊	城	則				入
	叱	叱						○	○	
	○	悉	疾	七	喞					

左表

韻	日	來	喻	匣	曉	影	禪	審	牀	聲調
侯		樓	○	侯	齁	謳				平
尤	柔	劉	尤	○	休	憂	讎	收	○	
幽		鏐	猷	○	飍	幽				
厚		塿	○	厚	吼	嘔				上
有	蹂	柳	有	○	朽	颱	受	首	○	
黝		○	酉	○	朻	黝				
候		陋	○	候	蔻	漚				去
宥	輮	溜	宥	○	齅	㺒	授	狩		
幼		扰	狖	○		幼				
德		勒	○	劾	黑	餩				入
櫛								瑟	齜	
迄質	日	栗	○	○	迄	乙	一	失		

（圖八）

圖九

右表（五獨）

五獨	知	泥	定	透	端	疑	羣	溪	見	聲調
	詀	南	覃	舑	擔	儑	○	坩	甘	平
			巖			巖	○	嵌	監	
	霑					黏	○	籯	兼	
	鮎	腩	甜	添	晵	鎮	○	謙	鹼	
						顃	○	坎	敢	上
	○					顉	○	預	檢	
		淰	窆	忝	點	儉	○	喋	㘓	
	鮎	妠	憺	賧	擔	儼	○	紺	鑑	去
						顩	○	歉	劔	
						驗	○	欠	兼	
	念	磹	榢	店	儼	○	僭	夾		
	納	躡	牒	㯺	敏	儼	○	㦓	劫	入
	劄			業	跲	祫	㗫	恪	頰	
	苶	喋	帖	跕	○					

左表

敷	非	明	並	滂	幫	娘	澄	徹	聲調
			姍	○	○	諵			平
		○	蔓	○	○				
	芝	○	砭	黏	天	覘			
		○		○	○				
		媕	○	○	○				上
	釩	腠	㑆	○	貶	圓	拈	偒	
			埜	○	○	諵	賺		去
	汎		窆	○	○			覘	
			㘱	○	○	囡	漣	盧	入
	法	妲	○	○	○	聶		鋪	

（圖九）

五獨

牙	照	針	心	從	清	精	微	奉	五獨
○	○	三	憸	參	簪				平
撝	○		儋				○	凡	
籤	鋙	潛	鐵	尖					
糙	歃	漸	憯	餐					上
斬	黵						○	范	
	○	漸	憸	饗					
○	三	暫	諗	參					去
懺	醮	占					菱	梵	
○	礛	暫	壐	僭			匜		
○	萑	雜	躐						入
插	貶						○	乏	
○	眨	捷	妾	浹					

日	來	喻	匣	曉	影	禪	審	牀	韻
	藍	○	酣	蚶	請			覂	覃以下至凡
	廉	炎	○	攙	淹	衫	苦	曉	
	覽	○	喊	闞	埯			瀺	㮇以下至范
	斂	儼	嗛	險	奄	刻	夾	珍	
	濫	○	憨	顧	暗			鏨	勘以下至梵
	殮	豔	頗	脅	窆	贍	閃	稴	
	臘	○	盍	欿	姶			蓋	合以下至乏
	獵	曄	俠	脅	敧	涉	攝	亶	

六獨

知	泥	定	透	端	疑	羣	溪	見	六獨
磣	○	○	○	○	○	吟	琴	欽	金 平
○	○	儋	○			○	○	○	
戡	○	○	○	○	僸	噤	坅	錦	上
揕	○	○	○	○	吟	妗	○	禁	去
縶	○	○	○	○	岌	及	泣	急	入

敷	非	明	並	滂	幫	娘	澄	徹	開
○	○	○	○			誑	沈	琛	
○	○	○	○	品	稟	揕	朕	踸	
○	○	○	○	稟	賃	鴆	闖		
		○	○	躬	鴨	弄	蟄	湁	

圖十一・十二（侵寢沁緝韻）

韻	日	來	喩	匣	曉	影	…	穿	照	‖	斜	心	從	清	精	微	奉	六獨
	○	○	○	○	○	○		○	○		○	○	○	○	○			平
侵	○	林	○	○	歆	音	愔	諶	深	森 岑	鬵	心	尋	侵	祲	○	○ 篸 箴		
		淫																
寢	荏	廩	○	○	廞	飲	甚	沈	痒 顣	磣 潘	罧 葚	枕	寢 醋	○				上
		潭																
沁	妊	臨	頪	○	蔭	甚	滲 深	識	譖 枕	○	鐕	○	○ 沁 浸					去
	酖																	
緝	入	立	熠	○	吸	邑	揖	溼 濕	屆 戢	執	○	○	○					入
		熠							智	報	集	緝	楫					

圖十二・十三（寒先類・開口）

敷	非	明	並	滂	幫	娘	澄	徹	‖	知	泥	定	透	端	疑	羣	溪	見	七開
								嘫		難	壇	灘	單	豻 顏	○ 言	看 慳 愆 牽	干 姦 犍 堅		平
						攤 纏 脠						妍	乾		筍 簡 寋 繭				
							年	田	天	顛	齞 齴	件	侃 齴 遣						上
				趁 邅 搌		攤 但	亶	眼 齴			倪								
						撚	殄	腆	典						綻 緾 屨				去
○						攤 憚	炭	旦	岸 鴈 彥	侃	旰 諫 建 見								
				驪		呪	電	瑱	殿	怛	硯	○	諽 倪						入
			疤			聯	達	闥	怛	听 哲		涅 姪	鐵	窒	齧	傑 孽	渴 簓 揭 猰	葛 戛 子 結	

七開

韻	奉	微	清	精	從	心	邪	照	穿	審		
平	○	胐	殘	餐	○			氊	燀			
					涎	先	前	千	箋			
上	○	散	瓚	○	鏟			剗	醦	膳		
		蠽	銑	踐	淺	嵼						
去	○	縩	孱	粲	贊			鏟	戰			
			羨	霰	荐	倩	薦					
入	○	蠮	擉	擦	蠽			刹	掣			
			屑	截	切	節						

韻　日　來　喻　匣　曉　影　禪　審　牀　十四圖

韻	日	來	喻	匣	曉	影	禪	審	牀
平（寒刪山元仙先）然	然	蘭闌連蓮	○	寒閑賢	頇軒祆	安嫣煙	延羶	山	潺
上（旱緩産獮銑阮）䎋	䎋	嬾	○	旱限	罕	䆄顯	善	産	棧
去（翰諫襉線願霰）㳎		爛瘓練	○	翰莧見	漢獻	按晏堰宴	訕扇		輚
入（曷黠鎋辥屑）熱	熱	剌列	○	曷黠歇	顕瞎歇	遏軋	折	殺設舌	鍘舌

八合

韻	見	溪	疑	臺	端	透	定	泥	知		
平	官關	寬	○	岏	端	湍	團	濡	遄		
		勸	權	瘝	元						
上	管	款	○	短	瞳	斷	煖	轉			
	卷	犬	蜎	圈	阮	䣚					
去	貫慣	獄	玩亂願	鍛	彖	段	偄	囀			
	眷絹	券	倦								
入	刮	闊	玦	撥	倪	奪	裹報	褺			
	厥玦	勱闕闋	月	䶐	䯓						

數非明立滂幫娘澄徹

韻	非	明	並	滂	幫	娘	澄	徹		
平	飜	瞞蠻絲眠	盤○便騗	潘葦篇坋	般班鞭邊	奻	毚樣	宧		
上	反	滿䜌免緬	伴阪辯辨	坢販鷃○	板版辡駢	妠	篆	䋽		
去	販	縵慢麵面	辬卞便	判盼騙片	牛扮變偏	奻轙	傳	狵		
入	怖	末偝減茷	跋拔別鱉	潑汃瞥擎	撥八箭弸	豹吶	○頖破			

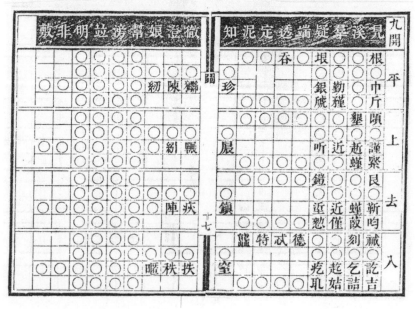

九開（齒音）

穿	照	牀	審	禪	邪	心	從	清	精	九開
○	瑱	溱	○	○	○	○	○	○	○	平
○	○	○	○	○	○	新	秦	親	津	
○	軫	齓	鯗	○	○	○	○	○	○	上
○	○	○	○	○	○	笋	盡	○	儘	
櫬	震	○	○	○	○	○	○	○	○	去
○	○	○	○	○	○	信	賮	親	晉	
叱	質	櫛	剟	○	○	塞	賊	城	則	入
○	○	○	○	○	○	悉	疾	七	唧	

（韻・喉半舌齒音）

日	來	孃	喻	匣	曉	影	禪	審	牀	韻
○	○	痕	○	○	○	恩	○	莘	蓁	痕
仁	鄰	○	寅	欣	○	殷	因	辰	申 神	臻眞殷
○	○	很	○	○	○	○	○	○	瀘	很準隱軫
忍	嶙	引	○	蠁	隱	腎	弞	○	○	
○	○	恨	○	億	慎	眲	○	○	○	恨慁震
刃	遴	○	燉	印	○	○	○	○	○	
日	栗	逸	欥	乙 一	黑 篋	瑟 失	齟 實	○	勒 劾	質

（フォールド番号：十八）

十合（牙舌音）

知	泥	定	透	端	疑	羣	溪	見	十合
磨	屯	暾	敦	倱	○	○	坤	昆	平
屯	○	○	○	○	○	羣	囷	君 均 縣	
○	炳	囤	畽	○	○	○	閫	梱	上
○	○	○	○	○	齔	窘	攟	攈	
嫩	鈍	○	頓	頵	○	○	困	睔	去
○	○	○	○	○	○	郡	○	捃	
○	訥	突	突	咄	兀	○	窟	骨	入
怵	○	○	○	○	○	崛	倔	屈 橘	

（脣舌齒音）

非	明	並	滂	幫	孃	澄	徹	知	微
分	門	盆	濆	奔	○	○	椿	○	○
芬	珉 民	頻	繽	賓	○	輴	齼	○	○
粉	懣	獖	翢	本	○	蠢	○	○	○
忿	泯	○	○	○	○	○	○	○	○
糞	悶	坌	噴	奔	○	○	○	○	○
○	○	○	○	偗	○	宋	○	○	○
弗	沒	勃	翢	不	○	○	黜	沸	閟
拂	蜜 密 弼	弼	○	筆 必	○	○	○	○	○

（フォールド番号：十九）

十合

穿	照	斜	心	從	清	精	微	奉	韻	調
○	○	○	孫	存	村	尊				平
春	諄		旬	荀	鷷	遵	文	汾		
				逡						
○	○		損	鱒	忖	剸				上
蠢	準						吻	慍		
○	○		巽	鐏	寸	焌				去
○	稕		殉	峻	○	○	僎	問	分	
○	窣		捽	猝	卒					入
○	崒	出					物	佛		
○	卹	焌	卒							

韻

日	來	疑	匣	曉	影	禪	審	牀	韻	調
	論		蒬	昏	溫				魂	平
犉	淪	筠	○	薰	贇	純	○	脣	文 諄	
	淪	勻	○		熅				眞	
	懇	○	混	總	穩				混	上
蝡	輪	殞	尹		惲	賰	盾		吻 準	
	論	恩	慁	搵					恩 慁	去
閏		運	○	訓	醖	舜	順		問 稕	
	蔽	○	菱	忽	頒				沒	入
	律	麔	聿	颭	鬱	䢈	術		物 術	

十開

知	泥	定	透	端	疑	羣	谿	見	韻	調
那	駝	佗	多		莪	○	珂	歌	嘉 迦	平
					牙	伽	軻	○		
			爹							
橠	爹	祂	觰	我	○	可	哿		上	
				雅	阿	軻	檟			
奈	駄	拖	跢	餓	○	坷	箇	駕	去	
				迓		髂				
				○	○	○	○			
捺	達	闥	怛	薛	渴	葛	戞 子結	入	
				齃	褐	揭			
涅	姪	鐵	窒	齧	○				

敷	非	明	並	滂	幫	娘	澄	徹	韻	調
○	○									平
		○	○			拏	奈	侘		
○	○									上
						絮	○	姹		
○	○									去
						胗	蛇	詫		
○	○									入
						疒	轍	屮		

十一開

	奉	微	精	清	從	心	斜	照	穿	
			姕	醝	蹉	狣				平
	○	○						嵯遮	又車	
			衰	些	查	胜	嗟			
			縒	蓄	縒	左				上
	○							酇	者	
			姐	且	○	礎	佐			
			些	○	寫	灺				
	○					柘		詐	趄	去
			唶	箕	禠	蝽	謝			
			攃	襒	竊	蠽				
	○							鲻	擎	入
			節	切	截	辭	○			

（十一開 左半）

韻	日	來	喻	匣	曉	影	禪	審	牀	番	林	
歌戈麻		羅	○	何	訶	阿			○	鵶	查蛇	
若		○	赮	煆	煆	鵶		○	閣	奢		
		○	耶									
哿馬		橮	○	荷	吹	闟		○	灑	槎		
若		○	哴	下	唨	啞		社	捨			
		○	野									
箇過禡		邏	○	賀	呵	倄				乍		
偌		○	暇	暇	噺	亞		○	嗄	舍 射		
		○	夜					○	坬			
黠鎋薛月		剌	○	曷	頡	遏				乍	鏟	
熱		○	曷	鎋	瞎	歇		○	殺	檄		
月		列	抴	○	奢	焆		折				

十二合

	見	溪	羣	疑	端	透	定	泥	知	徹	澄	
戈瓜	戈瓜	科誇髷		訛	矮	詑	砣	揆	檛			平
	○	瘸			○				○			
果寡	果寡	顆髁		妮 瓦	娓	墮	妥	墮				上
	○	○			○				綏			
過瓜	過瓜	課跨		臥 瓦	悸	唾	橤	惮				去
	○	○			○				○			
括刮厥玦	闊 劂厥玦	括刮厥玦		月 鹹 缺	栝	掇	挩	倪	夸			入
		○			○				寠輟			

（十二合 左半）

	敷	非	明	並	滂	幫	娘	澄	微	
摩麻呼		摩 麻 呼	婆 爬	頗 葩	波 巴					平
	○		○							
麼馬乜		麼 馬 乜	爸 跁	回 ○	跛 把			蘷		上
	○		○							
磨禡		磨 禡	縛 趴	破 帊	播 霸					去
	○		○							
末怤茇		末 怤 茇	跋 拔 別 蹩	鐥 汛 瞥 擘	撥 捌 箭 鷩		豹吶	頜 披		入
	○		○							

韻	日	來	喻	匣	曉	影	禪	審	牀		穿	照	斜	心	從	清	精	微	奉	十二 合
戈麻	𦟛	〇	和	〇	〇	倭	窊	胭	〇	〇	〇	〇	莎	脞	蓬	佐	〇			平
	〇	〇	華	〇	花	靴	〇	〇	〇	〇	〇	髽					〇	〇		
	〇	膿	〇	〇	〇	〇	〇	〇	〇	〇	〇	〇								
果馬	𤁘	〇	禍	火	媒	〇	〇	〇	〇	〇	〇	〇	鎖	坐	脞	沓	〇			上
	〇	〇	踝			𩣡					〇	〇					〇	〇		
	〇							硾	鉏											
過禡	𦟛	〇	和	貨	涴	〇	〇	誜	〇	〇	〇	〇	膴	座	剉	挫	〇			去
	〇	𢹏	化	𢹏							〇	〇					〇	〇		
鎋辥	捋	〇	活	斡	娷	〇	刷	說	〇	〇	〇	〇	柮	撮	繓					入
	藝	劣	越	飍	娛	〇	嘬	啜	血			茁	拙					纂	歉	
	〇	悅	穴									覆	雪	絕	膬	蕝			

敷	非	明	立	滂	幫	娘	澄	徹		知	泥	定	透	端	疑	羣	溪	見	十三 開
		〇	〇	〇	〇		〇	〇		囊	唐	湯	當	印	〇	康	岡		平
	〇	〇	〇	〇	〇	娘	長	募		張		〇	〇	印	強	羌	薑		
		〇	〇	〇	〇		〇	〇				〇	〇			〇	〇		
		〇	〇	〇	〇		〇	〇		曩	蕩	儻	黨	駔	〇	慷	航		上
	〇	〇	〇	〇	〇		丈	昶		長		仰	努	磢	繈				
		〇	〇	〇	〇		〇	〇				〇	〇			〇	〇		
	〇	〇	〇	〇	〇	釀	仗	悵		帳	儻	宕	儻	譡	柳	〇	抗	鋼	去
	〇	〇	〇	〇	〇		〇	〇				郵	涼	哴	彊				
		〇	〇	〇	〇		〇	〇				〇	〇			〇	〇		
		〇	〇	〇	〇		〇	〇		諾	鐸	託	〇	号	〇	恪	各		入
	〇	〇	〇	〇	〇	道	著	逴		芍		虐	噱	却	脚				
		〇	〇	〇	〇		〇	〇				〇	〇			〇	〇		

十三開

韻	日	來	喻	匣	曉	影	禪	審	牀	穿	照	斜	心	從	清	精	微	奉	聲
唐	○	郎	○	航	炕	鶯	○	○	○	○	○	○	桑	藏	倉	臧	○	○	平
穅	○	○	○	○	○	○	常	商	霜	瘡	莊	○	○	○	○	○	○	○	○	
陽	穰	良	陽	○	香	央	常	商	○	昌	章	詳	襄	牆	鏘	將	○	○	
艮	○	○	○	○	○	○	○	○	○	○	○	○	○	○	○	○	○	○	
蕩	○	朗	○	沆	汻	坱	○	○	○	磢	○	○	顙	奘	蒼	俎	○	○	上
	○	○	○	○	○	○	○	爽	○	○	○	○	○	○	○	○	○	○	
養	壤	兩	養	○	響	鞅	上	賞	○	敞	掌	像	想	蔣	搶	獎	○	○	
	○	○	○	○	○	○	○	○	○	○	○	○	○	○	○	○	○	○	
宕	○	浪	○	吭	○	盎	○	○	○	○	○	○	喪	藏	蹌	葬	○	○	去
	○	○	○	潒	向	快	尚	餉	狀	壯	○	○	○	○	○	○	○	○	
漾	讓	亮	漾	○	○	○	○	○	○	唱	○	相	○	匠	蹡	醬	○	○	
	○	○	○	○	○	○	○	○	○	○	○	○	○	○	○	○	○	○	
鐸	○	落	○	涸	臛	惡	○	○	○	○	○	○	索	昨	錯	作	○	○	入
	○	○	○	○	○	○	妁	○	朔	斮	○	○	○	○	○	○	○	○	
藥	若	略	藥	○	謔	約	妁	爍	○	○	灼	○	○	○	○	○	○	○	
	○	○	○	○	○	○	○	○	○	削	皭	鵲	爵	○	○	○	○	○	

十四合

韻	敷	非	明	並	滂	幫	娘	澄	徹	知	泥	定	透	端	疑	群	溪	見	聲
	○	茫	傍	滂	幫		聤	橦	憃		○	○	○	○	○	○	○	江	光	平
芳方	○	○	○	○	○	○	○	○	○	○	○	○	○	○	岲	狂	矼	髜	
	○	○	○	○	○	○	○	○	○	○	○	○	○	○	○	○	○	○	
	○	莽	菶	髈	榜		儻	○	○		○	○	○	○	○	獷	懬	誑	廣	上
髣防	○	○	○	○	○	○	○	○	○	○	○	○	○	○	俇	恇			
	○	剽	○	○	○	○	○	○	○	○	○	○	○	○	○	○	○	○	
	○	漭	傍	胖	螃		鐽	饡	○		○	○	○	○	○	曠	狂	絳	桄	去
訪放	○	○	○	○	○	○	○	○	○	○	○	○	○	○	脏			誑	
	○	○	○	○	○	○	○	○	○	○	○	○	○	○	○	○	○	○	
	○	莫	泊	璞	博		搦	濁	逴	斷	○	○	○	○	瓊	○	廓	郭	入	
簿	○	邈	雹	璞	剝	○	○	○	○	○	獄	叏	躩	覺					
	○	○	○	○	○	○	○	○	○	○	懻	矍							

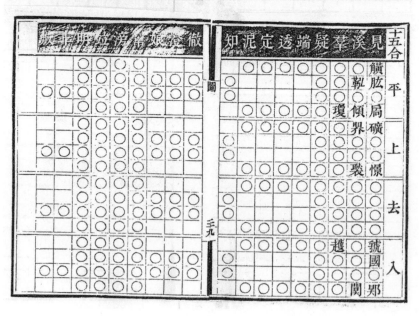

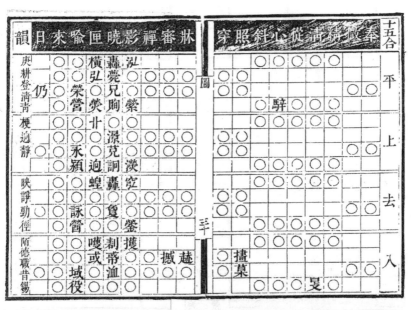

十六開

禪	審	牀	邪	心	從	清	精	敷	奉		
			○	僧	層	○	增				平
			○	○	○	爭	征				
			餳	星	情	清	精				
			○	○	○	○	嘈				
			○	○	○	○	○				上
			○	○	○	○	整				
			○	省	靜	請	井				
			○	○	窮	贈	蹭	增			
			稱	靜	政	○	○				去
			○	性	淨	甑	甑				
			○	塞	賊	城	則				
			稜	職	○	○	○				入
			測	尺	○	○	○				
			○	席	息	寂	戚	卽			

韻	日	來	喻	匣	曉	影	禪	審	牀
登庚耕蒸清青	○	楞	○	恆	○	○			○
仍	○	○	行	脝	罌	○	生	傖 殑	
	○	陵 靈	蠅 盈	刑	興 馨	嚶	成	聲	
等梗耿靜迥拯	○	冷 領	郢	幸	○	省 影	○	瘦	
嶝映諍勁徑證	○	倰	行	脛	興 欽	禩 映	丞 勝	生 乘	
	認	餕 甆	孕		詄	○			
陌麥職昔錫	○	勒 劾	刻	黑 赫 虩	○	色 識	德 食		
	○	力 翌	弋	憶 益 憙		定			

十七開

知	泥	定	透	端	疑	羣	溪	見		
能	臺	胎	鼙	皚	○	開	該 皆			平
蘇	○	○	○	崖	○	○	○			
乃	駘	嘍	等	駭	○	楷	改 解			上
○	○	○	○	○	艠 楷	○	○			
奈 大	泰	帶	艾	曖	○	磕 愒	蓋 慨			去
膳	○	○	○	○	○	炫	○			
聽	捺 達	闥	怛	辥 齧	○	渴 籋 葛 莫			入

敷	非	明	並	滂	幫	娘	澄	徹		
		埋	排	姝	捭	○	掫			平
		○	○	○	○	○	○			
		買	罷	俖	擺	○	鷹			上
		○	○	○	○	○	○			
		賣	敗	派	拜	襪	蠆			去
		○	○	○	○	○	○			
		儍	拔	汃	八	疤	○			入

十七開

左半（聲母 自右至左）：牀・審・禪・影・曉・匣・喻・來・日・韻

韻	日	來	喻	匣	曉	影	禪	審	牀	調
哈	來	○	孩	咍	哀	○	○	○	○	平
皆	咪	○	諧	稀	挨	崽	○	柴	○	
佳	○	○	○	○	○	○	○	○	○	
	○	○	○	○	○	○	○	○	○	
海	釖	○	亥	海	欵	○	○	○	○	上
蟹	佁	○	駴	○	矮	○	○	○	○	
駭	○	○	○	○	○	灑	○	○	○	
	○	○	○	○	○	○	○	○	○	
泰	賴	○	害	餀	藹	○	○	○	○	去
代	○	○	械	譺	瀣	○	曬	寨	○	
卦怪夬	○	○	○	○	○	○	○	○	○	
	○	○	○	○	○	○	○	○	○	
	剌	○	曷	顝	過	○	○	殺	鎩	入
	○	○	點	瞎	軋	○	○	○	○	
	○	○	○	○	○	○	○	○	○	
	○	○	○	○	○	○	○	○	○	

右半（聲母 自右至左）：奉・敷・微・精・清・從・心・邪・照・穿・牀

奉	敷	微	精	清	從	心	邪	照	穿	牀	調
○	○	○	栽	猜	裁	鰓	○	○	差		平
○	○	○	○	○	○	○	○	齋	○	犉	
○	○	○	○	○	○	○	○	○	○		
○	○	○	○	○	○	○	○	○	○		
○	○	○	宰	采	在	○	○	○	○		上
○	○	○	○	○	○	○	○	抧	茝		
○	○	○	○	○	○	○	○	○	○		
○	○	○	○	○	○	○	○	○	○		
○	○	○	載	菜	載	賽	○	○	○		去
○	○	○	○	○	○	○	○	債	瘥		
○	○	○	○	○	○	○	○	○	○		
○	○	○	○	○	○	○	○	○	○		
○	○	○	鬙	擦	截	○	○	○	○		入
○	○	○	○	○	○	○	○	札	刹		
○	○	○	○	○	○	○	○	○	○		
○	○	○	○	○	○	○	○	○	○		

十八開

左半（聲母 自右至左）：徹・澄・娘・幫・滂・並・明・非・敷

敷	非	明	並	滂	幫	娘	澄	徹	調
○	○	○	○	○	○	○	○	○	平
○	日	○	○	○	○	尼	馳	癡	
○	○	○	○	○	○	○	○	○	
○	○	○	○	○	○	○	○	○	
○	○	○	○	○	○	○	○	○	上
○	○	○	○	○	○	你	豸	褫	
○	○	○	○	○	○	○	○	○	
○	○	○	○	○	○	○	○	○	
○	○	○	○	○	○	○	○	○	去
○	○	○	○	○	○	膩	値	眙	
○	○	○	○	○	○	○	○	○	
○	○	○	○	○	○	○	○	○	
○	○	○	○	○	○	○	○	○	入
○	○	○	○	○	○	暱	秩	扶	
○	○	○	○	○	○	○	○	○	
○	○	○	○	○	○	○	○	○	

右半（聲母 自右至左）：見・溪・羣・疑・端・透・定・泥・知

知	泥	定	透	端	疑	羣	溪	見	調
○	○	○	○	○	○	○	○	○	平
知	○	○	○	○	疑	其	欺	姬	
○	泥	啼	梯	低	倪	祇	溪	雞	
○	○	○	○	○	○	○	○	○	
○	○	○	○	○	○	○	○	○	上
掇	○	○	○	○	蟻	技	綺	几	
○	禰	弟	體	邸	垝	○	企	○	
○	○	○	○	○	○	○	○	○	
○	○	○	○	○	○	○	○	○	去
置	○	○	○	○	魋	忌	乘	記	
○	泥	地	墆	帝	詣	芰	棄	計	
○	○	○	○	○	○	○	○	企	
○	○	○	○	○	○	○	○	○	入
窒	○	○	○	○	疙	起	乞	訖	
○	○	○	○	○	蛭	耴	姞	吉	
○	○	○	○	○	○	○	○	○	

十八開

韻	日	來	喻	匣	曉	影	禪	審	牀		穿	照	邪	心	從	清	精	微	奉	
支脂之齊	○	○	○	○	○	○	荎	師	篘		詞	思	慈	雌	茲					平
	兒	釐	移	倍	醫	詩	時	○			菑	之				○				
	黎	飴	笑			醫						西	齊	妻	齋					
紙旨止薺	耳	里	矣	俟	曬	士					兕	死	○	此	紫					上
		醴	酏	禩	喜	是	弛				滓	紙								
		邐	嶷	傒							○	枲	薺	泚	濟					
寘至志霽	二		易	憙	意	駛	事				寺	笥	自	鷙	恣					去
		利	異	奚	欷	試	示				志	廁	熾							
	勒		劾	黑	徯						○	細	齊	砌	霽					
質							瑟	黜			塞	賊	城	則						入
	日	栗	逸		欯	一	棄	失			櫛	質	叱							
		○									○	悉	疾	七	唧					

十九合

韻		半	明	並	滂	幫	娘	澄	徹		知	泥	定	透	端	疑	羣	溪	見	
	霏	羹	枚	裴	胚	栝		鎚			懷	頯	魋	磓	鮠	○	恢	傀		平
		廉	皮	鈹	陂	椑					追		巍	違	禱	睽	圭			
	逃		轡	碰	鞞							危	葵							
	斐	匪	洗	排	啡			鎚				頗	腄	頠	餒	錞	骹	○	題	上
			靡	彼	披	彼						蔿	跪	跪	詭					
	洧		婢	諀	匕						綏	碗	揆	癸						
	肺	廢	妹	佩	霈	貝						內	兒	娧	對	外	○	稽	僧	去
			郿	髴	岐	譬					綴		僞	匱	喟	缺				
			寐	鼻	臂	賁						悖	唱	貴	季	骨				
	拂	弗	沒	勃	誖	不		黜			怵	訥	突	实	咄	兀	○	窟	骨	入
		密	弼	薜	筆	尤						崛	倔	屈	亥					
		蜜	鄃	匹	必															

十九合

穿	照	邪	心	從	清	精	微	奉		十九合
○		雁	摧	崔	唯					平
吹	推	錐					微	肥		
		隨	綏	○	○	誰				
○		崔	罪	璀	推					上
搞		捶					尾	膹		
		髓	蕊	惢	趡	觜				
○		碎	蕞	襊	最					去
吹	憏	贅					未	吹		
		遂	遂	萃	翠	醉				
○		窣	捽	焠	卒					入
出	○	崒					物	佛		
		○	崒	焠	卒					

韻

日	來	魆	匣	曉	影	禪	審	牀	韻	
雷	○	回	灰	隈			衰	衰	灰支脂微齊	
羸	蕤	惟	攜	睢	娃		誰	嶷		圖四
磥	俏	瘣	賄	猥					賄海紙旨尾	
蘂	湋	唯	委	瞗	蓳	水				
纇	會	誨	憒			帥	逝		泰隊寘廢祭未至霽	
累	胃	諱	位	倭	志					三六八
芮	遺	慧								
柀	麷	忽	頮				率		質	
律	颶	颭	掘	鬱						

二十合

知	泥	定	透	端	疑	羣	溪	見		二十合
蘇							匯	媧 乖		平
○							芛	芇		上
臢				瞶			删	卦 怪		去
窡				軏			劀	劂		入

敷

敷	非	明	並	滂	幫	娘	澄	徹		
		○	○	○	○	讈	摭			圖
		○	○	○	○		挐			
		○	○	○	○		浿	絮		三尤
		○	○	○	○	豹	○	頮		

韻	日	來	喻	匣	曉	影	禪	審	牀	邪		牀	照	邪	心	從	清	精	微	奉	三十合
佳皆	○	○	黿	懷	扡	蛙崴	○ 恖	䏢					○	○	○	○	○					平
											闊	○○						○	○		
	○	○	○	○	○	○	○					○	○	○	○	○					
蟹	○	○	夥	扮	崴	○ 灑	○					○						○			上
	○	○	○	○	○							○									
卦怪夬	○	○	畫壞	諣黐	羷	○ 錣	○	嘬				○						○○			去
○	○	○	○	○	○	○	○						○	○	○	○					
	○	○	滑	僭	婠	○ 刷	○	篡 茁				○	○							入
○	○	○	○	○	○	○							○					○○			
○	○	○	○	○								○	○	○	○	○					

第六節　經史正音切韻指南

一、切韻指南之特色

　　《經史正音切韻指南》爲元關中劉鑑所作，其書與《五音集韻》相輔而行，劉氏自序云：「僕於暇日，因其舊制，次成十六通攝，作檢韻之法，析繁補隙，詳分門類，並私述玄關六段，總括諸門，盡其蘊奧，名之曰《經史正音切韻指南》，與韓氏《五音集韻》互爲體用，諸韻字音，皆由此韻而出也。」劉氏自序所謂舊制，究何所指？熊澤民序云：「古有《四等等子》爲流傳之正宗，然而中間分析尙有未明，不能曲盡其旨。」據熊氏序言，則《指南》所據舊制爲《四聲等子》，殆無疑也。故其書圖式，與《四聲等子》同，獨《等子》總二十圖，《指南》分爲二十四圖爲異耳。所以多四圖者，江攝獨立一圖也，梗攝獨立分爲開合二圖，又增二圖也。咸攝凡范梵乏四韻別爲一圖，故合計增多四圖。以通、江、止、遇、蟹、臻、山、效、果、假、宕、梗、曾、流、深、咸爲十六攝。全書共十六攝二十四圖，每圖首行，皆先標攝名，內外轉次，續明開合與獨韻，以廣通促狹諸門分記其下。內轉八攝，通、遇、流、深爲獨韻，止、果、宕、曾各分開合；外轉八攝，江、效、咸爲獨韻，蟹、臻、山、假、梗各分開合，獨韻一攝一圖，惟咸攝增一圖，共八圖，其分開合者，開合各分一圖，惟假併於果，故共十六圖，加獨韻八圖，共爲二十四圖。

　　聲母以三十六字母橫列六欄二十三行，首欄爲牙音，見溪群疑；次欄舌音，端透定泥，知徹澄娘附其下；三欄爲脣音，幫滂

並明，非敷奉微附於其下；四欄爲齒音，精清從心邪，照穿床審
禪附於其下，五欄爲喉音，曉匣影喩；六欄爲舌齒音，來日。

　　入聲字兼配陰陽，於陰聲各攝下注，此入聲見於某陽聲韻
攝。韻目併列二行者，取彼則不取此，示此等韻《指南》已無可
區別矣，或亦明言某韻宜併入某。所用韻目以《五音集韻》百六
十韻爲主，無取於《廣韻》之二百零六也。

二、切韻指南之聲母

　　《切韻指南》所據者仍爲守溫三十六字母。三十六字母又分
隸於五音，《切韻指南》分五音歌云：

　　　　見溪群疑是牙音
　　　　端透定泥舌頭音　　知徹澄娘舌上音
　　　　幫滂並明重脣音　　非敷奉微輕脣音
　　　　精清從心邪齒頭音　　照穿審禪正齒音
　　　　曉匣影喩是喉音　　來日半舌半齒音

既分五音，又科別清濁，其辨清濁歌云：

　　　　端見純清與此知　　精隨照影及幫非
　　　　次清十字審心曉　　穿透滂敷清徹溪
　　　　全濁群邪澄並匣　　從禪定奉與床齊
　　　　半清半濁微娘喩　　疑日明來共八泥

除以次濁稱半清半濁有欠明確外，餘皆與今人分析相同[51]。
至於字母之等列，則多襲傳統韻圖之舊。其明等第歌云：

　　　　端精二位兩頭居　　知照中間次第呼
　　　　來曉見幫居四等　　日非三等外全無

51　參見拙著《音略證補》。

　　此歌之意，謂端系與精系僅出現一四兩等，知系與照系則惟見於二、三兩等也。來、曉、影與見、幫兩系則四等俱全，日母與非系則僅出現於三等也[52]。字母雖依三十六，然當時語音則聲母多已簡化，如知照無別，非敷難分，泥娘混同，穿徹不異，澄床弗殊，疑喻合一。此種混同見於交互歌：

　　　　知照非敷遞互通。泥孃穿徹用時同。

　　　　澄床疑喻相連續，六母交參一處窮。

三、切韻指南之韻攝

　　《切韻指南》末附檢韻十六攝，茲錄於後：

內八轉

	東董送屋		脂旨至質
通攝	冬〇宋屋	止攝	
	鍾腫用燭		微尾未物
	魚語御屋		歌哿箇鐸
遇攝	虞麌遇燭	果攝	
	模姥暮沃		戈果過鐸
	陽養樣藥		蒸拯證職
宕攝		曾攝	
	唐蕩宕鐸		登等嶝德
	尤有宥燭		

52　按此亦大略言之，其細別又稍有出入。

流攝　　　　　　　　　　深攝侵寢沁緝
　　侯厚候屋
內轉歌訣
　通攝東冬韻繼鍾　　止攝脂微次第窮
　遇攝魚虞模三位　　果攝歌戈二韻從
　宕攝陽唐君記取　　曾攝蒸登兩韻風
　流攝尤侯無他用　　深攝孤侵在後宮
外八轉

　　　　　　　　　　　齊薺（霽廢祭）質
　　　　　　　　　　　皆駭怪鎋
江攝江講絳覺　　　　蟹攝
　　　　　　　　　　　灰賄隊末
　　　　　　　　　　　咍海代（泰）曷

　眞軫震質
　諄準稕術　　　　　元阮願月
　文吻問物　　　　　寒旱翰曷
臻攝　　　　　　　　山攝桓緩換末
　殷隱焮迄　　　　　山產諫鎋
　痕很恨沒　　　　　仙獮線薛
　魂混慁沒

　宵小笑藥
效攝肴巧效覺　　　　假攝麻馬禡鎋
　豪皓號鐸

　庚梗諍陌　　　　　覃感勘合

梗攝清靜勁昔　　　　　　鹽琰豔葉

　青迥徑錫　　　　　　咸攝

　　　　　　　　　咸豏陷洽

　　　　　　　　　凡范梵乏

外轉歌訣

　　江攝孤江只是江　　蟹攝齊皆灰咍強

　　臻攝眞魂六韻正　　山攝仙元五韻昌

　　效攝宵肴豪三位　　假攝孤麻鎮一方

　　梗攝庚清青色字　　咸攝覃鹽凡四鄉

《經史正音切韻指南》以入聲兼配陰陽，故又有入聲九攝（通、宕、曾、深、江、臻、山、梗、咸）。

　　咸通曾梗宕江山　　深曾九攝入聲全

　　流遇四等通攝借　　咍皆開合在寒山

　　齊止借臻鄰曾梗　　高交元本宕江邊

　　歌戈一借岡光一　　四三并二卻歸山

當時語音入聲既兼配陰陽，恐已無強輔音韻尾-p、-t、-k 之區別矣。不僅此也，各攝之間亦有混同，其叶聲韻歌云：

　　梗曾二攝與通疑　　止攝無時蟹攝推

　　江宕略同流參遇　　用時交互較量宜

不但各攝多有混同，輕脣音亦產生於十韻之中，如輕脣十韻歌云：

　　輕韻東鍾微與元　　凡虞文廢亦同然

　　更有陽尤皆一體　　不該十韻重中編

茲再以《廣韻》韻類分配《切韻指南》十六攝各等於下：

　*1.*通攝（合口）內一

　　一等：東董送屋❶　多〇宋沃

三等：東〇送屋❷　鍾腫用燭

2.江攝獨韻（脣牙喉開舌齒屬合）外一

二等：江講絳覺

3.止攝內二

三等開：支紙寘❶　脂旨至❶　之止志　微尾未❶

　　　合：支紙寘❷　脂旨至❷　〇〇〇　微尾未❷

4.遇攝獨韻（合口）內三

一等：模姥暮

三等：魚語御　虞麌遇

5.蟹攝外二

一等開：咍海代　　　〇〇泰❶

　　　合：灰賄隊　　　〇〇泰❷

二等開：皆駭怪❶　　佳蟹卦❶　　〇〇夬❶

　　　合：皆駭怪❷　　佳蟹卦❷　　〇〇夬❷

三等開：〇〇祭❶

　　　合：〇〇祭❷　　〇〇廢

四等開：齊薺霽❶

　　　合：齊薺霽❷

6.臻攝：外三

一等開：痕很恨〇

　　　合：魂混慁沒

二等開：臻〇〇櫛

三等開：眞軫震質　欣隱焮迄

　　　合：諄準稕術　文吻問物

7.山攝：外四

一等開：寒旱翰曷

　　合：桓緩換末

二等開：刪潸諫轄❶　　山產襇黠❶

　　合：刪潸諫轄❷　　山產襇黠❷

三等開：仙獮線薛❶　　元阮願月❶

　　合：仙獮線薛❷　　元阮願月❷

四等開：先銑霰屑❶

　　合：先銑霰屑❷

8.效攝：獨韻（開口）外五

一等：豪皓號

二等：肴巧效

三等：宵小笑

四等：蕭篠嘯

9.果攝：內四

一等開：歌哿箇

　　合：戈果過❶

三等開：戈○○❷

　　合：戈○○❸

10.假攝：外六

二等開：麻馬禡❶

　　合：麻馬禡❷

三等開：麻馬禡❸

11.宕攝：內五

一等開：唐蕩宕鐸❶

　　合：唐蕩宕鐸❷

三等開：陽養漾藥❶

　　合：陽養漾藥❶

*12.*梗攝：外七

　　二等開：庚梗映陌❶　耕耿諍麥❶

　　　　合：庚梗映陌❷　耕耿諍麥❷

　　三等開：庚梗映陌❸　清靜勁昔❶

　　　　合：庚梗映陌❹　清靜勁昔❷

　　四等開：青迥徑錫❶

　　　　合：青迥勁錫❷

*13.*曾攝：內六

　　一等開：登等嶝德❶

　　　　合：登〇〇德❷

　　三等開：蒸拯證職❶

　　　　合：〇〇〇職❷

*14.*流攝：獨韻（開口）內七

　　一等：侯厚候

　　三等：尤有宥　幽黝幼

*15.*深攝：獨韻（開口）內八

　　三等：侵寢沁緝

*16.*咸攝：外八

　　一等開：覃感勘合　談敢闞盍

　　二等開：咸豏陷洽　銜檻鑑狎

　　三等開：鹽琰豔葉　嚴儼釅業

　　　　合：凡范梵乏

　　四等開：添忝㮇帖

四、切韻指南之門法

　　《切韻指南》後附玉鑰匙門法，總一十三門。茲錄於後，並

略加疏釋。

㈠音和門：音和者，謂切腳二字，上者為切，下者為韻，先將上一字歸知本母，於為韻等內本母下便是所切之字，是名音和。故曰：音和切字起根基，等母同時便莫疑。記取古紅公式樣，故教學切起初知。

【按】凡字與其切語上字於韻圖同屬一母，與其切語下字同列一等之內者為音和。此為韻圖歸字之基本原則，依反切以求所切字音，在原則上僅須知切語上字屬何聲母，切語下字屬何等列，於兩者交錯之處，即可切出所求之字音。此為切語之正例，亦開宗明義之第一章也。

音和之例，如下圖所示：

匣	曉					溪	見↓	
紅	—	—	—	—	—	—	→公	等一
								等二
								等三
								等四

古紅切公，古屬見母，紅在一等，由紅橫推到見母下一等處，即可得「公」字。

㈡ 類隔門：類隔者，謂端等一四為切，韻逢二三便切知等字，知等二三為切，韻逢一四卻切端等字，為種類阻隔而音不同也。故曰類隔。如都江切椿字，徒減切湛字之類是也。唯有陟邪切爹字是麻韻不定切。

【按】端系字依例不出現於二三等韻，但韻書中保留若干較早期以端系切二三等韻之例外切語，韻圖既從實際音系歸字，若據此類字求音，則必須變端系音為二三等韻實有之知系音。圖示

於下：

泥娘	定澄	透徹	端知		疑	群	溪	見	
								↓	等一
			椿	←—	—	—	—	江	等二
									等三
									等四

都江切椿，都屬端母，應在一等，惟江字在二等，故隨韻切知。

泥娘	定澄	透徹	端知		疑	群	溪	見	
↓									等一
湛	←—	—	—	—	—	—	—	—減	等二
									等三
									等四

徒減切湛，徒屬定母，應在一等，惟減在二等，故隨韻切澄，因二等必屬澄也。不得切一等之定也。

㈢窠切門：窠切者，謂知等第三為切，韻逢精等影喻第四，並切第三，為不離知等第三之本窠也。故曰窠切。如陟遙切朝，直猷切儔字之類也。

【按】三等韻知系字，韻圖列三等，而精系與喻母及一部分脣牙喉音例置四等，若有知系字以精喻等母為切語下字者，須注意所切之字不應隨切語下字列四等，應置於知系定居之三等。圖示於下：

匣	曉	喻	影		娘	澄	徹	知	
								｜	等一
								↓	等二
								朝	等三
		遙—	—	—	—	—	—	→	等四

陟遙切朝，陟爲知母字，遙爲喻母四等字，此朝字不得隨遙列四等，應列知系之三等也。

匣	曉	喻	影		娘	澄	徹	知	
								│	等一
								↓	等二
							儔		等三
		獻—	—	—	—	—	→		等四

直獻切儔，直爲澄母字，獻爲喻母四等字，此儔字不得隨獻列四等，應列知系之三等也。

㈣輕重交互門：輕重交互者，謂幫等重音爲切，韻逢有非等處諸母第三便切輕脣字，非等輕脣爲切，韻逢一二四皆切重脣字，故曰輕重交互。如匹尤切飍字，芳栖切胚字之類是也。

【按】反切脣音字韻圖分爲輕脣與重脣，用反切於韻圖上以求脣音字，自不免時感乖違，然輕重脣卻有一定之分際，即東、鍾、微、虞、文、元、陽、尤、凡、廢十韻及其相配之上去入聲韻全爲輕脣，其他各韻爲重脣。因此凡反切下字屬東、鍾、微、虞、文、元、陽、尤、凡、廢各韻，無論上字輕脣抑重脣，皆應於輕脣下求之，反之，若係其他各韻之反切下字，則於重脣下求之。圖示於下：

匣	曉	喻	影		明微	並奉	滂敷 ↓	幫非	
							│		等一
							↓		等二
		尤—	—	—	—	—	→飍		等三
									等四

匹尤切貔，匹屬滂母，而所切之貔，則屬敷母，故於敷母旁加一↓，表示讀同敷母而置於三等也。

				明微	並奉	滂↓敷	幫非	
						胚	←梧	等一
								等二
								等三
								等四

芳梧切胚，芳屬敷母應列三等，而所切之胚字，則隨切語下字梧列於滂母下一等處，特於字母旁旁注以↓號，表示讀同滂母也。

㈤振救門：振救者，謂不問輕重等第，但是精等爲切，韻逢諸母第三並切第四，是振救門。振者舉也，救者護也。爲舉其綱領能整三四，救護精等之位，故曰振救。如私兆切小字，詳里切似字之類是也。

【按】三等韻精系字，韻圖例置四等，同韻類之其他各母則置三等，若遇精系字以其他各母三等爲切語下字時，須注意所切之字不應隨反切下字置列三等，而應置於精系定居之四等。圖示於下：

邪禪	心審	從床	清穿	精照	泥娘	定澄	透徹	端知	
	|								等一
	|								等二
	↓	←—	——	——	—兆				等三
	小								等四

私兆切小字，兆爲澄母三等字，而所切之小字，則置於四等，因爲私屬心母，必居四等也。

日	來			邪禪	心審	從床	清穿	精照	
				|					等一
				|					等二
	里—	—	—	→↓					等三
				似					等四

詳里切似，里爲三等來母字，而所切之似字，則置於四等，因爲詳屬邪母，必置於四等也。

㈥正音憑切門：正音憑切者，謂照等第一爲切（照等第一即四等中之第二等是也），韻逢諸母三四，並切照一，爲正齒音中憑切也。故曰正音憑切。如楚居切初，側鳩切鄒字是也。

【按】三等韻之莊系字，韻圖例置二等，同韻類之其各母則多在三四兩等，故莊系字若以其他各母字爲反切下字，無論其下字屬何等，均應於二等下求之。憑切者，謂只憑反切上字以定其等列也。圖示於下：

禪	審	床	穿	照	疑	群	溪	見	
			↓						等一
			初						等二
			←	—	—	—	—	居	等三
									等四

楚居切初，居爲三等字，而所切之初，應隨其反切上字定居於正齒音二等也。

禪	審	床	穿	照	疑	群	溪	見	
				↓					等一
				鄒					等二
				←	—	—	—	鳩	等三
									等四

側鳩切鄒，鳩爲三等字，而所切之鄒，應隨其反切上字定居於正齒音二等也。

㈦精照互用門：精照互用者，謂但是精等字爲切，韻逢諸母第二，只切照一字；照等第一爲切，韻逢諸母第一卻切精一字，故曰精照互用。如士垢切鰤字，則減切斬字之類是也。

【按】精系字依例不出現於二等韻，莊系字則不出現於一等韻。然韻書中保留若干以精系字切二等，以及以莊系字切一等韻之早期切語。韻圖依實際音讀列字，以精系切二等韻者列莊系之地位，莊系切一等者列精系之地位。故若遇此類切語，設其下一字屬一等，則上字雖屬莊系，亦得改於一等精系下相當之音處求之。反之，若下字屬二等韻，上字雖屬精系，亦得改於二等莊系相當之音處求字。圖示於下：

邪禪	心審	從床↓	清穿	精照	疑	群	溪	見	
		鰤←	—	—	—	—	—	一垢	等一
		○							等二
									等三
									等四

三十六字母的的照穿床審四母在《廣韻》聲母中實包含照穿神審與莊初床疏八類聲母，所謂莊系字實指莊初床疏四紐而言。

在韻圖上只有照穿床審四母，這是我們首先應該理解的。像上圖仕垢切鮍，仕屬床母，本應置於二等，惟垢為一等韻，故仕雖屬床母，而鮍仍置於一等從母處也。故在表上從母旁，以↓號表示之。而在床母本應列置之二等，則以〇表示之。

邪禪	心審	從床	清穿	精照〇	疑	群	溪	見	
				↓					等一
				斬←	——	——	——	一減	等二
									等三
									等四

則減切斬，則屬精母，本應置於一等，惟減為二等韻，故則雖屬精母，而斬仍置於二等照（莊）母處。

由此可知，若下一字為一等字，上字雖屬照（莊）系，仍應視作精系字處理；若下字為二等韻字，則上字雖屬精系，亦應視作照（莊）系處理也，故謂之精照互用也。

(八)寄韻憑切門：寄韻憑切者，謂照等第二為切（照等第二，即四等中之第三等也。）韻逢一四，並切照二。言雖寄於別韻，只憑為切之等也。故曰寄韻憑切。如昌來切犜字，昌給切苗字之類是也。

【按】照系字依例不見於一等韻，然韻書中有若干照系字，借用一等韻字作切語下字，其實乃三等字而切語下字則借一等字，故不能從切語下字求得，必須從切語上字於三等照系求之。圖示於下：

日	來		禪	審	床	穿	照	
	來一	—	—	—	—	—	→|	等一
							↓	等二
							犓	等三
								等四

　　來屬一等韻，然昌屬穿母，所切之犓字，不從來字居一等，而隨昌字居三等。

禪	審	床	穿	照	泥	定	透	端	
			|	—	—	—	一給		等一
			↓						等二
			莒						等三
									等四

　　給屬一等韻，然昌屬穿母，所切之莒字，不從給字居一等，而隨昌字居三等。

　　又照系字韻圖既一概列於三等，而同韻類之其他各系字亦有列於四等者，照系字若以此類字爲切語下字時，亦不能據切語下字之等第以求字，必須於照系定居之三等字求之，此又爲另外一種寄韻憑切之型態。如職容切鍾字是也。圖示如下：

匣	曉	喩	影			床	穿	照	
								|	等一
								↓	等二
								鍾	等三
		容一	—	—	—	—	—	→	等四

　　職容切鍾，容爲喩母四等字，職屬照母字，所切之字，不隨

下字容置於四等，而隨上字歸入照系所定居之三等。故也稱爲寄韻憑切。

　　㈨ 喻下憑切門：喻下憑切者，謂單喻母下，三等爲覆，四等爲仰，仰覆之間，只憑爲切之等也。故曰喻下憑切。如余昭切遙字，于聿切颺字之類是也。

　　【按】韻書「爲」紐與「喻」紐字，韻圖均列於喻母下，但卻使「爲」紐字居三等，而「喻」紐字居四等以區別之。但「爲」紐字之反切下字並非皆在三等，「喻」紐字之反切下字亦並非皆在四等，故欲於韻圖求字，不能以切語下字之等第爲準，只憑其切語上字以求，上字屬「爲」紐，必置三等，上字屬「喻」紐，則必置四等。圖示於下：

喻	影			禪	審	床	穿	照	
｜									等一
｜									等二
↓←	──	──	──	──	──	──	──	──招	等三
遙									等四

　　余招切遙，招爲照母三等字，余屬喻紐，所切之遙，隨反切上字置於四等。

喻	影				疑	群	溪	見	
｜									等一
｜									等二
颺									等三
聿									等四

　　于聿切颺，聿爲四等字，于屬爲紐，所切之颺，隨反切上字

置於三等。

　　㈩日寄憑切門：日寄憑切者，謂日字母下第三爲切，韻逢一二四並切第三，故曰日寄憑切。如汝來切蒕字，如華切楼，如延切然字之類是也。

　　【按】日母字僅見於三等韻，韻圖亦均列三等，然其切語下字，亦有借用一、二等韻者，亦有雖屬同韻而韻圖列於四等者，不論何類切語下字，若上字屬日母，均應於三等求之，可不論其下字之等第。圖示於下：

日	來			疑	群	溪	見	
|←	一來							等一
↓								等二
蒕								等三
								等四

　　汝來切蒕，來在一等，汝屬日紐，所切蒕字，隨上字置三等。

日	來			匣	曉	喻	影	
|								等一
↓←	──	──	──	──	一華			等二
楼								等三
								等四

　　儒華切楼，華在二等，儒屬日紐，所切楼字，隨上字置三等。

日	來				匣	曉	喩	影	
|									等一
↓									等二
然									等三
←	──	──	──	──	──	──	──延		等四

　　如延切然，延在四等，如屬日紐，所切之然字，隨反切上字置三等。

　　㈩廣通門：通廣者謂脣牙喉下爲切，以脂韻眞諄是名通，仙祭清宵號廣門。韻逢來日知照三，通廣門中四上存。所謂廣通者，以其第三通及第四等也，故曰通廣。如符眞切頻，芳連切篇之類是也。

　　【按】支脂眞諄祭仙宵清八韻有一類脣牙喉音韻圖列四等，若此類字以來日知照諸系三等字爲切語下字時，則不據切語下字所居之三等求之，而應於四等求之。圖示於下：

禪	審	床	穿	照	明微	並奉	滂敷	幫非	
							|		等一
							|		等二
				眞──	──	──→↓			等三
							頻		等四

符眞切頻，眞在三等，所切之頻字，則置脣音並母四等下。

日	來				明微	並奉	滂敷	幫非	
							|		等一
							|		等二
	連──	──	──	──	──	──	──→↓		等三
							篇		等四

芳連切篇，連在三等，而所切之篇字，則置滂母下四等。

（圭）侷狹門：侷狹者，亦謂脣牙喉下爲切，韻逢東鍾陽魚蒸爲侷，尤鹽侵麻狹中依，韻逢精等喻下四，侷狹三上莫生疑。所謂侷狹者，第四等字少，第三等字多，故曰侷狹。如去羊切羌字，許由切休字之類是也。

【按】東鍾陽魚蒸尤鹽侵麻八韻脣牙喉音（喻母除外），韻圖置三等，若以同韻而韻圖取居四等之精系及喻母字爲切下字時，所切字應於三等求之。圖示於下：

喻	影							溪	見	
								|		等一
								↓		等二
								羌		等三
羊—	——	——	——	——	——	——	——	→		等四

去羊切羌，羊在四等，所切之羌，卻在溪母下三等地位。

		喻	影	匣	曉					
					|					等一
					↓					等二
					休					等三
		由—	——	——	→					等四

許由切休，由在四等，所切之休，卻在曉母下三等地位。

〈董同龢・論廣通侷狹〉

《玉鑰匙》分支脂眞諄爲「通」，仙祭清宵爲「廣」，似有所謂而實無關宏旨。原來前者在韻圖沒有獨立四等韻居其下；後者則有（即先齊青蕭）。「侷狹門」也是相似的。以東鍾陽魚蒸無四等韻者爲「侷」，尤鹽侵麻之另有字者爲「狹」。分不分都

是不要緊的。

㈢內外門：內外者，謂脣牙喉舌來日下爲切，韻逢照一，內轉切三，外轉切二，故曰內外，如古雙切江，矣殊切熊字之類是也。

【按】三等韻之莊系字，在韻圖上是離開本韻其他各系字而獨居於二等，然韻書亦有以莊系字作爲其他各系反切下字者，若以此類切語於韻圖求字，則不能據下字之二等以求，而當於三等或四等求之。圖示於下：

禪	審	床	穿	照			溪	見	
									等一
	雙—	—	—	—	—	—	—	→江	等二
									等三
									等四

古雙切江，雙在二等，所切之江亦在二等，此所謂外轉切二也。

喻	影			禪	審	床	穿	照	
｜									等一
｜←	—	—	—	—	殊				等二
熊									等三
									等四

矣殊切熊，殊在二等，所切之熊在三等，此所謂內轉切三也。

《經史正音切韻指南》

經史正音切韻指南序

夫讀書必執韻執韻須知切乃為學之急務吾

儒之不可闕者古有四聲等子為傳流之正宗

然而中間分析尚有未明不能曲盡其旨又且

溺於經堅仁然之法而失其真者多矣安西

劉君士明通儒也特造書府來訪於余出示其

所編前賢千載不傳之秘欲鋟諸梓以廣其傳

名白經史正音切韻指南余嘉其能求古之道

以正今之失俾四方學者得其全書易求誨於

先覺云後至元丙子歲仲冬吉日

雲谷熊澤民序

聲韻之學其來尚矣凡窮經博史以聲求字必

得韻而後知韻必得法而後明法必得傳而後

通誠諸韻之總括訂字之權衡也辤五土之音
均同一致靴不以韻為重則馬但能歸韻母之橫
覈審清濁之重即知其非但恐施於誦讀不究
用本乎有然若以浮淺小法一縣有名派而不究其炒
閒則習為陵裂夫略輕議之切法但恐施於誦讀之究
其源乎習者皆當盡矢略如時忍切將賢字時掌之
暨審者子亦未敢輕議以浮淺小法一縣有名派而不究
均同一致靴不以韻為重則馬但能歸韻母之橫

以強賞字呼如西切字本是皮字都江切如當字本是鉏字詳里切如洗字本是似字
切如殊字本是鉏字詳里切如洗字本是似字
欲叩其詳者如清呼其字本是皮字都江切
肥字同音是清濁之分也又如椿字切如士魚
音賞字同是其音竅立仰切字然則亦如去聲而清
其字賞字皆如時忍切將腎字時掌之清上字呼於清
間則習為陵裂夫略輕議之究如時忍切將賢字時掌之清

此乃門法之分也如是誤者豈脉道耶其難稱
齋癸稱貴葡韭之類乃方言之誤不可憑乎
則不得已而姑從其俗至讀聖賢之書首貴難明
知音其可不稽其或稽者非口授謬者成風以致天下授矇不明
韋得傳音者故正隨略補隙暇日因其舊制次成十六
能同音繁檢其疊用法僕於繁補隙暇日因其舊制次成十六
通編作檢討盡其爐與名曰經史正
玄開六股韻括諸門五音集韻互為體用靜韻與諸韻
字音皆由此出也末燕附云爾至元二年歲
音切韻指南與韓氏五音集韻互為體用靜頭與諸
朋友共之庶幾為斯文之一助自序
在兩子良月開中劉士明自序
皆大明弘治九年仲冬吉日金臺釋子思宜重刊

新編經史正音切韻指南

分五音
見溪羣疑是牙音
知徹澄孃舌上音
端透定泥舌頭音
非敷奉微輕唇音
幫滂並明重唇音
照穿床審禪正齒音
精清從心邪齒頭音
曉匣影喻是喉音
來日半舌半齒音

辨清濁
全濁羣邪澄並匣此知曉
次清十字溪透滂敷清微穿
端見純清此知曉
半濁半清明等第
精隨照影及幫非
穿透滂敷微徹溪
從澄定奉與床齊
疑日明來舌半齒
半清半濁明等第

端精二位兩頭居
來曉見幫居四等
知照非數遞互通
澄床疑俞相連屬
知照中間次第平
日非三等外全無
泥孃穿徹用時同
六母交雜一處窮

見字求聲篇卷檢篇數捷法
篇中類出韻中字
韻內分開篇內檢
知聲取字韻中尋

一序二見溪三
五知幫滂六邪
從九歸心邪十
二曉匣影十三
群疑端透泥定四澄孃徹
疑端透泥定四澄孃徹
為基非數微八奉精
明並七為基非數微八奉精
俞母俱十四來日十五宜
影十三俞母俱十四來日十五宜

韻	日	來	喻	影	匣	曉	邪禪	心審	從床	清穿	精照
東 / 冬	○	籠	○	翁	洪	烘	○	檧	叢	○	葼
董 / ○	○	曨	○	蓊	澒	嗊	○	㩳	敊	怱	緫
送 / 宋	○	弄	○	瓮	哄	烘	○	送	趗	謥	椶
屋 / 沃	○	祿	○	屋	縠	縠	○	速	族	蔟	鏃
	○	○	○	○	○	○	○	○	崇	○	○
	○	○	○	○	○	○	○	○	○	○	○
	○	○	○	○	○	○	○	○	○	○	○
	○	○	○	○	○	○	縮	○	嵩	○	○
鍾	茸	龍	○	邕	○	胷	雄	舂	鱅	衝	鑯
腫	宂	隴	○	擁	○	洶	○	○	○	憃	鍾
用	鞾	曨	逎	雍	○	趨	○	○	○	揰	種
燭	辱	錄	圓	郁	○	旭	蜀	○	○	憁	燭
	○	○	容	○	○	○	松	從	○	縱	縱
	○	○	勇	○	○	○	蚣	從	○	從	緵
	○	○	用	○	○	○	頌	從	○	從	縱
	○	○	欲	○	○	○	續	粟	○	促	足

此攝指掌作獨韻，所用之字不出本韻圖之韻內者。

見	溪	群	疑	端 知	透 徹	定 澄	泥 孃	幫 非	滂 敷	並 奉	明 微	通攝內一
公	空	○	頏	東	通	同	儂	○	倥	蓬	蒙	
贛	孔	○	涴	董	侗	動	繷	琫	髼	菶	蠓	
貢	控	○	○	凍	痛	洞	齈	○	○	槵	幏	
穀	哭	○	瓁	穀	禿	獨	耨	卜	扑	曝	木	
○	○	○	○	○	○	○	○	○	○	○	○	
○	○	○	○	○	○	○	○	○	○	○	○	
○	○	○	○	○	○	○	○	○	○	○	○	
○	○	○	○	○	○	○	○	○	○	○	○	
恭	恐	蛩	顒	中	盅	蟲	醲	封	峯	逢	○	侗門
拱	恐	○	○	冢	寵	重	○	覂	捧	奉	朦	
供	曲	共	○	湩	踵	重	鬞	諷	葑	俸	瞢	
輂	○	局	玉	瘃	梀	躅	傉	福	蝮	幞	娟	
○	○	○	○	○	○	○	○	○	○	○	○	
○	○	○	○	○	○	○	○	○	○	○	○	
○	○	○	○	○	○	○	○	○	○	○	○	
○	○	○	○	○	○	○	○	○	○	○	○	

韻	日	來	喻	影	匣	曉	邪禪 審	心審	從床	清穿	精照
江講絳覺	○	瀧	○	肛	降	肛備惹吒	○	雙	淙	囪窗	○
	○	○	○	映	項		○	雙	○	窻	○
	○	○	○	惼	巷		○	淙	漴	𤲬	○
	○	𦭜	○	渥	學		○	朔	浞	捉	捉

合口呼　　開口呼　　合口呼

江攝外一

見幫端曉喻屬開知照來日屬合

江講絳覺

	見	溪	群	疑	端知	透徹	定澄	泥娘	幫非	滂敷	並奉	明微
平	○	崆	○	○	椿	○	幢	瀧	邦	胮	龐	庬
上	○	控	○	○	○	○	○	攮	娺	髎	祥	俺
去	○	颿	○	○	蠢	○	憧	髮	○	張	○	恾
入	嶽	散	○	嶽	斲	逴	濁	搦	剝	璞	雹	邈

〔開口呼〕（見溪群疑）　〔合口呼〕（端透定泥·知徹澄娘）　〔開口呼〕（幫滂並明·非敷奉微）

韻	日	來	喻	影	匣	曉	邪禪	心審	從床	清穿	精照
微韻宜併入脂韻	○	○	○	○	○	○	○	○	○	○	○
	○	○	○	○	○	○	○	○	○	○	○
	○	○	○	○	○	○	○	○	○	○	○
	○	○	○	○	○	○	○	○	○	○	○
	○	○	○	○	○	○	釃	釃	茌	差	迺
	○	○	○	○	○	○	史	史	士	剌	批
	○	○	○	○	○	○	駛	駛	○	廁	裝
	○	○	○	○	○	○	瑟	瑟	齟	剎	擳
微尾未物 脂旨至質	而	釐	矣	醫	○	犧	時	詩	鶵	鶵	支
	爾	邐	○	倚	○	喜	視	始	齒	齒	止
	二	吏	○	懿	○	戲	嗜	屍	雌	雌	志
	日	栗	○	乙	○	肸	柿	矢	此	此	質
	○	離	夷	伊	○	犧	詞	思	次	次	賫
	○	里	以	○	○	喜	似	枲	七	七	婷
	○	利	異	擅	系	戲	寺	四	自	○	愁
	○	栗	逸	一	○	肸	○	悉	疾	○	聖

明／微	並／奉	滂／敷	幫／非	泥／孃	定／澄	透／徹	端／知	疑	群	溪	見	止攝內二
○	○	○	○	○	○	○	○	○	○	○	○	
○	○	○	○	○	○	○	○	○	○	○	○	
○	○	○	○	○	○	○	○	○	○	○	○	
○	○	○	○	○	○	○	○	○	○	○	○	
麋	○	破	彼	○	○	○	○	○	○	○	○	開口呼
羑	被	破	彼	○	○	○	○	○	○	○	○	
○	合口呼	○	彼	○	○	○	○	○	○	○	○	
○		○	彼	○	○	○	○	○	○	○	○	
麋	皮	鈹	陂	尼	馳	絺	知	宜	奇	攲	飢	通門
羑	被	破	彼	怩	豸	攡	徵	擬	技	起	几	
麋	備	帔	賁	膩	縋	屎	智	劓	芰	器	冀	
密	弼	弼	筆	眲	秩	秩	窒	扶	○	○	曁	入声字見於臻攝
彌	皮	紕	匕	○	○	○	○	觬	衺	企	枳	
溟	婢	諀	匕	○	弟	體	體	體	偈	棄	繋	
彌	鼻	譬	庳	睨	地	帝	帝	帝	偈	詰	吉	
蜜	邲	匹	必	昵	蓋	窒	窒	毅	佶	詰	吉	

精照	清穿	從床	心審	邪禪	曉	匣	影	喻	來	日	韻
○	○	○	○	○	○	○	○	○	○	○	
○	○	○	○	○	○	○	○	○	○	○	
○	○	○	○	○	○	○	○	○	○	○	
○	○	○	○	○	○	○	○	○	○	○	
藥	揣	衰	衰	○	○	○	○	○	○	○	
粼	○	○	師	○	○	○	○	○	○	○	
○	○	○	率	○	○	○	○	○	○	○	
○	○	○	○	○	○	○	○	○	○	○	
錐	吹	○	水	○	麾	揅	逶	惟	纍	痿	微
捶	吹	術	餲	○	毇	華	委	位	壘	蘂	尾
惴	出	○	綏	隨	毇	睡	棱	風	律	納	未
崔	顇	誶	髓	隨	隳	隨	蔚	惟	惟	○	物
脗	翠	萃	邃	猶	䐑	䐑	○	役	○	○	
醉	焌	萃	○	遂	孈	孈	○	遺	○	○	
卒	○	○	○	○	驨	○	○	聿	○	○	

微韻宜併入脂韻、

脂旨至韻

止攝內二　合口呼　通門　入声字見於臻攝

| 見 | 溪 | 羣 | | 端 | 透 | 定 | 泥 | 幫 | 滂 | 並 | 明 |
知	徹	澄	孃	非	敷	奉	微				
○	○	○	○	○	○	○	○	○	○	○	○
○	○	○	○	○	○	○	○	○	○	○	○
○	○	○	○	○	○	○	○	○	○	○	○
○	○	○	○	○	○	○	○	○	○	○	○
○	○	○	○	○	○	○	○	○	○	○	○
○	○	○	○	○	○	○	○	○	○	○	○
○	○	○	○	○	○	○	○	○	○	○	○
○	○	○	○	○	○	○	○	○	○	○	○

（合口呼　通門）

見	溪	羣		知	徹	澄	孃	非	敷	奉	微
龜	巋	逵	○	追	○	鎚	○	非	霏	肥	微
軌	喟	揆	○	○	搥	○	姜	匪	斐	朏	亹
嬀	危	匱	○	轛	惴	墜	諉	沸	費	狒	未
宄	巋	葵	○	黜	怵	术	朒	弗	拂	佛	物

入声字見於臻攝

見	溪	羣		知	徹	澄	孃	非	敷	奉	微
○	○	○	○	○	○	○	○	○	○	○	○
○	○	○	○	○	○	○	○	○	○	○	○
○	○	○	○	○	○	○	○	○	○	○	○
○	○	○	○	○	○	○	○	○	○	○	○

韻	日	來	喻	影	匣	曉	邪禪	心審	從床	清穿	精照
模	○	盧	侉	烏	胡	呼	○	蘇	徂	麤	租
姥	○	魯	○	鄔	戶	虎	○	訴	粗	蔖	祖
暮	○	路	○	汙	護	譇	○	速	祚	厝	作
屋	○	祿	○	屋	穀	瞉	○	疏	族	瘯	鏃
	○	○	○	○	○	○	○	所	鉏	初	道
	○	○	○	○	○	○	○	疏	齟	楚	阻
	○	○	○	○	○	○	○	數	助	楚	詛
	○	○	○	○	○	○	○	○	䌈	○	○
魚	如	臚	于	於	○	虛	蜍	書	紓	樞	諸
語	汝	呂	羽	扷	○	許	野	暑	○	杵	蕏
御	洳	慮	芋	飫	○	嘘	署	恕	咀	處	翥
燭	辱	錄	○	○	○	旭	蜀	束	○	姹	爥
虞	○	○	余	○	○	○	徐	胥	咀	疽	且
麌	○	○	與	○	○	○	敘	諝	○	跛	苴
遇	○	○	豫	○	○	○	㑩	絮	○	覷	怚
燭	○	○	欲	○	○	○	續	粟	○	促	足

遇攝內三　獨韻　侷門（入聲字在通攝）

聲母	見	溪	群	疑	端／知	透／徹	定／澄	泥／孃	幫／非	滂／敷	並／奉	明／微
一等・平	孤	枯	○	吾	都	稌	徒	奴	逋	鋪	蒲	模
一等・上	古	苦	○	五	覩	土	杜	怒	補	普	簿	姥
一等・去	顧	絝	○	誤	妒	菟	渡	笯	布	怖	捕	暮
一等・入	穀	哭	○	○	穀	禿	獨	傉	卜	扑	暴	木
二等・平	○	○	○	○	○	○	○	○	○	○	○	○
二等・上	○	○	○	○	○	○	○	○	○	○	○	○
二等・去	○	○	○	○	○	○	○	○	○	○	○	○
二等・入	○	○	○	○	○	○	○	○	○	○	○	○
三等・平	居	虛	渠	魚	豬	攄	除	挐	跗	敷	扶	無
三等・上	舉	去	巨	語	貯	楮	佇	女	甫	撫	父	武
三等・去	據	欹	遽	御	著	絮	箸	女	付	赴	附	務
三等・入	韄	曲	局	玉	瘵	楝	躅	辱	□	○	幞	媚
四等・平	○	○	○	○	○	○	○	○	○	○	○	○
四等・上	○	○	○	○	○	○	○	○	○	○	○	○
四等・去	○	○	○	○	○	○	○	○	○	○	○	○
四等・入	○	○	○	○	○	○	○	○	○	○	○	○

日	來	喻	影	匣	曉	邪禪	心審	從床	清穿	精照
						禪審	審			
○	來	○	頤	哀	孩	哈	鰓	裁	猜	裁宰載鬢扅扸瘵札
○	鈶	○	賧	亥	亥	海	毸	在	采	宰
○	賴	○		害	害	餀	愄	載	蔡	載
○	剌	○	過	曷	曷	頤	蓋	戴	攃	鬢採瘵札
○	唻	○	娃	諧	稀	徛	崽	豺	釵	制質
○	攋	○	挨	蟹	譮	譮	灑	懘	利	資濟霽聖
○		○	隘	避	瞎	瞎	删	齌	摶	
○		○	軋	黠			殺	韇	罜	○
蛪	○	○	○	○	歇	逝	世	絏	刅	制質資濟霽聖
疬	○	○	○	○	肝	崇	失	乙	妻	○
○	例	日	○	○	臨	巢	西	驚	洸	○
○	栗	日	賢	○	○	○	洗	咢	砌	○
○	黎禮	逸	○	犮	奚	○	細	翳	七	○
○	麗		○	葵	葵	○	悉	一		○

左側（韻目）

代韻宜併入泰韻

韻哈海賄曷皆駭怪鎋齊薺祭質齊薺霽質

祭韻宜併入霽韻

蟹攝外二　開口呼　廣門

見	溪	群	疑	端	透	定	泥	幫	滂	並	明
		辝		知	徹	澄	孃	非	敷	奉	微
該	開	○	皚	戴	胎	臺	能	○	姝	俖	穤
改	愷	○	騃	等	駘	駘	乃	○	姁	倍	眛
蓋	礚	○	艾	帶	嘥	大	奈	○	媷	旆	蕒
葛	渴	○	○	怛	撻	達	○	○	○	○	瞙
皆	楷	○	崖	捜	嘥	捼	能	○	○	排	○
○	揩	○	騃	揮	怩	橪	惄	○	砒	罷	○
誡	烗	○	睚	襬	鉚	獮	崴	○	顐	○	○
犗	箓	○	啀	捌	啐	疪	獺	○	嫓	拔	○
○	○	○	○	○	○	○	○	○	○	○	○
○	○	○	○	○	○	○	○	○	○	○	○
猗	憩	偈	猊	婦	滯	蹛	瘁	剔	偈	弼	密
稽	谿	姤	倪	眰	秩	挾	窒	劓	姤	䕫	迷
雞	谿	○	堄	泥	嗁	梯	低	倪	砒	陛	米
計	啟	○	詣	禰	弟	體	邸	堄	顝	薜	謎
吉	契	○	劓	昵	第	替	帝	詣	匹	邲	蜜
	詰				耋		窒	結			

		日	來	喻	影	匣	曉	邪	心	從	清	精
								禪	審	床	穿	照
韻	灰	○	灆	○	隈	回	灰	○	倠	摧	崔	催
宜泰韻併合	賄	○	磥	阮	很	瘣	賄	○	漼	崒	倅	摧
入合隊口	隊	○	頛	穨	隗	潰	誨	○	碎	焠	倅	崒
韻字	末	○	捋	○	斡	活	豁	○	劚	柮	焠	綷
	皆	○	膔	○	蛙	懷	捼	○	蔇	膗	崔	硬
	駭	○	○	○	崴	㲹	扮	○	○	○	倅	○
	怪	○	○	○	嵗	壞	恝	○	焠	膪	焠	○
	鎋	○	○	○	婠	頢	鴰	○	刷	○	篡	茁
廢韻	齊	○	○	○	○	○	○	杉	○	○	○	○
	薺	○	○	○	○	○	○	○	○	○	○	○
宜	廢	芮	○	衛	穢	○	喙	綴	稅	○	纂	贅
廢併	衛	○	律	颰	蔚	颰	睡	眾	絀	衛	出	○
入	齊	○	○	○	娃	撊	○	○	○	○	○	葰
齊薺	薺	○	○	銳	慧	嘒	噧	篲	嵗	○	毳	焠
霽韻	術	○	○	聿	雉	驪	矯	祟	崒	○	㸤	辛

明	並	滂	幫	泥	定	透	端	疑	群	溪	見	蟹攝外二
微	奉	敷	非	娘	澄	徹	知					合口呼
枚	裴	醅	桮	捼	頽	推	磓	鮠	○	恢	傀	廣門
浼	琲	啡	琣	餒	隤	腿	膗	頠	○	䯐	領	
妹	佩	配	背	內	隊	退	對	磑	○	塊	憒	
未	跋	○	○	○	奪	○	○	外	○	闊	括	
○	○	○	○	○	䜌	○	搳	詭	○	○	○	
○	○	○	○	○	類	○	捧	儂	○	罣	卦	
助	㥯	洋	庍	妠	取	○	類	鵝	膪	○	娟	
物	佛	拂	肺	貀	鑰	毁	綴	篆	衛	竅	劇	
○	○	○	○	○	○	默	惙	娷	倔	聤	支	
○	○	○	○	○	○	○	○	觀	○	○	圭	
○	○	刷	廢	○	○	○	○	○	○	褀	○	
○	○	○	○	○	○	○	○	繑	○	○	桂	

韻目	精照	清穿	從床	心審	邪禪	曉	匣	影	喻	来	日
痕很恨没（發韻宜併入真韻）	○	○	○	○	○	○	痕	恩	○	○	○
	○	○	○	洒	○	○	很	穏	○	○	○
	○	○	○	摋	○	○	恨	㥏	○	○	○
	○	○	○	○	○	○	没	○	○	○	○
	○	○	○	蓁	華	○	○	○	○	○	○
瑧榛縇撍	瑧	榛	○	藎	○	○	○	○	○	○	○
	縇	齔	酳	齜	阽	○	○	○	○	○	○
	撍	櫬	齜	○	瑟	○	○	○	○	○	○
殷隱焮迄	真	親	神	申	辰	欣	○	咽	寅	粦	仁
真軫震質	軫	○	○	矤	腎	迻	○	迎	嶙	○	忍
	震	叱	胂	胂	慎	峅	○	隱	遴	刃	刃
	質	七	失	失	藥	肸	○	乙	栗	○	日
	津	親	秦	新	神	○	○	因	寅	○	○
	攂	笃	盡	卤	○	叱	○	引	引	○	○
	晉	親	盡	信	賣	親	○	印	胤	○	○
	聖	七	疾	悉	○	七	○	一	逸	○	○

明微	並奉	滂敷	幫非	泥孃	定澄	透徹	端知	疑	群	溪	見	臻攝外三
○	○	○	○	○	○	吞	○	垠	○	銀	根頭	開口呼
○	○	○	○	○	○	○	○	限	○	頏	艮	
○	○	○	○	○	○	瘏	○	齦	○	硍	扢	
○	○	○	○	○	○	○	○	齴	○	鞎	○	
○	○	○	○	○	○	○	○	○	○	○	○	
○	○	○	○	○	○	○	○	○	○	○	○	
○	○	○	○	○	○	○	○	○	○	○	○	
○	○	○	○	○	○	○	○	○	○	○	○	
珉	貧	砏	彬	紉	陳	縝	珍	銀	狺	緊	巾	通門
愍	○	○	○	紉	轔	駗	駗	釿	○	蜸	芭	
愍	○	○	○	㛴	㻐	湤	鎮	愁	懂	掀	抑	
密	孲	拂	筆	秩	姪	扶	窒	耴	姞	○	曁	
民	頻	繽	賓	年	田	天	顛	○	趣	○	○	
泯	牝	碤	臏	○	○	○	○	○	○	蓳	緊	
○	○	宋	儐	○	○	○	○	○	○	菣	○	
蜜	邲	匹	必	昵	蓥	窒	○	窒	姞	詰	吉	

精照	清穿	從牀	心審	邪禪	曉	匣	影	喻	來	日	韻
尊	村	存	孫	○	昏	魂	昷	○	論	○	魂
鐏	忖	鐏	損	○	總	混	穩	○	惀	○	混
焌	寸	鐏	巽	○	惛	慁	搵	○	論	○	恩
稡	焠	捽	窣	○	忽	頮	頟	○	㪍	○	沒
○	○	○	○	○	○	○	○	○	○	○	
○	○	○	○	○	○	○	○	○	○	○	
○	○	○	○	○	○	○	○	○	○	○	
○	○	○	率	○	○	○	○	○	○	○	
劋											
遵	春	脣	恂	○	薰	純	贇	○	淪	犉	諄
凖	蠢	盾	舜	紃	○	○	惲	筠	輪	蝡	准
稕	○	順	絀	○	訓	○	醞	○	論	閏	稕
○	出	術	卹	颭	○	○	蔚	律	○	○	術
遵	逡	鷸	荀	句	○	○	○	勻	○	○	文
○	○	濟	筍	揗	○	○	○	尹	○	○	吻
僎	焌	崒	俊	殉	○	○	殉	聿	○	○	問
卒	○	崒	郇	橘	驞	○	○	聿	○	○	物

文韻宜併入諄韻

文吻問物

臻攝外三

合口呼

明微（門）	並奉	滂敷	幫非	泥孃	定澄	透徹	端知	疑	群	溪	見
門	盆	濆	奔	○	屯	暾	敦	㝧	○	坤	昆
懣	○	噴	本	○	囤	○	頓	○	○	閫	鯤
悶	坌	○	奔	○	鈍	睡	頓	顝	倱	困	睔
沒	勃	○	不	吶	突	○	咄	兀	○	窟	骨
○	○	○	○	○	○	○	○	○	○	○	○
○	○	○	○	○	○	○	○	○	○	○	○
○	○	○	○	○	○	○	○	○	○	○	○
○	○	○	○	○	○	○	○	○	○	○	○

通門

明微	並奉	滂敷	幫非	泥孃	定澄	透徹	端知	疑	群	溪	見
文	汾	芬	分	○	訹	楮	屯	輑	羣	囷	均
吻	憤	忿	粉	○	蟀	稙	○	輑	窘	稛	匀
問	分	溢	糞	○	术	○	鈍	○	郡	○	橘
物	佛	拂	弗	貀	○	黜	怵	崛	倔	屈	○
○	○	○	○	○	○	○	○	○	○	○	○
○	○	○	○	○	○	○	○	○	○	○	○
○	○	○	○	○	○	○	○	○	○	○	○
○	○	○	○	○	○	○	○	○	○	○	○

韻	日	來	喻	影	匣	曉	邪禪	心審	從床	清穿	精照
寒旱翰曷	○	蘭	○	安	寒	頇	○	跚	殘	餐	籛
	○	嬾	○	侒	旱	皔	審	散	瓚	○	趲
	○	爛	○	按	翰	漢	冊	繖	瓚	粲	賛
	○	剌	○	過	曷	顒	繖	薩	巀	攃	瓚
	○	瀾	○	顯	閑	羴	戩	戔	殘	划	○
山產諫鎋	○	山	○	軋	限	閑	澘	山	棧	揮	醆
	○	產	○	晏	骭	限	澘	訕	載	划	剗
	○	諫	○	軋	瞎	黠	澘	殺	鏟	鏟	札
	○	鎋	○	○	焉	嘕	嬗	羶	瘒	○	飡
仙獮線薛	然	連	焉	焉	○	嘕	嬗	煔	燃	闡	饡
	蹨	輦	瑌	扵	馭	幰	獻	扇	蟬	碰	膳
	䎐	輦	軀	○	○	緤	媟	設	仙	掣	戰
元阮願月	熱	列	瘫	綢	○	○	次	獮	霰	淺	哲
	○	蓮	○	煙	蝘	峴	賢	祆	緩	千	籛
	○	○	延	堰	宴	見	顯	羨	美	淺	翦
	○	練	衍	攖	壹	纑	杳	杳	○	切	節

明	並	滂	幫	泥	定	透	端	疑	群	溪	見	山攝外四
微	奉	敷	非	娘	澄	徹	知					開口呼 廣門
○	○	○	○	難	壇	灘	單	豻	○	看	干	
○	○	○	○	攤	坦	但	亶	○	○	侃	笴	
○	○	○	○	攤	憚	憚	炭	岸	○	侃	肝	
藒	○	○	○	捺	達	連	闥	薜	○	渴	葛	
○	辬	○	○	然	㩼	㒈	○	頖	○	慳	襇	
○	版	肨	○	赧	○	○	○	眼	○	齦	簡	
慢	辦	○	扮	襬	綻	○	○	鴈	○	○	諫	
傡	拔	扒	捌	疶	獺	○	○	黠	○	籺	戛	
蠻	○	○	○	輾	纏	脠	邅	言	乾	愆	搴	
免	辯	鴘	辡	趁	邅	展	展	齴	件	愆	蹇	
○	卞	○	變	輾	邅	○	中	彦	健	○	建	
○	別	○	劂	輟	○	○	哲	天	傑	孑	○	
眠	便	篇	鞭	秊	田	撍	珍	顛	趼	牽	甄	
○	梗	翩	○	撚	殄	眩	琠	典	齗	遣	繭	
麫	便	鶣	徧	涊	電	瞑	殿	睍	臔	○	見	
蔑	蹩	擎	驚	涅	鐵	室	蛭	齧	傑	撅	結	

韻	日	來	喻	影	曉匣	心邪審禪	從床	清穿	精照
桓 緩 換 末（押元不韻當合口）	○ ○ ○ ○	鑾 夘 亂 捋	○ ○ ○ ○	剜 婉 惋 斡	歡 澣 喚 豁	○ ○ 酇 掇	酸 算 攢 撮	鋑 巑 竄 撮	鑽 纂 鑽 繤
山 產 諫 鎋（入先魂韻韻通）	○ ○ ○ ○	㰘 ○ ○ ○	彎 綰 綰 婠	脘 睅 患 頢	䜴 ○ 䚕 黠	栓 孿 篡 刷	犬 撰 饌 刷	撰 㹠 𡣳 刷	跧 蟤 孨 茁
元 阮 願 月	堧 愞 輭 㬠	攣 臠 戀 劣	員 遠 瑗 越	娟 宛 怨 威	暄 咺 楦 曼	遄 膞 篅 啜	船 ○ 撰 說	全 ○ ○ ○	專 剸 剸 拙
仙 獮 線 薛	○ ○ ○ ○	○ ○ ○ ○	沿 沇 掾 悅	淵 蜎 餶 抉	玄 泫 縣 穴	銷 𧗱 絢 血	旋 蜎 淀 覆	詮 ○ 線 絕	鐫 臇 恮 蕝

山攝外四　合口呼　廣門

見	溪	群	疑	端知	透徹	定澄	泥孃	幫非	滂敷	並奉	明微
官	寬	○	岏	端	湍	團	穤	般	潘	盤	瞞
管	款	○	刓	短	疃	斷	煖	版	坢	伴	滿
貫	鐵	○	玩	鍛	彖	段	便	半	判	叛	縵
括	闊	○	扤	掇	侻	奪	妠	撥	鏺	跋	末
○	○	○	頑	○	○	○	○	班	攀	○	蠻
○	○	○	○	○	○	○	○	扮	○	○	矕
○	○	○	薍	○	○	○	○	○	○	○	○
○	○	○	○	○	○	○	妠	○	○	○	○
勬	觠	權	元	轉	猭	椽	○	蕃	翻	煩	樠
卷	圈	○	阮	○	○	篆	○	反	疲	飯	晚
眷	倦	倦	願	○	○	傳	○	販	怖	飯	萬
蹶	闋	○	月	○	○	○	呐	髮	髮	伐	韈
○	○	○	○	○	○	○	○	○	○	○	緢
涓	犬	○	○	○	○	○	○	編	○	○	○
睊	駽	○	○	○	○	○	○	○	○	○	○
玦	闋	○	○	○	○	○	○	○	○	○	○

韻	日	來	喻	影	匣	曉	邪禪	心審	從床	清穿	精照
豪	○	勞	○	媕	豪	蒿	○	騷	曹	操	糟
皓	○	老	○	襖	晧	好	○	嫂	皁	草	早
号	○	嫪	○	奥	号	秏	○	喿	漕	操	竈
鐸	○	落	○	惡	○	臛	○	索	昨	錯	作
肴	○	頪	猇	頤	洨	虓	○	梢	巢	讒	聯爪抓
巧	○	醪	○	㪿	肴	歊	○	○	○	抄	爪
效	○	○	○	㪿	效	孝	○	哨	巢	○	抓
覺	○	○	○	握	學	學	○	稍	○	○	○
宵	饒	嫽	鴞	妖	○	囂	韶	燒	巢	怊	昭沼照
小	擾	繚	夭	夭	○	○	紹	少	○	麨	灼
笑	饒	饒	耀	約	○	○	邵	少	○	覢	焦湫
藥	若	聊了額	遥鷕耀藥	要杳要	姣	膮	妁	宵小笑削	鵲	鍫悄陗鵲	噍爵

效攝外五　　獨韻　　廣門

見	溪	群	疑	端（知）	透（徹）	定（澄）	泥（孃）	幫（非）	滂（敷）	並（奉）	明（微）
高	尻	○	敖	刀	饕	陶	猱	褒	○	袍	毛
暠	考	○	襖	倒	討	道	腦	寶	○	抱	蓩
誥	犒	○	傲	到	套	導	臑	報	○	暴	帽
各	恪	○	咢	沰	託	鐸	諾	博	○	泊	莫
交	敲	○	聱	嘲	超	桃	鐃	包	胞	庖	茅
絞	巧	○	齩	○	○	棹	○	飽	砲	鮑	卯
教	敲	○	樂	罩	○	○	○	豹	奅	靤	皃
覺	殼	○	嶽	○	○	雹	○	剝	璞	雹	邈
驕	趫	喬	○	朝	超	朝	饒	鑣	○	瀌	苗
矯	趬	○	○	朝	趠	○	遶	表	鑣	麃	○
嬌	蹻	嶠	虐	○	朝	○	○	裱	召	著	廟
腳	○	噱	○	○	超	朝	○	○	○	趫	○
驍	蹺	翹	堯	貂	祧	迢	嬈	猋	飆	瓢	蜱
皎	磽	○	蟯	鳥	朓	窕	嬝	標	標	摽	眇
叫	竅	○	顤	弔	糶	藋	尿	裱	剽	驃	妙
○	○	○	○	○	○	○	○	○	○	○	○

韻	日	來	喻	影	匣	曉	邪禪	心審	從床	清穿	精照
歌	○	羅	○	阿	何	訶	○	娑	醝	瑳	貊
哿	○	攞	○	閜	荷	呵	○	縒	齹	瑳	左
箇	○	邏	○	椏	賀	朣	○	些	○	瑳	佐
鐸	○	鏍	○	惡	涸	煆	○	索	昨	錯	作
麻	○	蠹	○	鴉	遐	閜	○	儣	槎	叉	槎
馬	○	儸	○	啞	下	嚇	○	灑	乍	笑	鮓
禡	○	○	○	亞	眼	黠	○	嗄	鑼	瘥	詐
鎋	○	○	軋	○	軋	黠	○	救	蛇	刹	扎
	若	儺	○	○	○	○	闍社坻	奢捨設	○	車韡趑	遮者柘哲
	若	跰	○	○	○	○			射查姐褯	制礎且筥	嗟
	佮		○	○	○	○				切	
	○		○	○	○	○		設些			
	○	○	耶	○	○	苛	邪地	寫蝑	姐褯	筥	姐借
	○	○	野	○	○	○	謝	屑	截	切	節
	○	○	夜	○	○	○					
	○	○	抴	○	○	○					

內外混等

見	溪	群	疑	端/知	透/徹	定/澄	泥/孃	幇/非	滂/敷	並/奉	明/微	果攝內四
歌	珂	○	莪	多	佗	駝	那	○	○	○	○	假攝外六 狹門
哿	可	○	我	嚲	袉	爹	橠	○	○	○	○	
箇	坷	○	餓	跢	拖	馱	奈	○	○	○	○	
各	恪	○	咢	沰	託	鐸	諾	○	○	○	○	
嘉	跒	○	牙	奓	侘	茶	拏	巴	葩	爬	麻	
檟	跒	○	雅	奼	妊	蛇	絮	把	土	跁	馬	
駕	髂	○	迓	詫	詫	褉	袉	霸	岮	跋	禡	
黠	簐	○	聤	侘	衪	嵯	嬈	捌	汃	拔	礤	
伽	佉	○	○	○	○	○	○	○	○	○	○	
○	○	○	○	○	○	○	○	○	○	○	○	
傒	朅	○	○	○	○	○	○	爹	○	○	呼	
子	吹	揭	○	多	○	朣	○	哆	○	○	乜	
○	餞	○	○	○	○	○	○	○	○	○	○	
○	憨	○	○	窒	○	涅	○	窒	○	乜	蔑	

（小注）果攝入聲字在此　假攝入聲字在此

精照	清穿	從床	心審	邪禪	曉	匣	影	喻	來	日	韻
佐	剉	○	莎	○	火	和	倭	訛	臝	○	戈
挫	脞	坐	鎖	○	貨	禍	婐	裸	倮	○	果
㘝	剉	座	膗	○	霍	和	涴	鑶	蠃	○	過
挫	○	○	○	○	華	穫	○	硪	砢	○	鐸
姐	坐	○	○	筱	○	華	穵	鑶	覽	○	麻
○	矬	篡	刷	詧	化	踝	撧	○	○	○	馬
齰	○	○	○	○	話	瓢	撧	○	○	○	禡
○	○	○	○	○	韡	頭	婠	○	○	○	鐸
○	○	○	○	○	○	韡	肸	○	臁	矮	
○	○	○	○	○	○	○	○	○	○	○	
○	○	○	○	曼	○	曼	娀	○	劣	藝	
○	○	○	○	○	○	○	○	○	○	○	
○	○	○	○	○	○	○	○	○	○	○	
○	○	○	○	○	○	○	○	○	○	○	
○	○	○	○	○	○	○	○	○	○	○	

合口呼

見	溪	群	疑	端知	透徹	定澄	泥孃	幫非	滂敷	並奉	明微
戈	科	○	訛	○	詑	沱	捼	波	頗	婆	摩
果	顆	○	妮	朵	妥	墮	婑	跛	叵	爸	麼
過	課	○	吪	○	唾	情	悇	播	破	蓓	磨
郭	廓	○	瑰	○	○	○	○	○	○	○	○
瓜	誇	○	倭	○	○	槎	○	○	○	○	○
寡	髁	○	矮	○	○	○	礒	○	○	○	○
○	跨	○	瓦	簻	○	○	○	○	○	○	○
刮	劂	○	刖	○	頦	○	奻	○	○	○	○
○	骩	瘸	鵝	○	○	○	○	○	○	○	○
○	闋	○	○	○	○	○	○	○	○	○	○
○	○	○	𤩈	○	○	○	○	○	○	○	○
○	○	○	○	○	○	○	○	○	○	○	○
○	○	○	○	○	○	○	○	○	○	○	○
○	○	○	○	○	○	○	○	○	○	○	○
○	○	○	○	○	○	○	○	○	○	○	○
○	○	○	○	○	○	○	○	○	○	○	○

果攝內四　假攝外六　合口呼

精照	清穿	從床	心審	邪禪	曉	匣	影	喻	來	日	韻
臧	倉	藏	桑	○	○	航	鴦	○	郎	○	唐
駔	蒼	奘	顙	○	沆	沆	坱	○	朗	○	蕩
葬	蒼	藏	喪	○	吭	吭	盎	○	浪	○	宕
作	錯	昨	索	○	涸	涸	惡	○	落	○	鐸
莊	創	牀	霜	○	○	○	○	○	○	○	
○	○	○	爽	○	○	○	○	○	○	○	
壯	○	狀	霜	○	○	○	○	○	○	○	
斮	○	斯	○	○	○	○	○	○	○	○	
章	昌	商	商	常	香	○	央	陽	良	穰	陽
掌	敞	賞	賞	上	響	○	鞅	養	兩	攘	養
障	唱	餉	餉	尚	向	○	怏	漾	亮	讓	漾
灼	綽	爍	爍	妁	謔	○	約	藥	略	若	藥
將	槍	牆	襄	詳	○	○	○	陽	○	○	陽
獎	搶	蔣	想	○	○	○	○	養	○	○	養
醬	蹡	匠	相	○	○	○	○	漾	○	○	漾
爵	鵲	嚼	削	○	○	○	○	藥	○	○	藥

宕攝內五　開口呼　侷門

	見	溪	群	疑	端(知)	透(徹)	定(澄)	泥(娘)	幫(非)	滂(敷)	並(奉)	明(微)
一等平	岡	康	○	卬	當	湯	唐	囊	幫	滂	○	茫
一等上	𪢌	慷	○	𤏡	黨	曭	蕩	曩	榜	髈	旁	莽
一等去	鋼	抗	○	㸚	讜	儻	宕	儾	○	○	○	漭
一等入	各	恪	○	号	㗉	託	鐸	詑	博	顠	泊	莫
二等平	○	○	○	○	○	○	○	○	○	○	○	○
二等上	○	○	○	○	○	○	○	○	○	○	○	○
二等去	○	○	○	○	○	○	○	○	○	○	○	○
二等入	○	○	○	○	○	○	○	○	○	○	○	○
三等平	薑	羌	強	卬	張	萇	長	孃	方	芳	房	亡
三等上	繮	磋	𥄉	仰	長	昶	丈	釀	昉	髣	○	网
三等去	疆	唴	弶	䀻	帳	悵	仗	醸	放	訪	防	妄
三等入	腳	卻	噱	虐	著	芍	𪓐	逽	轉	霩	縛	○
四等平	○	○	○	○	○	○	襄	○	○	○	○	○
四等上	○	○	○	○	○	○	○	○	○	○	驃	○
四等去	○	○	○	○	○	○	○	○	○	○	○	○
四等入	○	○	○	○	○	○	○	○	○	○	○	○

韻	日	來	喻	影	匣	曉	邪禪	心審	從床	清穿	精照
唐蕩宕鐸	○	○	○	汪	黃	荒	○	○	○	○	○
	○	○	○	汪	晃	慌	○	○	○	○	○
	○	○	○	汪	攩	荒	○	○	○	○	○
	○	硜	○	艧	穫	霍	○	○	○	○	喫
	○	○	○	○	○	○	○	○	○	○	○
	○	○	○	○	○	○	○	○	○	○	○
	○	○	○	○	○	○	○	○	○	○	○
	○	○	○	○	○	○	○	○	○	○	○
陽養漾藥	○	○	王	怏	○	怳	○	○	○	○	○
	○	○	往	○	○	況	○	○	○	○	○
	孃	○	迋	○	○	貺	○	○	○	○	○
	媞	○	籰	○	○	矆	○	○	○	○	○
	○	○	○	○	○	○	○	○	○	○	○
	○	○	○	○	○	○	○	○	○	○	○
	○	○	○	○	○	○	○	○	○	○	○
	○	○	○	○	○	○	○	○	○	○	○

明（微）	並（奉）	滂（敷）	幫（非）	泥（孃）	定（澄）	透（徹）	端（知）	疑	群	溪	見	宕攝內五 合口呼 偈門
○	傍	○	幫	○	○	○	○	○	○	觥	光	
○	○	○	幫	○	○	○	○	○	○	㿤	廣	
○	○	胮	螃	○	○	○	○	○	○	曠	桄	
○	○	○	○	○	○	○	○	瓁	○	廓	郭	
○	○	○	○	○	○	○	○	○	○	○	○	
○	○	○	○	○	○	○	○	○	○	○	○	
○	○	○	○	○	○	○	○	○	○	○	○	
○	○	○	○	○	○	○	○	○	○	○	○	
○	○	○	○	○	○	○	○	○	狂	恇	悝	
○	○	○	○	○	○	○	○	○	俇	恇	㼬	
○	○	○	○	○	○	○	○	○	狂	眶	誆	
○	○	○	○	○	○	○	○	○	懬	躩	彏	
○	○	○	○	○	○	○	○	○	○	○	○	
○	○	○	○	○	○	○	○	○	○	○	○	
○	○	○	○	○	○	○	○	○	○	○	○	
○	○	○	○	○	○	○	○	○	○	○	○	

等韻圖（曾攝開口　齒音・喉音・半舌・半齒）

精照	清穿	從床	心審	邪禪	曉	匣	影	前	來	日	韻
增	○	層	僧	○	○	恒	○	○	棱	○	登
嘈	○	嶒	○	○	○	亙	○	鞥	倰	○	等
增	○	贈	○	○	○	○	○	○	○	○	嶝
則	○	賊	塞	○	黑	劾	黑	○	勒	○	德
○	○	礠	殟	○	○	○	○	○	○	○	○
○	○	○	○	○	○	○	○	○	○	○	○
○	○	○	○	○	○	○	○	○	○	○	○
側	測	○	色	○	○	○	○	○	○	○	○
側	測	繩	升	承	興	○	膺	熊	陵	仍	蒸
葄	稱	繩	○	○	○	○	○	應	錂	耳	氶
拯	稱	乘	勝	興	興	○	憶	應	錂	認	證
職	測	食	識	丞	㒾	○	憶	力	力	日	職
○	○	繒	綜	線	○	○	○	蠅	○	○	○
甑	○	○	○	○	○	○	○	孕	○	○	○
即	彰	○	息	繘	○	○	○	弋	○	○	○
○	聖	○	○	○	○	○	○	○	○	○	○

明微	並奉	滂敷	幫非	泥娘	定澄	透徹	端知	疑	群	溪	見	曾攝內六 開口呼 侷門
瞢	朋	漰	崩	能	騰	鼟	登	○	○	鏗	揯	
儚	倗	覴	琫	能	螣	鼟	等	○	○	掯	搄	
懞	鯛	剻	塴	䏻	鄧	蹬	嶝	○	○	硱	亙	
墨	菔	覆	北	𩕳	特	忒	德	○	○	刻	裓	
○	○	○	○	○	○	○	○	○	○	○	○	
○	○	○	○	○	○	○	○	○	○	○	○	
○	○	○	○	○	○	○	○	○	○	○	○	
○	○	○	○	○	○	○	○	○	○	○	○	
儚	憑	砯	○	○	澂	覰	徵	疑	殑	硱	兢	
凭	憑	凴	○	○	瞪	覰	蒸	○	○	○	○	
○	砯	砯	冰	皀	瞪	覰	蒸	嶷	殑	硱	殑	
○	愊	湢	堛	匿	直	敕	陟	嶷	極	隙	殛	
○	○	○	○	○	○	○	○	○	○	○	○	
○	○	○	○	○	○	○	○	○	○	○	○	
○	○	○	○	○	○	○	○	○	○	○	○	
○	○	○	○	○	○	○	○	○	○	○	○	

韻	精照	清穿	從床	心審	邪禪	曉	匣	影	喻	來	日
登 等 嶝 德	○	○	○	○	○	薨	弘	泓	○	○	○
	○	○	○	○	○	○	○	○	○	○	○
	○	○	○	○	○	○	○	○	○	○	○
	○	○	○	○	常	或	○	○	○	○	○
	○	○	○	○	○	○	○	○	○	○	○
	○	○	○	○	○	○	○	○	○	○	○
	○	○	○	○	○	○	○	○	○	○	○
	○	○	○	○	○	○	○	○	○	○	○
蒸	○	○	○	○	○	○	○	○	耺	○	○
	○	○	○	○	○	○	○	○	○	○	○
	○	○	○	○	○	○	○	○	○	○	○
職	○	○	○	○	○	淢	○	○	域	○	○
	○	○	○	○	○	○	○	○	○	○	○
	○	○	○	○	○	○	○	○	○	○	○
	○	○	○	○	○	○	○	○	○	○	○
	○	○	○	○	○	○	○	○	○	○	○

等韻圖（曾攝內六　合口呼　侷門）

明微	並奉	滂敷	幫非	泥孃	定澄	透徹	端知	疑	群	溪	見	
○	○	○	○	○	○	○	○	○	○	肱	觥	曾攝內六
○	○	○	○	○	○	○	○	○	○	○		
○	○	○	○	○	○	○	○	○	○	○		
○	○	○	○	○	○	○	○	○	○	國		
○	○	○	○	○	○	○	○	○	○	○		合口呼
○	○	○	○	○	○	○	○	○	○	○		
○	○	○	○	○	○	○	○	○	○	○		
○	○	○	○	○	○	○	○	○	○	○		倗門
○	○	○	○	○	○	○	○	○	○	○		
○	○	○	○	○	○	○	○	○	○	○		
睿	慢	塠	通	○	○	○	○	○	○	○		
○	○	○	○	○	○	○	○	○	○	○		
○	○	○	○	○	○	○	○	○	○	○		
○	○	○	○	○	○	○	○	○	○	○		
○	○	○	○	○	○	○	○	○	○	○		

韻	日	來	喻	影	匣	曉	邪禪／審	心審	從床	清穿	精照
青韻宜併入清韻	○	○	○	○	○	○	○	○	○	○	○
青韻宜併入清韻	○	○	○	○	○	○	○	○	○	○	○
青韻宜併入清韻	○	○	○	○	○	○	○	○	○	○	○
青韻宜併入清韻	○	○	○	○	○	○	○	○	○	○	○
庚	○	磷	○	嫛	行	脝	胻	生	傖	○	爭
梗	○	冷	○	攪	幸	詻	詳	省	○	猙	淨
諍	○	硜	令	濮	行	赫	哹	生	齚	瀞	責
陌	○	趿	令	尼	○	敷	○	揀	成	瀠策	征
清	○	靈	盈	嬰	行	詗	胕	聲	情	青	整
靜	○	領	郢	癭	脛	婞	娍	省	靜	請	政
勁	○	零	令	纓	胫	馨	盛	性	淨	倩	大
昔	○	劅繹	繹	益	席	欯	席	昔	籍	散	積
青							星	省	情	清	隻精
迥							釋	聖	靜	請	井精
徑							星	性	淨	倩	積
錫							昔	昔	籍	散	

明微	並奉	滂敷	幫非	泥孃	定澄	透徹	端知	疑	群	溪	見	梗攝外七
												開口呼　廣門
○	○	○	○	○	○	○	○	○	○	○	○	
○	○	○	○	○	○	○	○	○	○	○	○	
○	○	○	○	○	○	○	○	○	○	○	○	
○	○	○	○	○	○	○	○	○	○	○	○	
甍	彭	怦	閞	儜	根	瑝	打	娙	○	鏗	庚	
猛	鮏	骿	浜	樘	場	裳	盯	鞕	○	伉	梗	
孟	傡	亨	逆	○	鋥	瘍	倀	蘱	○	○	更	
陌	白	櫃	伯	扩	宅	楻	摘	迎	擎	客	挭	
明	平	○	兵		呈	逞	貞	迎	黥	卿	驚	
○	病	病			程	逴	敢	逆	競	綮	警	
命	槫	㪊	柄	甯	鄭	彳	○	娙	劇	慶	敬	
○		聘	碧	顁	擲		赬	睲		隙	覲	
名	瓶	頯	并	濘	庭	丁	汀	觺	頸	輕	頸	
詺	竝	聘	鞞	審	挺	珵	珽	丁	痙	謦	剄	
覕	并	僻	㨊	鑏	定	矴	聽	頂	○	罄	徑	
	擗		辟		悌		別的	鵬			激	

韻	日	來	喻	影	匣	曉	邪禪	心審	從床	清穿	精照
	○	○	○	○	○	○	○	○	○	○	○
	○	○	○	○	○	○	○	○	○	○	○
	○	○	○	○	○	○	○	○	○	○	○
	○	○	○	○	○	○	○	○	○	○	○
庚	○	○	宏	泓	宏	諲	○	○	○	○	○
梗	○	○	瞢	濙	轟	濙	○	○	○	○	○
諍	○	○	嚳	礐	轟	諜	○	撼	趚	○	擋
陌	○	○	攫	礐	擭	謋	○	○	○	○	○
清	○	○	榮	兄	○	兄	○	○	○	○	○
靜	○	○	永	丙	○	怲	○	○	○	○	○
勁	○	○	詠	詠	○	怳	○	○	○	○	○
昔	○	○	槭	蒦	○	湙	○	○	○	○	蒦
青	○	○	營	驚	○	夐	○	驒	頛	○	屐
迥	○	○	潁	悅	○	迥	○	悅	○	○	○
徑	○	○	鎣	夐	○	瑩	○	○	○	○	○
錫	○	○	役	眼	○	湙	○	○	○	○	戛

梗攝外七　合口呼　廣門

明微	並奉	滂敷	幫非	泥孃	定澄	透徹	端知	疑	群	溪	見
○	○	○	○	○	○	○	○	○	○	○	○
○	○	○	○	○	○	○	○	○	○	○	○
○	○	○	○	○	○	○	○	○	○	○	○
○	○	○	○	○	○	○	○	○	○	○	○
○	○	○	○	○	○	○	○	鏻	○	礦	蝈
○	○	○	○	○	○	○	○	界	○	○	蝈
○	○	○	○	○	○	○	○	趮	○	○	○
○	○	○	○	○	○	○	○	憬	○	憬	○
皿	○	○	丙	○	○	○	○	○	○	湲	泂
○	○	○	○	○	○	○	○	○	○	攫	頬 扃 郳
○	○	○	○	○	○	○	○	○	○	傾	頃
○	○	○	○	○	○	○	○	○	瓊	傾	頃
○	○	○	○	○	○	○	○	○	○	頂	高
○	○	○	○	○	○	○	○	○	○	閞	郳

韻	日	來	喻	影	匣	曉	邪禪	心審	從床	清穿	精照
侯	○	樓	○	謳	侯	齁	○	涑	鯫	趣	緅
厚	○	塿	歐	嘔	厚	吼	○	瘶	鯫	趣	○
候	○	陋	漚	蔲	候	蔲	○	瘶	驟	簉	○
屋	祿	祿	屋	殼	縠	縠	○	速	族	瘯	鏃
	○	○	○	○	○	○	○	○	○	○	○
	○	○	○	○	○	○	○	○	○	○	○
	○	○	○	○	○	○	○	○	○	○	○
	○	○	○	○	○	○	○	○	○	○	○
尤	柔	劉	尤	憂	○	休	讎	收	愁	犫	周
有	蹂	柳	有	懮	○	朽	受	首	○	○	帚
宥	輮	溜	宥	○	○	嗅	授	狩	驟	○	呪
燭	辱	六	○	郁	○	旭	蜀	叔	○	○	粥
	○	○	幽	○	○	飍	○	○	○	○	○
	○	○	黝	蚴	○	○	○	○	○	○	○
	○	○	幼	幼	○	○	○	○	○	○	○
	○	鏐	欥	○	○	蓄	○	○	○	○	○

	見	溪	群	疑	端（知）	透（徹）	定（澄）	泥（孃）	幫（非）	滂（敷）	並（奉）	明（微）
流攝內七	鈎	彄	○	齵	兜	偷	頭	羺	○	剖	裒	呣
	苟	口	○	藕	斗	妵	蔛	耨	掊	○	部	母
	遘	寇	○	偶	鬭	透	豆	槈	○	○	脰	茂
	穀	哭	○	齷	穀	禿	獨	捔	扑	扑	暴	木
獨韻（伊此入下頭二等字）	○	○	○	○	○	○	○	○	○	○	○	○
	○	○	○	○	○	○	○	○	○	○	○	○
	○	○	○	○	○	○	○	○	○	○	○	○
	○	○	○	○	○	○	○	○	○	○	○	○
狹門	鳩	丘	裘	牛	輈	抽	儔	惆	不	飆	浮	謀
	赳	糗	舅	糾	肘	丑	紂	狃	缶	○	婦	莓
	救	○	舊	副	晝	畜	胄	糅	富	副	復	娟
	○	○	○	○	○	○	○	○	○	○	○	繆
	○	○	○	○	○	○	○	○	○	○	○	謬

精照	清穿	從床	心審	邪禪	曉	匣	影	喻	來	日	韻
○	○	○	○	○	○	○	○	○	○	○	
怎	○	○	○	吽	○	○	○	○	○	○	
○	○	○	○	○	○	○	○	○	○	○	
○	○	○	○	○	○	○	○	○	○	○	
簪	參	岑	森	○	○	○	○	○	○	○	
斟	琛	沈	深	諶	歆	음	音	○	林	任	侵
枕	踸	朕	審	甚	廞	頷	飲	○	廩	荏	寢
酖	闖	鴆	滲	甚	譖	憾	蔭	○	臨	妊	沁
戢	緝	集	歰	十	吸	洽	邑	○	立	入	緝
○	○	○	○	○	○	○	○	○	○	○	
○	○	○	○	○	○	○	○	○	○	○	
○	○	○	○	○	○	○	○	○	○	○	
○	○	○	○	○	○	○	○	○	○	○	

明微	並奉	滂敷	幫非	泥孃	定澄	透徹	端知	疑	群	溪	見	
○	○	○	○	○	○	○	○	○	○	○	○	深攝內八
○	○	○	○	○	○	○	○	○	○	○	○	
○	○	○	○	○	○	○	○	○	○	○	○	
○	○	○	○	○	○	○	○	○	○	○	○	
○	○	○	○	○	○	○	○	○	○	○	○	獨韻
○	○	○	○	○	○	○	○	○	○	○	○	
○	○	○	○	○	○	○	○	○	○	○	○	
○	○	○	○	○	○	○	○	○	○	○	○	
○	○	○	稟	諗	沈	琛	碪	吟	琴	欽	金	狹門
○	○	品	稟	賃	朕	踸	踸	僸	噤	顩	錦	
○	○	○	稟	絍	鴆	闖	闖	吟	趻	搇	禁	
魦	○	○	鵒	譅	蟄	湁	湁	岌	及	泣	急	
○	○	○	○	○	○	○	○	○	○	○	○	
○	○	○	○	○	○	○	○	○	○	○	○	
○	○	○	○	○	○	○	○	○	○	○	○	
○	○	○	○	○	○	○	○	○	○	○	○	

韻				
日	○	○	○	○
來	藍覽纜拉		廉斂殮獵	○○稤觀
喻	佔	佔	炎○剡	爓琰豔葉
影	諳晻暗姶	狤黯鴨淹	奄愴敵	懕黶厭魘
曉	唅喊頷欱	喊豏陷洽	險○傔	蘞黤脅
匣	含頷憾盍	咸豏陷洽	嚴○○	○○○協
邪			燖○○	○○○
禪	○○○○	讒巉鑱鍤	苦陝閃攝	銛○礛
心	三湛三趿	巖嶄釤睪	纖○贍涉	潛漸潛捷
審			○○○	○○○變
從			婪○○	○○○
床				
清	參慘趲	攙儳攙插	○○○	尖僭戩接
穿			○○○	○○○
雜	鏨幣漸斬	讒巉○占	占○譫	殲慚潛捷

合口呼 合口呼

韻覃感勘合 咸豏陷洽 鹽琰豔葉

見	溪	群	疑	端知	透徹	定澄	泥孃	幫非	滂敷	並奉	明微	
弇	龕	○	○	耽	統	鹹	南	○	○	○	姏	咸攝外八
感	坎	○	頷	黕	襑	禫	腩	○	○	○	㛮	
紺	勘	幹	○	馻	僭	醰	妠	○	○	○	姏	覃韻
閤	溘	○	○	答	錔	沓	魶	○	○	○	○	
緘	鹹	○	巖	詀	襜	讝	諵	○	○	薆	麥	
鹻	歉	○	顩	斬	闞	嵁	𧮃	○	○	埿	○	銜韻
鹻	欿	○	儼	站	劄	賺	諵	○	○	○	○	
夾	恰	○	聑	眨	劄	狎	囜	○	○	仰	○	
黬	嵰	鹻	顩	罿	覘	炎	黏	○	○	○	○	狹門
撿	顑	顩	儉	閃	諂	淡	䣸	○	○	○	○	
○	險	歉	驗	贍	覘	剡	霑	○	○	宴	○	
鈎	歉	袨	涅	軋	喢	舑	鵌	○	○	妮	○	
兼	謙	○	黏	霑	甜	沾	鮎	○	○	○	○	
顩	顑	○	簾	黔	忝	忝	添	○	○	○	○	
兼	傔	○	俺	店	㡓	僭	念	○	○	○	○	
頰	愜	○	頰	聑	帖	牒	茶	○	○	○	○	

韻	日	來	喻	影	匣	曉	邪禪	心審	從床	清穿	精照
凡	○	○	○	醃	○	鞊	○	○	○	○	尸
范	○	○	炎	埯	○	險	○	○	○	○	拈
梵	○	撿	㨭	淹	○	脅	疘	○	○	○	○
乏	○	○	鑑	庵	○	脅	○	○	○	○	○

明微	並奉	滂敷	幫非	泥孃	定澄	透徹	端知	疑	群	溪	見	咸攝外八
												狹門
墭	凡	芝	○	○	○	詀	○	嚴	煔	頷	照	
鍐	范	釩	腰	○	○	○	○	門	拑	坅	○	
夌	芝	氾	○	○	黏	嘽	○	廢	范	欠	匎	
○	之	祛	法	嘛	堁	剻	○	業	跲	怯	劫	

起例

玉鑰起門法

（一）音和者謂切腳二字上一字者爲切知本音和門於爲韻內本母下便切知是名音和切字起根基故取古紅公式樣故教學切

（二）類隔備者謂端等一四爲切韻逢二三便切知

等母

（三）窠切者謂影喻第三爲切韻逢精等影喻第三之本母也故唯有陟邪那切爹字是也

麻韻不定切爹字之類是也

（四）輕重交互者謂朝等第三便脣牛故曰重脣字音之類是也

窠切第三爲切知等重音輕交互如朝等第三爲切韻逢精等影喻第三之本母故曰重交互

（五）振救者謂芳栝切胚字不問輕重第四並切第四是振救門振者舉也

等字知等二三爲切韻逢諸母第三並切第四是振救門振者謂不問輕重切第四等也

（九）喻下憑切者謂單喻母下三等爲覆四等爲仰覆之間只憑喻切之等也故曰喻下憑切

如余招切遙字于事廚字母下第三爲切韻逢一二四並切第三便憑切是也

（十）日寄憑切者謂日字母下第三爲切韻逢一二四並切第三便憑切是也

如而琰切冉字之類是也

（十一）通廣者謂脣牙喉下爲切韻逢支脂真諄仙祭清宵號廣門韻以其第三通及第四等

通仙祭清宵號通廣者謂通及第四等

（十二）侷狹者亦謂脣牙喉下爲切韻逢東鍾陽魚

韻逢東鍾陽魚

（十三）整也拔救者覆也爲舉其繼領體整三四數護精等之位也故曰振救如私兆切小字詳里切似

字之類也

正音憑切者謂第一爲切韻逢諸母第

（八）寄韻憑切者謂第一爲切韻逢諸母第二並切第一爲韻逢諸母第二並切第一爲韻逢諸母

則咸切斬字者謂照第二言雖寄別韻別韻逢諸母第二並切第一故曰寄韻憑切

第二照憑切如楚居切初字側鳩切鄒字

第二只照一字者謂照第二爲韻逢諸母

正音憑切如楚照居切第三四切照三四切第一爲韻逢諸母

精照互用者謂但側居切鄒字之類是也

等母憑切互用如士垢切寸博字昌給切崔字

（上段右）

蒸為侷尤侵麻狹中依韻逢精等喻下四侷狹三上莫生疑兩謂侷狹者為第四等字由切休三等字多故曰侷狹如去羊切羞字許由切休

（圡）字之類是也

內外者謂唇牙喉舌來日下為切韻逢照一內轉切三外轉切二故曰內外如古雙切江矣先切熊字之類是也

絕括玉鑰匙玄關歌訣

牙音

切時若用見溪群四等音和隨韻藻臻至也此四母下字隨其韻去皆是音和如古紅切公古行切庚字從切匣古賢切堅字之類是也後類兩中一作韻兩中一於四等中為第二也後照

（上段左）

官做此內三外二自名分韻途兩中一即分內外如居霜切姜是內三變切江是外二門精雙喻四為其法稿狹須歸三上觀韻逢精二喻四於侷狹門中切第三如去羊切羞是侷門照二皆是第三等也廣通門中第四取真韻逢來日舌三照二於廣通門中必取四并照二來日舌三並照四為真韻逢來如張賾切祇是通門居正切勛是廣門

一四端泥二知一等四等歸怖等一四與知等三知相乘類隔已明之矣知逢影喻精邪四歸於玉鑰匙內已明言之矣知逢影喻精邪四窠切憑三有定基尺是知母第三為切韻逢精

（下段右）

等影喻第四並切第三是也正齒兩中一韻屁內三外二表玄微韻正齒音兩等中第一即分內外如丁醴切知是內三德山切師是外二門是也舌頭舌上輕分析留與學人作指歸

幫非為切景分明照一須隨內外形韻逢照一坐門來日舌三並照二廣通第四如府切班為其頫狹部將三上迎韻逢精二并喻四為其韻侷狹為第三如於侷狹門切胸中切為切韻逢精二并喻四缺狹門切胸來日舌三於廣通門第四如符真切韻逢來侷狹喻四為真韻逢來如符真切韻逢來

輕見重形須重切隨韻切出重唇音為切隨韻切出重唇音

（下段左）

音字是輕重交互五門如武登切骨方開切繡宇之類是也重逢輕音必歸輕唇切出輕唇宇亦是輕重交互又切飄英三杯切肥宇之類是也唯有東尤非等下不相違不與眾同情重遇前三隨諸重體重唇音在第一等宇之類一名俊一名重遇前三等諸母出重唇宇之類是也重逢輕等必歸輕等輕出重唇音為前三名浮切莫六切韻當第三當切出重唇宇為韻三就輕聲輕第宇之類是也一就輕聲輕韻第三

齒音

精邪若見一為韻定向兩中一上認精邪五母

然真可信

喉音
曉喻四音隨韻至法同見等不差恭
曉匣影喻
四音隨韻去皆見音和亦如見等無少差
韻三等來日知照通廣門中切第四上撮韻逢
來日知照三等於通廣門中切第四如下拯切
頗是通門呼世切欽於通廣門精喻四時何以辨
中並通逢第三如廣許容切曾是傭狹門一內
嘗於切第三如許容切曾是傭狹門一內
挾門如逢照第一言三二韻逢照一內轉三外
轉切二也再從早喻三復從四等為仰仰之間只憑仰
三等為覆四等　名逢仰覆但過切之等

（右欄）

下字為切韻逢四等中第第一定要向切門四二精邪一四
兩等中切出第一等字只是音和門四二相違
互用呼韻逢四等第一當切出照等字四三還
等四名擬韻逢第二當切出照等字四三還
照初卻見四中一當切逢諸母第三並歸四等
歸四名擬韻逢諸母第三互用還歸四盡歸初正音還
切初卻韻逢第四並歸四盡歸初正音還
切門如士尤切懲諸母第三也如切懲昌切懲是正音還
第四憑切門照二名逢一四中只從寄韻逢第二照
論照二即昌來切懲始切蓋一四中只從寄韻三中
並照二如昌來切懲爲後爲切韻逢第二照三
切三韻逢第二如尤山切獨字之類是精照昭
等八切第二如尤山切獨字之類是精照昭

有指南
半舌半齒音
来逢四頦但音和四頦即四等也隨四等韻去
皆是音和四頦即四等也隨四等韻去
韻逢一二止遶三寄韻歌去
讀逢一二止要切於第三寄韻歌日字母下爲切
汝來切帶如切然如切於第三寄韻歌日字母下爲切
內外韻逢照一切於之類爲法廣通傭狹憑三
來逢精照於之類爲法廣通傭狹憑三等
廣通傭狹門中切第三是也日寄韻
門力遶切四位相通理不訛玄妙欲求端的處
棄力遶切四位相通理不訛玄妙欲求端的處
五音該盡更無過　通止遇果　江蟹臻山
五音該盡更無過　通止遇果　江蟹臻山

也如余招切�та是仰于事切屬是覆玄論分明

襯韻十六攝內八轉

內八轉

東董送屋　冬○宋沃
通攝冬○宋沃
鍾腫用燭
魚語御
遇攝虞麌遇燭
模姥暮沃

止攝
支紙寘
微尾未物
歌哿箇鐸

果攝
戈果過鐸

宕攝
陽養漾藥
唐蕩宕鐸
尤有宥燭

曾攝
蒸拯證職
登等嶝德

臻吻至質
臻吻至質
效假梗感
效假梗感
宕曾流深
宕曾流深

流攝

深攝侵寢沁緝

通攝東冬韻繼鍾
止攝脂微次第窮
遇攝魚虞摸三位
果攝歌戈二韻從
宕攝陽唐君記取
曾攝蒸登兩韻風
流攝尤侯無他用
深攝孤侵在後宮
外八轉

蟹攝
灰賄隊末
咍海代泰
齊薺霽祭廢
皆駭怪鎋

江攝江講絳覺

貞軫震質
諄準稕術
文物問物

臻攝

殷隱焮迄
痕狠恨沒
魂混慁沒

山攝桓緩換末
仙獮線薛

元阮願月
寒旱翰曷
山攝刪產諫鎋

效攝
宵小笑藥
肴巧效覺
豪皓號鐸
假攝麻馬禡鎋

梗攝
清靜勁昔
庚梗諍陌

咸攝
覃感勘合
鹽琰豔葉

青迥徑錫

咸攝陌洽
覃攝陌乏

外轉歌訣
江攝孤只是江
蟹攝齊皆灰咍強
臻攝真魂六韻正
山攝仙元五韻昌
效攝宵看豪三位
梗攝庚清青色一方
咸攝覃鹽四韻
歌戈斗聲韻
齊薺止流遇四等
流攝遇四梗宕
咸通曹梗入聲九
攝庚通宕曾借

梗攝曾二攝與通畢
江宕略同流猥遇
輕韻東鍾微與元
更有陽尤皆一體

諧韻切法皆開合
江宕有定式惟開
須於開合紐俱萬切
下沒兩韻訂始見分明如蒲干切

夫藝有精粗學之粗者多用因煙人然逕堅丁
弊如今粗學是否藝乃前賢訓蒙誘引切韻
者宜辨有紐是浮淺乃爲儒者所尚反害其正青
顧之類此耳甚不足爲
入門之法

如古今韻會中打字作丁丸切其不知按類隔
門法却作切上聲打字本是都冷切
門法切又如卦字上聲何變作切
隔門法切犯字此字訛义甚不可竊天停便
字此丸切义其真音本不知正音之類
流作丁丸切此丸切二字是以管窺
生之义普也又將正音作子母相
後之學者疑惑而不決其實反切二字本同一
義可即作德紅切也如德丁顛東或作切
眚反即作德紅切云德丁顛學者詳之
東再通用是字雖異而义同也　反平聲
凡字之聲出者為呼不出者為吸略如東通刀

叨四字其東字與刀字屬吸通字與叨字皆屬
呼也
經史教音韻證
不因指示又難通
每郡相鄰便不同
鄉談豈但分南北
又
要見高明賢氣質
經史方歸正
眇無憑據字從訛
韻明經史真敵等每
信是儒宗第一科
二韻中酌其五音清

詳夫東冬二韻聲拍背戾而改文之事孰敢擅專宜待名公賢
濁輕重等第字音並同是何其客此之
元魂二韻聲拍押是何其客此之
士倫冐聞

親平聲　媚也嬌媚相寶曰製也
寶平聲　客也以禮會賓曰賓
衣平聲　身章也加諸身曰衣
冠平聲　首服也加諸首曰冠
枕上聲　藉首木也在木曰枕
飲上聲　酒漿也所以使人曰飲
廐上聲　矬矬也所以寒物曰廐
氷平聲　水疑也所以閼物曰氷
膏平聲　脂章也所以傅物曰膏
文平聲　采也所以飾物曰文
粉上聲　白飾也所以飾物曰粉
巾平聲　所以拭物曰巾
熏平聲　煙出也所以煑物曰熏

妻邦聲　夫齊者也以女適夫曰妻
女邦聲　如也以女嫁人曰女
王邦聲　君也以天下曰王
凡字之勤靜者在諸經史當以朱等圖之靜者不
當圖也
經史勤靜字音
凡可併者小字當併入大字韻中
入聲屋沃質
至末御過泰代去聲
平聲東冬脂微真敵文仙元清青臨凡上聲
上改正而複明之俾吾儕得便益是亦斯文
之幸也

陰平聲　氣之濁也所以庇物曰陰　去聲

來平聲　取也所以取食曰來　去聲

輕平聲　浮也曰輕　去聲

兩平聲上聲　偶數也物相偶用之數曰兩　去聲

三平聲上聲　奇數也審用其數曰三　去聲

左平聲上聲　左右也前也左手也右助之曰左　去聲

甲平聲上聲　下也前之曰先

遠平聲上聲　兩疏也疏之曰遠　去聲

離平聲上聲　兩近也近之曰離　去聲

傍平聲上聲　近也兩近也兩之曰傍　去聲

空平聲　虛也虛靈曰空　去聲

沉平聲　沒也沒之曰沉　去聲

重平聲　再也再之曰重　去聲

量平聲　酌也酌之計之有大小曰量　去聲

數平聲　計也計之有多少曰數　去聲

度平聲　約也度量也度之約之有長短曰度　去聲

高平聲　下也崇也高曰高　去聲

深平聲　探也測也深曰深　去聲

長平聲　永也長曰長　去聲

廣平聲　闊也廣曰廣　去聲

染平聲上聲　濡也濡曰染　去聲

折平聲　屈也屈曰折　去聲

別平聲　辨也辨曰別　破列

貫平聲　穿也既穿曰貫　去聲

縫平聲　紩也既紩曰縫　去聲

過平聲　逾也既逾曰過　去聲

斷平聲　絕也既絕曰斷　上聲

盡平聲　極也既極曰盡　上聲

分平聲　別也既別曰分　去聲

解平聲　釋也既釋曰解　去聲

行平聲　履也既履曰行　去聲

施平聲　陳也既陳曰施　去聲

相平聲　共也既共曰相　去聲

從平聲　隨也既隨曰從　去聲

走平聲　趨也既趨曰走　去聲

奔平聲　趨也既趨曰奔　去聲

散平聲　分也既分布曰散　去聲

還平聲　回也回還曰還　去聲

和平聲　調也調絮曰和　去聲

調平聲　和也調適曰調　去聲

疑平聲　堅也堅固曰凝　去聲

齊平聲　等也等齊曰齊　去聲

彊平聲　彊也既彊曰彊　去聲

著平聲　置也著定曰著　去聲

延平聲　長也延長曰延　去聲

冥平聲　暗也暗甚曰冥　去聲

塵平聲　土也土污曰塵　去聲

煎平聲　烹也烹肉曰煎　去聲

炙平聲　炮也炮肉曰炙　去聲

收平聲　斂也斂穫曰收　去聲

欽　上收也收斂者曰欽　聲去

陳　平列也成列曰陳　聲去

呼　平號也改聲曰呼　聲去

悔　上過也竊似如悔　聲去

如　平似也竊似如　聲去

應　平當也相當宜當者曰應　聲去

當　平宜也當事者曰當　聲去

帥　平將也引領衆人者曰帥　聲去

將　平持也莅持命將者曰將　聲去

監　上命也引總人者曰監　聲去

使　平引也莅引者曰使　聲去

障　平壅也壅者曰障　聲去

防　平築也禦者曰防　聲去

任　平任也住也堪其事曰任　聲去

中　平中也內也厠其中曰中　聲去

間　平閒也益而止曰間　切閒

足　平止也益而止曰足　聲去

勝　平舉也克之曰勝　聲去

觀　平視也謂視曰觀　聲去

號　平呼也謂呼曰號　聲去

爭　平鬪也謂鬪曰爭　聲去

迎　平逆也謂逆曰迎　聲去

攻　平伐也謂伐曰攻　聲去

守　上保也謂保曰守　聲去

選　上擇也謂擇曰選　聲去

聽　平聆也謂聆之聽　聲去

禁　平制也制者曰禁　聲去

知　平識也識別謂之知　聲去

思　平慮也憂慮謂之思　聲去

評　平訂也訂議謂之評　聲去

論　平說也說得謂之論　聲去

便　平欲也得欲謂之便　聲去

好　上善也善欲謂之好　聲去

惡　平否也否心所惡謂之惡　聲去

喜　上否也喜意所欲謂之喜　聲去

怨　平忿也忿情所怨謂之怨　聲去

操　平持也持之謂之操　聲去

語　上言也以言告之謂之語　聲去

令　平使也所使之言謂之令　聲去

使　平使也所使之言謂之使　聲去

教　平使也所使之言謂之教　聲去

雨　上天澤也謂雨自上下曰雨　切王遇

宿　上止也星所止舍曰宿　切息救

種　上五穀所播曰種　穀子曰種　聲去

生　平育也謂育子曰生　聲去

乳　上生也謂生子曰乳　聲去

吹　平噓也謂噓氣而吹曰吹　聲去

氣　平東西也謂東西曰氣　聲去

經　平循也謂飾其傍曰經　聲去

緣　平循也循飾其傍曰緣　聲去

編　平次也次列曰編　聲去

封　平秩也爵土也謂所授爵土曰封　聲去

右上

載嶜去　舟車所發物也謂致物曰載嶜去

張平　陳亭也謂所陳亭曰張去

處平　居也謂所居曰處去

爨平　炊也謂所炊曰爨去

藏平　入也謂所入曰藏去

柱上　支也謂所支木曰柱去

乘平　登車也謂所登車曰乘去

卷上　曲也謂其曲曰卷去

呪上　受主賫詞也謂約書曰要　賫詞曰祝（娀槭）

要平　約也謂所約曰要去

傅平　授也謂所授曰傅去

名平　頭也謂物頭所曰名去

首平　頭也謂諸物頭曰首去

左上

蹄上　足也足相德曰蹄去

始上　初也緩言有初曰始去

聞平　聆也聲著於外曰聞去

舉平　奉也奉事得宜曰舉去

譽平　名也品物定體曰譽去

平平　均也處事成功曰平去

治平　理也寶事成功曰治去

裁平　制也體制合冝曰裁去

衰平　制也寓意曰衰去

牽平　牽也牽物為功曰牽去

勞平　勤也勤物勞曰勞去

興平　舉也舉物曰興去

累上　連也連為敗曰累去

與平　授也授而共之曰與去

右下

比上　近也近而觀之曰比去

難平　艱也動而有所艱曰難去

繁平　多也動而有所多曰繁去

爲平　造也造而有所造曰爲去

遲平　待也待而有所待曰遲去

屬上　連也連而有所係曰屬去

綾平　著也著而有所著曰綾去

享上　獻也獻曰享去

棺平　柩也以斂尸棺之物曰棺去

緘平　束也謂束車之綵曰緘去

含平　口中也送終之物曰含去

遺平　送也送終之衣曰遺去

蹄上　益也益曰蹄去

引平　牽也牽曰引去

左下

取上　於人曰取　入也

取上　於人曰借　與之曰借

毀上　他曰乞　與之曰乞

毀上　他曰賞　與之曰賞

毀上　之曰毀　敗也

毀上　化也下曰毀

視上　之曰視　臨下見曰視

上上　下曰上

上上　育也下曰養

上上　下曰告

賦去　下曰共

下曰共評

下曰奉上

凡廣曰大其極曰大

凡微曰少其降曰少

焉何也常居語初焉聚合曰會

相合曰會

開謂之披分謂之披

揚謂之播布謂之播

下謂之降伏謂之降

傾曰覆八蓋曰覆

聲和曰樂項志和曰樂

旦曰朝見曰朝過

饗謂之食餉謂之食

目汁曰涕鼻汁曰泗

刺謂之剌汁謂之剌傷謂之剌

有所亡曰遺評有所與曰遺

設之曰施及之曰施羊也

因而改曰更故而作曰更

除之曰去自離曰去

聚之曰畜

死亡曰喪失亡曰喪

意遣曰忘意背曰忘

善功曰巧偽功曰巧

懼之曰射疑之曰射

命中曰射

復之速曰還久之曰還

制師從已曰取屈已從事師曰取

上委下曰仰瞻上曰仰

承曰奉拱曰奉拱用

人之羹拊曰奉家之尊曰父暗義

著謂之波披衣也覆謂之被

牽和曰合自和曰合

居高定體曰上自下而升曰上

居卑定體曰下自上而降曰下

居其後曰後從其後曰後

相鄰曰近自其後曰近

四方廣大曰夏

中夏也萬物盛大曰夏

夏也

動靜字音終

助緣比丘道謹

音略證補重刊賦事

念年燈火校蟲魚。析字論音意皾如。已有真知承絕學，又翻舊典出新疏。東坡萬里藏三卷，炎武千秋炳五書。一脈相傳量守業，此生幸作瑞安徒。

邵博聞見後錄卷二十七：李方叔云：「東坡每出，必取聲韻、音訓，文字複置行篋中。」予謂：學者不可不知也。

中華民國六十七年七月十四日夏正戊午六月初十日贛縣陳新雄賦於台北市和平東路鍥不舍齋

第七節　附錄—內外轉之討論

　　《韻鏡》、《七音略》之四十三轉，各轉皆標內外之名。
《四聲等子・辨內外轉例》云：

> 內轉者，脣舌牙喉四音更無第二等字，唯齒音方具足。外
> 轉者，五音四等都具足。今以深、曾、止、宕、果、遇、
> 流、通括內轉六十七韻。江、山、梗、假、效、蟹、咸、
> 臻括外轉一百三十九韻。

　　《切韻指掌圖・辨內外轉例》略與此同。然齒音獨具二等者
何以謂之內？五音皆具二等者何以謂之外？猶未有明確之解釋，
學者殊未能愜於心也。羅常培〈釋內外轉〉一文，以爲內轉外轉
當以主要元音之弇侈分。遂基於瑞典高本漢氏之《切韻》音讀，
以爲內轉皆含有後元音[u]、[o]，中元音[ə]及高元音[i]、[e]之
韻；外轉者皆含有前元音[e]、[ɛ]、[æ]、[a]，中元音[ɐ]及後元音
[ɑ]、[ɔ]之韻。如自元音圖第二標準元音[e]，引一斜線至中元音
[ə]以下一點，更由此平行線達於第六標準元音[ɔ]以上一點，則凡在此線上者，皆內轉元音，在此線下者，皆外轉元音。惟[e]之短音應屬內，長音應屬外耳。其分配如下圖：

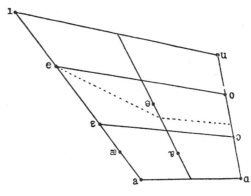

（圖選自中華書局出版《羅常培語言學論文選集》98 頁。）

　　羅氏以爲線以上之元音，非後即高，後則舌縮，高則口窋，故謂之內，線以下之元音，非前即低，前則舌舒，低則口侈，故謂之外。除音理解釋內外轉之本質外，更列內外轉之特徵。羅氏以爲內轉之特徵有五：

　　*1.*二等只有正齒音，不得再有其他諸音。

　　*2.*除第二十二轉（元），第四十一轉（凡）及第十六轉之寄韻（廢）外，輕脣音祇存在於內轉而不屬於外轉。

　　*3.*匣母不見於三等，又除十七轉（眞）外，亦不現於二四等。

　　*4.*除第三十七轉（幽）外，來母不見於四等。

　　*5.*照穿床審喩及精清從心邪，幫滂並明，見溪群疑諸母因聲而異等。

　　至於外轉亦有五項特徵：

　　*1.*脣舌牙喉半舌與齒音並得列二等。

　　*2.*脣音在二等全部爲重，在三等除第二十二（元），第四十一（凡）兩轉及第十六轉之寄韻（廢）外，皆爲重脣音。

　　*3.*匣母不見於三等，與內轉同，其所異者，即能現於四等。

　　*4.*來母得現於四等。

　　*5.*同一圖內無因聲而異等者，有則另列一圖，如《七音略》二一、二三仙四，二三、二四仙三，二五宵三，二六宵四，三一鹽三，三二鹽四，三六、三七清四。但麻陽兩韻是例外。

　　然羅氏以臻攝改列內轉，果宕改列外轉，與《等子》、《指掌圖》之說內外各八者異趣，學者固未易信也。

　　董同龢《等韻門法通釋》評之云：

　　⑴內轉與外轉內容不能改換。因爲羅先生據以改訂材料本身實有問題；並且深曾止宕果通流恰爲六十七韻，江山梗假效蟹咸

臻恰爲一百三十九韻，足證韻圖與門法不誤。

　　(2)內轉的莊系字獨居三等應居之外，而所切之字，又在三等之內，故名內，外轉莊系字相反，故名外。

　　先師許世瑛先生〈評羅董兩先生釋內外轉〉一文，亦從董說而否定羅氏之說。詩英師云：

> 內轉者，乃無二等性韻母，亦即無二等韻也。其二等地位本應無字，唯齒音二等地位，如該轉三等韻如有正齒音莊系字，則被安置於齒音二等地位，於是二等齒音有字矣。然此二等性韻母，乃三等性韻母之字也。若該轉三等韻無正齒音莊系字，於是二等地位全部無字矣，如果攝是也。至於通、止，遇、宕、流、曾、深七攝，因所屬三等韻均有正齒音莊系字，於是二等齒音有字矣。外轉者，乃有二等性韻母也。亦即有二等韻也。其中江、蟹、山、效、假、咸、梗七攝中之二等韻中有有脣、舌、牙、齒、喉、舌齒之字，故二等地位全部有眞正屬於二等性韻母之字。而與三等韻中屬三等性韻母之字，絕不相混也。至於臻攝二等韻臻櫛二韻，僅有正齒音莊系字。於是二等地位亦唯有齒音有字矣。表面上雖與內轉通、止、遇、宕、流、深、曾七攝唯二等齒音有字之情形相似，然此七攝中二等齒音字，乃三等性韻母之莊系字來借地位者也。而臻攝雖亦僅齒音二等有字，然此乃眞正二等性韻母之字，非借地位之三等性韻母之正齒音莊系字也。

　　詩英師於內外轉之區別，仍以有無眞正二等韻字爲區別，然有眞正二等字者何以謂之外？無者謂之內，仍無解說。杜其容女士〈釋內外轉名義〉一文釋之云：

> 內外轉之名，係爲區分二、四等字之屬三等韻或屬二、四

等韻而設立。三等居二、四等之內，故二、四等字屬三等
韻者謂之內轉，而屬二、四等韻者，相對謂之外轉。

其說仍本董同龢之說推闡而來，然將四等字亦一併論及，則
前人之所未道及。惟以臻攝改入內轉，則變更內外轉之內容矣。
先師高仲華（明）先生評之云：

依常理言，二、四等字居二、四等內，應爲內，三等字外
居於二、四等中，應爲外。今反以前者爲外，而後者爲
內，與常理似不合。又杜女士論臻攝必爲內轉，是改《等
子》之書以就辨例，於是內轉有九攝，而外轉僅七攝，與
《等子》內外各八，似有未合。

故先師以爲內外轉之別仍繫元音之性質，其口腔共鳴器窄小
者，音轉於內，故稱內轉，口腔共鳴器寬大者，音轉於外，故稱
外轉。惟所擬音值與羅氏有異。

周法高氏〈論切韻音〉一文，以表現於等韻門法者，內外轉
之區別，在於有無獨立二等韻。若從審音立場言，則於元音之性
質大有關係，故提出內轉有短元音，外轉有長元音之新說。然以
果宕隸外，臻攝屬內，仍改變內外轉之內容，縱言之成理，恐亦
非等韻門法上之所謂內外轉也。余於此不敢妄下雌黃，僅提幾點
問題就教海內外方家。

㈠張麟之〈韻鏡序作〉引鄭樵《七音略·序》云：「作內外
十六轉圖，以明胡僧立韻得經緯之全。」假若十六轉圖確與梵書
十六轉韻有關係，而梵文十六韻有長短之別，則等韻之內外轉，
難道與長短音不發生關係？

㈡談內外轉絕不可更改內外轉之內容，內轉六十七韻，外轉
一百三十九韻，韻數亦不得擅改。

㈢內外轉必與獨立二等性韻母有關係。

㈣《韻鏡》、《七音略》每轉必標內外，似各轉之內外，概括全轉各韻而言，又非僅指某一等第之字而言也。

㈤今諸家所擬《切韻》音值是否確信已得玄珠於赤水，否則若以尙無定論之構擬，進探內外轉之眞象，其有不合，則改古人以就己，豈非削足以適履！

在此諸端尙未獲解決之前，寧墨守舊說，以待來者。

第二章 反切

第一節　反切之名稱

　　先師瑞安林景伊（尹）先生曰：「反切者，合二字之音，以為一音也。以今言之，即拼音之道，實至淺且易。」先師又曰：反切之名自南北朝以上，多謂之反，雖有言切者，亦不常見。[1]唐季韻書，改而言切，蓋以當時諱反，故避而不用也。如《荀子》「口行相反」，《戰國策》「上黨之民皆反為趙。」《淮南子》「談語而不稱師是反也。」《家語》「其強禦足以反是獨立」；今本並作「返」。《梁書·侯景傳》「取臺城如反掌」，亦作「返」，皆後人所改也。隋以前不避反字，漢器首山宮鐙「蒲阪」字作「蒲反」；而《水經》《說文》「汳」字，唐人亦寫作「汴」。《路史》謂：「隋煬帝惡其作反易之。」自此以後，相沿為諱。故唐玄度《九經字樣·序》曰：「避以反言，但紐四聲，定其音旨。」其卷內之字：「蓋」字下云：「公害翻」，代反以翻；「受」字下云：「平表紐」，代反以紐。則是反也，翻也，切也，紐也，其名雖異，其實一也。

　　反切立法之初，蓋謂之反，不謂之切，其後或言反，或言切，或言翻，或言紐，或言體語，或言反語，或言反音，或言切音，或並言反切。此皆因時代之影響，稱說之習慣，偶舉其名，

1　原注：如《顏氏家訓》云：「徐仙民《毛詩音》，反驟為在遘，《左傳音》，切椽為徒緣。」

不覺其不一致。

第二節　反切之原始

　　至於論及反切之原始，先師云：「《顏氏家訓・音辭篇》曰：『九州之人，言語不同，生民以來，固常然矣。自《春秋》標齊言之傳，《離騷》目楚辭之經。此蓋其較明之初也。後有揚雄著《方言》，其言大備，然皆考名物之同異，不顯聲讀之是非也。逮鄭玄注六經，高誘解《呂覽》、《淮南》，許慎造《說文》，劉熹製《釋名》，始有“譬況”“假借”以證字音。而古語與今殊別，其間輕重清濁，猶未可曉。加以“內言”“外言”“急言”“徐言”[2]“讀若”之類，益使人疑。孫叔然創《爾雅

2　周祖謨《漢語音韻論文集・顏氏家訓音辭篇注補》云：案內言、外言、急言、徐言，前人多不能解。今依音理推之，其義亦可得而說。考古人音字，言內言外言者，凡有四事：《公羊傳・宣公八年》：「曷為或言而，或言乃？」何休注：「言乃者內而深，言而者外而淺。」此其一。《漢書・王子侯表上》：「襄嚵侯建。」晉灼：嚵音內言讒兔。此其二。「猇節侯起。」晉灼：猇音內言鴞。此其三。《爾雅・釋獸・釋文》「貘晉灼音內言貊」此其四。據此四例推之，所謂內外者，指韻之洪細而言。言內者洪音，言外者細音。何以言內者為洪音？案嚵唐王仁昫《切韻》在琰韻，音自染反。（敦煌本、故宮本同。）《篆隸萬象名義》、《新撰字鏡》並音才冉反，與王韻同。惟顏師古此字作士咸反，（今本《玉篇》同。）則在咸韻也。如是可知嚵字本有二音：一音自染反，一音士咸反。自染即漸字之音，漸三等字也。士咸即讒字之音，讒二等字也。二等、三等元音之洪細不同，且三等有i介音，二等無i介音。二等為洪音字，三等為細音字。晉灼音嚵為讒兔之讒，是作洪音讀，不作細音讀也。顏注士咸反，正與之合。蓋音之侈者，口腔共鳴之間隙大；音之斂者，口腔共鳴之間隙小。大則其音若發口內，小則其音若發自口杪。故曰嚵音內言讒兔。是內外之義，即指音之洪細而言無疑也。依此求之，猇節侯之猇，晉灼音內言鴞，鴞唐寫本《切韻》在宵韻，音于驕反。（王國維抄本第三種。以下言《切韻》者并同，凡引第二

種者,始分別標明。)考《漢書‧地理志》濟南郡有獏縣,應劭音
筬,蘇林音爻。爻《切韻》胡茅反,在肴韻,匣母二等字也。鴞則為
喻母三等字。喻母三等,古歸匣母,是鴞爻聲同,而韻有弇侈之異。
今晉灼音內言鴞,正讀為爻,與蘇林音同。(《切韻》此字亦音胡
茅反。)此藉內言二字可以推知其義矣。復次,《爾雅‧釋獸》
「玃父,類貚,虎爪,食人,迅走。」《釋文》云:「玃、字亦作
㺒,諸詮之烏八反,韋昭烏繼反,服虔音瞽,晉灼音內言餉。字書
餉音噎。」今案噎《切韻》烏結反,在屑韻,四等字,餉、曹憲《博
雅音》作於結反,(見〈釋言〉。)與字書音噎同。考《淮南子‧
本經篇》「玃父鑿齒。」高誘云:「玃讀車軋屐人之軋。」軋《切
韻》烏黠反,在黠韻,二等。今晉灼此字音內言餉正作軋音,與高
誘注若合符節。(《切韻》玃音烏黠反,即本高誘、晉灼也。)然
則內言之義,指音之洪者而言,已明確如示諸掌矣。至如外言所指,
由何休《公羊傳‧注》可得其確解。何休云:「言乃者內而深,言
而者外而淺。」乃《切韻》音奴亥反,在海韻,一等字也。而如之
反,在之韻,三等字也。乃屬泥母,而屬日母。乃而古為雙聲,惟
韻有弇侈之殊。乃既為一等字,則其音侈;而既為三等字,則其音
弇。乃無i介音,而有i介音。故曰言乃者內而深,言而者外而淺。
是外言者,正謂其音幽細,若發自口杪也。夫內外之義既明,可進
而推論急言、徐言之義矣。考急言徐言之說,見於高誘之解《呂覽》
《淮南》。其言急氣者,如《淮南‧俶眞篇》「牛蹄之涔,無尺之
鯉。」注:「涔讀延祜曷問,(此四字當有誤。)急氣閉口言
也。」〈墜形篇〉「其地宜黍,多旄犀。」注:「旄讀近綢繆之
繆,急氣乃得之。」〈氾論篇〉「太祖軵其肘。」注:「軵,擠
也。讀近茸,急氣言乃得之也。」〈說山篇〉「牛車絕轔。」注:
「轔讀近藺,急舌言之乃得也。」〈說林篇〉「亡馬不發戶轔。」
注:「轔、戶限也。楚人謂之轔。轔讀近鄰,急氣言乃得之也。」
〈修務篇〉「膡讀權衡之權,急氣言之。」(膡正文及注,刻本均
誤作唫,今正。)此皆言急氣者也。其稱緩氣者,如:《淮南子‧
原道篇》「蛟龍水居。」注:「蛟讀人情性交易之交,緩氣言乃得
耳。」〈本經篇〉「飛蛩滿野。」注:「蛩、一曰蝗也,沇州謂之
膡,讀近殆,緩氣言之。」(《呂覽‧仲夏紀》「百膡時起。」注:
「膡讀近殆,兗州人謂蝗為膡。」與此同。)〈修務篇〉「胡人有
知利者,而人謂之駤。」注:「駤讀似質,緩氣言之,在舌頭乃
得。」《呂覽‧愼行篇》:「相與私鬨。」注:「鬨讀近鴻,緩氣
言之。」此皆言緩氣者也。即此諸例觀之,急氣緩氣之說,可有兩
解,一解指聲調不同,一解指韻母洪細不同。蓋凡言急氣者,均為
平聲字,凡言緩氣者,除蛟字外均為仄聲字,此一解也。別有一解
即指韻母之洪細而言,如涔故宮本王仁昫《切韻》鋤簪反,在侵韻,

案涔三等字也。旒讀近綢繆之繆（《切韻》旒莫袍反。）繆《切韻》武彪反，在幽韻，四等字也。軵讀近茸，（《說文》亦云「軵讀若茸。」《廣韻》而容、而隴二反切。）茸《切韻》（王摹本第二種）而容反，在鍾韻，三等字也。轔讀近藺若鄰（《廣韻》轔力珍反。）藺、《廣韻》良刃切，在震韻。鄰《切韻》力珍切反，在眞韻。鄰藺皆三等字也。胶讀若權衡之權，（敦煌本王仁昫《切韻》及《廣韻》字作朦，音巨員反。）權《切韻》巨員反，在仙韻，三等字也。以上諸例，或言急氣言之，或言急察言之，字皆在三四等。至如蛟讀人情性交易之交，（蛟《切韻》古肴反）交《切韻》古肴反，在肴韻，二等字也。縢讀近殆，縢《廣韻》徒得切，在德韻，殆、徒亥切，在海韻，縢殆雙聲，皆一等字也。（《呂覽·任地篇》高注：兗州讀蜮爲縢，音相近也。蜮《廣韻》音或與縢同，在德韻。《廣韻》縢音徒德切，與高注相合。）鬨讀近鴻，（《廣韻》鬨胡貢切。）鴻《切韻》（王摹本第二種）音胡龍（新雄案：龍當作籠）反，在東韻，一等字也。以上諸例，同稱緩氣，而字皆在一二等。夫一二等爲洪音，三四等爲細音，故曰凡言急氣者皆細音字，凡言緩氣者皆洪音字。惟上述之駤字，高云讀似質，緩氣言之，適與此說相反。蓋駤《廣韻》音陟利切，在至韻，與交質之質同音，（質又音之日切）駤質皆三等字也。三等爲細音，而今言緩氣，是爲不合，然緩字殆爲急字之誤無疑也。如是則急言緩言之義已明。然而何以細音則謂之急，洪音則謂之緩？嘗尋繹之，蓋細音字均爲三等字，皆有i介音，洪音字爲一二等字，皆無i音。有i介音者，因i爲高元音，且爲聲母與元音間之過渡音，而非主要元音，故讀此字時，口腔之氣道必先窄而後寬，而肌肉之伸縮，亦必先緊而後鬆。無i音者，其音舒緩自然，故高氏謂之緩言。急言緩言之義，如是而已。此亦與何休、晉灼所稱之內言外言相似。（晉灼，晉尙書郎，其音字稱內言某，內言之名當即本於何休。）當東漢之末，學者已精於審音，論發音之部位，則有橫口在舌之法。論韻之洪細，則有內言外言急言緩言之目。論韻之開合，則有跋口籠口之名。論韻尾之開閉，則有開脣合脣閉口之說。（橫口跋口開脣合脣並見於劉熙《釋名》。）論聲調之長短則有長言短言之別。（見《公羊傳·莊公二十八年》何休注。）剖析毫釐，分別黍累，斯可謂通聲音之理奧，而能精研極詣者矣。惜其學不傳，其書多亡，後人難以窺其用心耳。嘗試論之，中國審音之學，遠自漢始。迄今已千有餘年。於此期間，學者審辨字音，代有創獲。舉其大者，凡有七事：一漢末反切未興以前經師之審辨字音，二南朝文士讀外典知五音之分類，三齊梁人士之辨別四聲，四唐末沙門之創製字母，五唐末沙門之分韻爲四等，六宋人之編製韻圖，七明人之辨析四呼。此七事者，治聲韻學史者固不可不知也。

音義》，是漢末人獨知反語，至於魏世，此事大行，高貴鄉公不
解"反語"³，以為怪異。自茲厥後，音韻蜂出，各有土風，遞

3　據《三國志・魏書・三少帝紀第四》云：帝幸太學問諸儒曰：「聖
　人幽贊神明，仰觀俯察，始作八卦，後聖重之為六十四，立爻以極
　數，凡斯大義，罔有不備，而夏有連山、殷有歸藏，周曰周易。易
　之書其故何也？」易博士淳于俊對曰：「包羲因燧皇之圖而制八
　卦，神農演之為六十四，黃帝堯舜通其變，三代隨時質文，各繇其
　事，故易者變易也。名曰連山，似山而出內，氣連天地也。歸藏者，
　萬事莫不歸藏於其中也。」帝又曰：「若使包羲因燧皇而作易，孔
　子何以不云燧人氏沒，包羲氏作乎？」俊不能答。帝又問曰：「孔
　子作象象，鄭玄作注，雖聖賢不同，其所釋經義一也，今象象不與
　經文相連而注連之何也？」俊對曰：「鄭玄合象象於經者，欲使學
　者尋省易了也。」帝曰：「若鄭玄合之，於學誠便，則孔子曷為不
　合以了學者乎？」俊對曰：「孔子恐其與文王相亂，是以不合，此
　聖人以不合為謙。」帝曰：「若聖人以不合為謙，則鄭玄何獨不謙
　邪！」俊對曰：「古義弘深，聖問奧遠，非臣所能詳盡。」帝又問
　曰：「《繫辭》云：黃帝堯舜垂衣裳而天下治，此包羲神農之世為
　無衣裳，但聖人化天下，何殊異爾邪？」俊對曰：「三皇之時，人
　寡而禽獸衆，故取其羽皮而天下用足。及至黃帝，人衆而禽獸寡，
　是以作為衣裳以濟時變也。」帝又問：「乾為天而復為金、為玉、
　為老馬，與細物並邪？」俊對曰：「聖人取象，或遠或近，近取諸
　物，遠則天地。」講《易》畢，復命講《尚書》。帝問曰：「鄭玄
　云：稽古同天。言堯同于天也。王肅云：堯順考古道而行之。二義
　不同，何者為是？」博士庾峻對曰：「先儒所執，各有乖異，臣不
　足以定之。然〈洪範〉稱三人占，從二人之言，賈馬及肅皆以為順
　考古道，以〈洪範〉言之，肅義為長。」帝曰：「仲尼言唯天為
　大，唯堯則之，堯之大美，在乎則天，順考古道，非其至也。今發
　篇開義，以明聖德，而舍其大更稱其細，豈作者之意邪！」峻對
　曰：「臣奉遵師說，未喻大義，至于折中，裁之聖思。」次及四嶽
　舉鯀，帝又問曰：「夫大人者與天地合其德，與日月合其明，思無
　不周，明無不照，今王肅云：『堯意不能明鯀，是以試用。』如
　此，聖人之明有所未盡邪？」峻對曰：「雖聖人之弘，猶有所未
　盡，故禹曰：『知人則哲，惟帝難之，然卒能改授聖賢，緝熙庶
　績。』亦所以成聖也。」帝曰：「夫有始有卒，其唯聖人，若不能
　始，何以為聖？其言惟帝難之，卒能改授。蓋謂知人聖人所難，非

相非笑，⁴共以帝王都邑，參校方俗，考覈古今，為之折衷。』
此蓋述聲韻之學，出於反語，而反語之朌，由于孫叔然也。

自此以後，言『反切』之緣起者，大抵與顏相同。陸德明
《經典釋文‧敘錄》曰：『古人音書，止為譬況之說，孫炎（叔
然）始為反語，魏朝以降漸繁。』張守節《史記正義論例》曰：
『先儒音字，比方為音，至魏秘書孫炎，始作反音。』先師又
云：「至謂反切始創于孫炎，證之故記，亦尚未能盡合，蓋『反
切』之語，自漢以上，即以有之。謂孫炎取反切以代直音則可，
謂『反切』朌自孫炎則不可也。是故餘杭章君云：『《經典釋文

<hr>

不盡之言也。經云『知人則哲，能官人。』若堯疑鯀，試之九年，
官人失敘，何得謂之聖哲？」峻對曰：「臣竊觀經傳，聖人行事，
不能無失。是以堯失之四凶，周公失之二叔，仲尼失之宰予。」帝
曰：「堯之任鯀，九載無成，汩陳五行，民用昏墊。至於仲尼失之
宰予，言行之閒，輕重不同也。至於周公管蔡之事，亦《尚書》所
載，皆博士所當通也。」峻對曰：「此皆先賢所疑，非臣寡見所能
究論。」次及有鯀在下曰虞舜。帝問曰：「當堯之時，洪水為害，
四凶在朝，宜速登賢聖濟民之時也。舜年在既立，聖德光明，而久
不進用，何也？」峻對曰：「堯咨嗟求賢，欲遜己位。嶽曰：
『否！德忝帝位。』堯復使嶽揚仄陋，然後薦舜，薦舜之本，實
由於堯，此蓋聖人欲盡眾心也。」帝曰：「堯既聞舜而不登用，又
時忠臣亦不進達，乃使嶽揚仄陋而後薦舉，非急於用聖恤民之謂
也。」峻對曰：「非臣愚見，所能逮及。」於是復命講《禮記》。
帝問曰：「太上立德，其次務施報，為治何由而教化各異？皆脩何
政而能致於立德施而不報乎！」博士馬照對曰：「太上立德，謂三
皇五帝之世，以德化民。其次報施，謂三王之世，以禮為治也。」
帝曰：「二者致化，薄厚不同，將主有優劣邪？時使之然乎！」照
對曰：「誠由時有樸文，教化有厚薄也。」由上所引，高貴鄉公於
《易》《書》《禮記》皆有深詣，博士為之語塞，而竟不解反語，
故人以為怪異也。周祖謨《漢語音韻論文集‧顏氏家訓音辭篇注補》
云：案《經典釋文‧敘錄》，魏高貴鄉公有《左傳音》三卷，此云
高貴鄉公不解反語，以為怪異，事無可考。

4 《顏氏家訓‧音辭篇》原文在「遞相非笑」句後尚有「指馬之諭，
未知孰是」二句當補。

•序例》謂漢人不作音,而王肅《周易音》,則〈序例〉無疑辭,所錄肅音,用反語者十餘條。尋《魏志・王肅傳》云:"肅不好鄭氏,樂安孫叔然授學鄭玄之門人,肅《集聖證論》以譏短玄,叔然駁而釋之。"假令反語始於叔然,子雍(肅字)豈肯承用其術乎!又尋《漢地理志》,廣漢郡梓潼下。應劭注:"潼水所出,南入墊江,墊音徒浹反。"遼東邵沓氏下,應劭注:"沓水也,音長答反。"是應劭時已有反語,則起於漢末也。』」

第三節　反切之方法

反切之理,上一字定其聲理,不論其何韻,下一字定其韻律,不論其何聲。質言之:即上字祇取發聲,去其收韻;下字祇取收韻,去其發聲。故上一字定清濁,下一字定開合。假令上字爲清聲,而下字爲濁聲,切成之字仍清聲,不得爲濁聲也。假令下字爲合口,而上字爲開口,切成之字仍合口也。

今舉一例:

東、德紅切,德清聲,紅濁聲,切成之字爲東,仍隨德爲清聲,不得隨紅爲濁聲。紅合口,德開口,切成之字爲東,仍合口,不得隨德爲開口。

反切上一字,與切成之字必爲雙聲,故凡雙聲者,皆可爲上一字,如東與德,雙聲也,然東與端、與都、與當、與丁等,亦雙聲也。故東爲德紅切可,爲端紅、都紅、丁紅亦無不可也。

反切下一字,與切成之字必爲疊韻,故凡疊韻者,皆可爲下一字;如東與紅,疊韻也,然東與翁、與烘、與工、與空等,亦疊韻也。故東爲德紅切可,爲德翁、德烘、德工、德空亦無不可也。

錯綜言之,下列之音,同其效果。

德紅	德翁	德烘	德工	德空
端紅	端翁	端烘	端工	端空
都紅	都翁	都烘	都工	都空
當紅	當翁	當烘	當工	當空
丁紅	丁翁	丁烘	丁工	丁空

上設二十五反切，皆切東字。

據以上所列，則用多數字以表明反切上一字，與指定一字以表明反切上字者，其理無殊；亦與造一字母以表明反切上一字者，無殊。然至今雜用多數者，從習慣也。

又據以上所列，則用多數字以表明反切下一字，與指定一字以明反切下一字者，其理無殊；亦與造一字母以表明反切下一字者，無殊。然至今雜用多數者，亦從習慣也。

如依吾儕之私議，則四十一聲類，即指定之反切上一字，而下一字，則於母韻中專指一字亦可。

譬如德端都當丁同爲端母，吾儕但指定一「端」字以表明上一字；紅、翁、工、空同屬東韻，吾儕但指定一「翁」以表明反切下一字。故東、德紅切，可改爲「端翁切」，而其實無絲毫之不同。

按反切之法，上一字取其聲，下一字取其韻。則上字之韻，與下字之聲，必須棄去，今舉一列而以國際音標表明之。例如：同、徒紅切。

徒[t'u]—（棄韻）[t'（u）]+紅[xuŋˊ]—（棄聲）[（x）uŋˊ]=同[t'uŋˊ]

據此而言，反切即拼音，其理至易明瞭。然今日人尙多不明反切之義者，乃若據此法以切語拼切國音，多有未能符合者。殊不知《廣韻》切語原兼古今南北之語，聲有清濁輕重之殊，韻有

開合洪細之異，調有平上去入之別，而國音則全濁聲及入聲皆消失，而平聲又有陰陽之分。是以由《廣韻》演變至國音，歷經千有餘年，聲音多起變化。故純以此法，乃有不能密合者。然亦有條理可尋。首先吾人應熟稔反切上下字之類別，然後知若干韻類，屬於《經史正音切韻指南》十六攝中何攝。明乎此，則可按表稽尋得其音讀。《經史正音切韻指南》之各攝分等與《廣韻》各韻類之相配表，參見本章第六節經史正音切韻指南・三、切韻指南之韻攝。表中《廣韻》韻類參用第三章廣韻之韻類・七、二百六韻分爲二百九十四韻類表。

　　既明《廣韻》韻類與《經史正音切韻指南》各攝分等之關係，然後再按《廣韻聲紐與國語聲母比較表（如附表一），及《廣韻》韻母與國語韻母對照表（如附表二及附表三），聲調變化表（如附表四），即可求得正確之國語讀音。茲舉二例以明之。

【一】蟲、直弓切。

　　*1.*先查弓字屬東韻第 2 類。（查第三章・七、二百六韻分爲二百九十四韻類表）

　　*2.*查本章第六節・三、切韻指南之韻攝，東 2 類屬通攝合口三等。

　　*3.*查直字屬澄紐。（查第二章・五、廣韻之四十一聲紐表）

　　*4.*查附表一，澄紐爲全濁平聲讀ㄔ[tṣ']。

　　*5.*查附表三合口表，三四等知系陽聲通攝下，韻母爲ㄨㄥ[uŋ]。

　　*6.*查附表四，平聲全濁下聲調爲[ˊ]。

　　*7.*故知「蟲」國語注音爲ㄔㄨㄥˊ [tṣ'uŋˊ]。

【二】知、陟離切。

　　*1.*先查離字屬支韻第 1 類。（查第三章・七、二百六韻分爲

二百九十四韻類表）

　2.查本章第六節・三、切韻指南之韻攝，支 1 類屬止攝三等開口。

　3.查陟字屬知紐。（查第二章・五、廣韻之四十一聲紐表）

　4.查附表一，知紐為全清，讀ㄓ[tʂ]。

　5.查附表二（開口）三四等知系陰聲止攝下韻母為[ï]。由表二注可知注音符號無韻符，僅以聲符注音。

　6.查附表四平聲清聲下聲調為[ˉ]。

　7.故知「知」字國語注音為ㄓ，國際音標為[tʂïˉ]。

【附表一】廣韻聲紐與國語聲母較表

		全清	次清	全濁		次濁	次清	全濁	
				平	仄			平	仄
重	脣	幫 ㄅ p	滂 ㄆ p'	並 ㄆ p'	並 ㄅ p	明 ㄇ m			
輕	脣	非 ㄈ f	敷 ㄈ f	奉 ㄈ f		微 ○ ㄨ u⁵			
舌頭(娘併入，來附)		端 ㄉ t	透 ㄊ t'	定 ㄊ t'	定 ㄉ t	泥娘 ㄋ n 來 ㄌ l			
舌上	梗入二等讀音	知 ㄗ ts	徹 ㄘ ts'		澄 ㄗ ts				
	其 他	知 ㄓ tʂ	徹 ㄔ tʂ'	澄 ㄔ tʂ'	澄 ㄓ tʂ				

5　尤、東 2、屋 2 三韻之反切上字微類非微紐，乃明紐。

			全清	次清	全濁		次濁	次清	全濁	
					平	仄			平	仄
齒頭	洪　　音[6]		精ㄗ ts	清ㄘ ts'	從ㄘ ts'	從ㄗ ts		心ㄙ s	邪ㄘㄙ ts's	邪ㄙ s
	細　　音		精ㄐ tɕ	清ㄑ tɕ'	從ㄑ tɕ'	從ㄐ tɕ		心ㄒ ɕ	邪ㄑㄒ tɕ'	邪ㄒ ɕ
正齒附半齒	莊系	深及梗曾通入	莊ㄗ ts	初ㄘ ts'		床ㄗ ts		疏ㄙ s		
		其　他	莊ㄓ tʂ	初ㄔ tʂ'	床ㄔ tʂ'	床ㄓㄕ tʂʂ[7]		疏ㄕ ʂ		
	照系	止攝開口	照ㄓ tʂ	穿ㄔ tʂ'	神ㄔㄕ' tʂ'	神ㄕ ʂ	日ㄦ ï	審ㄕ ʂ	禪ㄔㄕ tʂ's	禪ㄕ ʂ
		其　他					日ㄖ ʐ			

6　洪音細音指現代韻母而言，此類聲母之演變，悉以現代韻之洪細為
　　條件。表中所有洪細皆同此，後不更注。

7　止攝字變ㄕ[ʂ]，其他變ㄓ[tʂ]。

			全清	次清	全濁		次濁	次清	全濁	
					平	仄			平	仄
牙曉匣移此	開口	洪音	見《k	溪ㄎk'			疑〇	曉ㄏx	匣ㄏx	
		細音 三等	見ㄐtɕ	溪ㄑtɕ'	群ㄑtɕ'	群ㄐtɕ	疑ㄋ〇 n一i	曉ㄒɕ	匣ㄒ ɕ	
		細音 其他					〇 一i			
	合口	洪音	見《k	溪ㄎk'	群ㄎk'	群《k	疑〇ㄨu	曉ㄏx	匣ㄏx	
		細音	見ㄐtɕ	溪ㄑtɕ'	群ㄑtɕ'	群ㄐtɕ	疑〇ㄩy	曉ㄒɕ	匣ㄒ ɕ	
喉	開口	洪音	影〇							
		細音	影〇 一i				喻為〇 一i			
	合口	洪音	影〇 ㄨu				喻為〇 ㄨu			
		細音	影〇 ㄩy				喻為〇 ㄩy			

【附表二】廣韻韻母與國語韻母對照表一

開口呼。分一等（幫系、端系、精系、見系、影系）、二等（幫系、知系、莊系、見系、影系）、三四等（幫系、端系、精系、莊系、知系、照系、見系、影系）。

	攝	一幫系	一端系	一精系	一見系	一影系	二幫系	二知系	二莊系	二見系	二影系	三四幫系	三四端系	三四精系	三四莊系	三四知系	三四照系	三四見系	三四影系
陰	果		ㄨㄛ[uo]		ㄜ[ɤ]													一[i]／一ㄚ[ia]／一ㄝ[ie]	
	假						ㄚ[a]	一ㄚ[ia]						一ㄝ[ie]			ㄜ[ɤ]		一ㄝ[ie]
	遇													ㄩ[y]		ㄨ[u]		ㄩ[y]	
	蟹		ㄞ[ai]				ㄞ[ai]			一ㄝ[ie]／ㄞ[ai]／一ㄚ[ia][8]		一[i]						一[i]	
	止											一[i]／ㄟ[ei]	一[i]				ï[9]	一[i]	

8　溪母影母為ㄞ[ai]，其他為一ㄝ[ie]，佳韻某些字為一ㄚ[ia]。

9　凡遇[ï]號，注音符號不注韻符，僅以聲符注音，止攝開口日母為儿，無聲符。

聲	效	ㄠ au	ㄠ au	一ㄠ iau ㄠ au[10]	一ㄠ iau	ㄠ au	一ㄠ iau
	流	ㄨ u ㄡ ou ㄠ au	ㄡ ou		一ㄠ iau 一ㄡ iou	一ㄡ iou ㄡ ou	一ㄡ iou
陽	咸	ㄢ an	ㄢ an	一ㄢ ian	一ㄢ ian	ㄢ an	一ㄢ ian
	山	ㄢ an	ㄢ an	一ㄢ ian	一ㄢ ian	ㄢ an	一ㄢ ian
	宕	ㄤ aŋ			一ㄤ iaŋ	ㄨㄤ uaŋ ㄤ aŋ	一ㄤ iaŋ
	江		ㄤ aŋ ㄨㄤ uaŋ	一ㄤ iaŋ			
	深				一ㄣ in	ㄣ ən	一ㄣ in
	臻	ㄨㄣ uən	ㄣ ne		一ㄣ in	ㄣ ne	一ㄣ in
	曾		ㄥ əŋ		一ㄥ iŋ	ㄥ əŋ	一ㄥ iŋ
	梗		ㄥ əŋ	ㄥ əŋ 一ㄥ iŋ	一ㄥ iŋ	ㄥ əŋ	一ㄥ iŋ
聲	通						

10　影母爲ㄠ[au]，其他爲一ㄠ[iau]。

		開 口																	
		一　等					二　等					三　四　等							
		幫系	端系	精系	見系	影系	幫系	知系	莊系	見系	影系	幫系	端系	精系	莊系	知系	照系	見系	影系
入	咸	ㄚ a			ㄜ ㄜ		ㄚ a			一ㄚ ia		一ㄝ ie						ㄜ ㄜ	一ㄝ ie
	山	ㄚ a			ㄜ ㄜ		ㄚ a			一ㄚ ia		一ㄝ ie						ㄜ ㄜ	一ㄝ ie
	宕	ㄨㄛ uo	ㄠ au		ㄜ ㄜ								ㄩㄝ ye	一ㄠ iau				ㄨㄛ uo ㄠ au	ㄩㄝ ye 一ㄠ iau
	江						ㄨㄛ uo ㄠ au	ㄨㄛ uo		ㄩㄝ ye 一ㄠ iau									
	深															一 i	ㄨ　ㄭ u　ï[11]		一 i
	臻				ㄜ ㄜ									ㄭ　ㄜ ï　ㄜ		一 i	ㄭ ï		一 i
聲	曾	ㄟ ei ㄨㄛ uo	ㄜ ㄜ ㄟ ei										ㄜ ㄜ ㄞ ai			一 i	ㄭ ï		一 i

---

11 日母為ㄨ[u]，其他為[i]。

梗		历 ai ㄨ ㄛ uo	ㄜ ㄜ ㄞ ai	ㄜ ㄜ	一 i	ï	一 i
通							

【附表三】廣韻韻母與國語韻母對照表二

		合　　　　　　口															
		一　等					二　等				三　四　等							
		幫系	端系	精系	見系	影系	幫系	莊系	見系	影系	非系[12]	端系[13]	精系	莊系	知系	照系	見系	影系
陰	果	ㄨㄛ uo	ㄨㄛ uo ㄜ ㄜ															ㄩ ㄝ ye
	假								ㄨㄚ ua									
	遇			ㄨ u							ㄨ u	ㄩ y			ㄨ u			ㄩ y
聲	蟹	ㄟ ei	ㄨㄟ uei ㄟ ei[14]	ㄨ ㄟ uei	ㄨㄟ uei ㄨㄞ uai[15]			ㄨㄞ uai	ㄨㄞ ㄨㄚ ua[16]		ㄟ ei					ㄨ ㄟ uei		ㄨㄟ uei

---

12　尤、東2、屋2脣音次濁是明非微，微母合口，其他開口。
13　三等只有泥、來。
14　泥、來母是ㄟ[ei]，其他是ㄨㄟ[uei]。
15　泰韻某些字是ㄨㄞ[uai]。
16　佳、夬兩韻有些字是ㄨㄚ[ua]。

		合									口							
		一　等					二　等				三　四　等							
		幫系	端系	精系	見系	影系	幫系	莊系	見系	影系	非系12	端系13	精系	莊系	知系	照系	見系	影系
陰聲	止										ㄟ ei ㄨㄟ uei	ㄟ ei	ㄨㄟ uei	ㄨㄞ uai		ㄨㄟ uei		
	效																	
	流										ㄨ u ㄡ ou	ㄧㄡ iou						
陽聲	咸										ㄢ an							
	山	ㄢ an		ㄨㄢ uan					ㄨㄢ uan		ㄢ an ㄨㄢ uan	ㄢ an ㄨㄢ uan	ㄩㄢ yan				ㄨㄢ uan	ㄩㄢ yan
	宕			ㄨㄤ uaŋ							ㄤ aŋ ㄨㄤ uaŋ						ㄨㄤ uaŋ	
	江																	
	深																	
聲	臻	ㄣ ən		ㄨㄣ uən							ㄣ ən ㄨㄣ uən	ㄨㄣ uən	ㄩㄣ yn				ㄨㄣ uən	ㄩㄣ yn

		合					口										
		一　等					二　等				三　四　等							
		幫系	端系	精系	見系	影系	幫系	莊系	見系	影系	非系 12	端系 13	精系	莊系	知系	照系	見系	影系
陽	曾			ㄨㄥ uŋ														
	梗								ㄨㄥ uŋ								ㄩㄥ yuŋ ㄧㄥ iŋ	
聲	通	ㄥ əŋ		ㄨㄥ uŋ							ㄥ əŋ				ㄨㄥ uŋ		ㄨㄥ uŋ ㄩㄥ yuŋ	ㄩㄥ yuŋ
入	咸										ㄚ a							
	山			ㄨㄛ uo					ㄨㄚ ua		ㄚ a ㄨㄚ ua	ㄩㄝ ye				ㄨㄛ uo	ㄩㄝ ye	
	宕			ㄨㄛ uo							ㄨ u						ㄩㄝ ye	
	江																	
	深																	
	臻	ㄨ u ㄨㄛ uo		ㄨ u							ㄨ u	ㄩ y	ㄨ ㄞ uai		ㄨ u			ㄩ y
聲	曾			ㄨㄛ uo														ㄩ y

		合									口							
		一　等					二　等				三　四　等							
		幫系	端系	精系	見系	影系	幫系	莊系	見系	影系	非系12	端系13	精系	莊系	知系	照系	見系	影系
入	梗								ㄨㄛ uo								ㄩ一 y i	
聲	通		ㄨ u								ㄨ u	ㄨ u ㄩ y	ㄨ u	ㄨㄛ uo	ㄨㄛ uo ㄡ ou		ㄩ y	

【附表四】《廣韻》國語聲調變化表

聲調 ╲ 演變條件	清	次　濁	全　濁	國語聲調 ╲ 廣韻聲調
平	ˉ	ˊ		平
上	ˇ		ˋ	上
去		ˋ		去
入	ˉ ˊ ˇ ˋ	ˋ	ˊ ˋ	入

【說明】

1. 平聲清聲變ˉ，濁聲變ˊ。

2. 上聲清聲及次濁變ˇ，全濁變ˋ。

3. 去聲全變ˋ。

4. 入聲次濁變ˋ，全濁大體變ˊ，少數例外變ˋ，清聲最無條理，ˉ、ˋ、ˇ、ˋ四調皆有。大體上全清變入ˊ者為多，次清變入ˋ者為多。

附　錄

附錄一　《廣韻》四十一聲紐切語上字表

聲類	反　　　　切　　　　上　　　　字
影	於央憶伊衣依憂一乙握謁紆挹烏哀安烟鷖愛委
喩	余餘予夷以羊弋翼與營移悅
爲	于羽雨雲云王韋永有遠爲洧筠蓮
曉	呼荒虎馨火海呵香朽羲休況許興喜虛花
匣	胡乎侯戶下黃何獲懷
見	居九俱舉規吉紀几古公過各格兼姑佳詭乖
溪	康枯牽空謙口楷客恪苦去丘墟袪詰窺羌欽傾起綺豈區驅曲可乞棄卿弃
群	渠強求巨具臼衢其奇暨跪近狂
疑	疑魚牛語宜擬危五玉俄吾研遇虞愚
端	多德得丁都當冬
透	他託土吐通天台湯
定	徒同特度杜唐堂田陀地
泥	奴乃諾內嬭妳那
來	來盧賴洛落勒力林呂良離里郎魯練縷連
知	知張豬徵中追陟卓竹珍
徹	抽癡楮褚丑恥敕
澄	除場池治持遲遟佇柱丈直宅墜馳

娘	尼拏女穠
日	如汝儒人而仍兒耳
照	之止章征諸煮支職正旨占脂
穿	昌尺赤充處叱春姝
神	神乘食實
審	書舒傷商施失矢試式識賞詩釋始
禪	時殊嘗常蜀市植殖寔署臣是氏視成
精	將子資即則借茲醉姊遵祖臧作䰂
清	倉蒼親遷取七青采醋麁麤千此雌
從	才徂在前藏昨酢疾秦匠慈自情漸
心	蘇素速桑相悉思司斯私雖辛息須胥先寫
邪	徐祥詳辭辝辞似旬寺夕隨
莊	莊爭阻鄒簪側仄
初	初楚創瘡測叉廁芻
床	床鋤鉏豺斵士仕崇查俟助雛
疏	疏山沙砂生色數所史
幫	邊布補伯百北博巴卑幷鄙必彼兵筆陂畀甫
滂	滂普匹譬披丕
並	蒲步裴薄白傍部平皮便毗弼婢簿捕
明	莫慕模謨摸母明彌眉綿靡美
非	方封分府甫
敷	敷孚妃撫芳峰拂
奉	房防縛附符苻扶馮浮父
微	巫無亡武文望

附錄二 《廣韻》二百六韻切語下字表

〔一〕通攝

上平一東	上聲一董	去聲一送	入聲一屋	開合等第
紅公東	動孔董𧏙揔	弄貢送凍	谷祿木卜	開口一等
弓宮戎融中終隆		衆鳳仲	六竹匊宿福逐菊	開口三等
上平二冬	上聲（湩）	去聲二宋	入聲二沃	開合等第
冬宗	湩䳉	統宋綜	酷沃毒篤	合口一等
上平三鍾	上聲二腫	去聲三用	入聲三燭	開合等第
容鍾封凶庸恭	隴踵奉冗悚拱勇冢	頌用	欲玉蜀錄曲足	合口三等

〔二〕江攝：

上平四江	上聲三講	去聲四絳	入聲四覺	開合等第
雙江	項講㑌	巷絳降	岳角覺	開口二等

〔三〕止攝：

上平五支	上聲四紙	去聲五寘		開合等第
移支知離羈宜奇	氏紙帋此是豸侈爾綺倚彼靡弭婢俾	避義智寄賜豉企		開口三等
爲規垂隨隋危吹	委詭累捶毀髓	睡僞瑞累恚		合口三等
上平六脂	上聲五旨	去聲六至		開合等第
夷脂飢肌私資尼悲眉	雉矢履几姊視鄙美矢	利至器二冀四自寐祕媚備季悸		開口三等

追佳遺維綏	洧軌癸水誄 壘	愧醉遂位類 萃季悸		合口三等
上平七之	上聲六止	去聲七志		開合等第
而之其茲持 嗌	市止里理己 士史紀擬	吏置記志		開口三等
上平八微	上聲七尾	去聲八未		開合等第
希衣依	豈狶	毅旣		開口三等
非歸微韋	匪尾鬼偉	沸胃貴味未 畏		合口三等

〔四〕遇攝

上平九魚	上聲八語	去聲九御		開合等第
居魚諸余菹 許	巨舉呂與渚	倨御慮恕署 去據預助泇		開口三等
上平十虞	上聲九麌	去聲十遇		開合等第
俱朱于俞逾 隅劋輸誅夫 無	矩庾甫雨武 主羽禹	具遇句戍注		合口三等
上平十一模	上聲十姥	去聲十一暮		開合等第
胡吳乎烏都 孤姑吾	補魯古戶杜	故暮誤祚路		合口一等

〔五〕蟹攝

上平十二齊	上聲十一薺	去聲十二霽		開合等第
奚兮稽雞迷 低	禮啓米弟	計詣戾		開口四等
攜圭		桂惠		合口四等
臡栘				開口三等

上平	上聲	去聲		開合等第
		去聲十三祭		開合等第
		例制祭勵憩袂樊蔽		開口三等
		銳歲芮衛稅		合口三等
		去聲十四泰		開合等第
		蓋帶太大艾貝		開口一等
		外會最		合口一等
上平十三佳	上聲十二蟹	去聲十五卦		開合等第
佳膎	買蟹	隘賣懈		開口二等
蛙媧緺	（買）夥枴	（賣）卦		合口二等
上平十四皆	上聲十三駭	去聲十六怪		開合等第
諧皆	楷駭	界拜介戒		開口二等
懷乖淮		壞怪		合口二等
		去聲十七夬		開合等第
		夬話快邁		合口二等
		喝犗		開口二等
上平十五灰	上聲十四賄	去聲十八隊		開合等第
恢回杯灰	罪賄猥	對昧佩內隊續妹輩		合口一等
上平十六咍	上聲十五海	去聲十九代		開合等第
來哀開哉才	改亥愷宰給乃在	耐代漑概愛		開口一等
		去聲二十廢		開合等第
		刈		開口三等
		肺廢穢吠		合口三等

〔六〕臻攝

上平十七眞	上聲十六軫	去聲廿一震	入聲五質	開合等第
鄰珍眞人賓	忍軫引盡腎紉	刃晉振覲遴印	吉栗畢必叱日質一七悉	開口三等
巾銀	敏		乙筆密	開口三等
上平十八諄	上聲十七準	去聲廿二稕	入聲六術	開合等第
倫綸勻迍脣旬遵賓筠	尹準允殞	閏峻順	聿邮律	合口三等
上平十九臻	上聲（籐）	去聲（齔）	入聲七櫛	開合等第
詵臻	籐	齔	瑟櫛	開口二等
上平二十文	上聲十八吻	去聲廿三問	入聲八物	開合等第
分云文	粉吻	運問	弗勿物	合口三等
上平廿一欣	上聲十九隱	去聲廿四焮	入聲九迄	開合等第
斤欣	謹隱	靳焮	訖迄乞	開口三等
上平廿三魂	上聲廿一混	去聲廿六慁	入聲十一沒	開合等第
昆渾奔尊魂	本忖損袞	困悶寸	勃骨忽沒	合口一等
上平廿四痕	上聲廿二很	去聲廿七恨	入聲（麧）	開合等第
恩痕根	墾很	艮恨	麧	開口一等

〔七〕山攝

上平廿二元	上聲二十阮	去聲廿五願	入聲十月	開合等第
軒言	幰偃	建堰	歇謁竭訐	開口三等
袁元煩	遠阮晚	怨願販万	厥越伐月發	合口三等
上平廿五寒	上聲廿三旱	去聲廿八翰	入聲十二曷	開合等第
安寒干	笴旱但	旰旦按案贊	葛割達曷	開口一等
上平廿六桓	上聲廿四緩	去聲廿九換	入聲十三末	開合等第
官丸端潘	管緩滿纂卵伴	玩筭貫亂換段半漫喚	撥活末括栝	合口一等
上平廿七刪	上聲廿五潸	去聲三十諫	入聲十四黠	開合等第
姦顏班	板赧	晏澗諫鴈	八拔黠	開口二等
還關	綰鯇	患慣	滑	合口二等
上平廿八山	上聲廿六產	去聲卅一襉	入聲十五鎋	開合等第
閒閑山	簡限	莧襉	瞎轄鎋	開口二等
頑鰥		（辨）幻	刮頒	合口二等
下平一先	上聲廿七銑	去聲卅二霰	入聲十六屑	開合等第
前先煙賢田年顛堅	典殄繭峴	佃甸練電麵見	結屑蔑	開口四等
玄涓	畎泫	縣絢	決穴	合口四等
下平二仙	上聲廿八獮	去聲卅三線	入聲十七薛	開合等第
然仙連延乾焉	淺演善展輦翦蹇免辨緬	箭膳戰扇賤線面碾變卞彥	列薛熱滅別竭	開口三等
緣泉全專宣川員權圓攣	兗緬轉篆	掾眷絹倦卷戀釧囀	雪悅絕劣爇輟	合口三等

〔八〕效攝

下平三蕭	上聲廿九篠	去聲卅四嘯		開合等第
彫聊蕭堯么	鳥了皛皎	弔嘯叫		開口四等
下平四宵	上聲三十小	去聲卅五笑		開合等第
邀宵霄焦消遙招昭嬌喬囂瀌	兆小少沼夭矯表	妙少照笑廟肖召要		開口三等
下平五肴	上聲卅一巧	去聲卅六效		開合等第
茅肴交嘲	絞巧飽爪	教孝貌稍		開口二等
下平六豪	上聲卅二皓	去聲卅七號		開合等第
刀勞牢遭曹毛袍襃	老浩皓早道抱	到導報耗		開口一等

〔九〕果攝

下平七歌	上聲卅三哿	去聲卅八箇		開合等第
俄何歌	我可	賀箇佐个邏		開口一等
下平八戈	上聲卅四果	去聲卅九過		開合等第
禾戈波和婆	火果	臥過貨唾		合口一等
迦伽				開口三等
靴胹𦙫				合口三等

〔十〕假攝

下平九麻	上聲卅五馬	去聲四十禡		開合等第
霞加牙巴	下疋雅賈	駕訝嫁亞		開口二等
花華瓜	瓦寡	化吳		合口二等
遮車奢邪嗟賒	也者野冶姐	夜謝		開口三等

〔十一〕宕攝

下平十陽	上聲卅六養	去聲卅一漾	入聲十八藥	開合等第
章羊張良陽莊	兩獎丈掌養	亮讓漾向	略爵雀瘧灼勺若藥約	開口三等
方王	往昉网	況放妄	縛钁籰	合口三等
下平十一唐	上聲卅七蕩	去聲卅二宕	入聲十九鐸	開合等第
郎當岡剛旁	朗黨	浪宕謗	落各博	開口一等
光黃	晃廣	曠	郭穫	合口一等

〔十二〕梗攝

下平十二庚	上聲卅八梗	去聲卅三映	入聲二十陌	開合等第
行庚盲	杏梗猛（打冷）	孟更	白格陌伯	開口二等
橫	礦	蝗橫	虢	合口二等
驚卿京兵明	影景丙	敬慶病命	逆劇戟郤	開口三等
榮兄	永憬	詠		合口三等
下平十三耕	上聲卅九耿	去聲卅四諍	入聲廿一麥	開合等第
莖耕萌	幸耿	迸諍爭	厄戹革核摘責麥	開口二等

宏			獲摑	合口二等
下平十四清	上聲四十靜	去聲卅五勁	入聲廿二昔	開合等第
情盈成征貞幷	郢整靜井	正政鄭令姓盛	積昔益跡易辟亦隻石炙	開口三等
傾營	頃潁		役	合口三等
下平十五青	上聲卅一迥	去聲卅六徑	入聲廿三錫	開合等第
經靈丁刑	頂挺鼎醒涬剄	定佞徑	擊歷狄激	開口四等
扃螢	迥潁		鶪闃昊	合口四等

〔十三〕曾攝

下平十六蒸	上聲卅二拯	去聲卅七證	入聲廿四職	開合等第
仍陵膺冰蒸乘矜兢升	拯庱	應證孕甑餕	翼力直即職極側逼	開口三等
			域淢	合口三等
下平十七登	上聲卅三等	去聲卅八嶝	入聲廿五德	開合等第
滕登增棱崩恒朋	肯等	鄧互隥贈	則德得北墨勒黑	開口一等
肱弘			國或	合口一等

〔十四〕流攝

下平十八尤	上聲卅四有	去聲卅九宥		開合等第
求由周秋流鳩州尤謀浮	久柳有九酉否婦	救祐副就僦富祝又溜呪		開口三等
下平十九侯	上聲卅五厚	去聲五十候		開合等第
鉤侯婁	口厚垢后斗苟	遘候豆奏漏		開口一等
下平二十幽	上聲卅六黝	去聲五一幼		開合等第
虯幽烋彪	糾黝	謬幼		開口三等

〔十五〕深攝

下平廿一侵	上聲卌七寢	去聲五二沁	入聲廿六緝	開合等第
林尋深任針心淫金吟今簪	稔甚朕荏枕凜飲錦瘁	鴆禁任蔭譖	入執立及急汲戢汁	開口三等

〔十六〕咸攝

下平廿二覃	上聲四八感	去聲五三勘	入聲廿七合	開合等第
含男南	禫感唵	紺暗	閤沓合荅	開口一等
下平廿三談	上聲四九敢	去聲五四闞	入聲廿八盍	開口等第
甘三酣談	覽敢	濫瞰暫蹔	臘盍榼	開口一等
下平廿四鹽	上聲五十琰	去聲五五豔	入聲廿九葉	開合等第
廉鹽占炎淹	冉斂琰染漸檢險奄俺	贍豔窆驗	涉葉攝輒接	開口三等
下平廿五添	上聲五一忝	去聲五六㮇	入聲三十怗	開合等第
兼甜	玷忝簟	念店	協頰愜牒	開口四等
下平廿六咸	上聲五三豏	去聲五八陷	入聲卅一洽	開合等第
讒咸	斬減豏	䜗陷賺	夾洽図	開口二等
下平廿七銜	上聲五四檻	去聲五九鑑	入聲卅二狎	開合等第
監銜	黤檻	懺鑒鑑	甲狎	開口二等
下平廿八嚴	上聲五二儼	去聲五七釅	入聲卅三業	開合等第
嚴𪏮	掩广	釅欠劍	怯業劫	開口三等
下平廿九凡	上聲五五范	去聲六十梵	入聲卅四乏	開合等第
凡芝	鋄范犯	泛梵	法乏	合口三等

參考書目

一、中日文之部

《詩經》古今音手冊　向熹　南開大學出版社　1988 年 2 月
　　天津市

《廣韻》的反切和今音　昌厚　中國語文 1964 年 2 期　1964 年
　　9 月　北京市

《韻鏡》研究　李新魁　語言研究創刊號 p.p.125-166 華中工學
　　院出版社　1981 年 7 月　武漢市

丁邦新語言學論文集　丁邦新　商務印書館　1998 年 1 月 1 日
　　北京市

入聲考　胡適　胡適文存內

十駕齋養新錄　錢大昕　商務印書館

上古入聲韻尾的清濁問題　鄭張尚芳　語言研究 18 期 p.p.67-74
　　華中理工大學出版社　1990 年 5 月　武漢市

上古音系研究　余迺永　香港中文大學出版社　1985 年 1 月
　　香港

上古音研究　李方桂著　商務印書館出版　1980 年 7 月第一版
　　2001 年 3 月 4 刷　北京市

上古音芻議　龍宇純　中央研究院歷史語言研究所集刊第 96 本
　　第 2 分　1998 年 6 月　台北市

上古音討論集　趙元任・高本漢等著　學藝出版社出版　民國五
　　十九年元月（1970）初版　台北市

上古音韻表稿　董同龢　中央研究院歷史語言研究所單刊甲種之

　　二十　　中央研究院歷史語言研究所出版　中華民國五十六年
　　六月（1967）初版　臺北市

上古陰聲韻尾再檢討　陳新雄　第十五屆聲韻學研討會　1997
　　年 5 月　台中市

上古漢語入聲和陰聲的分野及其收音《龍蟲並雕齋文集一》　中
　　華書局　1980 年 1 月　北京市

上古漢語和古藏語元音系統的歷史比較　潘悟云　語言研究 91
　　增刊 p.p.32-34　華中理工大學　1991 年 11 月　武漢市

上古漢語的音節結構　丁邦新　史語所集刊 50 本 4 分　民國七
　　十九年（1990）九月一日　台北市

上古漢語的複音聲母　謝‧叶‧雅洪托夫（在唐作藩‧胡雙寶編
　　《漢語史論集》內）　北京大學出版社　1986 年 11 月

上古漢語的韻母系統　謝‧叶‧雅洪托夫（在唐作藩‧胡雙寶
　　編《漢語史論集》內）　北京大學出版社　1986 年 11 月

上古漢語音系　金理新　黃山書社出版　2002 年 6 月　合肥市

上古韻祭月是一個還是兩個韻部　李毅夫　《音韻學研究》第一
　　冊 286-293 頁　中華書局出版　1984 年 3 月第 1 版　北京市

不規則音變的潛語音條件　許寶華‧潘悟云　語言研究 8 期
　　1985 年 5 月　武漢市

中上古漢語音韻論文集　龍宇純　五四書店‧利氏學社聯合出版
　　2002 年 12 月　台北市

中古音　李新魁　漢語知識叢書本　商務印書館　1991 年 11 月
　　北京市

中國上古音裡的複聲母問題　方師鐸　方師鐸文史叢稿　1985
　　年 11 月　台北市

中國小學史　胡奇光　上海人民出版社　1987 年 11 月　上海市

中國文學教科書　劉師培　劉申叔遺書本　大新書局　1965 年

8 月　台北市

中國古代語言學資料匯纂—音韻學分冊　張斌・許威漢主編　福建人民出版社　1993 年 9 月　福州市

中國古音學　張世祿　先知出版社　1972 年 4 月　台北市

中國近三十年之聲韻學上　齊佩瑢　中國學報 1 卷 2 期　1944 年 4 月　北平市

中國近三十年之聲韻學下　齊佩瑢　中國學報 1 卷 3 期　1944 年 5 月　北平市

中國音韻論集　賴惟勤　汲古書院　1989 年 2 月　東京市

中國音韻學史（上下）　張世祿　台灣商務印書館　1965 年 11 月　台北市

中國音韻學研究　高本漢著　趙元任・李方桂・羅常培譯　臺灣商務印書館出版民國五十一年六月（1962）臺一版　臺北市

中國音韻學論文集　周法高　中文大學出版社　1984 年 1 月　香港

中國語之性質及歷史　高本漢原著、杜其容譯　中華叢書委員會　1963 年 5 月　台北市

中國語文論叢　周法高　正中書局印行　1970 年 5 月　台北市

中國語文學論文選　俞敏　光生館　1984 年 3 月　東京市

中國語言學史　濮之珍　書林出版有限公司　1990 年 11 月　台北市

中國語言學史話　中國語文學社　中國語文雜誌社出版　1969 年 9 月　北京市

中國語言學現狀與展望　許嘉璐・王福祥・劉潤清主編　外語教學與研究出版社　1996 年 8 月　北京市

中國語言學論文集　周法高　聯經出版事業公司　1975 年 9 月　台北市

中國語言學論集　幼獅月刊社主編　幼獅文化事業公司出版
　　1977 年 1 月　台北市

中國語音史　董同龢　中華文化事業委員會　1954 年 2 月　台
　　北市

中國語音學史　趙振鐸　河北教育出版社　2000 年 5 月　石家
　　莊市

中國語音韻論　藤堂明保　光生館　1980 年 5 月　東京市

中國語與中國文　高本漢原著、張世祿譯　文星書局出版　1965
　　年 1 月　台北市

中國聲韻學　姜亮夫　1931 年 1 月　台北市

中國聲韻學　潘重規・陳紹棠　東大圖書公司　1978 年 8 月
　　台北市

中國聲韻學大綱　高本漢著、張洪年譯　中華叢書委員會　1972
　　年 2 月　台北市

中國聲韻學大綱　謝雲飛　蘭臺書局　1971 年 12 月　台北市

中國聲韻學通論　林尹　世界書局　1961 年 9 月　台北市

五均論　鄒漢勛　歙藝齋遺書本

今本廣韻切語下字系聯　陳新雄　語言研究 91 年增刊　華中理
　　工大學出版部　1991 年 11 月　武漢市

六十年來之聲韻學　陳新雄　文史哲出版社　1973 年 8 月　台
　　北市

六書音韻表　段玉裁　音韻學叢書　廣文書局印行　1966 年 1
　　月　台北市

切韻ɑ的來源　李方桂　史語所集刊 3 本 1 分　1931 年 8 月北平
　　市

切韻 j 聲母與 i 韻尾的來源問題　鄭張尚芳　紀念王力先生九十
　　誕辰文集.p.p.160-179　山東教育出版社　1991 年 12 月　濟

南市

切韻五聲五十一紐考　曾運乾　木鐸3、4合期轉載　中國文化學院中文系刊行　1975年11月　台北市

切韻考　陳澧　音韻學叢書本　廣文書局印行　1966年1月　台北市　又台灣學生書局印行　1965年4月　台北市

切韻研究　邵榮芬　中國社會科學院出版社　1982年3月　北京市

切韻音系　李榮　鼎文書局　1972年9月　台北市

切韻音系的性質及其他　何九盈　中國語文1961年9月號　1961年9月　北京市

切韻純四等韻的主要元音　馬學良・羅季光　中國語文121期　1962年12月　北京市

切韻純四等韻的主要元音及相關問題　張賢豹　語言研究9期　1994年11月　武漢市

切韻綜合研究　黃典誠　廈門大學出版社　1994年1月　廈門市

切韻與方言　張光宇　台灣商務印書館　1990年1月　台北市

孔廣森上古去聲長短說對後世之影響　李思敬　語言研究91年增刊　1991年11月　武漢市

文字音韻學論叢　劉盼遂　北平人文書店

文字學音篇　錢玄同　台灣學生書局　1964年7月　台北市

文字聲韻訓詁筆記　黃侃　木鐸出版社　1983年9月　台北市

文字聲韻論叢　陳新雄　東大圖書公司　1994年1月　台北市

文始　章炳麟　章氏叢書本　世界書局印行　1958年7月　台北市

文藝音韻學　沈祥源　武漢大學出版社　1998年1月　武漢市

方言・共同語・語文教學　詹伯慧　澳門日報出版社　1995年5月　澳門

方言與音韻論集　李如龍　香港中文大學　1996 年 10 月　香港

毛詩古音考（上下）　陳第　音韻學叢書本　廣文書局印行
　　1966 年 1 月　台北市

毛詩韻聿　丁惟汾　齊魯書社出版　1984 年 6 月 1 日　濟南市

毛詩韻譜　郭師古　玉屏山房刊本

王石臞先生韻譜合韻譜稿後記　國學季刊五卷二號　1935 年 1
　　月　北平市

王石臞先生韻譜合韻譜遺稿跋　國學季刊三卷一號　1932 年 3
　　月　北平市

古今通韻　毛奇齡　康熙甲子史館刊本

古今韻考　李因篤　音韻學叢書本　廣文書局印行　1966 年 1
　　月　台北市

古今韻略　邵長蘅　康熙丙子刊本

古今韻會舉要及相關韻書　甯忌浮　中華書局 1997 年 5 月　北
　　京市

古今韻會舉要及相關韻書　甯忌浮著　中華書局出版　1997 年
　　5 月第 1 版　北京市

古今韻會舉要研究　花登正宏　汲古書院　1997 年 10 月　東京
　　市

古今韻會舉要研究　花登正宏著　汲古書院發行　1997 年 10 月
　　30 日發行　日本東京都

古代文字音韻論文集　趙誠　中華書局　1990 年 3 月　北京市

古代濁聲考　敖士英　輔仁學誌二卷一期　1930 年 1 月　北平市

古音之旅　竺家寧　國文天地雜誌社　1987 年 10 月　台北市

古音正義　熊士伯　尙友堂藏板

古音系研究　魏建功　中華書局出版　1996 年 12 月第 1 版　北
　　京市

古音研究　陳新雄　五南圖書出版有限公司　民國 89 年 11 月
　　（2000）初版二刷　臺北市

古音略例　楊愼　函海本

古音無邪紐補證　錢玄同　師大國學叢刊單行本

古音無邪紐證補證　戴君仁　輔仁學誌 12 卷 1、2 合期　1943
　　年 12 月　北平市

古音概說　李新魁　廣東人民出版社　1979 年 12 月　廣州市

古音說略　陸志韋　台灣學生書局　1971 年 8 月　台北市

古音學入門　林慶勳・竺家寧　台灣學生書局　1989 年 7 月
　　台北市

古音學發微　陳新雄　文史哲出版社　1972 年 1 月　台北市

古音諧　姚文田　邃雅堂集本

古音類表　傅壽彤　光緒二年大梁臬署刊本

古等呼說　湯炳正　史語所集刊 11 本

古漢語複聲母論文集　趙秉璇・竺家寧　北京語言文化大學出版
　　社　1998 年 3 月　北京市

古漢語韻母系統與韻　張琨夫婦　中央研究院史語所　1972 年
　　5 月　台北市

古聲紐演變考　左松超　師大國研所集刊 4 號　1959 年 6 月
　　台北市

古聲韻討論集　楊樹達　台灣學生書局　1965 年 5 月　台北市

古韻三十部歸字總論　何九盈・陳復華　《音韻學研究》第一冊
　　207-252 頁　中華書局出版　1984 年 3 月第 1 版　北京市

古韻之幽兩部之間的交涉　史存直　《音韻學研究》第一冊
　　296-313 頁　中華書局出版　1984 年 3 月第 1 版

古韻分部定論商榷　陳紹棠　新亞學術年刊 6 期

古韻廿八部音讀之假定　錢玄同　木鐸第二期轉載　1934 年 12

月 台北市

古韻通 柴紹炳 乾隆刊本

古韻通說 龍啓瑞 古韻通說 尊經書局鐫本

古韻魚宵兩部之音讀之假定 錢玄同 語文第二期

古韻發明 張畊 芸心堂刊本

古韻標準 江永 音韻學叢書本 廣文書局印行 1966 年 1 月
台北市

古韻論 胡秉虔 叢書集成本 商務印書館

古韻學源流 黃永鎮 台灣商務印書館 1966 年 1 月 台北市

古韻譜 王念孫 音韻學叢書本 廣文書局 1966 年 1 月 台
北市

四聲三問 陳寅恪 清華學報九卷二期 1936 年 1 月 北平市

四聲五音九弄反紐圖簡釋 殷孟倫 山東大學學報第一期 1957
年 1 月 濟南市

四聲切韻表 江永 音韻學叢書本 廣文書局印行 1966 年 1
月 台北市

四聲別義釋例 周祖謨 輔仁學誌 13 卷 1、2 合期 1945 年 12 月
北平市

求進步齋音韻 張煊 求進步齋音論 國故第一期

再談《切韻》音系的性質—與何九盈・黃粹伯兩位同志討論 中
國語文 1962 年 12 月號 1962 年 12 月 北京市

江永聲韻學述評 董忠司 文史哲出版社 1988 年 4 月 台北市

老子韻表 劉師培 劉申叔先生遺書本 大新書局出版 1965
年 8 月 台北市

西夏語文研究論文集 龔煌城 中央研究院語言學研究所籌備處
出版 2002 年 8 月 台北市

伸顧 易本烺 商務印書館叢書集成本

宋代漢語韻母系統研究　李新魁　語言研究 14 期 p.p.51-65　華中工學院出版社　1988 年 5 月　武漢市

形聲類篇　丁履恒　大亭山館藏書本

批判胡適的入聲考　趙少咸・殷孟倫　山東大學學報　1957 年 1 月　濟南市

李方桂先生《上古音研究》的幾點質疑　陳新雄　中國語文 231 期　1992 年 11 月　北京市

周、隋長安方音初探　尉遲治平　語言研究 3 期 p.p.18-33　華中工學院出版部　1982 年 11 月　武漢市

周、隋長安方音再探　尉遲治平　語言研究 7 期 p.p.105-114　華中工學院出版部　1984 年 11 月　武漢市

周秦古音結構體系（稿）　嚴學宭　《音韻學研究》第一冊 92-130 頁　中華書局出版　1984 年 3 月第 1 版　北京市

定本觀堂集林上下　王國維　世界書局印行　1964 年 9 月　台北市

屈宋古音義　陳第　音學叢書本　廣文書局印行　1966 年 1 月　台北市

易韻　毛奇齡　西河合集本

明清等韻學通論　耿振生　語文出版社 1992 年 9 月　北京市

林炯陽教授論學集　林炯陽　文史哲出版社　2000 年 4 月　台北市

近代漢語綱要　蔣冀騁・吳福祥　湖南教育出版社　1997 年 3 月　長沙市

邵榮芬音韻學論集　邵榮芬　首都師範大學出版社　1997 年 7 月　北京市

俞敏語言學論文集　俞敏　商務印書館　1999 年 5 月　北京市

怎樣才算是古音學上的審音派　陳新雄　中國語文 248 期 p.p.

345-352　1995 年 9 月　北京市

耶穌會士在音韻學上的頁獻　羅常培　史語所集刊 1 本分　1928
年 1 月　北平市

述韻　夏燮　番陽官廨本

重校增訂音略證補　陳新雄　文史哲出版社　1991 年 10 月　台
北市

重校增訂音略證補　陳新雄　文史哲出版社出版　民國六十七年
九月（1978）增定初版　民國八十年十月（1991）增訂初版
十四刷　臺北市

重紐研究　李新魁　語言研究第 7 期 p.p.73-104　華中工學院出
版社　1986 年 7 月　武漢市

音切譜　李元　道光戊申孟冬鐫本　1848 年

音論　章炳麟　中國語文研究　中華書局　1956 年 5 月　台北市

音學十書　江有誥　音韻學叢書本　廣文書局印行　1966 年 1
月　台北市

音學五書　顧炎武　音韻學叢書本　廣文書局　1966 年 1 月
台北市

音學辨微　江永　音韻學叢書本　廣文書局印行　1966 年 1 月
台北市

音韻　李思敬　商務印書館印行　1985 年 6 月　北京市

音韻比較研究　劉廣和　中國廣播電視出版社　2002 年 1 月
北京市

音韻問答　錢大昕　昭代叢書本

音韻與方言研究　麥耘　廣東人民出版社　1995 年 4 月　廣州市

音韻學引論　黃耀堃　書林出版有限公司　1995 年 12 月　台北
市

音韻學教程　唐作藩　北京大學出版社　1987 年 5 月　北京市

音韻學通論　馬宗霍　泰順書局　1972 年 3 月　台北市

音韻學綱要　趙振鐸　巴蜀書社　1990 年 7 月　成都市

音韻學講義　曾運乾　中華書局　1996 年 11 月　北京市

音譯梵書與中國古音　鋼和泰著・胡適譯　國學季刊一卷一號　1923 年 1 月　北平市

原始中國語試探　潘尊行　國學季刊一卷三號　1923 年 7 月　北平市

原始漢語詞尾後綴*-s 消失的遺跡　嚴學宭　14 屆國際漢藏語言會議　1981 年 6 月　台北市

原始漢語漢藏語　包擬古原著　潘悟云・馮蒸譯　中華書局　1995 年 6 月　北京市

原始漢語韻尾後綴*-s 試探　嚴可均　1979 年 1 月　武漢市

唐五代西北方音　羅常培　史語所專刊之十二　1933 年 1 月　上海市

唐五代韻書集成　周祖謨　台灣學生書局印行　1996 年 1 月　台北市

徐通鏘選集　徐通鏘　河南教育出版社出版　1993 年 11 月　鄭州市

殷煥先語言論集　殷煥先　山東大學出版社　1990 年 4 月　濟南市

訓詁學上冊　陳新雄　台灣學生書局印行　1996 年 9 月　台北市

高郵王懷祖先生訓詁音韻書稿序錄　國學季刊一卷三號　1923 年 1 月　北平市

問學集上下冊　周祖謨　中華書局　1966 年 1 月　北京市

國故論衡　章炳麟　章氏叢書本　世界書局印行　1958 年 7 月　台北市

張世祿語言學論文集　張世祿　學林出版社　1984 年 10 月　上

海市

從切韻序論切韻　趙振鐸　中國語文 1962 年 10 月號　1962 年
　　10 月　北京市

從史實論切韻　陳寅恪　陳寅恪先生論文集　1974 年 1 月　台
　　北市

從兩周金文用韻看上古韻部陰入間的關係　語言研究 91 年增刊
　　1994 年 6 月　武漢市

從漢藏語的比較看重紐問題（兼論上古-rj-介音對中古韻母演變
　　的影響）　龔煌城　聲韻論叢第六輯　1997 年 4 月　台北市

從說文入聲語根論析上古字調演變　東海學報 7 卷 1 期　1966
　　年 1 月　台中市

梅祖麟語言學論文集　梅祖麟　商務印書館　2000 年 10 月　北
　　京市

清代上古音聲紐研究史論　李葆嘉　五南圖書出版公司　1996
　　年 6 月　台北市

清代古音學　王力　中華書局　1992 年 8 月　北京市

清代前期古音學研究上下　張民權　北京廣播學院出版社出版
　　2002 年 9 月　北京市

略論上古匣母及其到中古的發展　周長楫　《音韻學研究》第一
　　冊 266-285 頁　中華書局出版　1984 年 3 月第 1 版　北京市

第十五屆全國聲韻學學術研討會論文集　逢甲大學中文系主編
　　逢甲大學出版　1997 年 5 月　台中市

許世瑛先生論文集　許世瑛　弘道書局印行　1974 年 1 月　台
　　北市

陳獨秀韻學論文集　陳獨秀　中華書局出版　2001 年 12 月　北
　　京市

陸志韋語言學著作集㈠　陸志韋　中華書局出版　1985 年 5 月

北京市

陸志韋語言學著作集㈡　陸志韋　中華書局出版　1999 年 3 月
　北京市

陸志韋語言學著作集㈢　陸志韋　中華書局出版　1990 年 4 月
　北京市

陸宗達語言學論文集　陸宗達　北京師範大學出版社　1996 年
　3 月　北京市

陸宗達語言學論文集　陸宗達　北京師範大學出版社 1996 年 3
　月　北京市

普通語言學　高名凱　劭華文化服務社　1968 年 1 月　香港

普通語言學概論　羅・亨・羅賓斯著、李振麟・胡偉民譯　上海
　譯文出版社　1986 年 5 月　上海市

普通語音學綱要　羅常培・王均編著　科學出版社出版　1957
　年 2 月　北京市

曾運乾古韻三十攝榷議　陳新雄　第五屆國際暨全國聲韻學學術
　研討會論文集　新竹師範學院語教系　1996 年 6 月　新竹市

等韻一得　勞乃宣　光緒戊戌刻本

等韻述要　陳新雄　藝文印書館印行　1974 年 7 月　台北市

等韻源流　趙蔭棠　文史哲出版社　1974 年 2 月　台北市

答馬斯貝囉（Maspero）論切韻之音　高本漢原著、林玉堂譯
　國學季刊一卷三號　1923 年 7 月　北京市

黃氏古韻二十八部諧聲表　周家風　私立遠東工業專科學校刊行
　1968 年 12 月　台北市

黃侃論學雜著　黃侃　學藝出版社　1969 年 5 月　台北市

黃典誠語言學論文集　黃典誠　廈門大學出版社　2003 年 8 月
　廈門市

傳統音韻學實用教程　鄒曉麗　上海辭書出版社　2002 年 5 月

2 刷　上海市

廈門音系及其音韻聲調之構造與性質　羅常培‧周辨明　古亭書
　　屋　1975 年 3 月　台北市

新校宋本廣韻　洪葉文化事業有限公司出版　2001 年 9 月初版
　　台北市

新編中原音韻概要　陳新雄　學海出版社　民國九十年五月
　　（2001）初版　臺北市

當代中國音韻學　李葆嘉　廣東教育出版社　1998 年 10 月　肇
　　慶市

經典釋文音系　邵榮芬　學海出版社出版　1995 年 6 月　台北市

經典釋文異音聲類考　謝雲飛　師大國研所集刊 4 號　1959 年
　　6 月　台北市

經義述聞　皇清經解本　復興書局出版　1961 年 5 月　台北市

董同龢先生語言學論文集　丁邦新編　食貨出版社　民國七十四
　　年（1985）十一月一日　台北市

董同龢先生語言學論文選集　丁邦新編　食貨出版社出版　中華
　　民國六十三年十一月（1974）初版　臺北市

解語　黃綺　河北育出版社　1988 年 3 月　石家莊市

試論上古字調研究　江舉謙　東海學報 5 卷 1 期　1963 年 1 月
　　台中市

試論幾個閩北方言中的來母 S-聲字　梅祖麟‧羅杰瑞　清華學
　　報 9 卷 1、2 合期　1971 年 9 月　台北市

詩古音二十二部集說　夏忻　音韻學叢書本　廣文書局　1966
　　年 1 月　台北市

詩音表　錢坫　音韻學叢書本　廣文書局印行　1966 年 1 月
　　台北市

詩經例外押韻現象論析　江舉謙　東海文薈 8 期

詩經音韻譜　甄士林　種松書屋

詩經時的聲調　許紹華　語言研究 26 期　1994 年 5 月　武漢市

詩經諧韻考異　輔廣　叢書集成本　商務印書館

詩經韻譜　江舉謙　東海大學出版　1961 年 1 月　台中市

詩聲類　孔廣森　廣文書局聲韻學叢書　1966 年 1 月　台北市

詩韻譜　陸志韋　太平書店出版　亦見陸志韋語言學著作集㈡

歌戈魚虞模古讀考　汪榮寶　國學季刊一卷二號　1923 年 4 月
　　北平市

歌戈魚虞模古讀考附記　錢玄同　國學季刊一卷二號　1923 年
　　4 月　北平市

歌戈魚虞模古讀考質疑　徐震　華國月刊一卷六期

歌麻古韻考　苗夔　叢書集成本　商務印書館

漢文典修訂本　高本漢著、潘悟雲等譯　上海辭書出版社　1997
　　年 11 月　上海市

漢字古音手册　郭錫良　北京大學出版社　1986 年 11 月　北京
　　市

漢字語源辭典　藤堂明保　學燈社　1965 年 8 月　東京市

漢語上古韻母剖析和擬音　語言研究總 6 期　華中工學院出版部
　　1984 年 1 月　武漢市

漢語介音的來源分析　鄭張尚芳　語言研究 1996 增刊 p.p.
　　175-179　華中理工大學出版部　1996 年 6 月　武漢市

漢語方言詞匯　北京大學中文系　文字改革出版社　1964 年 5
　　月　北京市

漢語方言概要　袁家驊等　文字改革出版社　1960 年 2 月　北
　　京市

漢語方音字匯　北京大學中文系語教室　文字改革出版社　1962
　　年 9 月　北京市

漢語史音韻學 潘悟云 上海教育出版社 2000 年 7 月 上海市

漢語史稿 王力 科學出版社 1958 年 8 月 北京市

漢語史論集 郭錫良 商務印書館 1997 年 8 月 北京市

漢語和藏語同源體系比較研究 施向東 華語教學出版社 2000
　　年 3 月 北京市

漢語研究小史 王立達 商務印書館 1959 年 11 月 北京市

漢語音史論文集 張琨 華中工學院出版部 1987 年 12 月 武
　　漢市

漢語音韻 王力 中華書局 1984 年 3 月 香港

漢語音韻中的分期問題 鄭再發 史語所集刊 36 本 1966 年 1
　　月 台北市

漢語音韻史學的回顧和前瞻 崇岡 語言研究 3 期 1982 年 11
　　月 武漢市

漢語音韻論文集 周祖謨 商務書館 1957 年 12 月 上海市

漢語音韻學 王力 中華書局出版 1955 年 8 月第 1 版 上海市

漢語音韻學 李新魁 北京出版社 1986 年 7 月 北京市

漢語音韻學 董同龢 廣文書局 1968 年 9 月 台北市

漢語音韻學論文集 馮蒸 首都師範大學出版社 1997 年 5 月
　　北京市

漢語音韻學導論 羅常培 太平書局 1987 年 1 月 香港

漢語現狀與歷史的研究 江藍生‧侯精一主編 中國社會科學出
　　版社 1999 年 12 月 北京市

漢語等韻學 李新魁 中華書局 1983 年 11 月 北京市

漢語詞類 高本漢原著、張世祿譯 聯貫出版社 1976 年 4 月
　　台北市

漢語傳統語言學綱要 韓崢嶸‧姜聿華 吉林大學出版社 1991
　　年 12 月 長春市

漢語語言學　趙杰　朝華出版社　2001 年 10 月　北京市

漢語語音史　王力　科學出版社　1885 年 5 月　北京市

漢語語音史概要　方孝岳　商務印書館香港分館　1979 年 11 月　香港

漢語聲調平之分與上聲去聲的起源　鄭張尚芳　語言研究 94 增刊 p.p.51-52　華中理工大學　1994 年 6 月　武漢市

漢語聲調起源窺探　語言研究 20 期　1991 年 5 月　武漢市

漢語聲調語調闡要與探索　郭錦桴　北京語言學院出版社　1993 年 7 月　北京市

漢學諧聲　戚孝標　嘉慶九年陜縣官署刊本

漢藏語研究論文集　龔煌城　中央研究院語言學研究所籌備處出版　2002 年 8 月　台北市

漢藏語研究論文集　龔煌城著　中央研究院語言學研究所籌備處　民國九十一年八月（2002）初版　台北市

漢藏緬語元音比較研究　龔煌城著・席嘉譯　音韻學研究通訊 13 期.p.p.12-42　中國音韻學研究會　1989 年 10 月　武漢市

漢魏音　洪亮吉　西安刊本

漢魏晉南北朝韻部演變研究第一分冊　羅常培・周祖謨　科學出版社　1958 年 11 月　北京市

熊氏經說　熊朋來　四庫薈要本　世界書局　1985 年 9 月　台北市

與汪旭初論阿字長短音書　章炳麟　華國月刊一卷五期

語文論叢　李榮　商務印書館　1985 年 11 月　北京市

語言文史論集　周祖謨　五南圖書出版有限公司　1992 年 11 月　台北市

語言文字論稿　高福生　江西高校出版社　1999 年 5 月　南昌市

語言問題　趙元任　臺灣商務印書館　1968 年 11 月　台北市

語言論　高名凱　科學出版社　1965 年 6 月　北京市

語言學大綱　董同龢　中華叢書編審委員會　1964 年 5 月　台
　　北市

語言學新論　宋一平　學林出版社　1985 年 12 月　上海市

語言學概論　張世祿　台灣中華書局　1958 年 7 月　台北市

語言學綱要　葉蜚聲・徐通鏘　書林出版有限公司　1993 年 3
　　月　台北市

語言學論文集　張清常　商務印書館　1993 年 10 月　北京市

語言學論文集　張清常　商務印書館　1993 年 10 月　北京市

語言學論叢　林語堂　文星書店出版　1967 年 5 月　台北市

說文古韻二十八部聲系序　黎錦熙　語文第三期

說文通訓定聲　朱駿聲　藝文印書館　1971 年 9 月　台北市

說文解字注　段玉裁　藝文印書館發行　民國五十九年六月
　　（1970）大一版　台北市

說文解字音均表　江沅　續皇清經解本　藝文印書館印行　1965
　　年 10 月　台北市

說文審音　張行孚　叢書集成本　商務印書館

說文諧聲孳生述　陳立　鄦齋叢書本

說文諧聲譜　張成孫　皇清經解本　藝文印書館印行　1965 年
　　10 月　台北市

說文聲系　姚文田　粵雅堂叢書本

說文聲訂　苗夔　叢書集成本　商務印書館

說文聲類　嚴可均　音韻學叢書本　廣文書局　1966 年 1 月
　　台北市

說文聲讀表　苗夔　叢書集成本　商務印書館

趙元任語言學論文集　趙元任　吳宗濟・趙新那編　商務印書館
　　出版　2002 年 1 月第 1 版　北京市

齊梁陳隋時期詩文韻部研究　周祖謨　語言研究總第二期 p.p. 6-17　華中工學院出版部　1982 年 5 月　武漢市

廣韻二百六韻擬音之我見　陳新雄　語言研究 27 期 p.p.94-112 華中理工大學出版社　1994 年 11 月　武漢市

廣韻研究　張世祿　國學小叢書本　商務印書館　1933 年 2 月 上海市

廣韻研究　陳新雄　臺灣學生書局　2004 年 11 月初版　臺北市

廣韻祭泰夬廢四韻來源試探　孔仲溫　台灣師範大學國文學報 16 期　1987 年 6 月　台北市

廣韻導讀　嚴可均　巴蜀書社　1990 年 4 月　成都市

慧琳一切經音義反切考　黃淬伯　史語所專刊之六

潛研堂集　錢大昕　嘉慶十一年家刻本

談反切　趙少咸　漢語論叢文史哲叢刊 4

論古漢語之顎介音　燕京學報三十五期　1948 年 1 月　北平市

論古韻合怗屑沒曷五部之通轉　俞敏　燕京學報三十四期

論阿字長短音答太炎　學衡四三期

論開合口　燕京學報二十九期　1941 年 1 月　北平市

論開合口—古音研究之一　史語所集刊 55 本 1 分　1984 年 3 月 台北市

論隋唐長安方音和洛陽音的聲母系統—兼答劉廣和同志　尉遲治 平　語言研究 9 期　p.p.38-48　華中工學院出版部　1985 年 11 月　武漢市

論聲韻集合—古音研究之二　史語所集刊 56 本 1 分　1985 年 3 月　台北市

魯國堯語言學論文集　魯國堯　江蘇教育出版社　2003 年 10 月 南京市

歷史語言學　徐通鏘　商務印書館出版　2001 年 7 月 3 刷　北

京市

積微居小學金石論叢　楊樹達　台灣大通書局　1971 年 5 月
　　台北市

諧聲補逸　宋保　叢書集成本　商務印書館

龍蟲並雕齋文集　王力　中華書局　1982 年 7 月　北京市

戴氏聲類表蠡測　趙邦彥　國學論叢一卷四期

戴東原對於古音學的貢獻　馬玉藻　國學季刊二卷二號　1929
　　年 12 月　北京市

戴震聲類表研究　郭乃禎　國立臺灣師範大學國文研究所碩士論
　　文　1997 年 7 月　台北市

聲說　時庸勱　光緒十八年刊本

聲韻考　戴震　音韻學叢書本　廣文書局印行　1966 年 1 月
　　台北市

聲韻要刊（許氏說音）　許桂林　排印本

聲韻論叢第一輯　中華民國聲韻學會主編　台灣學生書局印行
　　1994 年 5 月　台北市

聲韻論叢第二輯　中華民國聲韻學會主編　台灣學生書局印行
　　1994 年 5 月　台北市

聲韻論叢第三輯　中華民國聲韻學會主編　台灣學生書局印行
　　1991 年 5 月　台北市

聲韻論叢第四輯　中華民國聲韻學會主編　台灣學生書局印行
　　1992 年 5 月　台北市

聲韻論叢第五輯　中華民國聲韻學會主編　台灣學生書局印行
　　1996 年 9 月　台北市

聲韻論叢第六輯　中華民國聲韻學會主編　台灣學生書局印行
　　1997 年 4 月　台北市

聲韻論叢第七輯　中華民國聲韻學會主編　台灣學生書局印行

　　1998 年 3 月　台北市

聲韻論叢第八輯　中華民國聲韻學會主編　台灣學生書局印行
　　1999 年 5 月

聲韻論叢第九輯　中華民國聲韻學會主編　台灣學生書局印行
　　2000 年 11 月

聲韻論叢第十輯　中華民國聲韻學會主編　台灣學生書局印行
　　2001 年 5 月

聲韻論叢第十一輯　中華民國聲韻學會主編　台灣學生書局印行
　　2001 年 10 月　台北市

聲韻論叢第十二輯　中華民國聲韻學會主編　台灣學生書局印行
　　2002 年 4 月

聲韻學　林燾・耿振生　三民書局　1997 年 11 月　台北市

聲韻學　竺家寧　五南圖書出版公司　1991 年 7 月　台北市

聲韻學大綱　葉光球　正中書局　1959 年 4 月　台北市

聲韻學中的觀念和方法　何大安　大安出版社　1987 年 12 月
　　台北市

聲韻學表解　劉賾　文史哲出版社　民國九十三年三月（2004）
　　初版再刷　台北市

聲韻學研討會論文集　中山大學中文系所　1992 年 5 月　高雄市

聲韻學論文集　陳新雄・于大成　木鐸出版社　1976 年 5 月
　　台北市

聲韻叢說　毛先舒　昭代叢書本

聲類表　戴震　音韻學叢書本　廣文書局印行　1966 年 1 月
　　台北市

聲類新編　陳新雄　台灣學生書局　1992 年 9 月 3 刷　台北市

彝語概說　陳士林　中國語文 125 期　1953 年 8 月　北京市

禮書通故（六書通故）　黃以周　光緒黃氏試館刊本

藏語的聲調及其發展　瞿靄堂　語言研究創刊號 p.p.177-194　華
　　中工學院出版社　1981 年 7 月　武漢市

轉注古音略　楊慎　函海本

魏建功文集（共 5 卷）　魏建功　江蘇教育出版社　2001 年 7
　　月第 1 版　南京市

魏晉南北朝韻之演變　周祖謨　東大圖書公司滄海叢刊　1996
　　年 1 月　台北市

瀛涯敦煌韻輯　姜亮夫　鼎文書局　1972 年 9 月　台北市

瀛涯敦煌韻輯新編　潘重規　新亞研究所　1972 年 11 月　香港

羅常培語言學論文選集　中國科學院語言研究所編　中華書局出
　　版　1963 年 9 月第 1 版　北京市

關于漢語音韻研究的幾個問題—與陸志韋先生商榷　施文濤　中
　　國語文 1964

關於研究古音的一個商確　敖士英　國學季刊二卷三號　1930
　　年 9 月　北平市

韻尾塞音與聲調—雷州方言一例　余藹芹　語言研究 4 期　1983
　　年 5 月　武漢市

韻問　毛先舒　昭代叢書本

韻補上下　吳棫　音韻學叢書本　廣文書局印行　1966 年 1 月
　　台北市

韻補正　顧炎武　音韻學叢書本　廣文書局　1966 年 1 月　台
　　北市

韻學要指　毛奇齡　西河合集本

韻學通指　毛先舒　刊本

韻學源流　莫友芝　天成印務局刊本

韻學源流注評　陳振寰　貴州人民出版社　1988 年 10 月　貴陽市

韻鏡研究　孔仲溫　台灣學生書局　1987 年 10 月　台北市

韻鏡音所代表的時間和區域　葛毅卿　學術月刊 1957 年 8 月號
　　1957 年 8 月　北京市
韻鏡校注　龍宇純　藝文印書館　1960 年 3 月　台北市
類音　潘耒　遂初堂刊本
讀王榮寶歌戈魚虞模古讀考書後　李思純　學衡二六期

二、西文之部

" A Linguistic Study of The Shih Ming Initials and Consonant Clusters" Bodman, Nicholas Cleaveland Harveard University Press 1954 Cambridge, Massachusetts

" A New Aproch to Chinese Historical Linguistics" Norman, Jerry L. & Coblin W. South Journal of the America Orietal Society 115.4(1995) 576-584.

" Compendium of Phonetics in Ancient and Archaic Chinese" Karlgren, Bernhard Printed in Sweden Elanders Boktryckeri Aktiebolag Go teborg 1970/1

" Final -d and -r in Archaic Chinese" Karlgren, Bernhard BMFEA34 （Stockholm） 1962/1

" Grammata Serica Recensa" Karlgren, Bernhard Museum of Far East （Stockholm） 1964/1

" Grammata Serica Script and Phonetics of Chinese and Sino-Japanese" Karlgren, Bernhard Republished by Ch'eng-wen Publishing Co. Taipei, Taiwan, The Republic of China 1966/1

" Language" Bloomfild,L. Holt, Rinehart & Winsto, New York, 1961/7

" On Archaic Chinese r and d " Malmqvist, Gören BMFEA34 （Stockholm） 1962/1

" Proto-Chinese and Sino-Tibetan: Data towards establishing the nature of the relationship" Bodman, Nicolas C. . Leiden 1980/1

" Qieyun and Yunjing: the Essential Foundation for Chinese Historical Linguistics" Pulleyblank, Edwin G. Journal of the America Oriental Society 118.2 (1998) 200-216.

" Some further evidence regarding OC-s and its time of disappearance" Pulleyblank, E.G. 第五屆漢藏會議論文　1972/1

" Some new hypotheses concerning word families in Chinese" Pulleyblank, E.G. Journal of C.L.l 1973/1

" Studies in Old Chinese rhyming: Some futher result" Baxter, W. H.M Paper present to the Twelfth international Conference on Sino-Tibetan Languages and Linguistics. University of Alabama 1979/1

" The Chinese Language" Forrest, R.A.D. Faber and Faber Ltd. （London）1965/1

" Tibetan and Chinese" Karlgren, Bernhard 通報 28 期 Paris 1931/1

" Tones in Archaic Chinese" Karlgren,Bernhard BMFEA 32 （Stockholm）1964/1

" Word Families in Chinese" Karlgren, Bernhard BMFEA5 （Stockholm）1934/1

" The Consonantal System of Old Chinese" Pulleyblank, E.G. Asia Major 1961/1

" The final consonants of Old Chinese" Pulleyblank, E.G. Monumenta Serica 1982/1